"十三五"职业教育国家规划教材
经全国职业教育教材审定委员会审定

U0819798

商业银行综合柜台业务

SHANGYE YINHANG ZONGHE GUITAI YEWU

(第3版)

杨则文　主编
吴娜　副主编

中国财经出版传媒集团
中国财政经济出版社

图书在版编目（CIP）数据

商业银行综合柜台业务／杨则文主编．--3版．--北京：中国财政经济出版社，2019.7（2022.1重印）

“十三五”职业教育国家规划教材

ISBN 978-7-5095-8966-3

Ⅰ．①商…　Ⅱ．①杨…　Ⅲ．①商业银行-银行业务-高等职业教育-教材　Ⅳ．①F830．33

中国版本图书馆CIP数据核字（2019）第078896号

责任编辑：李　媛　　　　责任校对：徐艳丽

封面设计：陈宇琰

中国财政经济出版社 出版

URL：http：//www.cfeph.cn

E-mail：cfeph@cfeph.cn

社址：北京市海淀区阜成路甲28号　邮政编码：100142

营销中心电话：010-88191522

天猫网店：中国财政经济出版社旗舰店

网址：https：//zgczjjcbs.tmall.com

北京中兴印刷有限公司印刷　各地新华书店经销

成品尺寸：185mm×260mm　16开　22.75印张　535 000字

2019年7月第3版　2022年1月北京第7次印刷

定价：49.00元

ISBN 978-7-5095-8966-3

（图书出现印装问题，本社负责调换，电话：010-88190548）

本社质量投诉电话：010-88190744

打击盗版举报热线：010-88191661　QQ：2242791300

前 言

本书是“十三五”职业教育国家规划教材，也是广东省省级精品资源共享课程配套教材，适用于高等职业技术院校金融管理、国际金融、农村金融、互联网金融、会计等专业教学，也可供在职人员学习参考。本书于2009年3月出版第1版，2014年9月出版第2版，本次修订本为第3版。本次修订主要内容包括：一是根据近几年银行业务发展变化调整充实了部分教学内容，根据一体化教学发展的实际充实了教材中业务训练的教学设计，同时为每一个操作业务配备了微课、同步系统操作演示动画等多类资源；二是根据实际工作流程，编制了近百个来自于当前银行业务一线的图表和凭证，让学生快速识别凭证、完成业务办理，使仿真实训更贴近实务。

商业银行综合柜台业务是金融管理专业和国际金融等金融类专业的核心课程，课程设置对应商业银行综合柜台业务工作岗位，这一岗位是金融类专业毕业生的初始就业岗位之一，因此，本课程对于学生尽快适应岗位工作十分重要。教材是课程设计结果的具体体现，反映课程的设计思路。本课程的总体设计思路是：以商业银行综合柜台业务岗位的工作内容作为教学内容，以商业银行综合柜台岗位处理业务的工作顺序来组织教学过程，以具备商业银行营业部工作环境并配备商业银行营业部相同的设备和软件的商业银行综合柜台业务实训室作为上课场所，在讲授业务知识的同时进行动手操作训练，学习成绩的检验主要是对处理业务速度和准确度的考核。教学目标不仅是学会，更重要的是在学会的基础上熟练地操作。

文本：课程标准

本教材具有以下特点：

第一，教材充分体现了以商业银行综合柜台岗位工作任务做引领、以工作过程为导向的设计思想。本教材按照工作内容的逻辑顺序将商业银行综合柜台业务工作分解成八个典型的工作项目，按完成工作项目的需要和现行岗位操作规程，结合金融行业柜员考核标准组织教学内容。

文本：授课计划

第二，教材充分体现了职业教育的职业性、实践性和开放性的要求。本教材将现行商业银行综合柜台涉及的新业务、新方法和新工具及时地纳入其中，教材内容包含了各商业银行的主要业务，教材贴近银行业发展的实际需要，教材中的活动设计较好地模拟了商业银行真实业务活动，教材编写与教学软件开发互相配合，在实训室环境下具有较强的可操作性。

第三，教材配备了大量教学资源，方便“教学做”一体化的实施。在央财传媒平台配套发布的教学资源主要有：课程标准、授课计划、教学设计、电子课件（53个）、微课（53个）、系统操作演示动画（71个）、课程实训（53套）、习题作业（53套）、教学案例（53套）、学习指南、操作手册、模拟试卷、实习平台等，可供读者学习时使用。

文本：课程项目设计

第四，教材与目前广泛采用的商业银行综合柜台业务软件相结合，引导教学场所的设备和软件配备。教材表达通俗易懂、图文并茂，既是教科书又是软件操作说明书，还是引导教学过程进行的脚本。读者在使用教材的同时，可以查看同步的操作演示动画，可以利用提供的实习平台软件进行模拟训练。

本书由杨则文主编，吴娜担任副主编。吴秋蓉、徐静、邹韵、邹吉艳、刘毓涛和何伟参编（参编排名不分先后）。修订分工如下：何伟编写项目一；徐静编写项目二（模块一、模块二、模块三）和项目八；邹吉艳编写项目三；吴娜编写项目二（模块四）、项目四及统稿总纂；邹韵编写项目五；吴秋蓉编写项目六；刘毓涛编写项目七。杨则文在教材开发过程中负责制定课程标准、设计教学项目方案、确定教材项目模块、设计教材体例和最后修改定稿。深圳市智盛信息技术公司彭家源负责配套业务平台软件开发、操作手册的编写等。

本课程开发和教材编写得益于多位职业教育专家和金融行业专家的帮助：华东师范大学徐国庆博士指导了课程开发，广州番禺职业技术学院金融管理专业教学团队全体成员参与了行业调研和项目论证，广州市多家商业银行的领导和一线业务人员参加了岗位工作任务和职业能力分析，中国财政经济出版社对教材出版给予了重要的支持，在此一并致谢！

编者

2019 年 6 月

目 录

1 项目一 岗前准备工作

学习目标

1. 了解商业银行综合柜员制。
2. 了解商业银行营业部岗位设置及职责。
3. 熟悉商业银行客户服务原则及客户服务理念。
4. 熟悉日初处理的基本程序、现金业务规程、重要空白凭证管理业务规程、印章管理业务规程、账户管理业务规程。

标志性成果

1. 能现场展示良好的服务规范。
2. 能完成日初处理。
3. 能对银行网点突发事件进行应急处理。

主要工作任务

1. 打扫卫生、清洁设备，整理日常用具。
2. 检查仪容仪表、佩戴工牌、工号。
3. 安全检查。
4. 主机开机、柜员签到完成日初处理。
5. 以良好的仪容仪表、服务礼仪、语言规范接柜。

模块一 柜员岗位设置及服务规范

任务描述

熟悉柜员岗位的设置和基本知识，熟悉银行柜台的劳动组织形式及业务操作权限，熟悉银行营业部各岗位的职责，养成柜员的良好服务意识。

步骤一 认识综合柜员制

业务描述

认识什么是综合柜员制，了解银行柜台劳动组织形式及变革的历史，了解营业部的岗位设置和职责。

相关知识

微课：认识综合柜员制

PPT：认识综合柜员制

一、银行柜台劳动组织形式及变革

随着金融电子化的发展和科技的广泛运用，银行柜台劳动组织形式也由双人临柜制发展到柜员制，直至现在的综合柜员制。

1. 双人临柜制，是银行会计业务手工核算时典型的柜台劳动组织形式，其基本分工是“双人临柜，钱账分管”，一人负责接待客户、记账和现金复核，一人负责现金出纳和凭证复核，两人共同完成柜台业务。

2. 单柜员制，是综合柜员制发展的初始形式，一般应用于储蓄业务领域。实行一人对外办理收、付、记账、复核等全部工作，另设专职监督员集中复核，其复核机制是一般业务当天复核、重大业务当场复核（授权）。

3. 综合柜员制，是指在严格授权管理下，以完善的内部控制制度和较高的人员素质为基础，实行单人临柜处理会计、出纳、储蓄、中间代收业务等面向客户的全部业务的劳动组合形式。

设立综合柜台是对传统柜台业务办理方式和柜台劳动组合形式的重大

改革。

二、营业部（基层支行）岗位设置

营业部（基层支行）是商业银行最基层的业务部门，如存款、贷款、现金收付、支付结算业务等，都必须通过营业部办理和核算。各商业银行营业部（基层支行）应按规定和需求设置相应的岗位，通常如下：

1. 营业部经理：主要负责营业部的全面管理工作，同时专门负责大额现金和转账资金的授权、重要印章管理工作。

2. 柜长：主要负责后台综合业务和对综合柜员在业务权限中的授权、密押管理、系统开机、日终平账等工作。

3. 综合柜员：主要负责前台柜面业务处理和现金、凭证、尾箱管理工作。

4. 理财经理：负责个人客户理财规划和理财产品营销。

5. 大堂经理：负责客户疏导、现场管理、指导客户使用现场设备。

文本：中国农业银行柜员制管理暂行办法

三、综合柜员岗位职责

1. 妥善保管和正确使用现金章、转讫章及个人名章。

2. 认真审查受理客户提交的票据或凭证是否合法、合规，印鉴是否相符，及时正确处理账务，及时传递票据和凭证。

3. 办理现金收付业务，清点整理现金，进行伪钞鉴别。

4. 及时将业务凭证交柜长监督审核，并核打尾箱现金进行轧账，确保钱账无误。

文本：中国工商银行柜员制储蓄所管理暂行办法

5. 担任反洗钱工作专员。

6. 负责回单箱的管理，包括每天回单的派发和邮寄。对于未能及时取走回单和退票的客户，应主动电话通知客户。

7. 网点密押员后备，负责联行密押的编、核押及银行汇票的密押机妥善保管。

8. 负责将到期的票据及时进行托收。密切关注支付往来账、查询查复业务等情况，并及时处理。

文本：中国建设银行现金出纳柜员制管理办法

9. 营业期间临时离岗或营业终了，应在终端上及时做柜员签退，妥善保管工号卡，定期更换柜员密码，防止密码泄露。

10. 负责现金尾箱的接送箱工作。

11. 会同其他综合柜员对个人开户资料进行整理及按月装订。

12. 完成营业部经理和支行领导交办的其他工作。

步骤二　养成服务素养

微课：柜面服务素养

PPT：柜面服务素养

业务描述

熟悉银行客户服务原则、服务理念，能正确理解并执行。

相关知识

一、银行客户服务原则

银行客户服务原则是“以客户为中心”，一般体现在如下几个方面：

1. 根据客户的需求开发服务产品、创新服务功能；

2. 从满足客户需要出发创新经营管理体制、完善业务管理制度、改造业务经办流程；

3. 以让客户满意为宗旨建立服务文化。

二、银行客户服务理念

1. 客户永远是对的。

“客户永远是对的”是一种服务要求。它的含义如下：

（1）客户的正确批评是我们改进服务的动力，要虚心接受和认真解决；

（2）客户的误解性批评多数是善意的，需要引起我们注意；

（3）非原则问题与客户争辩最终将致客户离去，使自己受损。

2. 我们永远不说：不。

其基本含义是：我们永远不让客户感到失望。具体含义是：

（1）在服务时，绝对不说“不知道、不清楚、不是我的职责”等正面回绝客户的语言；

（2）要按“首问负责制”的要求，主动热情地帮助客户解决遇到的问题；

（3）确实遇到自己不清楚或职责范围以外的问题，要为客户明确继续解决问题的方向。

3. “100－1＝0”

这是一个反映服务效应原理的经验公式。其基本含义是：

优质服务必须坚持一贯，如果在100次服务中，仅有一次没让客户满意，客户往往记住的就是这一次，由此失去了客户，我们的服务效果就等于0。

4. “1 =353”

这是一个反映服务效应原理的经验公式。它的含义是有1名客户直接表示不满，可能会失去353个客户；真诚服务1名客户，可能会吸引来353名客户。

三、银行员工服务规范

1. 职业道德规范。

银行员工必须诚实守信，待人谦和有礼，牢固树立“客户至上、服务立行、行兴我荣”的思想；以整体利益为重，忠于职守，爱岗敬业，秉公办事。

2. 服务态度规范。

应设有引导服务，服务人员要面带微笑，主动热情。对客户要做到：

(1)“六声”：即接待客户有迎声，客户表扬有谢声，服务不周有道歉声，体贴客户有问候声，受到误解、委屈要无声，客户走时有再见声。

(2)“六要”：即称呼客户要礼貌、恰当，询问客户要尊重、诚恳，解答问题要全面、细致，当好参谋要热情、周到，宣传业务要积极、主动，办理业务要迅速、快捷。

(3)“六一样”：即存、取款一样热情、周到；繁简业务一样迅速、准确；忙时闲时一样仔细、认真；金额大小一样热情对待；主辅币一样欢迎；新老客户一样亲切。

四、银行员工仪表及仪态规范

温馨提示

如果学生已经学习“金融服务礼仪”课程，可跳过四、五，直接进入“模块二”的学习。

视频：中国建设银行男士仪容仪表规范

1. 银行员工仪表要求。

员工应按照规定时间统一身着工装，整洁得体，佩戴工号牌；头发梳理整齐、色泽自然，不染彩发，不留怪发型；注意个人卫生，保持面部、口腔清洁，身上无异味，不留长指甲。

(1) 男员工身着工装时，应配穿黑色皮鞋、系领带。领带要保持挺括、干净，系戴端正，长短适度。夏季身着制式衬衣时，衣摆应扎入裤内；头发长短适宜，不蓄胡须，不佩戴饰物。

(2) 女员工淡妆上岗，身着工装时配穿黑色皮鞋，长袜可视部分不得带有花边、图案；发长不过肩，不得涂有色指甲油，打扮得体。

视频：中国建设银行女士仪容仪表规范

2. 银行员工仪态要求。

(1) 员工仪态总体要求：工作时应精神饱满，

端庄素朴，举止、谈吐大方、优雅、自然，体现出良好的个人修养和素质。

视频：上海银行员工仪态规范

（2）员工仪态具体要求：①站姿挺拔。站立时应收腹挺胸，不弯腰；抬头目视前方，面带微笑。②坐姿文雅。入座要轻，坐时两膝自然并拢，上身保持直立稍向前倾。③行姿稳重。行走时，收腹挺胸，抬头平视，动作协调自然。多人同行时不要勾肩搭背，并成一排。④语言得体。说话时使用规范语言，语音适中，吐字清晰。与人交谈时，应尽量避免打哈欠、喷嚏、咳嗽，难以控制时，应侧面回避，并适当遮掩。

练一练

按照银行员工的仪态要求训练站姿、坐姿、行姿，长期坚持，养成习惯。

五、银行柜员语言规范

视频：长白山农商银行柜员语言规范

1. 服务用语基本要求。

（1）工作时间均应使用文明用语和普通话。

（2）自觉使用“请”“您好”“谢谢”“对不起”“再见”十字文明用语，做到“请”字当头，“您”字跟上，未达到对方满意时应说“对不起”。

（3）坚持“三声服务”，即来有迎声、问有答声、走有送声。

（4）在工作岗位服务中，语言要清楚，语调要适中，语气要平和，非特殊原因不说方言和土语。

（5）服务窗口应有懂哑语、特殊方言的柜员。涉外窗口的柜员应基本会用外语交流。

2. 临柜服务文明用语。

（1）柜台人员服务用语有：“您好！”“早上好！”“下午好！”“请问您需要什么帮助？”

（2）大堂经理及引导人员服务用语有：“请您到××窗口办理。”“请您填写××凭证。”“请您坐在沙发上稍等一会儿。”

（3）业务办理过程中，需要和其他人交换意见或向有关部门查询、请示时，使用服务用语主要有：“对不起，请稍等！”“请稍等，我马上帮您查一下！”“对不起，我需要请示一下，请稍等！”

（4）客户等待时间较长时，使用用语：“对不起，让您久等了！”“真抱歉，因……让您等了这么久。”

（5）需要客户配合时的服务用语有："请您出示一下××证件，谢谢！""请您……谢谢合作。""这是您的××，请您核对收好，谢谢！"

（6）业务办理完毕服务用语有："请慢走！""很高兴为您服务！"

案例分析

以最好的服务面对客户

周六上午，吴先生来到银行办理一笔20万元定期到期取款业务。他事先并不知道需要提前预约，也不清楚办理手续，故而询问这家支行的员工。

场景一

吴先生："我的存单到期了，给我清户吧！"

银行员工："今天是周六，没有那么多的钱，办不了。"

吴先生："你们正常营业为什么办不了？"

银行员工："今天是周六，你又没有预约，没法给你取。"

吴先生："没钱你们开门营业干什么？"

随即吴先生进行了投诉。

场景二

吴先生："我的存单到期了，给我清户吧！"

银行员工："先生您好！今天是周六，银行没有那么多的现金，加上您之前并没有提前预约，所以很难帮您全部取出来。"

吴先生："你们正常营业为什么取不了？"

银行员工："您先别着急，因为取款5万元以上必须提前和我们预约，我们现在没有这么大笔现金。您看这样行不行，我先给您少取一点现金，再给您联系其他网点看看有没有资金。"

吴先生："好吧！谢谢您提醒。"

从案例中看出，当客户有紧急要求时，是想法设法帮客户解决问题，还是直接拒绝客户，这是企业文化和员工素质的一个体现。因为不同的处理方法，可能导致客户对一家银行产生截然不同的感受，尤其是第一次上门的客户。要客户认可你的银行，首先自己要得到客户认可。

操作要点

1. 熟练运用银行柜员的服务礼仪。
2. 熟练运用规范的语言进行客户沟通。

知识要点

1. 综合柜员制。
2. 营业部岗位设置及综合柜员岗位职责。
3. 银行客户服务原则、客户服务理念。
4. 银行员工服务规范、仪表及仪态规范、银行柜员语言规范。

问题讨论

1. 作为一名银行柜员，如何将“客户至上”的服务理念体现于日常工作中？
2. 服务时对客户要做到的“六声”“六要”“六一样”，具体指什么？

推荐阅读

查阅《中国工商银行服务工作规则》。

思考与练习

两个同学为一组，分别扮演银行柜员和客户角色，训练银行柜员语言规范。

模块二 柜员业务基本操作规程

任务描述

能熟练完成日初处理程序。熟悉现金、重要空白凭证、印章及账户管理规程。

业务一　熟悉日初处理的基本程序

微课：熟悉日初处理的基本程序

业务描述

做好营业前准备工作，完成柜员签到手续。

相关知识

一、营业前准备

网点柜台人员每日营业前应提前到达网点，并做好以下工作：

1. 打扫营业柜台内的卫生，清洁 ATM 及各种电脑、机器设备。

2. 检查并开启各类机器设备，摆放整齐，保证设备正常运行；检查印章是否齐全，摆放有序；整理营业厅及柜台摆放的资料；检查便民服务措施是否齐全；检查利率牌及日历牌的内容是否正确。

3. 检查自身着装并挂好工号牌，做到整洁、庄重、规范。

4. 检查随身携带物品、用具是否符合要求。

5. 检查安全防卫器具是否正常、完好，二道门锁是否完好。

6. 现金及重要单证出库。应做到如下几点：

（1）柜员钱箱出库。

（2）柜员应检查自有库存中现金是否能满足正常条件下的收付款。检查钱箱封口是否完好，钱箱与登记簿记录是否一致。

（3）核对各种重要单证与登记簿结存是否一致，是否能够满足正常营业所需。

（4）检查并调整各种印章的使用日期，使其为当天实际日期。

PPT：熟悉日初处理的基本程序

视频：宣汉农商银行服务操作规范

视频：柜员桌面整理规范

二、签到

签到是指柜员在完成硬件准备工作后，通过系统身份认证进入授权的业务系统，准备办理日间业务。

1. 主管开机：每日办理业务前，先由获得权限的业务主管进行主机开机。

2. 柜员登录：在主机开机后，柜员用自己的权限卡刷卡，登录到签到界面进行签到。

3. 柜员输入柜员号、钱箱号、操作密码，进入业务操作界面，准备办理业务。

业务二　熟悉现金业务规程

业务描述

熟悉库箱开启、封装业务、柜员领解现金业务、现金收付业务、人民币挑剔整点业务、票币兑换业务、假币收缴业务、残损人民币兑换业务等规程。

微课：熟悉现金业务规程

相关知识

PPT：熟悉现金业务规程

一、库箱开启、封装业务规程

1. 库箱开启业务规程。

（1）库车到达，柜员接收库箱，并检查封签、锁具，没有异样后办理交接。

（2）两名柜员会同开箱，共同点捆卡把、清点零头、加计总数。

（3）将各自加计的库箱金额核对相符，再与库箱封签金额、柜员尾箱余额表核对相符。

（4）在柜员尾箱余额表上共同签章，并随当日传票装订。

2. 库箱封装业务规程。

（1）柜员平账，打印柜员尾箱余额表。

（2）两名柜员会同先将钞券装箱，然后共同点捆卡把、清点零头、加计总数。将各自的库箱金额核对相符，并与柜员尾箱余额表核对相符。

（3）对库箱上锁，锁头上加贴封签，并注明日期、行名、库箱金额，在封签骑封处加盖名章。最后在柜员尾箱余额表上加盖名章，并随当日传票装订。

（4）库车抵达，柜员核实押运人员身份，并交出库箱办理交接，库箱入库。

操作动画：现金出库

二、柜员领解现金业务规程

1. 柜员领用现金业务规程。

（1）柜员向管库员申请领现。

（2）管库员同意后按柜员要求的券别明细配款并自复平衡。

（3）管库员将款项交给柜员，柜员会同管库员在监控下当场清点，如果发现款项差错则全数退还管库员重配。

（4）管库员使用领用现金交易处理，输入币种、券别、金额、领用柜员号等要素，柜员确认。

（5）柜员将领入款项入箱保管。

2. 柜员上解现金业务规程。

（1）柜员向管库员申请上解现金，管库员同意。

（2）柜员将款项交给管库员，管库员会同柜员在监控下清点款项，如果发现差错则全数退还柜员。

（3）管库员使用上解现金交易处理，输入币种、券别、金额、上解柜员号等要素，柜员确认。

（4）管库员将款项入箱保管。

三、现金收付业务规程

1. 现金收款业务规程。

（1）柜员收到现金缴款单及现金。

（2）仔细审核现金缴款单内容是否准确无误。

（3）柜员点收现金：先卡大数，再按先整后零顺序清点款项，加总钞券实物各券别金额与现金缴款单金额核对无误。

（4）进行现金收款账务处理，并在缴款单上打印交易记录。

（5）仔细核对现金缴款单，确认无误后，在现金缴款单各联凭证上加盖现金收讫章（或清讫章）、名章。

（6）柜员将现金缴款单回单联交客户并送别客户。

（7）柜员妥善保管现金缴款单记账联，现金归档，理清台面。

视频：银行员工点钞

2. 现金缴款差错业务规程。

（1）柜员办理现金收款业务发现客户缴款差错，必须复点确认，当面告知客户。

视频：花样点钞

（2）对客户缴款长款，柜员既可将多余款项退还客户，也可将款项连同现金缴款单全数退还客户，由客户重填，审核无误后重新办理。对客户缴款短款，柜员既可由客户补足差额，也可将款项连同现金缴款单全数退还客户，由客户重填，审核无误后重新办理。

3. 现金付款业务规程。

（1）柜员收下客户提交的支票或其他付款凭证。

（2）柜员仔细审核支票或其他付款凭证的信息。

（3）柜员审核是否为大额支付，如果是大额现金支付，则必须获得授权。

（4）柜员对支票或其他付款凭证进行验印，加盖验印章。

（5）柜员使用相应交易进行现金付款账务处理，对超过柜员权限的必须获得授权。如果付款人账户余额不足支付的，则将支票或其他付款凭证退还给客户。柜员按系统提示，在付款凭证上打印交易记录。

（6）柜员根据支票或其他付款凭证大写金额配款，成捆券拆捆前要验明封签与票面相符，卡清把数，成把券拆把前要先点准后使用，拆捆钞券未付完前应保留大封签。配款时，柜员加总所配钞券实物各券别金额并与支票或其他付款凭证大写金额核对相符。配款后，柜员再根据支票小写金额自复平衡。

（7）柜员在付款凭证上加盖现金付讫章（或清讫章）、名章。

（8）柜员将现金当面交给客户，然后送别客户。

（9）柜员将支票或其他付款凭证妥善保管。

四、人民币挑剔整点业务规程

1. 损伤票币的挑剔。

柜员在收付、整点人民币时，要随时挑出损伤币。损伤人民币的挑剔按以下标准办理：

文本：中国人民银行假币收缴、鉴定管理办法

（1）纸币票面缺少面积在 20 平方毫米以上。

（2）纸币票面裂口两处以上、长度每处超过 5 毫米，裂口 1 处、长度超过 10 毫米。

（3）纸币票面存在纸质较绵软，起皱较明显，脱色、变色、变形，不能保持票面防伪功能等情形之一。

（4）纸币票面污渍、涂写字迹面积超过两平方厘米，或者不超过两平方厘米但遮盖了防伪特征之一。

（5）硬币有穿孔、裂口、变形、磨损、氧化及文字、面额数字、图案模糊不清等情况。

2. 人民币整点要求。

视频：不宜流通人民币挑剔标准

（1）纸币按券别、版别分类平铺捆扎，一百张为把，十把为捆，用线绳双“十”字捆扎。

（2）硬币按不同面额分类，同面额币百枚（如习惯五十枚亦可）为卷，十卷为捆，每把（卷）须盖带行号的经手人名章。

（3）回笼券及损伤券应将新、旧版的钞票分清；损伤券要分开扎把，并在票币两头各用纸条捆扎分开成捆。扎把用纱纸条，以便盖章清晰。

（4）每捆钞票封签的行号章必须在“中国人民银行 × × 分行”与“封签”之间的空白处加盖，封签日期必须以封捆当日为准，封捆员、复核员的名章必须盖在规定位置。

（5）每把钞票的腰签必须扎在钞票中间统一位置；凡经整理的票币，均应逐把（券）在同一侧面加盖带行号的经手人名章。

（6）纸币成捆时，第一把票券应正面朝上，第十把票券应背面朝下，并按双“十”字形捆紧，金属铸币依不同卷装方法成捆。成捆后，每捆须在绳头结扣处封签，注明行名、券别、金额、封捆日期，并加盖封捆员、复核员名章，复核员名章应与扎把纸条名章一致。

（7）经过整点的票币要做到数字准确，完整票币与损伤票币分开，墩齐、捆紧，印章清楚。

五、假币收缴业务规程

1. 柜员在办理现金业务中发现假币，应立即换人复核，并由两名持有“反假货币上岗资格证书”业务人员在持有人视线范围内办理假币收缴手续。

视频：假币收缴业务

2. 对假人民币纸币，当着持有人的面加盖“假币”戳记。对假外币和假硬币，当着持有人的面用“金融机构收缴假币专用封装袋”封装，并在封口处加盖“假币”戳记，在专用袋上注明相关信息，加盖柜员名章。

3. 柜员按币种、版别、券别分别填写假币收缴凭证，加盖业务公章和柜员名章，并请持有人签字，如果持有人不愿签字的，收缴人员应在假币收缴凭证上注明，并由收缴和复核人员共同签章证明。

4. 柜员应向持有人告知权利：如对被没收的货币真伪有异议的，可在7个工作日内向中国人民银行当地分支机构或人民银行授权的鉴定机构申请鉴定；如对假币收缴程序有异议的，可在60个工作日内向人民银行当地分支机构申请行政复议或依法提起行政诉讼。

5. 如持有人提出疑问的，柜员应耐心细致地解答。

6. 柜员使用相应交易进行假币收缴登记，或在“假币收缴登记簿”上予以登记。

7. 柜员收缴假币过程中有下列情形之一的，应当立即报告当地公安机关：一次性发现假人民币20张（枚）及以上、假外币10张及以上的；利用新的造假手段制造假币的；有制造贩卖假币线索的；持有人不配合收缴行为的。

温馨提示

假币的收缴

1. 自身形象要正，处理必须果断，不能让客户存有侥幸心理。

2. 必须措辞得当，有礼有节。

3. 假币不能出柜，以防止客户不交还，形成尴尬场面。

六、残损人民币兑换业务规程

1. 能辨别面额，票面剩余四分之三及以上，其图案、文字能按原样连接的残缺、污损人民币，按原面额全额兑换。

2. 能辨别面额，票面剩余二分之一（含二分之一）至四分之三以下，其图案、文字能按原样连接的残缺、污损人民币，按原面额一半兑换。纸币呈正十字形缺少四分之一的，按原面额一半兑换。

3. 不予兑换的残缺人民币：票面残缺二分之一以上者；票面污损、熏焦、水湿、油渍、变色、不能辨别真假者；故意挖补、涂改、剪贴、拼凑、揭去一面者。对不予兑换的残缺人民币银行加盖“作废”戳记，也可不加盖，均可退回原主。对确系故意损毁人民币者，没收票币，并视情节轻重给予批评教育或交由司法部门依法处理。

视频：残缺人民币兑换

想一想

柜员收付现金时，遇到假币应如何处理？遇到残损币应如何处理？

业务三　熟悉重要空白凭证管理业务规程

微课：熟悉重要空白凭证管理业务规程

业务描述

了解重要空白凭证的种类；熟悉重要空白凭证管理业务规程。

PPT：熟悉重要空白凭证管理业务规程

相关知识

一、重要空白凭证的种类

重要空白凭证是指无面额的经银行或单位填写金额并签章后即具有支付效力的空白凭证。重要空白凭证包括存单、支票、银行汇票、商业汇票、不定额银行本票及其他重要空白凭证等。

二、重要空白凭证管理基本规定

1. 重要空白凭证的管理原则。

重要空白凭证要专人管理，实行“证、印分管，证、机分管，证、账分管”的原则，严格控制各种重要空白凭证的领入、发出、保管领用、销毁及核算工作。

2. 重要空白凭证的核算。

重要空白凭证一律纳入表外科目核算，应按凭证种类设“在库户”“在用户”“待销毁户”进行明细核算，以一份（卡、套）一元的假定价格核算，同时建立登记“重要空白凭证登记簿”和“重要空白凭证使用情况登记簿”，凭出/入库单逐笔在登记簿上登记凭证种类、数量、冠字号及号码。登记簿各户余额之和应与有关表外科目核对一致，登记簿记载的冠字号码应与实物核对一致。

操作动画：凭证出库

3. 重要空白凭证的使用。

（1）营业柜台按照号码顺序使用，不得跳号，不得带出营业柜台签发。属于银行签发的重要空白凭证，严禁交由客户签发；严禁在重要空白凭证上预先盖好印章备用。

（2）重要空白凭证应逐级领取，严禁越级领用。二级分行之间的重要空白凭证横向调拨只能通过省分行办理，辖区内经办行之间的重要空白凭证横向调拨只能通过二级分行办理。跨管辖行的行处之间不能进行重要空白凭证的横向调拨。严禁将空白银行汇票加盖汇票专用章下发非汇票机构代理签发。二级分行将空白银行承兑汇票下发所属机构必须经过一级分行授权后方可执行。

（3）严禁使用储蓄存单办理单位存款业务。严禁将重要空白凭证在柜台上随意放置，重要空白凭证要入保险柜（库）保管。

4. 重要空白凭证的出售。

（1）银行汇票、银行本票、印鉴卡等银行内部使用的重要空白凭证不允许出售。

（2）除申请人以现金的方式办理现金银行汇票外，各行只能对本行开户的单位和个人出售重要空白凭证，新开立的账户在没有存入款项时，开户行不得出售任何凭证。

（3）单位购买支票，原则上一次只能购买一本，使用量大的单位每次最多限购五本。在出售空白支票时，必须在支票上加盖开户银行名章和存款人账号戳记，同时将领用支票起讫号码登记，实行销号管理。

（4）单位购买银行汇票申请书一次最多出售一本，并在每联汇票申请书上加盖开户银行名章和存款人账号戳记，办理现金汇票的一次只出售一份，并登记、逐份销号。

5. 重要空白凭证的签发、注销。

（1）经办人员签发重要空白凭证时应进行销号控制。填错的重要空白凭证，应切角作废并加盖“作废”戳记，按凭证的种类与号码及时登记“作废重要单证（卡）登记簿”后，将作废的重要凭证装订在当天的同类重要单证（后一凭证号码）之后；对于作废的印鉴卡等没有留底记账联的重要单证作相关表外付出凭证的附件；对于填写错误作废的银行汇票加盖“作废”章后装订在“汇票申请书”后面。

（2）因该版作废的重要空白凭证，在新版正式使用后经办行处要立即对作废的重要空白凭证进行认真清理，登记“作废重要单证（卡）登记簿”，并及时切角或打孔，加盖“作废”戳记，集中二级分行入库（柜）保管。

（3）因印刷质量问题而不能使用的重要空白凭证，要及时通知管辖行，并登记“作废重要单证（卡）登记簿”，与有关的账簿核对相符后，逐级上交至一级分行。

业务四 熟悉印章管理业务规程

业务描述

了解印章用途，熟悉印章的使用和保管规程。

微课：熟悉印章管理业务规程

PPT：熟悉印章管理业务规程

相关知识

一、常见印章的用途

1. 储蓄印章。

（1）业务公章：用于签开存单、存折，发售的各类债券、定额存单，内部往来报单和业务查询（查复）书，异地托收凭证和挂失申请书，编制的“储蓄营业日（月、年）报表”。

（2）现金讫章：用于现金收、付款凭证。

（3）转讫章：用于转账业务凭证。

2. 会计印章。

（1）会计专用章：用于向上级行和人民银行缴存、支取现金和转账划转资金，是在上级行和人民银行的预留签章。会计专用章只能刻制一枚。

（2）业务用公章：用于挂失申请书、信汇（转汇时加盖）查询和查复账务联系书、存款开户证实书、印鉴卡单位留存联、委托收款和托收承付回单以及有关内部凭证等。

（3）结算专用章：用于委托收款、托收承付的发出，结算业务的查询、查复以及贴现、转贴现银行向承兑银行提示付款。

（4）票据清算专用章：用于提出票据交换的凭证。

（5）受理他行票据专用章：用于受理开户单位存入他行票据时，签盖进账单回单。

（6）现金讫章：适用综合柜员制网点用于现金收、付款凭证。

（7）转讫章：用于银行汇票解讫通知划回、信汇和电汇回单、单位收账通知及已处理的内部转账凭证等。

（8）汇票专用章：用于签发银行汇票、承兑银行承兑汇票，银行承兑汇票的转贴现、再贴现。一个汇票机构刻制一枚。

（9）电子汇划专用章：用于会计部门与清算部门相互提送的有关汇划的原始凭证、专用凭证、清单、补充报单及电子汇划业务的查询查复。

（10）本票专用章：用于签发银行本票。

二、印章的使用和保管

1. 印章使用和保管坚持“谁保管谁使用谁负责”的原则，做到“人在章在，人走章收，严禁托人代管”。

2. 保管和使用电子汇划专用章的人员不得同时保管和使用业务密押、电子汇划专用凭证。

3. 使用汇票专用章、电子汇划专用章、会计专用章，应用红色印泥，签章要清晰。

4. 会计人员临时离岗时印章必须装箱上锁，不得任意放置。

5. 营业终了，必须认真清点，印章入保险柜（库）保管，会计主管每日应进行检查监督。各种会计印章均不得携带出本单位、本部门使用。

6. 印章的保管人员调离岗位或临时请假时，应办理交接手续，并由会计主管人员监交。

业务五 熟悉账户管理业务规程

业务描述

熟悉账户管理的基本规定，了解有权查询、冻结、扣划单位、个人存款的执法机关。

微课：熟悉账户管理业务规程

相关知识

PPT：熟悉账户管理业务规程

一、账户管理的基本规定

1. 冻结客户存款，必须由县级或县级以上司法部门向银行出具正式冻结通知，冻结期限不得超过六个月，否则应重新办理冻结手续。

2. 存款人死亡后，合法继承人要求支取的，应向储蓄机构所在地公证处申请办理继承权证明书。继承权发生争执时，应由人民法院判处，储蓄机构凭相关判决、调解文件办理。

3. 存款人已死亡，凭证持有人未说明有关事项直接到银行办理取款或转存手续的，储蓄机构视为正常支取或转存，事后引起的存款所有权争执，银行不负责任。

4. 挂失业务受理可由他人代办，但需同时出具存款人和代理人有效身份证件；挂失后撤销挂失、解挂、补发等业务，必须本人提供有效身份证件和相关凭证方能办理。若存款人本人因重大疾病等原因确实无法亲自办理挂失手续的，网点可派人上门核实情况并取得存款人本人的亲笔授权委托书后办理；无法核实的，网点要向客户出具人民银行上述规定，并做好解释工作，如客户仍有争议，可建议客户向当地人民银行申请复议。

5. 账户管理过程中涉及冻结解冻、挂失止付、支取方式修改等特殊事项均须客户提供相关证件，并经主管授权后方可办理。

二、有权查询、冻结、扣划单位、个人存款的执法机关

有权查询、冻结、扣划单位、个人存款的执法机关如表 1－1 所示，法律、行政法规另有规定的从其规定。

表 1－1　有权查询、冻结、扣划单位、个人存款的执法机关一览表

单位名称	查询		冻结		扣划	
	单位存款	个人存款	单位存款	个人存款	单位存款	个人存款
人民法院	有权	有权	有权	有权	有权	有权
税务机关	有权	有权	有权	有权	有权	有权
海关	有权	有权	有权	有权	有权	有权
人民检察院	有权	有权	有权	有权	有权	无权
公安机关	有权	有权	有权	有权	无权	无权
国家安全机关	有权	有权	有权	有权	无权	无权
军队保卫部门	有权	有权	有权	有权	无权	无权
监狱	有权	有权	有权	有权	无权	无权
走私犯罪侦查机关	有权	有权	有权	有权	无权	无权
监察机关（包括军队监察机关）	有权	有权	无权	无权	无权	无权
审计机关	有权	无权	无权	无权	无权	无权
工商行政管理机关	有权	无权	暂停支付	暂停支付	无权	无权
证券监督管理机关	有权	无权	无权	无权	无权	无权

操作要点

1. 营业前准备及签到手续。
2. 进行现金出库、重要空白凭证出库。

知识要点

1. 日初处理的基本程序。
2. 现金业务规程。
3. 重要空白凭证管理业务规程。
4. 印章管理业务规程。
5. 账户管理业务规程。

推荐阅读

1. 查阅《中国农业银行柜员制管理暂行办法》。
2. 查阅《农村信用社综合业务柜员业务量考核办法》。

思考与练习

1. 简述日初处理的基本程序。
2. 简述现金、重要空白凭证、印章及账户管理规程的内容。

模块三
柜面服务特殊情况处理

任务描述

能够对柜面服务特殊情况做出应急处理。

业务一　柜面服务特殊情况处理

业务描述

对柜面服务特殊情况进行处理。

微课：柜面服务特殊情况处理

PPT：柜面服务特殊情况处理

相关知识

一、在办理业务中客户缺少证件的处理

如储户带着非有效证件或超过有效期的证件来办理业务，临柜人员应主动向这位客户解释："您提交的证件是非有效证件或超过有效期，请您去换证或把户籍证明带来再办理此业务，您再来若还要排队，我们可为您优先办理。"

如代理他人办理业务缺少双证时，应主动向代办人讲清业务规定，请他带齐证件，再来办理业务。

温馨提示

1. 不能用生硬的口气回答客户，要向客户讲清规章制度要求这样做，是为了从保护客户的利益出发，确保客户的存款安全。
2. 客户办理业务所需证件，资料要交代清楚，避免客户多次往返。

二、电脑发生故障的处理

柜员应在柜台上放置"机器故障，请稍等"的告示牌，柜员应做好解释说明工作，态度要诚恳和蔼，面带笑容。如果时间不长就可以排除故障，则告诉客户："此时机器正出故障，时间不会太长，请谅解。"若修复时间较长，应告诉客户："对不起，机器可能在短期内修复不了。如果您不急，等故障排除后再通知您，给您造成的不便，我们深表歉意"。

三、碰到情绪、行为特殊客户的处理

首先要有耐心，特别要注意语言文明，并通过耐心细致的讲解、真诚的语言、可亲的笑容感染客户，使客户感到理亏和难为情，同时也达到教育其他客户的目的。

对正在气头上，火气特别大的客户，要采取冷处理的方式：面对客户，脸带笑容，让客户把话说完，尽量平息客户的火气，然后再耐心解释。说话之前先要考虑这句话该不该说，会不会伤害客户，会不会给客户抓住把柄。

温馨提示

绝对不能说损害客户自尊心的话，也不说火上烧油的话，更不能同客户争吵。要向客户多说"对不起""抱歉"等。

案例分析

银行柜台服务案例及应对技巧

事例一　接待老年人

一天，一位70多岁老人来到营业网点，谨小慎微地说能否咨询一下业务，他已去过好多网点，虽然经过讲解但他还是搞不明白怎么存钱，怎么样才能把钱存好？当时网点柜员正忙，于是大堂经理把他扶到座位上，倒了一杯温开水，为他详细说明、示范业务办理过程。经过一个多小时，这位老人才弄明白，事后把儿女的存款都放在了这个网点。

应对技巧：

老年客户反应力慢，需要柜员更加耐心的服务，在务工经济的农村更是农信社的主流客户。柜台人员要坚持客户的满意是银行生存与发展的基准理念不动摇，善于发现有需求的客户，提供及时、优质的服务，绝不能主观排斥某类客户，更不能以衣着、年龄论客户优劣。

事例二　凭证填写不规范

某企业出纳办理支票取现，柜员审核时发现日期"贰零零陆"写成"贰零零六"，柜员在对企业出纳说明情况后，要求其重填一张现金支票。企业出纳员回到企业填制一张新的现金支票后拿回，柜员再一次审核时发现，大写金额仍有误，并再一次要求企业出纳重填支票。企业出纳

非常生气，认为柜员有意刁难，柜员说："我是按制度办事，不能给你取款。"僵持了好长时间，客户进行了投诉。

应对技巧：

柜员在第一次审核票据时，应全面细致审核，将票据上所有不规范的地方向客户详细说明。要求客户重填票据，可以说："对不起，你的××有误（全面指明错误之处），麻烦您重新填写一张"。特别是对客户因多次填错而着急时，应以温和的态度，及时给予客户安慰，并提供帮助和指导。

事例三 假币收缴

张先生来银行办理10万元活期存折，当柜员清点时，发现有一张100元假钞。柜员："你的存款中有一张假钞，按规定要没收。"张先生："你怎么能说是假的，给我看一下。"柜员："一看就知是假的，假钞没收后不能再给客户了。"张先生："你把10万元钱给我，我不存了。"柜员："您不存了，发现了假币还是要没收。"张先生想要回假币未果，情绪激动。柜员不加理会，"按章"办事。

应对技巧：

当客户怀疑时，应由两位柜员当场验证该币，并向客户解释："对不起，按照人民银行规定，假币须没收，我们将给您开具假币收缴凭证，您可以向付款人追索。"若客户坚持拿回，要安抚客户情绪，可以说："很抱歉，真的不能给您。今天，您是假币受害者，但您一定不想让其他人再受这张假币的危害吧。我可以告诉您识别假币的方法，这样您就能避免再收到假币了。"

事例四 密码挂失（本人来不了）

某周日，76岁高龄低保户王某女儿帮其领取低保金，试了几遍密码都不对，于是询问柜员怎么办。柜员说："办理密码挂失吧。"王某女儿问："怎么办理挂失？"柜员回答："本人持有效身份证件亲自到柜台办理。"王某女儿说："不可以代理？"柜员说："不可以代理。"王某女儿说："她不能行走怎么办？"柜员说："用车接来吧，否则我也没办法！"王某女儿马上火了："你这是出难题，不是在解决问题。"争执一番后，王某女儿一气之下进行了投诉。

应对技巧：

该柜员未能充分考虑客户本人不能到银行办理业务的实际难处，也没有采取有效措施予以解决，只是照搬照抄制度。或许能够这样：当柜员发现低保金密码不对，并知道本人不能前来办理密码挂失时，要在第一时间向行长报告，寻求解决途径。可以马上派人上门审核，现场办理密码挂失填单手续，并由户主出具委托××办理相关业务的委托书，由被委托人办理密码挂失业务。

事例五　兑换零钱

接近年末，很多客户需要兑换零钱，特别是小面额零钱需求比较大。一位客户来到营业大厅3号窗口，询问："能给我换200元钱一元的零钱吗？"3号窗口柜员回答："没有了。"他又去问4号和1号窗口，得到答案也是没有。因为隔着防弹玻璃，外面客户听不到里面柜员之间的对话，三位柜员相互问话让这位客户错误地认为，三人是商量好的，不想给他换零钱。他对此进行了投诉。

应对技巧：

柜员完全是按章办事，但事情处理的欠妥之处在于：向客户解释工作不到位，没有站在客户角度考虑问题，无法兑换零钱应向客户致歉，并说明原因。可以这样做，柜员："对不起，现在年末换零钱人太多了，现在实在没有零钱。"客户："我就换200块钱，帮帮忙吧。"柜员："这样吧，我明天早上给您从库里出，请您留个电话，你看行不行？"客户："这是我的电话，明天我再来吧！"

资料来源：贸易金融、财金阅读

推荐阅读

1. 查阅《中国人民银行假币收缴、鉴定管理办法》。
2. 查阅《中国农业银行储蓄所（柜）安全保卫工作制度》。
3. 查阅《中国人民银行货币押运安全管理规定》。

思考与练习

1. 遇到老人家不会操作密码，你怎么处理？请演示。
2. 交接班时客户很多，应如何处理？
3. 同学们分角色模拟客户和柜员，练习柜面服务突发事件的处理技巧。

2 项目二 人民币储蓄柜面业务

学习目标

知识学习目标：

1. 了解国家储蓄存款的政策、基本原则、个人存款账户的种类。
2. 掌握活期存款、整存整取、零存整取、存本取息、教育储蓄、定活两便、通知存款等存款的特点和业务处理流程。
3. 掌握网上银行业务开通、修改、撤销的业务流程。
4. 了解智能柜员机业务。

技能训练目标：

1. 能熟练操作刷卡机，会使用存折/卡完成客户信息的录入、读取。
2. 能指导客户完成开户申请书的填写。
3. 能完成开户申请书、存款凭条、取款凭条、利息清单等凭证的打印及签章手续。
4. 快速准确办理人民币活期存款、整存整取、零存整取、存本取息、教育储蓄、定活两便、通知存款等业务。
5. 快速办理个人电子银行业务。
6. 协助客户完成智能柜员机业务。

工作任务

应完成的工作任务：

1. 为客户办理人民币活期、定期储蓄柜面业务。
2. 为客户办理电子银行业务。

3. 协助客户完成智能柜员机业务。

完成工作任务应提交的标志性成果：

1. 为客户成功办理有关活期开户、存款、取款、挂失、存折补登、销户等柜面服务工作。标志性成果是处理完毕的存折、客户回单。

2. 为客户成功办理有关整存整取、零存整取、整存零取、存本取息、教育储蓄、定活两便、通知存款等柜面服务工作。标志性成果是处理完毕的存单/存折、客户回单。

3. 为客户成功办理有关网上银行的开通、信息修改、撤销等柜面服务工作。标志性成果是处理完毕的存单/存折、客户回单。

业务场景

商业银行对外营业机构的综合柜台，主要参与者有：顾客、大堂经理、柜员。

模块一 活期储蓄柜面业务

任务描述

办理普通活期储蓄存款业务的开户、续存、取款、销户、挂失等业务。熟悉本模块业务是进入银行工作的最起码要求。

微课：个人储蓄存款规定

PPT：个人储蓄存款规定

相关知识

一、我国个人储蓄存款的政策原则

《中华人民共和国商业银行法》第29条规定：“商业银行办理个人储蓄存款业务，应当遵循存款自愿、取款自由、存款有息、为存款人保密的原则。”

二、柜员办理储蓄业务应遵守的基本规则

1. 营业过程中，柜员必须在自己签到的终端上办理客户的储蓄业务，严禁其他柜员代为签章，严禁柜员在储蓄存取款凭条客户签字确认处代客户签名。

2. 柜员必须认真审核储户的存单、折、卡，辨别其真伪，并注意审核以下事项：存单、折有无公章；存单、折内容有无涂改；是否为本行账户；是否必须到原开户行办理。

3. 办理储蓄开户及存、取款业务必须在客户的视线范围内完成。现金存款应当面核准大数（整把以上的把数），点清细数（零散现钞），使用点（验）钞机全数清点无误后，确认实收金额与客户一致再录入终端，打印凭条交客户签字后收回。办理业务时应坚持一笔一清、一份一清，一笔业务未办理完毕，不得擅自离岗。

文本：储蓄管理条例

4. 客户办理支取现金人民币 5 万元（不含）以上，以及凭有效身份证件支取的业务，柜员必须按照人民银行有关规定，请客户在储蓄取款凭条或定期存单上填写客户身份证件号码，他人代办的还应填写代办人身份证件号码。认真审核客户及代办人身份证件的真实性、有效性，无误后方可办理。5 万元（不含）以上的大额取现应登记备案。

文本：农村信用社综合业务系统柜员授权管理规定

5. 客户对银行打印记录持有异议，未在储蓄存取款凭条上签字的，柜员应重新核实客户办理业务的有关内容。若银行打印记录与客户办理业务不符，柜员应对该笔业务进行冲销，重新办理并打印有关凭证，再请客户签名确认。

6. 柜员不得以任何理由删改存取款凭条上储户填写及银行打印的各项内容。

7. 交易提交后发生通信失败，应对该账户进行账户查询，若主机未记账，可重新办理该笔业务，若主机已记账，必须撤销该笔记账业务后，再重新办理。

8. 不得把私人物品带入工作区，尤其是现金。

9. 当出现现金错款时，要执行长款归公、短款自赔的规定，要及时告知营业室主任，严禁柜员私自处理。

案例：汇丰瑞士分支被曝协助客户逃税

三、个人人民币存款账户

个人人民币存款账户分为个人结算账户和个人储蓄账户。

表 2－1　　个人人民币存款账户

<table>
<tr><th></th><th>概念</th><th>共同点</th><th>不同点</th></tr>
<tr><td>个人结算账户</td><td>指自然人因投资、消费、结算、理财等需要，凭个人有效身份证件以自然人名称在银行营业机构开立的用于办理支付结算业务的人民币活期存款账户</td><td rowspan="2">1. 都可以存取现金
2. 存款都可获得利息收入（结算账户存款利率同活期储蓄账户）
3. 本人名下的个人结算账户和活期储蓄账户之间可以相互转账</td><td>在办理对外的资金转出或接受外部的资金转入时（包括本人异地账户汇款）只能通过结算账户办理</td></tr>
<tr><td>个人储蓄账户</td><td>指自然人凭个人有效身份证件以自然人名称在银行储蓄机构开立的办理资金存取业务的人民币储蓄存款账户
个人储蓄账户又分为活期储蓄存款账户和定期存款账户</td><td>储蓄账户只能办理本人名下的存取款业务和转账，而不能对他人或单位转账，也不能接受他人或单位的资金转入</td></tr>
</table>

四、个人结算账户的特点

个人结算账户不限存期，凭银行卡或存折及预留密码可在银行营业时间内通过柜面或通过银行自助设备随时存取现金。其特点是：

1. 通存通兑。客户凭银行卡可在全国各地网点和自助设备上存取人民币现金，预留密码的存折可在同城网点存取现金。同城也可办理无卡（折）的续存业务。

2. 资金灵活。1元起存，客户可随用随取，资金流动性强。

3. 缴费方便。客户可将其设置为缴费账户，由银行自动代缴各种日常费用。

业务一　开　　户

微课：活期储蓄柜面业务—开户

业务描述

客户张晓持本人身份证来到营业网点，在大堂经理的指引下已填制好开户申请表（如表2-2所示），要求开立活期存款账户。

相关知识

个人有效身份证件

PPT：活期储蓄柜面业务—开户

1. 居住在境内的中国公民，为居民身份证、临时居民身份证、护照。

2. 居住在境内的16周岁以下的中国公民，为居民身份证、临时居民身份证、户口簿（尚未申领居民身份证时可用），16周岁以下的客户办理业务需由监护人陪同或代理，同时出示监护人有效身份证件及关系证明。

3. 未申领居民身份证的军人、武装警察应出具军人、武装警察身份证件；如已申领居民身份证，则优先使用居民身份证。

4. 香港、澳门同胞，为港澳同胞回乡证或者出入境通行证；台湾居民，为台湾居民来往大陆通行证或者其他有效旅游证件。

操作动画：活期开户

5. 居住在境内或境外的中国籍的华侨，可以是中国护照。

6. 外国公民，为护照。

7. 外国边民，为护照，或所在国制发的《边民出入境通行证》。

8. 除此之外，依照我国法律及国家监管机构相关规定执行。如委托他人代办开户，代办人还需同时出示本人身份证件。

表 2-2

个人开户及综合服务申请表

客户信息

＊姓名：<u>张晓</u> 性别：□男 ☑女 ＊国籍：☑中国 □其他
＊证件类型：☑居民身份证 □护照 □其他
＊证件号码：<u>440118199001023456</u>
＊发证机关：<u>广州市公安局番禺分局</u> 证件到期日：<u>2025</u> 年 <u>10</u> 月 <u>9</u> 日 □永久有效
＊家庭地址：<u>广东</u>（省/自治区/直辖市）<u>广州</u>（市/区/县）<u>亚运大道 001</u>（街道/小区）
＊邮政编码：<u>511400</u> ＊职业：<u>医生</u> 收入：<u>3500</u>
资金来源：________ 资金用途：________ 开户用途：________
家庭电话：<u>02084841234</u> 手机号码：<u>13512345678</u> E-mail：________
＊代理人姓名：________ ＊联系电话：________
＊证件类型：________ ＊证件号码：________
＊通讯地址：________ 代办理由：________
注：注明"＊"的栏位为必填项，其他的为选填项。

借记卡、储蓄产品

□普通借记卡 □理财贵宾卡 □其他：________
□活期对账簿 □定期对账簿 □开立附属卡
□活期一本通 □定期一本通 □整存整取 ☑普通活期 □定活两便
□通知存款（1 天、7 天，7 天约定转存）□教育储蓄 □零存整取
□凭证式国债 □存本取息 □其他：________
币别：________ 金额：________ 存期：________
转存方式：自动转存 □是 □否 支取方式：□凭密码支取 □其他：________
利息支取方式：□转入其他账户 账号：________
□信用卡产品（请补充提交以下信息）
姓名拼音（请在姓和名之前以空格隔开，并与护照名一致）

信用卡常用地区（省/自治区/直辖市）
交易卡号/账号：________
（存量客户如需开通我行产品或综合服务功能，请填写卡号）

功能管理

渠道服务

网上银行	□开通	□查询版 □理财版 □贵宾版 □升级到理财版 □升级到贵宾版	认证工具选择 □ E-TOKEN + 手机交易码（手机交易码将发到客户资料中的手机号码中）□ USBKEY 证书
家居银行	□开通		
手机银行	□开通		
	□开通手机银行号码登录，签约手机号码：________ □开通手机银行用户登录		
短信通知（另请签约服务协议）	□开通 签约号码：________		
E-mail 通知	□开通 E-mail：________		

电话银行：□开通 □代客交易 □指定交易
转出账户________ 账号 1________ 账号 2________
交易限额________ 单笔________ 每月________ 交易电话________
转出账户 账号 1________ 收款人姓名________ 开户行________
账号 2________ 收款人姓名________ 开户行________

关联账户

	网银/手机银行	电话银行	短信平台	借记卡
账号 1 ________	□	□	□	□
账号 2 ________	□	□	□	□
账号 3 ________	□	□	□	□
账号 4 ________	□	□	□	□

投资理财

理财客户	□签约（另请签订服务协议）签约账号 □同交易卡号/账号 □其他		
基金代销	□开通（另请签订服务协议）	储蓄式记账式国债	□储蓄式国债开通 资金账号________ □同交易卡号/账号 □记账式国债开通 □其他________
第三方存管/B 股银证转账	□开通（另请签订服务协议）		
银期转账	□开通 资金账号 □同交易卡号/账号 □其他________		

本人承诺上述所提供的开户资料真实、有效，如有伪造、欺诈，自愿承担法律责任。
本人已阅读并了解本申请表中"××银行股份有限公司个人账户开户及综合服务协议书"的有关条款，保证遵照该协议的有关规定，客户须知，服务协议和银行最新的业务章程、业务规则，业务规定办理相关业务。
申请人（代办人）签字：<u>张晓</u> <u>2018</u> 年 <u>6</u> 月 <u>27</u> 日 银行签章：________ 经办人：________

业务流程

视频：中国建设银行个人开户业务——接待

1. 接过客户填写的“个人开户及综合服务申请表”、有效身份证件，通过反洗钱系统和身份证件核查系统查明该客户是否有资格开户。

2. 审核开户申请书是否填写完整、准确，鉴别有效身份证件。如为代理人开户，同时审核代理人的身份证件。

3. 若为现金存款，清点现金（按照现金收款程序进行现金鉴别、清点，并将清点无误的现金收入款箱）；若为转账存款，审核相关账户的正确性。个人人民币活期存款开户起存金额为1元，外币活期储蓄开户起存金额为不低于50元人民币的等值外汇。

4. 系统操作，将业务信息录入系统。

5. 请客户留存密码或其他支取方式信息。

6. 打印“存款凭条”，交客户签字确认。

视频：中国建设银行个人开户业务——审核

7. 打印存折，签章。在“存款凭条”上加盖现金收讫章或清讫章，存折上加盖储蓄业务专用章。

8. 将存款凭条收入传票、开户机打传票、开户申请书、有效身份证件复印件作为银行会计原始凭证，将存折、回单、身份证件、找付现金交还客户并送别客户，结束该笔业务。

9. 现金收进柜员尾箱，并迅速整理好原始单据、传票等，清理好桌面，准备迎接下一位客户。

操作步骤

视频：中国建设银行个人开户业务——点收现金

一、核查身份证件，检查开户申请表的正确性

风险点

1. 个人存款账户实名制。我国金融机构实行个人存款账户实名制，规定在开立储蓄账户、大额取款、大额转账、购买有价证券、代为他人办理业务、办理挂失、查询、冻结止付、办理提前支取等业务时，需要客户提交有效身份证件。

2. 检查客户提供的相关证件原件是否真实、有效，是否与客户身份相符，提防出现过期、伪造等无效身份证件。

3. 对于非居民申请开立个人存款账户的，需通过反洗钱系统检索黑名单记录，拒绝为黑名单客户办理开户业务。

4. 若为代理开立个人存款账户的，应同时核查代理人和被代理人的身份信息，联系被代理人进行核实，并记录核实方式及核实情况。

二、进行电脑系统操作

1. 建立客户信息。

柜员审核开户申请书、清点现金无误后，进入电脑个人储蓄界面。客户首次在本行办理业务时，必须建立客户信息。系统以个人有效的身份证件号码为唯一标识自动生成客户号，它是该客户开立各种存款账户的依据，每个客户仅有一个客户号，且不与其他客户的客户号重叠。（重要提示：在系统操作前，需在钱箱模块进行现金出库和凭证出库的操作。）

视频：中国建设银行个人开户业务——操作系统

（1）进入登录界面，选择“个人储蓄”菜单，见图2－1。

图2－1　登录界面

（2）进入“个人业务”菜单，开立个人客户号。对照开户申请表上填列的内容，输入完整的客户信息（系统有红色“※”号为必输项），见图2－2。

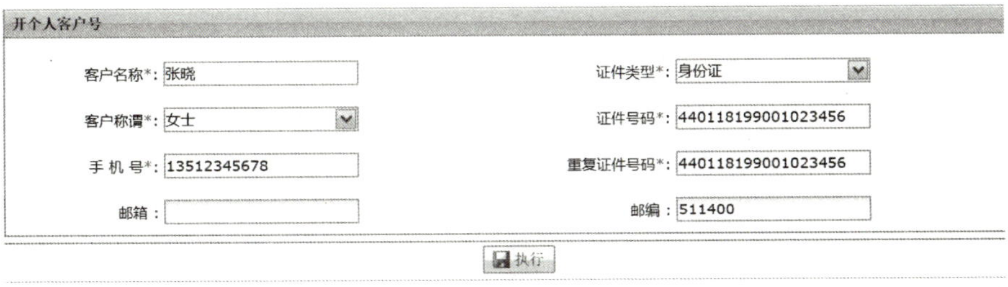

图2－2　输入客户信息

（3）按“执行”将提示操作成功，系统为张晓生成客户号，并返回操作结果界面，见图2－3。

图 2－3 操作成功返回结果

（4）个人客户号进入“个人客户综合查询”模块查询。输入客户的姓名或身份证号码等信息点击查询，可查询客户号，见图 2－4。

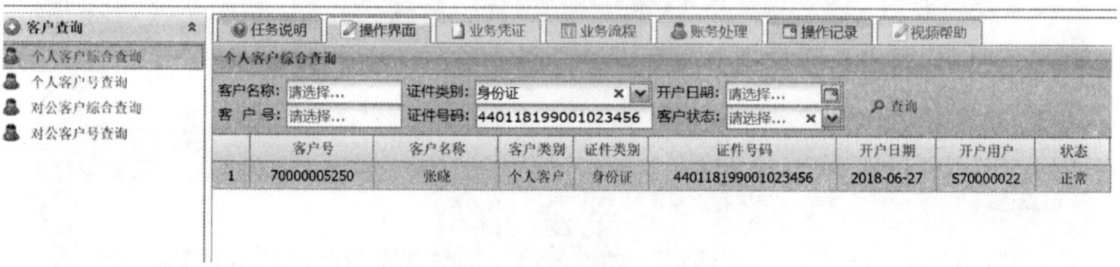

图 2－4 查询客户号页面

2. 开立普通活期账户。

（1）进入个人业务模块—个人账户管理—开立个人账户，输入张晓的客户号为 70000005250，点查询后，录入业务信息（账户为 I 类账户）。存折号信息是通过刷折系统自动读取的磁条信息；签印类别选择“密码”。操作界面见图 2－5。

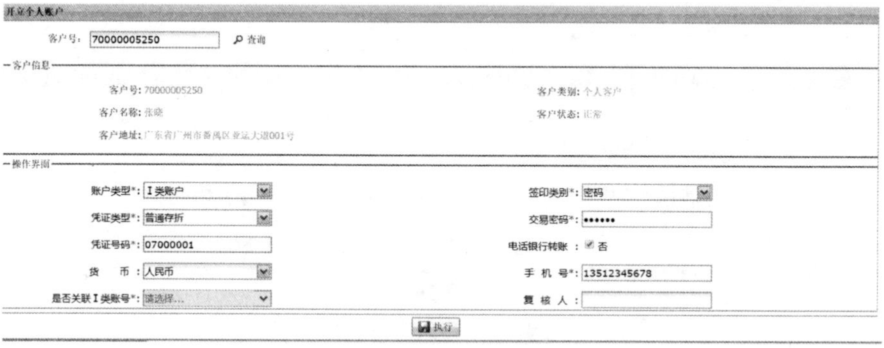

图 2－5 普通活期开账户

（2）当光标移到密码处，提请客户输入密码。

（3）当所有的业务信息输入后执行，运行成功后系统生成账号，见图 2－6。

图 2－6　返回操作结果

相关知识

Ⅰ类账户、Ⅱ类账户、Ⅲ类账户

2016 年 11 月 25 日中国人民银行发布了《关于落实个人银行账户分类管理制度的通知》。自 2016 年 12 月 1 日起，一个人在同一家银行只能开立一个Ⅰ类账户，如果已经开有Ⅰ类账户，只能再开立Ⅱ类账户或Ⅲ类账户。

表 2－3　　Ⅰ类账户、Ⅱ类账户、Ⅲ类账户的比较

	主要功能	使用特点
Ⅰ类账户：“钱箱”	1. 用于工资收入、现金存取、大额转账、大额消费、购买投资理财产品、公用事业缴费等 2. Ⅰ类账户可配发银行卡	Ⅰ类账户使用范围和金额不受限制
Ⅱ类账户：“钱夹”	1. 可办理存取款、购买银行自营或代销的投资理财产品等金融产品、限额消费和缴费、限额向非绑定账户转出资金业务 2. Ⅱ类账户可配发银行卡	1. Ⅱ类账户非绑定账户转入资金、存入现金日累计限额合计为 1 万元，年累计限额合计为 20 万元 2. 消费和缴费、向非绑定账户转出资金、取出现金日累计限额合计为 1 万元，年计限额合计为 20 万元
Ⅲ类账户：“零钱包”	1. 用于金额较小、频次较高的交易，尤其适用于目前银行采用创新技术开展的移动支付业务 2. Ⅲ类账户不能配发银行卡	1. Ⅲ类账户余额任意时刻均不得超过 2000 元 2. 非绑定账户转入资金日累计限额合计为 2000 元，年累计限额为 5 万元 3. 消费和缴费、向非绑定账户转出资金日累计限额合计为 2000 元，年计限额为 5 万元

三、打印存折与凭条

交易成功后，柜员根据系统提示打印开户传票和存折。图 2－7 为打印完毕的活期存折式样，图 2－8 为开户传票（一式两份，一份柜员留底，一

份作为回单交给客户）。完成后将存折、身份证件、客户留存凭证交给客户。

视频：中国建设银行个人开户业务——打印签章

活期存折

账号 7000000525000006376　　户名 张晓
办卡标志 无卡　　币种 RMB
开户网点名称 模拟银行番职支行　　钞汇标志 钞
凭证号 07000001

模拟银行番职支行 业务专用章（银行签章）

签发日期 2018-06-27　属性 单币种户　通存通兑 通　印密 密

	日期	注释	支出（—）或存入（+）	结余	网点号	操作
1	2018-06-27	开户			2078	S70000022
2						
3						
4						
5						
6						
7						
8						
9						
10						

图2-7　普通活期存折

视频：中国建设银行个人开户业务——递交客户

个人客户综合业务申请及交易确认单

户名：	张晓		
拼音姓：	ZHANG	**拼音名：**	XIAO
性别：	女		
证件类型：	居民身份证	**证件号：**	440118199001023000
证件到期日：	2025-1-1	**移动电话：**	13512345678
家/地区：	CN：中国	**居民：**	是
发证机关：	广州市公安局番禺分局	**常住地址：**	广东省广州市番禺区亚运大道001

个人综合开户主账户信息：
普通活期一本通账号：7000000525000006376
存期：　　利率：
起息日：
交易流水号： 636656894108406940
阅读声明和风险提示：
◆回单中有您的个人信息，请您注意妥善保管，避免个人信息泄露。
◆本人已阅读并了解"XX银行服务价目表"。
◆本人确认上述打印内容与本人申请办理业务的内容一致。
◆本人承诺上述所提供的开户或业务申请资料真实有效，如有伪造、欺诈，自愿承担法律责任。
◆如本人纳税身份发生变化，本人将会自变化之日起30天内到XX银行办理变更手续。
◆本人已阅读并了解下列协议、章程、风险提示等有关条款，保证遵照该协议有关规定。
◆客户须按服务协议和银行最新业务章程、业务规则、业务规定办理相关业务。

客户签章：**张晓**　　银行签章：业务专用章
复核主管：周泽天　经办人：章峰　交易日期：2018-06-27

图2-8　开户传票

业务二　续存

微课：活期储蓄柜面业务——续存、取款

业务描述

客户张晓持现金 10000 元（其中面额为 50 元的 100 张，面额为 20 元的 200 张，面额为 10 元的 100 张），要求存入其活期存款账户。

业务流程

PPT：活期储蓄柜面业务——续存、取款

1. 客户将身份证件、现金和存折交柜员，柜员口头询问客户存款币种和金额，并检查身份证件和存折的真实性和有效性。
2. 点收现金，并进行口头核对。
3. 读取存折磁条，进行系统操作，录入业务信息。
4. 柜员打印存款凭条、存折，客户审核凭条无误后，在存款凭条上签字确认。柜员在存款凭条上加盖现金收讫章或清讫章和名章。授权业务加盖授权人名章。
5. 柜员将存折交客户，送别客户。
6. 现金入柜员尾箱，并保存存款凭条作为办理业务的凭证。

温馨提示

一般活期续存、取款时不需出示身份证明，但是存取款金额达到人民币 5 万元及以上、代办业务时均需出示身份证明，大额存款（人民币 20 万元及以上）需主管授权。

操作步骤

操作动画：活期续存

一、点收现金

客户到网点柜台，需向柜员说明存款的币种、金额，柜员在听清币种和金额等内容后，当面清点现金。清点现金按“三先三后”程序操作，即“先点大数后点细数；先点主币后点辅币；先点大面额票币后点小面额票币”（下同）。收入现金必须坚持手工清点，并用带有检伪功能的点钞机进行两遍复点。清点完毕，与客户所述的金额进行核对，核对无误后将结果反馈给客户，得到客户确认后，方可继续下一步的操作。

收款中发现现金与储户所述金额不符时，应申请后台主管进行二次清点核对，柜员与主管双人复核，并登记长短款登记簿，请客户签字确认正确的金额和币种。

收入的现金应捆扎成“把”（纸币100张）成“卷”（硬币50枚或100枚），并在腰条侧面加盖柜员个人名章，核对无误后放入现金箱保管，收妥的现金应按券别、残好分别归位入箱，做到一笔一清，妥善保管。

风险点

1. 现金收入先收款、后记账。
2. 现金清点先卡大数、再清点细数。
3. 办理业务时，应严格执行央行现金管理的有关规定。
4. 如客户办理无折存款，须填写存款凭条，并在凭条非打印区内注明存款账号。

二、进行系统操作

柜员与客户交流核对、审核存折并清点现金无误后，进入“活期储蓄—存折活期存款”页面（见图2-9），输入业务信息。

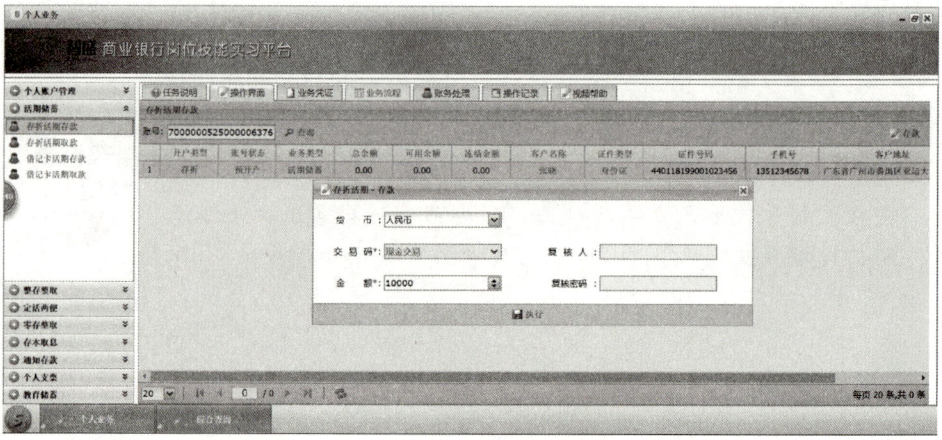

图2-9　普通活期存款界面

三、打印凭条、存折交客户

交易成功后，柜员根据系统提示打印存款回单、活期存折，在存款凭条上加盖现讫章、个人名章后交由客户签字确认并收回，然后将新打印好的存折（见图2-11）、客户留存凭证（见图2-12）交予客户。操作成功返回操作结果，见图2-10。

操作提示

存折活期（存款）数据已成功!
流水号:2018062710102401053 0
账号:7000000525000006376
账户名称:张晓
业务名称:存折活期存款
通存通兑:通存通兑
存期:活期
交易金额:10000元
账户余额:10000.00元

确定

图 2－10　普通活期存款操作成功界面

活期存折

账号 7000000525000006376　　户名 张晓
办卡标志 无卡　　币种 RMB
开户网点名称 模拟银行番职支行　　钞汇标志 钞
凭证号 07000001

模拟银行番职支行 业务专用章
（银行签章）

签发日期 2018-06-27　属性 单币种户　通存通兑 通　印密 密

	日期	注释	支出（—）或存入（+）	结余	网点号	操作
1	2018-06-27	开户			2078	S70000022
2	2018-06-27	存入	¥10000.00	¥10000.00	2078	S70000022
3						
4						
5						
6						
7						
8						
9						
10						

图 2－11　普通活期存折内页

模拟银行番职支行存款凭条

户名	张晓		
账户/卡号	7000000525000006376		
种类	普通活期存款		
币别	RMB	钞（汇）	钞
存期		起息日	
存款金额	¥10000.00　元		
手续费	0　元		
流水号	20180627101024010530		
银行签单	模拟银行番职支行 业务专用章		

客户回单

图 2－12　存款回单

温馨提示

若客户持现金未持存折，要求续存至其存折账号，则需填写业务交易单（如表2－4所示），柜员需通过身份证号查询出该客户的客户号及账号，再进行系统操作，其操作与有折存款相同。柜员办理存、取款有折业务必须（刷折读磁）核对账号，存取款时必须做到（账折、单）见面，严禁无单（折）取款；支控方式为凭证件的支取业务必须由存款人本人办理。

表2－4　个人业务交易单

个人业务交易单

交易类型

交易代码

存入账号 7000000525000006376　货币 人民币　金额 ¥10000.00

客户证件 440118199001023456　代理人证件

联系方式 13812345678　联系方式

本人确认所办业务与银行记录相符。　客户(代理人) 签字： 张晓

核准：　经办：　交易流水号：　交易机构：　经办：

客户回单

交易类型 Transaction Type

支取账号 Withdrawal Account No.

支取户名 Withdrawal Account Name

货币/金额 Currency/Amount

利息 Interest

利息税 Interest Tax

存入账号 Deposit Account No.

存入户名 Deposit Account Name

货币/金额 Currency/Amount

存期/利率 Term/ Interest Rate

业务三　取　　款

☞ **业务描述**

客户张晓来到银行要求柜员从其活期账户里提现 8000 元（要求 50 元面额的 100 张，20 元面额的 100 张，5 元面额的 200 张）。

微课：活期储蓄柜面业务——续存、取款

业务流程

1. 客户将存折交柜员，说出取款金额。
2. 核实存折，读取存折磁条，进行系统操作，录入业务信息。
3. 柜员打印取款凭条、存折，请客户核对凭条无误后在存款凭条上签字确认。柜员在取款凭条上加盖现金收讫章或清讫章和名章。授权业务加盖授权人名章。
4. 按照现金付款流程配款，同时将现金、存折、身份证件交还客户。如客户对现金面值有特殊要求，在条件允许的情况下，应当予以满足。
5. 保存取款凭条作为办理业务的凭证。

PPT：活期储蓄柜面业务——续存、取款

风险点

1. 现金付款坚持先记账、后付款。
2. 大额取款时审核客户提供的身份证件是否真实、有效，是否与当事人相符，提防过期、伪造等无效身份证件。
3. 办理取款业务时，严格执行当地央行现金管理规定。
4. 现金取款业务须凭存款凭证和开户时约定的支取方式办理。柜台不得办理无凭证现金取款业务。凭密码支取的凭证可在联网网点办理现金取款业务，凭其他方式支取的凭证仅可在开户网点办理。
5. 办理人民币单笔超过 5 万元（含）的现金取款（含省内通兑、跨省通兑）时，必须核对账户所有人有效身份证件，并经授权人员审核。
6. 一次性提取人民币现金 20 万元（含）以上的，根据人民银行要求，至少应提前 1 天以上以电话等方式预约。20 万元以上取款，不仅应遵守身份核查制度及反洗钱工作相关要求，还应按照有关文件要求进行大额交易实时核实。

操作步骤

操作动画：活期取款

一、进行系统操作

1. 客户张晓口述取款8000元的要求，将储蓄存折递交柜员，柜员与客户交流核对无误（大额取款审核身份证、存折无误）后，进入“活期储蓄—存折活期取款”模块，输入账号，点击取款，进入取款业务界面（见图2－13）。

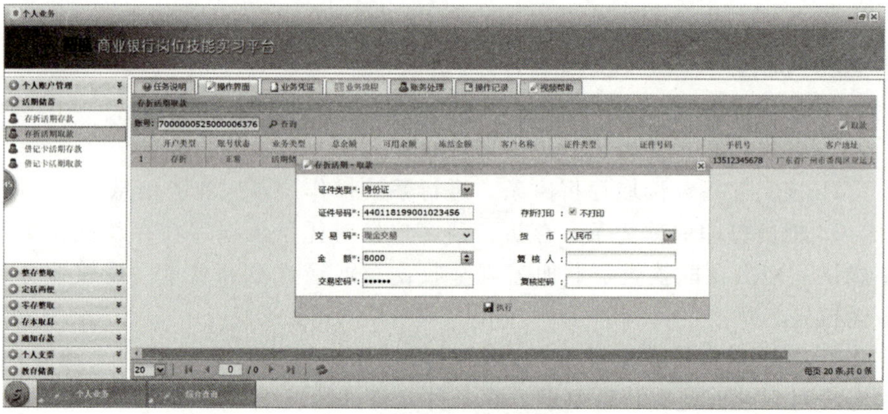

图2－13 普通活期取款

2. 提请客户输入密码，操作成功返回操作结果（见图2－14）。

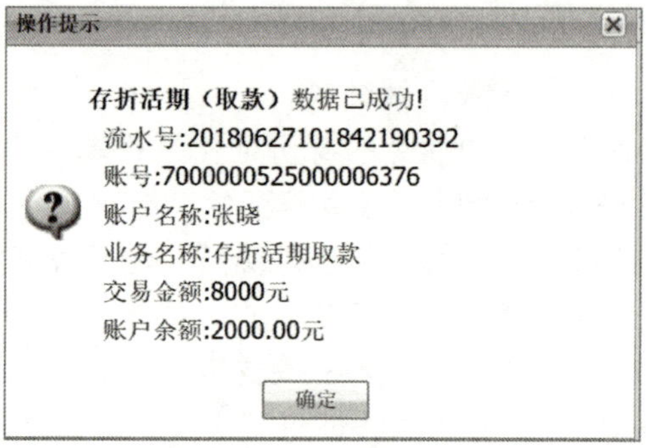

图2－14 返回操作结果

二、打印凭条

在信息提交系统成功后，即可打印活期存折（见图2－15）、活期储蓄取款凭条（见图2－16），在取款凭条上加盖现讫章、个人名章后交由客户签字确认并收回。

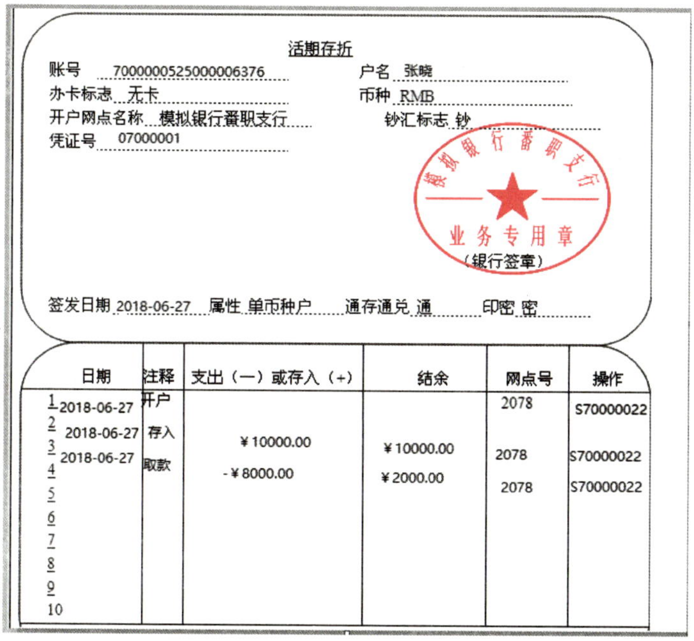

活期存折

账号 7000000525000006376　户名 张晓
办卡标志 无卡　币种 RMB
开户网点名称 模拟银行番职支行　钞汇标志 钞
凭证号 07000001

模拟银行番职支行 业务专用章 （银行签章）

签发日期 2018-06-27　属性 单币种户　通存通兑 通　印密 密

	日期	注释	支出（—）或存入（+）	结余	网点号	操作
1	2018-06-27	开户			2078	S70000022
2	2018-06-27	存入	￥10000.00	￥10000.00	2078	S70000022
3	2018-06-27	取款	-￥8000.00	￥2000.00	2078	S70000022
4						
5						
6						
7						
8						
9						
10						

图 2－15　普通活期存折内页

模拟银行番职支行取款凭条

户名：	张晓		
账户/卡号	7000000525000006376		
种类			
币别	RMB	钞（汇）	
存期		起息日	
取款金额：	8000.00		元
手续费：			元
流水号：	20180627101842190392		

客户回单

模拟银行番职支行 业务专用章 银行签章

图 2－16　取款回单

风险点

客户签字很重要

存款凭条和取款凭条打印后，客户签字确认的环节十分重要。这既是明确双方责任的需要，也是银行会计核算的需要。签字确认的凭条一定要收回。

三、配款支付

柜员审核客户签名无误后，进行配款，在与客户进行支取金额的确认后，将现金、存折、客户留存凭证交予客户。柜员注意付款风险点。

风险点

系统操作与收付款的顺序不可颠倒

办理存款业务时，先收款后记账；办理取款业务时，先记账后付款。

业务四　挂　　失

微课：活期储蓄——挂失业务

业务描述

客户张晓的活期存折丢失，前来银行办理挂失，并要求换取新的存折。

业务流程

PPT：活期储蓄挂失业务

1. 客户持本人身份证件，按要求填写“个人客户挂失申请书（见表2-5）”办理挂失手续。
2. 柜员审核身份证和挂失申请书无误后，使用客户信息查询交易查询客户信息、账号等要素，并进行现场核对。
3. 柜员使用挂失交易进行处理，录入挂失信息。交易成功后，打印挂失交易记录。
4. 柜员收取挂失业务手续费，打印手续费收款凭证，请客户在手续费收款凭证上签字。
5. 柜员在挂失申请书上加盖业务公章和名章，将一联挂失申请书和手续费收款凭证交客户并送别客户。
6. 柜员整理归档凭证。

相关知识

操作动画：活期挂失

个人客户遗失个人存款账户的存单/折、借记卡等凭证以及遗忘凭证密码等应办理挂失业务。凭证类挂失分为“凭证挂失”“密码挂失”“凭证和密码同时挂失”三类业务。其中，“凭证挂失”又分为临时挂失和正式挂失。挂失是高风险业务，稍有延误或审核失误会给客户或银行造成损失，故柜员需慎重对待此业务。

1. 临时挂失。

如储户不慎将存折、存单丢失，可致电银行的官方服务电话或通过网上银行进行口头临时挂失，并在5个工作日内持本人有效身份证件到该银行的任一网点办理正式挂失手续。

2. 正式挂失。

办理正式挂失时，必须出示本人有效身份证件，并提供户名、存款时间、种类、金额、账号及住址等有关情况，到银行网点书面申请挂失，银行审核后，经查实该账户存款确未支付时，方可受理挂失申请，否则不能办理。客户办理正式挂失手续后，要求解除挂失时，原则上须有账户所有人本人凭有效身份证件到账户原挂失受理网点柜台办理。

风险点

挂失资料审核

1. 申请人出示本人有效身份证件。

2. 代办挂失申请业务，代理人须同时提供本人和账户人双方有效身份证件、关系证明及代办授权书。

3. 账户人死亡，财产继承人需要办理挂失的，继承人应持本人的有效收付证件、有效的财产继承证明文件正本（公证机构依法出具的继承权证明书或相关法院的判决书、裁定书、调解书）办理挂失。

4. 对账户所有人为限制民事行为能力、无民事行为能力的，此类客户应由其监护人代办挂失。监护人应出具监护人和账户所有人有效身份证件，以及户口簿、出生证等文件证明其监护关系。

5. 账户所有人行动不便、神志不清、或因故在外经沟通确需代办挂失等特殊情况，银行双人上门服务和确认。

温馨提示

个人客户挂失申请书

客户办理挂失业务时需要填写该申请书，银行员工办理挂失时一般操作是先书面挂失，然后再挂失换发，对于账户金额少于人民币10万元可即时挂失换发凭证。达到人民币10万元及以上的，以及进行账户和密码同时挂失的，需7天后换发凭证。挂失申请书分银行留底联、挂失传票联、客户留存联三联。办完挂失业务后，柜员将客户留存联交给客户，同时需将银行留底联和客户身份证复印件放入挂失业务专用盒中存档，以备解挂业务再次使用。解挂时，客户需持挂失时的客户留存联。

表 2－5 个人客户挂失申请书

<table>
<tr><td>银行填写</td><td colspan="6">已现场核实客户张晓的挂失信息，核实无误。</td></tr>
<tr><td colspan="7">申　　请　　挂　　失</td></tr>
<tr><td rowspan="8">客户填写</td><td>客户姓名：</td><td>张晓</td><td colspan="4">账号/卡号：7000000525000006376</td></tr>
<tr><td>开户日期：</td><td>2018. 06. 25</td><td colspan="2">挂失方式：正式 ☑ 临时 □</td><td colspan="2">是否冻结账户：是 □ 否 □</td></tr>
<tr><td>遗失日期：</td><td>2018. 06. 27</td><td colspan="4">存单（折）号码：07000002</td></tr>
<tr><td>挂失内容：</td><td colspan="5">存单 □ 存折 ☑ 凭证式国债 □ 借记卡 □ 支票 □
密码 □ 预留印鉴 □</td></tr>
<tr><td>申请挂失人</td><td>张晓</td><td>证件名称及签发单位</td><td>身份证
广州市公安局东山分局</td><td>证件号码</td><td>440118199001023456</td></tr>
<tr><td>代理挂失人</td><td></td><td>证件名称及签发单位</td><td></td><td>证件号码</td><td></td></tr>
<tr><td>申请人地址</td><td colspan="3">广东省广州市番禺区亚运大道 001 号</td><td>联系电话</td><td>13512345678</td></tr>
<tr><td>代理人地址</td><td colspan="3"></td><td>联系电话</td><td></td></tr>
<tr><td colspan="4">本人已认真阅读背面“客户须知”，请根据上述内容挂失/挂失冻结，如发生任何纠纷，概有挂失人负责。

客户（代理人）签名：张晓

凭印鉴支取者印鉴：
2018 年 06 月 27 日</td><td colspan="3">模拟银行番职支行
业务专用章
银行签章
2018 年 06 月 27 日</td></tr>
<tr><td colspan="7">处　　理　　情　　况</td></tr>
<tr><td colspan="4">□ 挂失换发存折/单/卡
□ 号码：＿＿＿＿＿＿＿＿
□ 挂失销户
□ 挂失撤销
□ 重置密码
本人确认上述处理结果准确无误。

客户签名：
年　月　日</td><td colspan="3">银行签章
年　月　日</td></tr>
</table>

操作步骤

视频：挂失银行卡

一、办理挂失，立即止付

1. 进入“凭证管理”菜单下的凭证挂失界面，输入必输项目（见图2－17）。

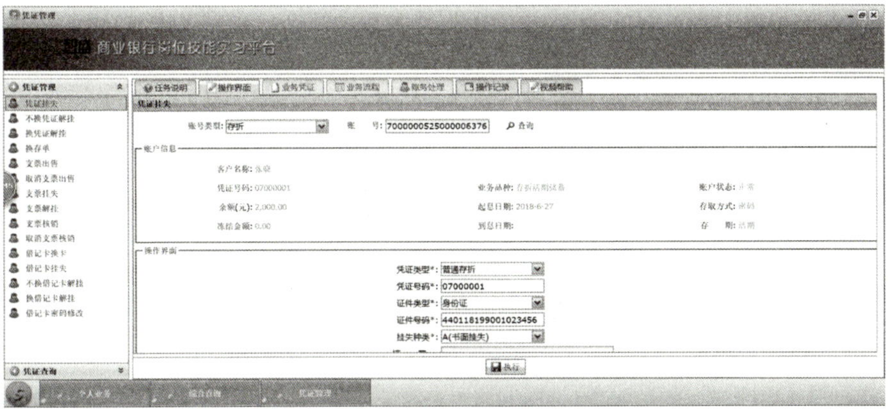

图2－17 凭证书面挂失业务操作界面

2. 点击图2－17中的执行按钮后，出现图2－18存折正式挂失成功的界面。

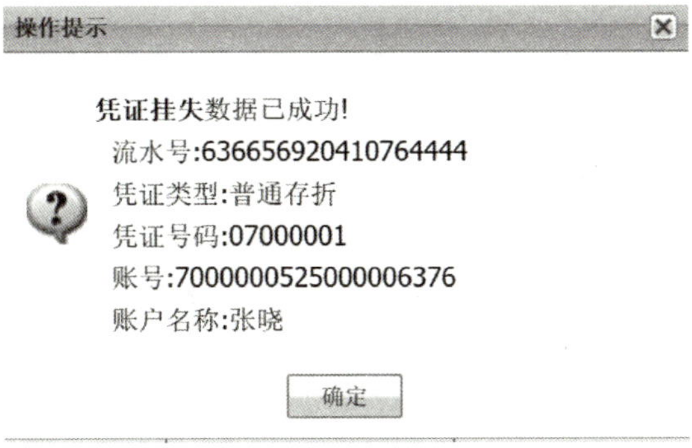

图2－18 凭证正式挂失成功界面

二、凭证解挂

1. 不换凭证。

如果客户挂失的存折事后找到，不再需要补办，则需前往原挂失网点办理不换凭证的解挂手续。在系统中进入“凭证管理—不换凭证解挂”业务菜单，打开凭证解挂界面（见图2－19），办理解挂业务，输入必输栏位信息，并提示客户设置新密码。不换凭证解挂无时间限制，当天挂失的凭证可以当天解挂。凭证解挂成功界面见图2－20。

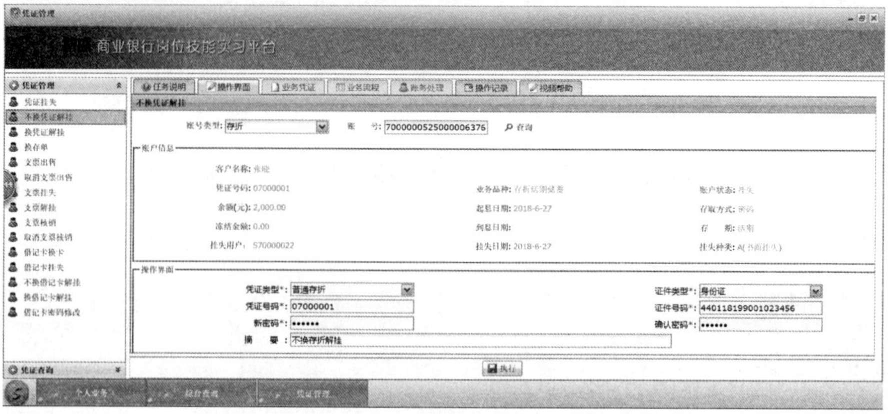

图2－19 凭证解挂操作界面（不换存折）

图2－20 凭证解挂操作成功界面（不换存折）

2. 换凭证。

如果挂失的存折最终没有找到，则需要更换新的存折。打开系统，进入“凭证管理—换存折解挂”菜单，打开凭证解挂页面（见图2－21），输入必输栏位（其中，“替换存折号码”需输入柜员重要空白凭证箱中的空白新存折号码），换存折。

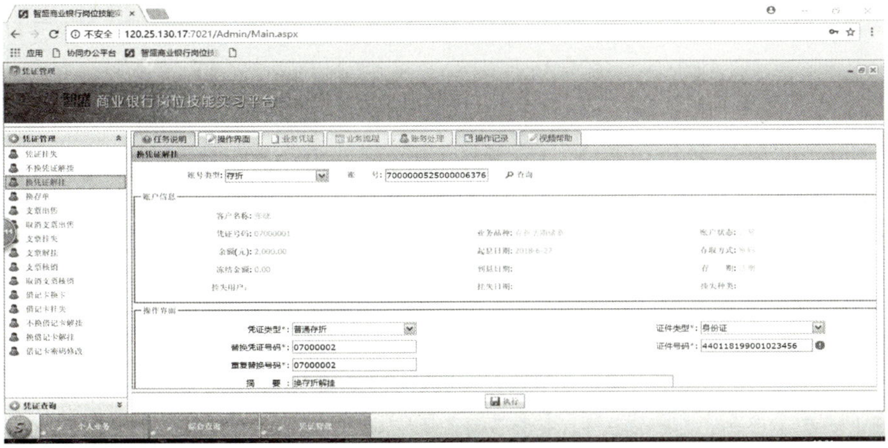

图 2－21　凭证解挂（换存折）

业务五　普通活期销户

☞ 业务描述

客户张晓来到银行办理销户。

相关知识

销户是指客户不再接受银行的服务，支取某个账户的全部存款，对其在银行开立的此账户进行关闭的行为。办理销户时，第一步需关闭该账户所关联的所有第三方业务，比如网银、手机银行、电话银行、证券账户、短信通知服务等，第二步结清关闭子账户，在关闭所有子账户的基础上，进行第三步关闭主账户，即销户（若客户只有唯一子账户，则直接操作第三步即可）。

业务流程

1. 客户将销户要求告知柜员，并将存折、身份证及填好的个人账户销户申请书（如表 2－6 所示）交给柜员。

2. 进入系统查询存折余额，打印取款凭条、存折和利息清单，将取款凭条交给客户签字确认。如果取款金额超过柜员限额，还应获得授权。

3. 柜员在取款凭条、利息清单加盖现金付讫章或现金清讫章和名章。

4. 柜员按取款单、利息清单上应付本息金额配款。

5. 将剪掉一角后的存折内页、现金、身份证件和销户回单联交客户，送别客户。

6. 取款凭条、销户传票作为活期储蓄销户的业务凭证。存折封面磁条处剪断后留作附件，柜员整理归档凭证。

微课：活期储蓄柜面业务——销户

PPT：活期储蓄柜面业务——销户

操作动画：活期销户

表 2－6

个人账户信息变更/销户申请表
Application Form for Changing Personal Account Information/Account Cancellation

客户姓名：张晓 联系电话/手机：13512345678 账号/卡号/客户号：7000000525000006376 证件类型：身份证 证件号码：440118199001023456

Customer Name Phone/Mobile phone Account No./Card No./Customer No. Type of Identification ID No.

账户信息变更 Changes of Customer/Account Information

密码 Password
□申请密码 Apply Password □修改密码 Change Password
□注销密码 Cancel Password
支取方式 Withdrawal Methods
原支取方式：______
Original
新支取方式：______
New
产品变更 Change of Product
原产品：______
Original
新产品：______
New
开户行变更 Change of Opening Bank
原开户行：______
Original
新开户行：______
New
利息支付方式 Interest Payment Methods
转其他账户：______
Transfer to other Account
销借记卡/销户/解锁 Cancel debit Card/Cancel Account/Unlock
账号/卡号（主卡）：7000000525000006376
Account/Card No. (Master Card)
账号/卡号（附属卡）：______
Account/Card No. (Supplementary Card)
销户原因：不再使用
Reason for Cancel Account

申请人声明：本人承诺上述提供的资料真实、有效，如有伪造、欺诈，自愿承担法律责任。本人自愿按银行相关规定申请办理上述业务。

Applicant Declaration: hereby certify that the above information provided is true and valid, and declare to be legally liable for any counterfeit or fraud under the laws of PRC. I hereby voluntarily comply with relevant regulations of bank when I do above business.

申请人签字： 张晓 2018 年 6 月 28 日
Signature of Applicant YYYY MM DD

电子银行业务变更 Changes of Electronic Banking

□网上银行 Online-Banking □手机银行 Mobile-Banking□家居银行 Home-Banking

□查询/打印关联账户清单 Inquiry/Print Linked Accounts
□同步用户证件信息 Synchronize Online-banking User Information
□重置密码 Reset Password
□关闭渠道 Close one Channel
□注销电子渠道 Cancel Online-banking and Mobile Banking
□找回用户名 Find User Name
□个人用户解锁 Personal Account Unlock
□个人用户挂失 Report Personal Account Loss
□个人用户解除挂失 Relieve Personal Account Loss Report
认证工具 □动态口令牌+手机交易码 □USBKEY 证书
Certification Tool E-Token + SMS transaction code USBKEY
□解锁 Unlock Certification Tool □ 补发 Reissue a new tool
□更新认证工具 Renew Certification Tool
□更新参考号授权码 Renew Authentication code for USBKEY
□更换认证工具 Change Certification Tool
□挂失 Report Loss □解挂 Relieve Loss Report
□同步 Synchronize Certification Tool
□修改信息 Information Renewal □查询 Search
□注销 Cancel □ 吊销 Cancel USBKEY

电话银行 Phone-Banking

□重置电话银行密码 Reset Phone Banking Password
□注销电话银行 Phone Banking Revocation
□变更主登录卡 Alternate Main Landing Card
□签约信息修改 Signed Information Alternate
□密码重置/修改 Password Reset/Alternate
□变更缴费账户 Alternate Account for Fees
□变更交易限额 (□指定转账 □代客转账)
Change Translation Limit(□Designated Transfer □Transfer on behalf of Customers)
卡号/账号/限额：______
Card No./Account No./Limit

银行签章 Bank Seat：______

银行经办人员 Handled by：______

其他业务变更 Changes of Other Business

第三方存管关联账户变更 Related Account of Third Party Custody
证券公司名称：______
Name of Securities Company
证券资金账号：______
Security Capital Account
新关联卡号/账号：______
New Related Card/Account No.
证券资金账号：______
Security Capital Account
□撤销币种： □港币 □美元
Currency Type of Revocation HKD USD
银期转账服务撤销 Bank-Futures Transfer
期货公司名称：______
Name of Futures Company
期货保证金账号：______
Futures Margin Company
变更国债关联账号 Account Revocation of T-Bond
□储蓄/记账式国债关联账号
Related Account of Savings T-Bond/Book-entry T-Bond
新关联卡号/账号：______
New Related Card/Account No.
终止借记卡自动转账支付授权 Debit card auto-transfer Payment Termination
□电话费 □手机费 □其他
Phone Charge Mobile Phone Charge Others_

手机号码 Mobile No.	开通手机银行的原手机号码：______ Old Phone Number for Mobile Banking 开通手机银行的新手机号码：______ New Phone Number for Mobile Banking

银行复核人员 Checked by：______

第一联 银行留存联

风险点

1. 凭密码支取的个人存款账户结清/销户可在联网网点办理，须验证账户支取凭证密码。跨地/市/省办理的，需按结清金额收取相应异地本外币现金取款/转账手续费。

2. 非凭密码支取的个人存款账户办理结清/销户，须在账户原开户网点办理，并审核相关存款凭证和约定的支取方式（如凭印鉴）。

3. 结清/销户业务可委托他人代办（个人支票账户除外），代办时须出示账户所有人及代办人有效身份证件。

4. 如遇涉及大额取款或转账标准的结清/销户，应按照大额取款或转账有关规定办理。

5. 活期储蓄存款未到结息日清户者，按清户日挂牌公告的活期存款利率算至清户前一天止。

案例：销户被要求提供证明“我是我”

操作步骤

一、进行系统操作

客户口述销户要求，将储蓄存折递交柜员，柜员与客户交流核对无误、大额取款审核身份证、存折无误后，进入个人活期存款销户交易界面（见图 2－22）。

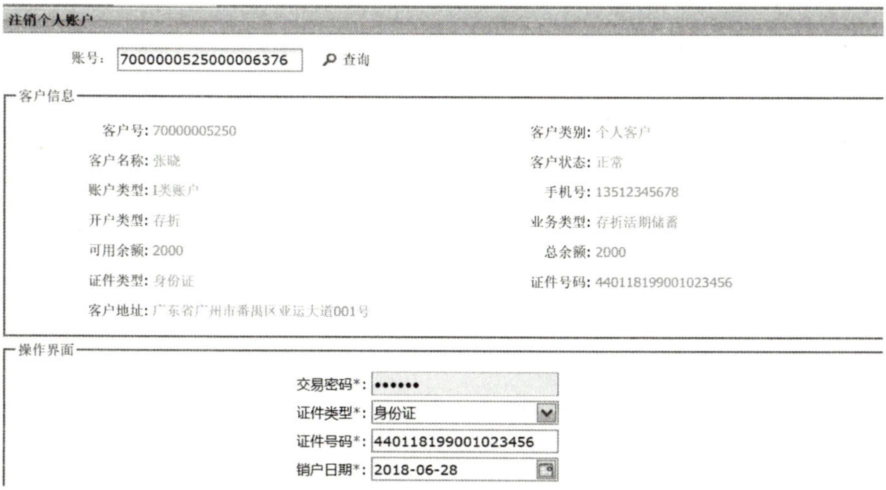

注销个人账户

账号：7000000525000006376 查询

客户信息

客户号：70000005250	客户类别：个人客户
客户名称：张晓	客户状态：正常
账户类型：I类账户	手机号：13512345678
开户类型：存折	业务类型：存折活期储蓄
可用余额：2000	总余额：2000
证件类型：身份证	证件号码：440118199001023456
客户地址：广东省广州市番禺区亚运大道001号	

操作界面

交易密码*：••••••
证件类型*：身份证
证件号码*：440118199001023456
销户日期*：2018-06-28

图 2－22 普通活期销户

二、打印凭条

提交系统成功后（见图 2－23），柜员根据系统提示打印取款凭条、利息清单（一式两联）、活期存折。在取款凭条和利息清单（第一联）上加盖现讫章、个人名章后交由客户签字确认并收回。普通活期销户回单见图2－24。

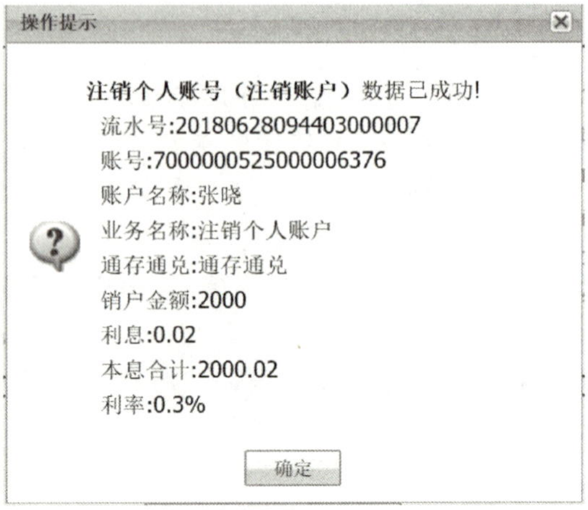

图2－23 普通活期销户成功界面

图2－24 普通活期销户回单

三、配款支付

柜员审核客户签名无误，进行配款，在与客户进行支取金额的确认后，将现金、利息清单（第二联）、客户留存凭证交予客户，将存折加盖销户（清户）章并破坏存折磁条的完整性后作为传票附件留存。销户后的活期存折（见图2－25）。

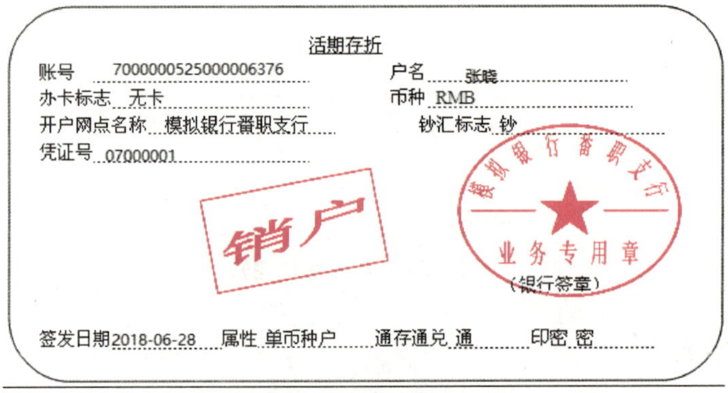

图2－25 销户的活期存折

操作要点

办理活期存款开户、续存、取款、挂失、销户业务。

知识要点

1. 个人人民币存款账户。
2. Ⅰ类账户、Ⅱ类账户、Ⅲ类账户。
3. 挂失规定。

问题讨论

1. 柜员点收现金过程中遇到假币、遇到残损币怎么处理?
2. 办理现金收付款需要注意哪些风险点?

推荐阅读

1. 查阅《人民币银行结算账户管理办法》。
2. 查阅《储蓄管理条例》。
3. 查阅《个人存款账户实名制规定》。
4. 查阅《中华人民共和国人民币管理条例》。

思考与练习

分角色扮演柜员和客户角色，进行活期储蓄开户、续存、取款、挂失、销户业务办理。

模块二 其他储蓄柜面业务

任务描述

办理人民币整存整取、零存整取、存本取息、教育储蓄、通知存款、定活两便柜面业务。

相关知识

一、定期储蓄的特点

定期储蓄是储户在存款时约定存期，开户时一次存入或在存期内按期分次存入本金，到期时整笔支取本息或分期、分次支取本金或利息的储蓄。按其存取方式不同，可分为整存整取定期储蓄、零存整取定期储蓄、存本取息定期储蓄、整存零取定期储蓄、教育储蓄等。其特点包括：利率较高、可约定转存、可质押贷款、可提前支取。

二、其他储蓄

1. 整存整取。

整存整取定期储蓄开户时本金一次存入，由储蓄机构发给存单（折），到期凭存单（折）支取本息，存期内按存入时同档次定期利率计息，到期未支取，超过存期部分按支取日公布的活期利率计息。也可根据储户意愿，办理定期存款到期约定自动转存，存款到期转存，按转存日挂牌公告的利率计息。

2. 零存整取。

零存整取定期储蓄在开户时事先约定每次存入的金额，逐月按约定的固定的金额存入，到期支取本息的定期储蓄。

3. 整存零取。

整存零取定期储蓄在存款开户时约定存款期限、本金一次存入，固定期限周期分次支取本金的一种个人存款。

4. 存本取息。

存本取息是一次存入本金，存期内按约定时间分次支取利息，到期归还本金的定期储蓄存款。

5. 教育储蓄。

教育储蓄是居民个人为其子女接受非义务教育（九年义务教育之外的全日制高中，大中专、大学本科、硕士和博士研究生）而每月存入固定金额，到期支取本息的一种零存整取定期储蓄。有“客户特定、存期灵活、总额控制、利率优惠”的特点，能积零成整，满足中低收入家庭每月固定小额存储，积蓄资金，解决子女非义务教育支出需要。

适用对象：在校小学四年级（含四年级）以上的学生。

6. 定活两便。

定活两便储蓄是指客户存款时不确定存期，可随时到银行提取，以实际存期和规定的利率档次计息，支取时一次还本付息，兼有定期和活期两种性质的一种储蓄存款。

50 元起存，单笔存入金额不能超过 50 万元。新开定活两便存单时，5

万元（含）以下的使用普通存单，5万元以上至50万元（含）使用大额存单，50万元以上的使用特种大额存单。本金一次性存入，由储蓄机构发给储蓄存单，存单分为记名式和不记名两种，记名式可挂失，不记名式不可挂失。

存期不足三个月的和打六折后低于活期利率的，按活期利率计息；存期在一年以内的，整个存期按支取日整存整取储蓄存款同档次利率打六折计息；存期超过一年，无论多长，一律按一年期定期利率打六折计息。

7. 通知存款储蓄。

通知存款是存入款项时不约定存期，但约定支取存款的通知期限，支取时按约定期限提前通知银行，约定支取存款的日期和金额的一种储蓄方式。

起存金额为5万元，多存不限；可一次或分次支取，账户最低余额为5万元。按提前通知的期限，分为1天通知和7天通知两个品种。1天通知存款必须提前一天通知预定支取存款，7天通知存款必须提前7天通知约定支取存款。

表2-7　人民币主要储蓄品种一览表

储种	存期	金额限制	存取方式
活期	不定期	1元起存	随时
整存整取	3、6个月，1、2、3、5年	50元起存	一次存入到期一次支取；部分提前支取只限一次
零存整取	1、3、5年	5元起存	逐月存入，到期一次支取
整存零取	1、3、5年	1000元起存	一次存入，分次支取本金，到期支取利息
存本取息	1、3、5年	5000元起存	一次存入，分次支取利息，到期支取本金
教育储蓄	1、3、6年	50元起存，最高2万元	分次存入，一次支取
定活两便	不定存期	50元起存	一次存入，随时支取
通知存款	不定存期，支取前1天或7天通知	5万元起存	一次存入，一次或分次支取

业务一　办理整存整取业务

微课：办理整存整取业务

一、整存整取开户

业务描述

客户张晓持本人身份证、1万元人民币及填好的开户申请书（格式同表2-2，略），要求开立1万元整存整取定期储蓄存款，存期为3个月。

PPT：办理整存整取业务

操作动画：办理整存整取业务

业务流程

客户办理定期储蓄开户业务流程，与活期储蓄存款业务流程相同，故不再赘述。

操作步骤

（一）整存整取开户

1. 先进行整存整取存单出库操作。进入“钱箱—凭证出库”（见图2-26）。

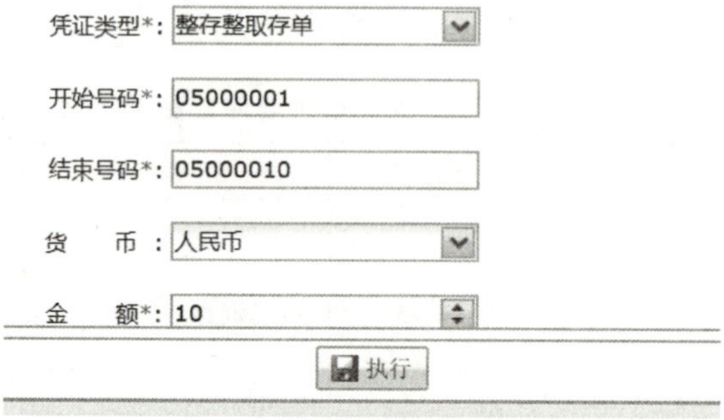

图2-26　进入整存整取存单出库

2. 进入“个人业务—整存整取—存单整存整取开户”页面（见图2-27）。输入必输栏位，提示客户设置6位数交易密码。

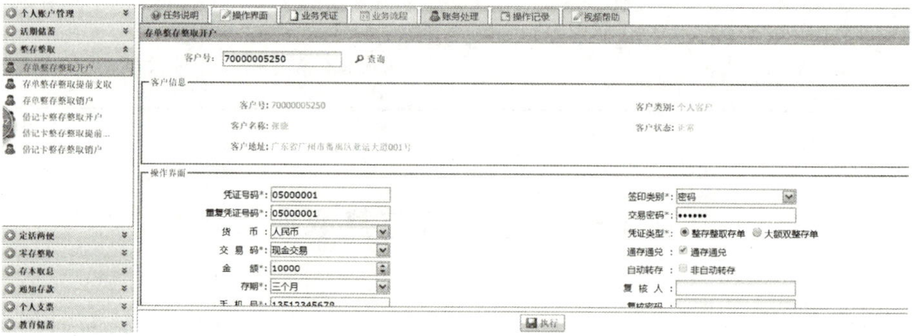

图2-27　存单整存整取开户界面

3. 点击“执行”后，系统提示“执行成功”表示操作完成（见图2-28）。

操作提示

存单整存整取（开账户）数据已成功!

流水号:20180702152528597765

账号:7000000525000006795

账户名称:张晓

业务名称:存单整存整取开户

通存通兑:通存通兑

存期:三个月

金额:10000元

确定

图 2－28　开户成功

（二）打印存单和存款回单

交易成功后，柜员根据系统提示打印开户传票和存折。打印完毕的整存整取存单式样见图2－29，开户传票见图2－30（一式两份，一份柜员留底，一份作为回单交给客户）。完成后将存单、身份证件、客户留存凭证交给客户。

模拟银行番职支行整存整取定期储蓄存单（普通）

科目：（储）　　NO.A0001

客户号	总号	存入日	起息日	性质	印鉴	存期	利率	到期日	到期利息	操作
70000005259		2018-07-02	2018-07-02			3	1.75	2018-10-02	￥43.75	570000022

账号 7000000525000006795　户名 张晓　原账号

存入人民币　￥10000.00

本存单有效填写金额为拾万元（含）以内，凡超出有效填写金额的存单是无效存单。银行签章

模拟银行番职支行 业务专用章

（客户印章）　事后监督　支取时：复核（授权）　经办　存入时：复核（授权）周泽天　经办 章峰

图 2－29　整存整取定期储蓄存单

个人客户综合业务申请及交易确认单

户名： 张晓
拼音姓： ZHANG　**拼音名：** XIAO
性别： 女
证件类型： 居民身份证　**证件号：** 440118199001023456
证件到期日： 2025-1-1　**移动电话：** 13512345678
家/地区： CN：中国　**居民：** 是
发证机关： 广州市公安局番禺分局　**常住地址：** 广东省广州市番禺区亚运大道001
个人综合开户主账户信息：
整存整取存单账号： 7000000525000006795
存期： 3M　利率：1.75%
起息日： 2018-7-2
交易流水号： 201800215258597765
阅读声明和风险提示：
◆回单中有您的个人信息，请您注意妥善保管，避免个人信息泄露。
◆本人已阅读并了解"XX银行服务价目表"。
◆本人确认上述打印内容与本人申请办理业务的内容一致。
◆本人承诺上述所提供的开户或业务申请资料真实有效，如有伪造、欺诈，愿承担法律责任。
◆如本人纳税身份发生变化，本人将会自变化之日起30天内到XX银行办理变更手续。
◆本人已阅读并了解下列协议、章程、风险提示等有关条款，保证遵照该协议的有关规定。
◆客户须按服务协议和银行最新业务章程、业务规则、业务规定办理相关业务。
客户签章：张晓　银行签章：
复核主管：周泽天　经办人：S70000022 章峰　交易日期：2018-07-02

模拟银行番职支行 业务专用章

图 2－30　存单整存整取开户回单

二、整存整取提前支取

业务描述

客户张晓要求从其 1 万元整存整取账户提前支取 5000 元。

视频：整存整取与零存整取

业务流程

1. 接过客户提交的存单（折）、有效身份证件。
2. 审核存单，核实证件和持证人身份；如为代理人，同时审核代理人的身份证件。
3. 请客户在存单或取款凭条背面签字。
4. 系统操作，将业务信息录入系统。
5. 请客户输入密码或其他支取方式信息。
6. 打印存款凭条、新存单、利息清单。
7. 请客户在利息清单银行留存联签字后收回。
8. 按照付款程序配款。
9. 在存单、取款凭条、利息清单、新存单盖章。
10. 将旧存单、利息清单、取款凭条银行留存联作付出传票。
11. 按照现金付款流程付款，并将利息清单、客户身份证件、新存单或未缴销定期一本通交还客户，结束该笔业务。

相关知识

整存整取定期储蓄存款利息的计算

计算整存整取定期储蓄存款的存期时，整年或整月可按对年对月对日计，也可按实际天数计，不足月的零头天数按实际天数计；算头不算尾，存入日起息，支取的前一日止息，支取日不计息。①整存整取定期储蓄存款到期支取，在存期内按开户日挂牌公告的相应档次的整存整取定期储蓄存款利率计付利息，利随本清，遇到利率调整不分段计息；②整存整取定期储蓄存款全部提前支取，均按支取日挂牌公告的活期储蓄存款利率计付利息；③部分提前支取的，支取部分按支取日挂牌公告的活期储蓄存款利率计付利息。④整存整取定期储蓄存款逾期支取，其逾期部分的利息按支取日挂牌公告的活期储蓄存款利率计算；④整存整取定期储蓄存款约定或自动转存的，区分不同的取款方式，按上述规定的利率计息，利息计入本金生息。

操作步骤

1. 进入“个人业务—整存整取—存单整存整取整提前支取”页面，根据业务内容录入信息，并提示客户输入交易密码（见图2－31）。

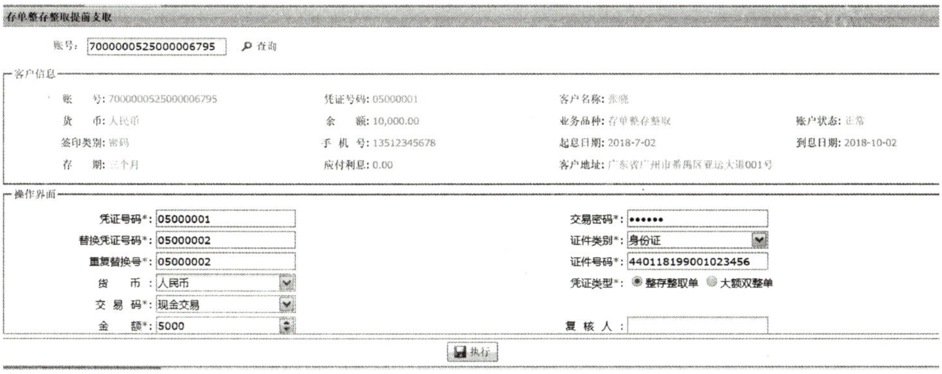

图2－31　整存整取部分提前支取界面

2. 系统提示“执行成功”表示操作完成（见图2－32）。

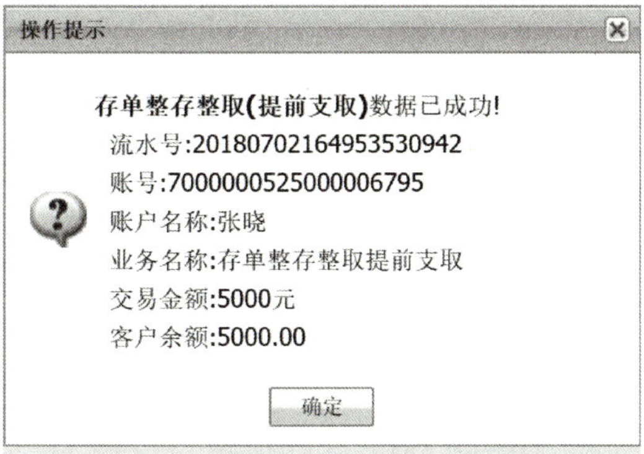

图2－32　整存整取部分提取成功

3. 配发新的存单，连同取款回单、身份证件交还给客户。

三、整存整取销户

业务描述

客户张晓要求将整存整取账户做销户处理。

业务流程

1. 接过客户提交的存单（折），审核存单，核实存单是否到期（若未到期，提示客户存款的利息变成活期利息）。

2. 请客户在存单或取款凭条背面签字。

3. 系统操作，将业务信息录入系统，请客户输入密码或其他支取方式信息。

4. 打印取款凭条、利息清单。请客户在取款凭条、利息清单银行留存联签字后收回。

5. 按照付款程序配款。

6. 在存单、取款凭条、利息清单、新存单盖章。

7. 将旧存单、利息清单、取款凭条银行留存联作收入传票。

8. 按照现金付款流程付款，并将利息清单交客户，结束该笔业务。

操作步骤

1. 进入“个人业务—整存整取—存单整存整取销户”页面，根据业务内容录入信息。

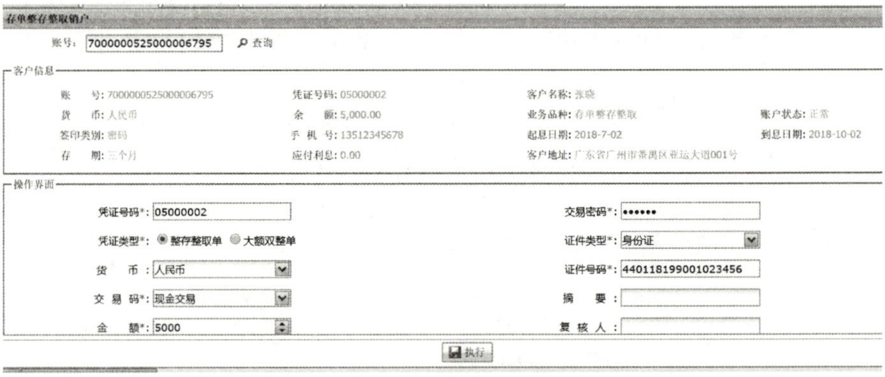

图2-33 整存整取销户

2. 系统提示“执行成功”表示操作完成。

图2-34 整存整取销户成功

业务二　办理零存整取业务

一、零存整取开户

微课：办理零存整取业务

业务描述

客户张晓持身份证、10000元人民币和填好的个人开户及综合服务申请表（格式同表2-2，略），要求开立1年的借记卡零存整取账户。

相关知识

PPT：办理零存整取业务

零存整取定期储蓄存款利息的计算

1. 存期内按存入日（开户日）利率计息。
2. 存期内遇利率调整不分段计算。
3. 提前支取应按支取日挂牌公告的活期储蓄存款利率计息。
4. 逾期支取的逾期部分按支取日挂牌公告的活期储蓄存款利率计息。
5. 采用固定基数计息法或月积数计息法计息。

操作步骤

操作动画：办理零存整取业务

进入"个人业务—零存整取—借记卡零存整取—开户"的操作界面，输入各信息（见图2-35、图2-36）。

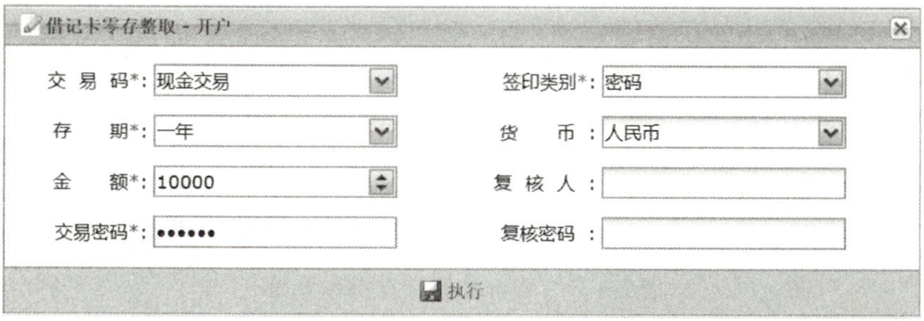

图2-35　借记卡零存整取账户的开立

视频：零存整取

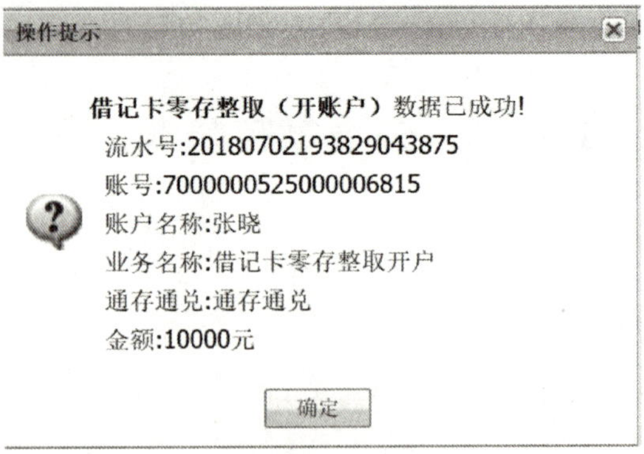

图2－36　借记卡零存整取账户的开立成功界面

二、零存整取续存

业务描述

客户张晓要求向零存整取账户续存10000元人民币。

操作步骤

1. 进入“个人业务—零存整取—借记卡零存整取—存款”页面。输入必输项目（见图2－37）。点击“执行”后显示操作成功界面（见图2－38）。

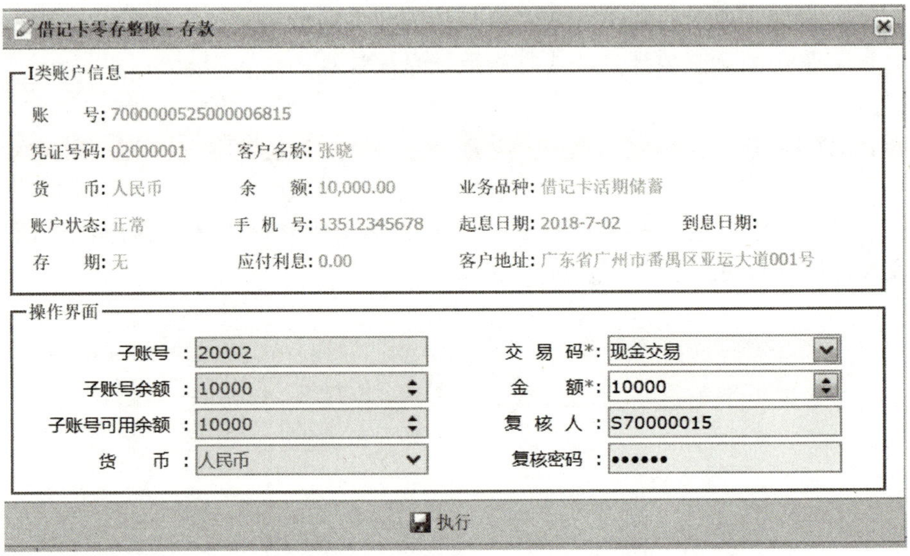

图2－37　零存整取续存操作界面

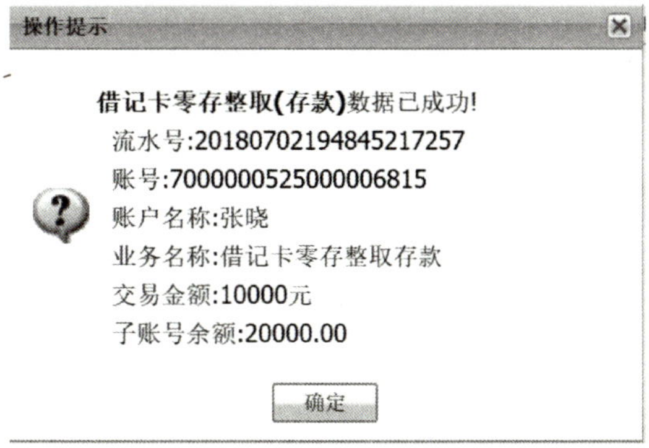

图 2－38 零存整取续存操作成功界面

2. 打印存款传票，交由客户签章后，揭下回单联给客户。

三、零存整取销户

业务描述

客户张晓要求取消零存整取账户。

操作步骤

操作界面及操作成功界面见图 2－39、图 2－40。

图 2－39 零存整取销户

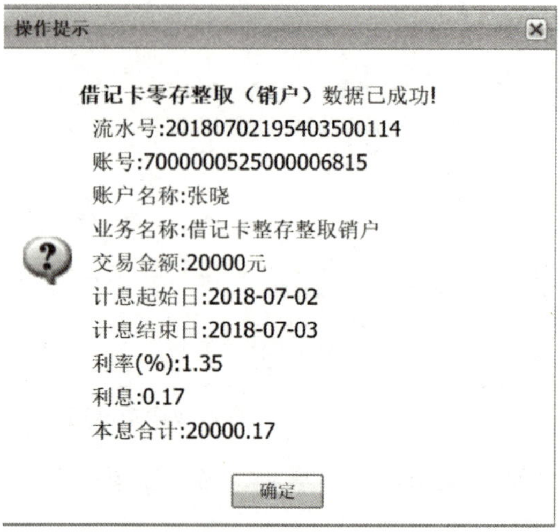

图 2－40　零存整取销户成功界面

业务三　办理存本取息业务

一、存本取息开户

微课：办理存本取息业务

业务描述

客户张晓持身份证、借记卡、10000 元人民币和填好的个人开户及综合服务申请表（格式同表 2－2 类似，略），要求开立 1 年期的存本取息账户，间隔半年取息一次。

PPT：办理存本取息业务

操作步骤

1. 进入“个人业务—存本取息—借记卡存本取息开户”页面，输入之前开立的借记卡账户（注：此处所述的借记卡账户为整存整取和零存整取开户时开立的借记卡账户，零存整取和整存整取以及后续将开立的存本取息、通知存款、教育储蓄等账户为此借记卡账户下的子账户）。点击“开户”，进入开户操作界面，见图 2－41。

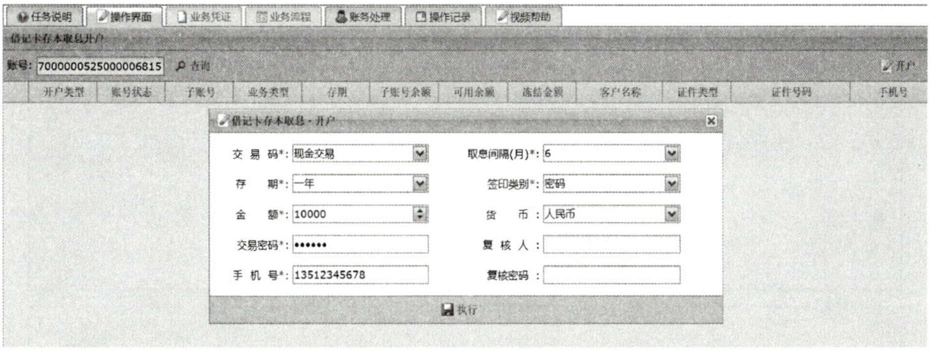

图 2－41　存本取息开户

操作动画：办理存本取息业务

2. 点击“执行”，系统提示操作完成，见图 2－42。

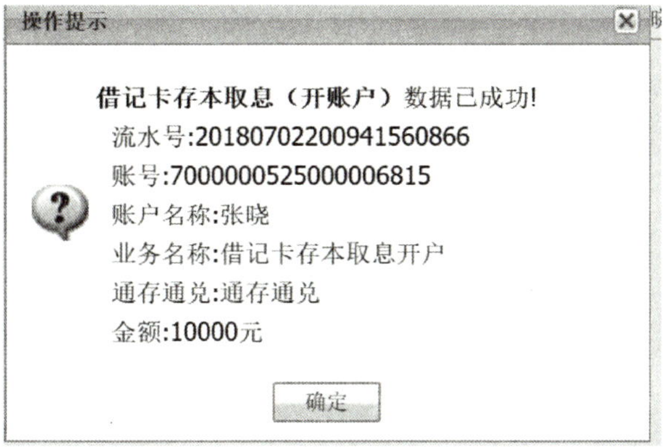

图 2－42　存本取息开户成功界面

二、存本取息取款

业务描述

客户张晓持身份证和借记卡，要求提取存本取息账户里的利息。

操作步骤

进入“个人业务—存本取息—借记卡存本取息”页面（见图 2－43），输入必输信息，注意利息的输入金额要与 I 类账户信息上显示的利息数一致（见图 2－44）。

案例：“存本取息 + 零存宝”储蓄存款备受青睐

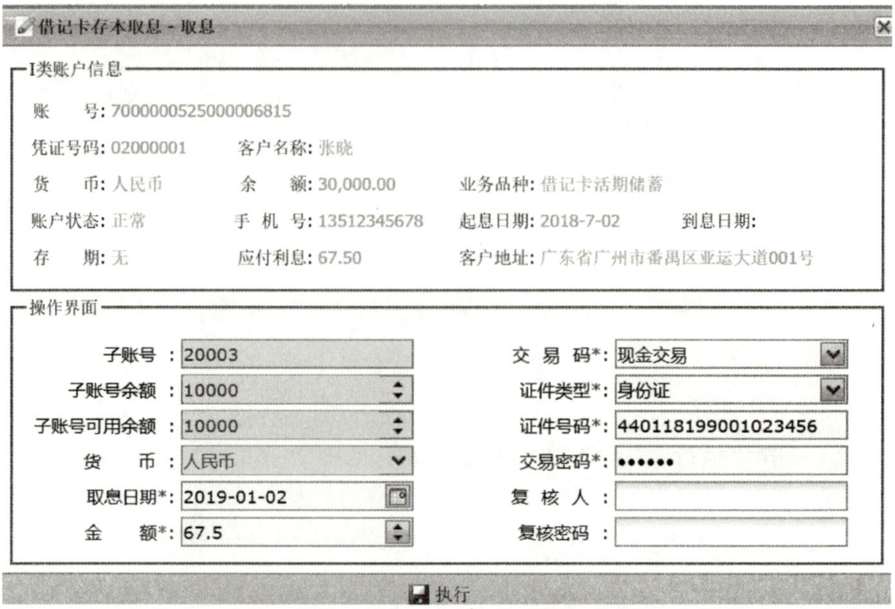

图 2－43　进入存本取息取息操作页面

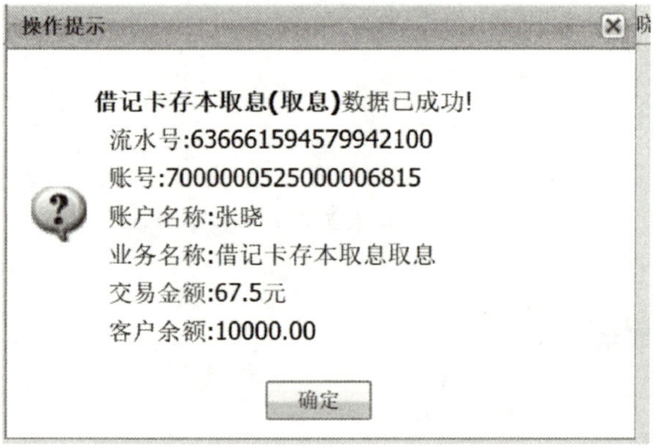

图 2－44　存本取息取息操作成功页面

三、存本取息销户

☞ 业务描述

客户张晓持身份证和借记卡，要求销掉借记卡里的存本取息账户。

操作步骤

进入“个人业务—存本取息—借记卡存本取息销户”界面（见图 2－45），

输入之前开立的借记卡账户。输入必输信息。其中，“销户日期”的选择：如果该存本取息账户取息过，销户日期超过取息日期，可以为取息日期当天；如果该存本取息账户没有取息过，销户日期超过开户日期，可以为开户日当天。操作成功界面见图 2－46。

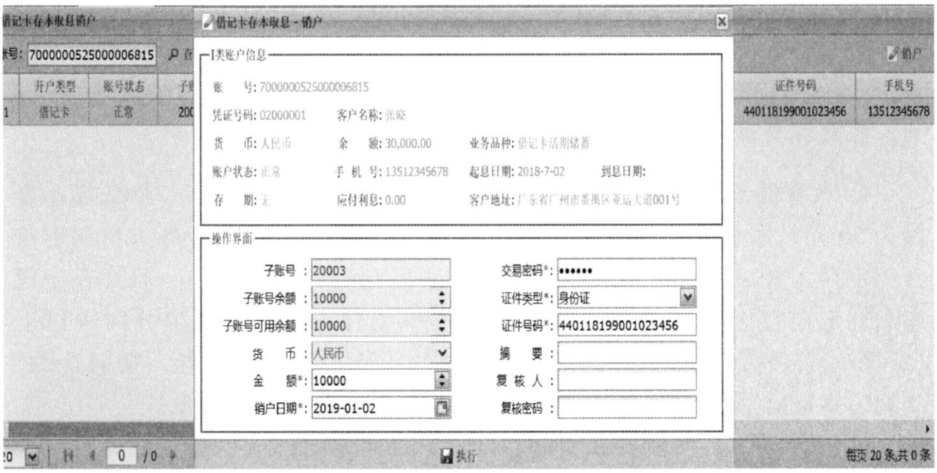

图 2－45　存本取息销户操作界面

图 2－46　存本取息销户成功界面

微课：办理教育储蓄业务

业务四　办理教育储蓄业务

相关知识

一、教育储蓄操作规程

1. 教育储蓄存期分为一年、三年和六年，以存折为凭证。最低起存金额为50元，本金合计最高为2万元。开户时客户应与银行经办人员约定每月固定存入金额，起存金额最高不得超过1万元（含1万元），且续存金额应为约定起存金额的倍数。开户当月不得续存，存期内最少分两次以上（含两次）存入，中途如有漏存，须在次月补齐，未补齐者，视同违约，到期后支取时对违约后存入的部分，按活期储蓄存款利率计息。

2. 一年期、三年期的教育储蓄按开户日同期同档次整存整取储蓄定期储蓄存款利率计息，六年期按开户日五年期整存整取定期储蓄存款利率计息。在存期内如遇利率调整，仍按开户日利率计息。

PPT：办理教育储蓄业务

3. 教育储蓄到期支取时按实存金额和实际存期计算利息。客户凭存折和学校提供的正在接受非义务教育的学生身份证明一次性支取本金和利息。银行须在“证明”原件上加盖“已享受教育储蓄优惠”字样的印章，将“证明”原件做利息付出传票的附件留存。逾期部分按支取日活期储蓄存款利率计付利息。

二、教育储蓄注意事项

1. 客户到期支取时不能提供其正在接受非义务教育证明的，不享受利率优惠，即一年期、三年期按开户日同期同档次零存整取定期储蓄存款利率计息；六年期按开户日五年期零存整取定期储蓄存款利率计息；逾期部分按支取日活期储蓄存款利率计付利息。并按有关规定征收储蓄存款利息所得税。

2. 教育储蓄提前支取时，必须全额支取，不能部分提前支取。

3. 客户凭存折和学校提供的证明提前支取存款时，按实际存期和开户日同期同档次整存整取定期储蓄存款利率计付利息。不能提供证明的，按实际存期和支取日活期储蓄存款利率计付利息。

4. 客户因户口迁移办理教育储蓄异地托收的，必须在存款到期后方可办理。客户在办理教育储蓄异地托收时，须向委托行提供户口迁移和学校提供的证明，不能证明的，不享受利率优惠。

三、教育储蓄开户

业务描述

客户张晓持持身份证、借记卡、5000 元人民币和填好的个人开户及综合服务申请表（格式同表 2－2，略），要求开立借记卡教育储蓄账户，存期 1 年。

操作动画：办理教育储蓄业务

操作步骤

1. 进入“个人业务—教育储蓄—借记卡教育储蓄—开户”页面。输入账号后，点击右上角的“开户”，输入必输项目（如图 2－47 所示）。点击“执行”后显示操作成功的界面（图 2－48）。

视频：教育储蓄

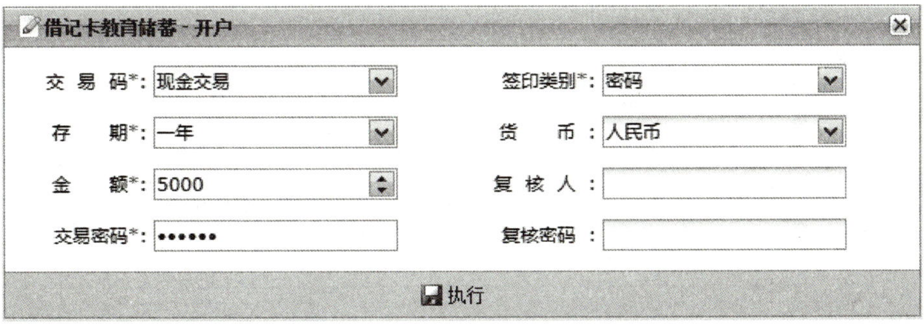

图 2－47　教育储蓄开户操作界面

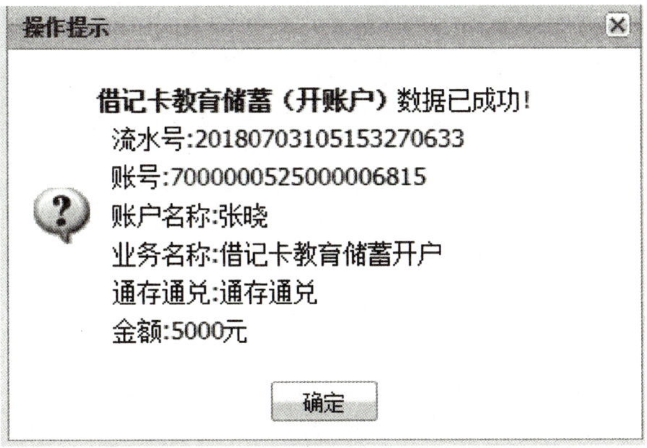

图 2－48　教育储蓄开户操作成功界面

2. 打印开户传票，交由客户签章后，揭下回单联给客户。

四、教育储蓄的续存

业务描述

客户张晓持身份证、现金和借记卡，要求往其教育储蓄账户存入5000元人民币。

操作步骤

1. 进入“个人业务—教育储蓄—借记卡教育储蓄—存款”页面。

2. 根据证件和业务内容录入信息：输入张晓教育储蓄账号、存折号、存款金额等，见图2－49。

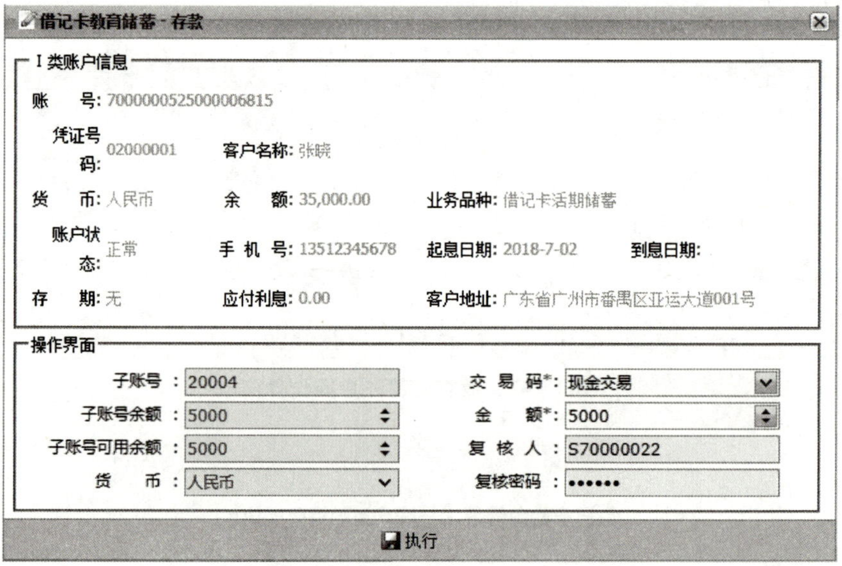

图2－49 教育储蓄存款的续存

3. 系统提示“执行成功”表示操作完成。

五、教育储蓄账户销户

业务描述

客户张晓要求将教育储蓄账户销户处理。

操作步骤

1. 进入“个人业务—教育储蓄—借记卡教育储蓄—销户”页面，输入之前开立的借记卡账户。输入必输信息。

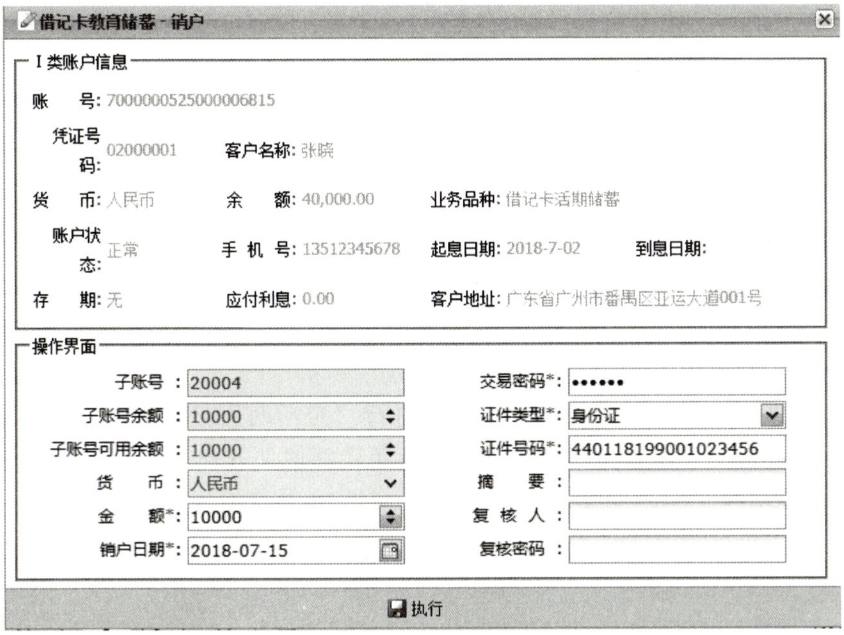

图 2－50　教育储蓄销户

2. 系统提示“执行成功”表示操作完成（见图 2－51）。

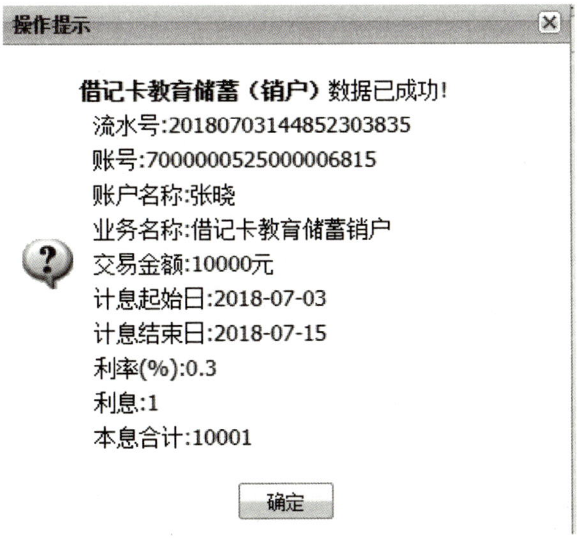

图 2－51　教育储蓄销户成功界面

微课：办理定活两便储蓄和通知存款业务

业务五　办理定活两便业务

一、定活两便开户

业务描述

客户张晓持身份证、10000元人民币和填好的个人开户及综合服务申请表（与表2-9类似，此处省略），要求开立普通定活两便储蓄账户。

PPT：办理定活两便储蓄和通知存款业务

操作步骤

1. 进入“钱箱管理—凭证出库”进行“定活两便存单出库”的操作。
2. 进入“个人业务—定活两便—存单定活两便开户”界面，输入必输项目（见图2-52）。

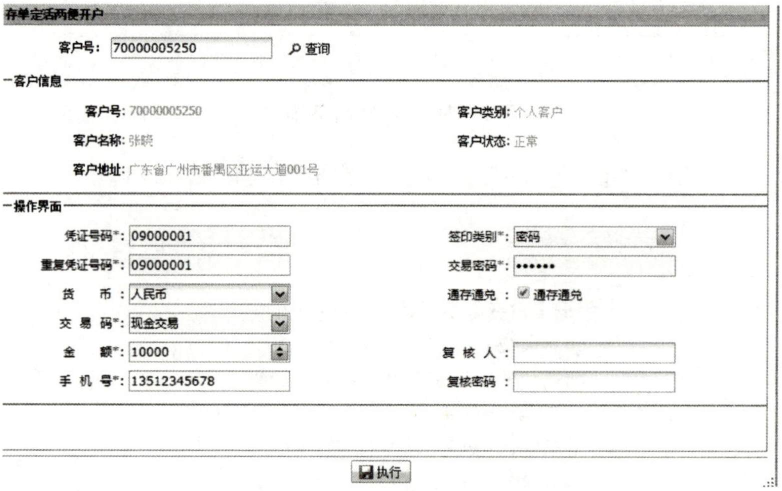

图2-52　定活两便开户

3. 系统提示“执行成功”表示操作完成。

二、定活两便销户

业务描述

几天后因资金紧张，客户张晓要求将其定活两便账户销户。

操作流程

操作动画：办理定活两便业务

1. 进入“个人业务—定活两便—存单定活两便销户”界面，输入完整的信息，见图 2 – 53。

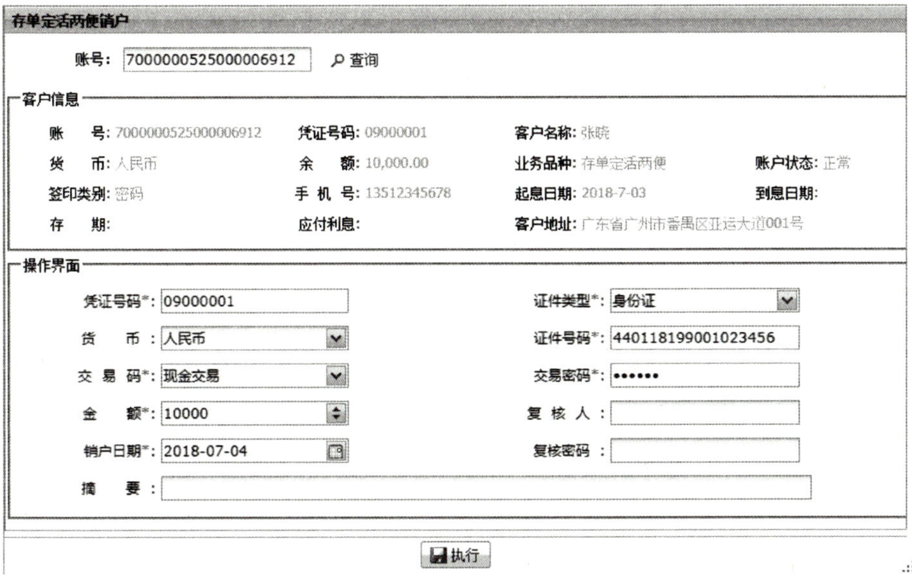

图 2 – 53　定活两便销户

2. 系统提示“执行成功”表示操作完成（见图 2 – 54）。

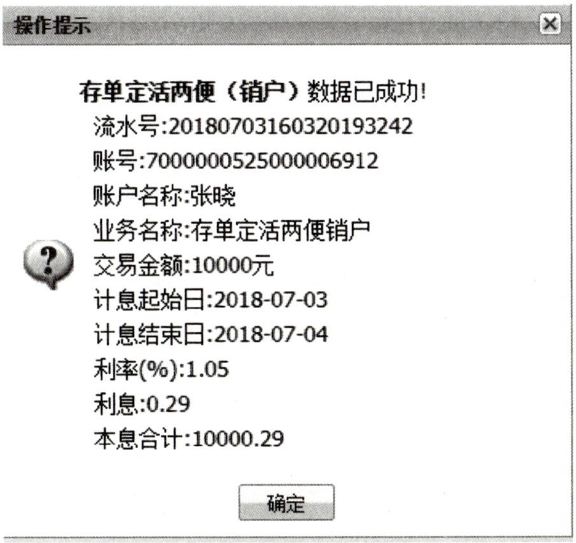

图 2 – 54　定活两便销户

微课：办理定活两便通知存款业务

业务六　办理通知存款业务

相关知识

通知存款相关规定

1. 新开个人通知存款存单时，5万元（含）以下的使用普通存单，5万元以上至50万元（含）使用大额存单，50万元以上的使用特种大额存单。

2. 存款利率。通知存款存入时，存款人自由选择通知存款的品种，但存单或存款凭证上不注明存期和利率的，银行按支取日挂牌公告相应利率和实际存期计息，利随本清。部分支取的，支取部分按支取相应档次的利率计付利息，留存部分从开户日计算存期，部分支取后留存部分低于起存金额的予以清户。

PPT：办理定活两便通知存款业务

预约提款日如未及时支取，自预约提款日开始，银行不再计算支取部分的存款利息。办理提款通知后，如不支取或在预约提款日之前取消通知，则在通知期限内，不计算存款利息。

3. 特点：收益高，资金支取灵活；专有“积利”存款计划。

储户可根据需要设置通知存款自动转存的周期，例如，如果储户设定7天通知存款的转存周期为8天，则银行将每8天将这一期间的本金和利息进行自动滚存，储户将不仅可以获得复利收益，还可以随时提前支取通知存款。

一、通知存款开户

操作动画：办理通知存款业务

业务描述

已在我行开户客户张晓持身份证、70000元人民币和填好的个人开户及综合服务申请表（格式同表2-2，略），要求开立普通通知存款账户，通知期为7天。

操作步骤

进入“个人业务—通知存款—借记卡通知存款—开户”界面，输入账号后点击“开户”，进入开户操作界面，输入必输信息后，点击“执行”，提示“开户成功”，见图2-55。

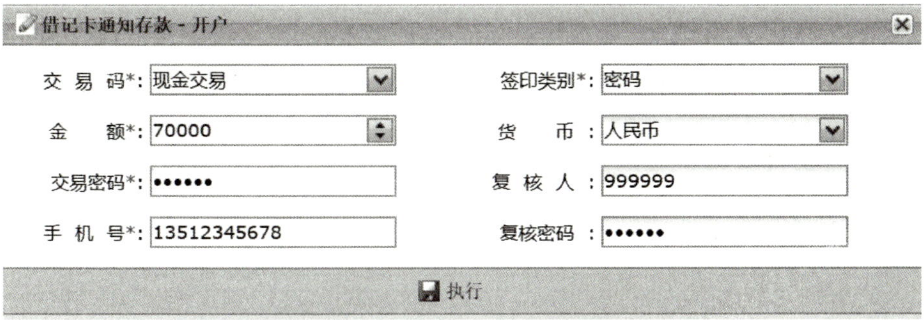

图 2-55 通知存款开户操作界面

图 2-56 通知存款开户成功界面

二、通知存款部分提前支取

业务描述

开户后三天，客户张晓要求从其通知存款账户部分提前支取 2 万元。

视频：节日理财——银行通知存款

操作流程

进入“个人业务—通知存款—借记卡通知存款 - 部分支取”界面，输入账号后点击“提前支取”，进入取款操作界面。其中，“通知期”选择“七天”。输入必输信息后，点击“执行”（见图 2-57），提示“取款”见图 2-58。

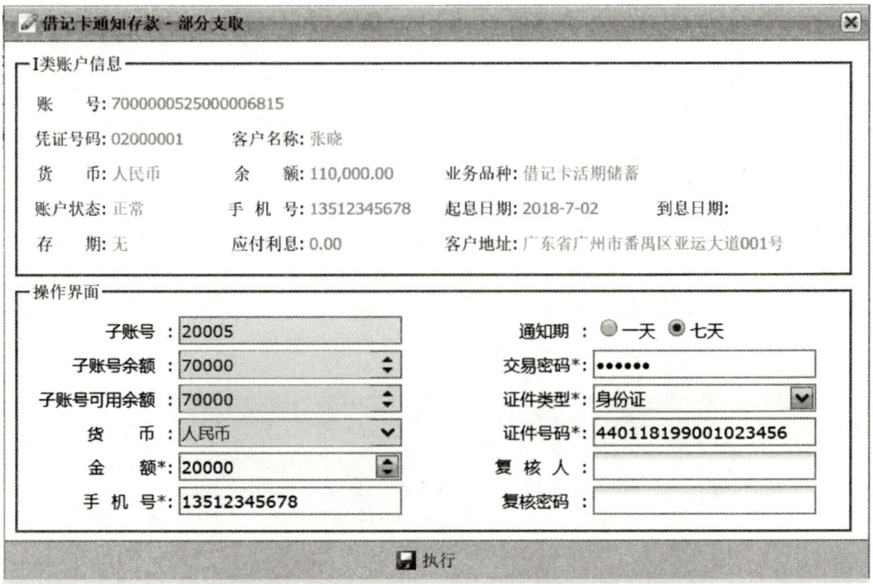

图2-57　通知存款取款操作界面

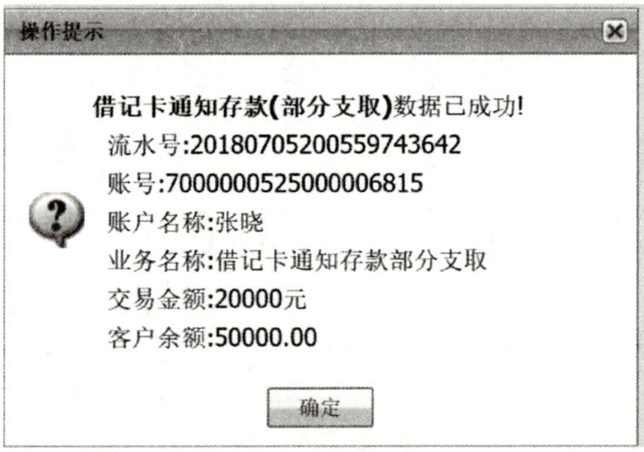

图2-58　通知存款部分提取成功界面

三、通知存款销户

☞ 业务描述

开户后七天，客户要求将其通知存款账户销户。

操作流程

销户业务一般可以分为正常取款销户和挂失销户两种。取款人按通知期限，凭个人通知存款存单办理销户，若大额取款，客户还须出示身份证件。

进入“个人业务—通知存款—借记卡通知存款－销户”界面，输入账号后点击“销户”，进入销户操作界面（见图2－59），输入对应信息后，点击“执行”，显示“销户成功”（见图2-60）。

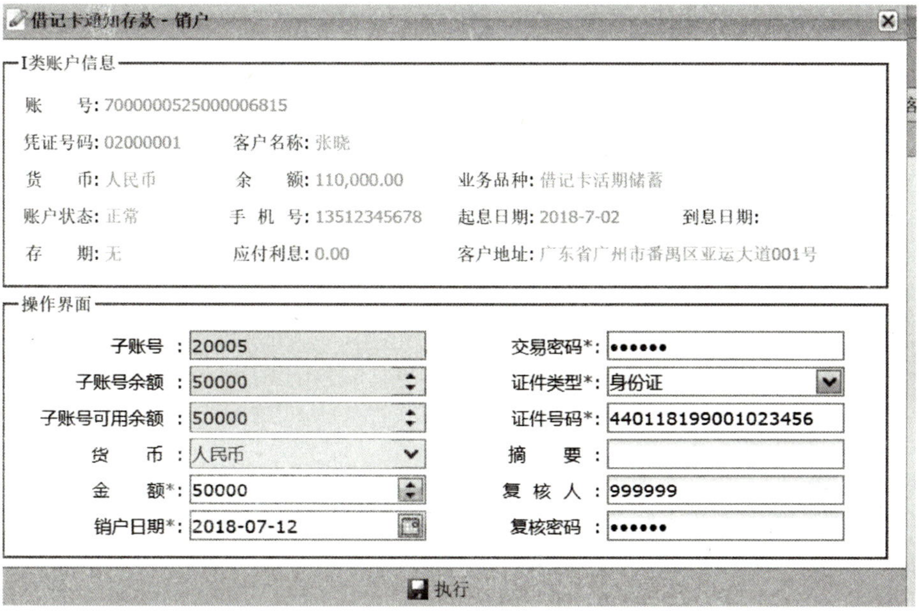

图2-59　通知存款销户操作界面

图2-60　通知存款销户成功界面

操作要点

1. 办理整存整取、零存整取、存本取息、教育储蓄、定活两便、通知存款的开户。

2. 办理零存整取、教育储蓄的续存。

3. 办理整存整取、存本取息、通知存款的提取。

4. 办理整存整取、零存整取、存本取息、教育储蓄、定活两便、通知存款的销户。

知识要点

1. 定期储蓄的特点、种类。

2. 整存整取、零存整取、存本取息、教育储蓄、定活两便、通知存款的基本规定。

3. 定期储蓄的开户、续存、支取业务流程。

推荐阅读

1. 查阅《储蓄管理条例》。

2. 查阅《中华人民共和国反洗钱法》。

3. 查阅《中华人民共和国人民币管理条例》。

思考与练习

1. 定期储蓄种类有哪些？阐述各自的存期、金额限制、存取方式。

2. 两个同学为一组，分别扮演柜员和客户角色，按照规定的程序办理定期储蓄全部业务。

模块三 电子银行业务

任务描述

能为客户快速办理电子银行业务。

相关知识

电子银行业务是指商业银行通过面向社会公众开放的通讯通道或开放型公众网络，以及为特定自助服务设施或客户建立的专用网络等方式，向客户提供的离柜金融服务。主要包括网上银行、手机银行、电话银行、自助银行以及其他离柜业务。

1. 网上银行。网上银行是各银行在互联网中设立的虚拟柜台，银行利用网络技术，通过互联网向客户提供开户、销户、查询、对账、行内转账、跨行转账、信贷、网上证券、投资理财等服务。

客户可以通过柜台或银行网站两种渠道开通个人网上银行服务。柜台开通个人网银业务必须客户本人到网点办理，不得代理。网上银行客户分为注册客户和非注册客户；注册客户是指办理了客户注册手续，与行签订了网上银行服务协议，并从银行取得客户证书的个人；非注册客户是指未办理客户注册手续而登录网上银行系统的个人客户，也称公共客户。网上银行的注册客户在网上银行系统中被设置有唯一的客户号，在该客户号下可关联多个账户。个人客户证书常见的两种形式是：动态口令牌和 USB Key。

视频：农商行电子银行业务

2. 手机银行。手机银行是指利用手机客户端办理银行相关业务，只要是通过移动通信网络将客户手机连接至银行，利用手机界面直接完成各种银行金融业务的服务系统都可称为手机银行。手机银行是继网上银行之后出现的一种新的银行服务方式，既具备网上银行全网互联和高速数据交换等优势，又突出了手机随时随地的移动性与便携性，因此迅速成为一种颇具竞争力的服务方式。

3. 电话银行。电话银行是指通过电话办理银行业务。电话银行以其简便、快捷的方式，为客户提供了全方位、高效、安全的服务，极大地方便了客户。电话银行的服务内容有：对私业务、对公业务、银行卡业务、投资理财等业务。

4. 自助银行。自助银行是指不需要银行职员帮助、顾客通过电子计算机设备实现自我服务的银行，包括智能柜员机、自动柜员机（ATM）、自动存款机（ADM）、自助查询终端等。

微课：办理电子银行业务

业务一　网银签约

业务流程

1. 接过客户填写的开户申请书、有效身份证件、银行卡/存折。

2. 审核开户申请书，识别客户身份，鉴别身份证件。（办理个人网银业务必须是客户本人亲自前往办理。客户本人需携带本人有效身份证件到柜台申请。除未满 16 周岁的可由监护人陪同办理外，本业务不允许代办。身份证需联网核查，进行黑名单检索。）

3. 对客户进行风险提示等安全教育工作。

4. 系统操作，将业务信息录入系统。

5. 请客户留存登录密码。

6. 打印开户业务传票，交客户签字确认。

7. 申请后台主管审核后，双人发放认证工具。

PPT：办理电子银行业务

风险点

1. 申请表填写的注册账户信息（账号/卡号、户名、账户性质等）必须与客户提供的账户类型相符；客户需完整填写客户申请表各项内容，申请表除“银行专用栏”外必须由客户本人填写，柜员不得代填。对于客户涂改内容需客户签字确认，不能由柜员签章代替。网银用户注册交易成功后，柜员需打印网银服务凭条，加盖银行业务公章和经办人签章后交付客户，并取回带有客户签字的银行留存联，随传票装订。

2. 必须对客户进行风险提示等安全教育工作，加强客户交易安全性。柜员应通过口头告知、签署风险提示等不同方式对客户进行风险提示，加强对客户的网上银行安全知识普及教育，提高客户风险防范意识。

操作动画：个人网银签约

操作步骤

1. 柜员登录“网银签约”，进入“个人网银签约”交易；录入客户账号或卡号，相关信息会自动显示，如图 2－61 所示。

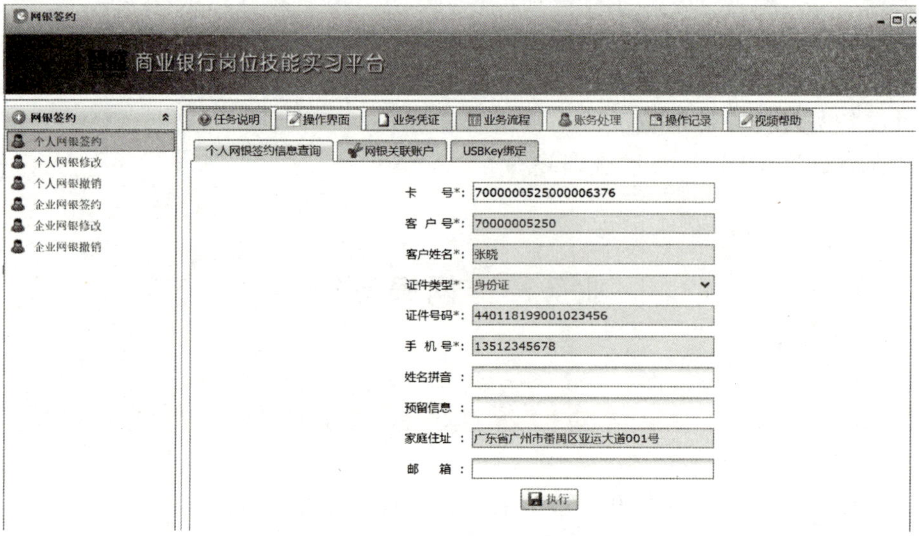

图 2－61 个人网银签约操作界面

点击“执行”，显示网银签约成功。

2. 进入“个人网银签约”选择“USB Key 绑定”（见图 2－62），输入客户号和 10 位数字的 USB Key 编号，以及每日和单笔限额数后点击“执行”即可。

图 2－62　个人网银 USB Key 绑定操作界面

3. 打印、签章。柜员打印一式两联通用业务凭证，请客户在网上个人银行业务申请表和通用业务凭证上签字，确认后加盖业务公章和柜员名章（见图 2－63）。

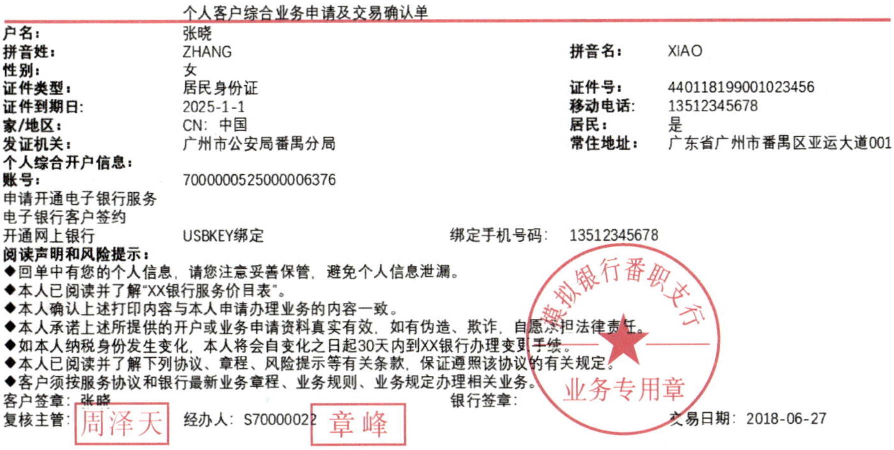
个人客户综合业务申请及交易确认单

户名： 张晓
拼音姓： ZHANG　　拼音名： XIAO
性别： 女
证件类型： 居民身份证　　证件号： 440118199001023456
证件到期日： 2025-1-1　　移动电话： 13512345678
家/地区： CN：中国　　居民： 是
发证机关： 广州市公安局番禺分局　　常住地址： 广东省广州市番禺区亚运大道001
个人综合开户信息：
账号： 7000000525000006376
申请开通电子银行服务
电子银行客户签约
开通网上银行　USBKEY绑定　　绑定手机号码： 13512345678
阅读声明和风险提示：
◆回单中有您的个人信息，请您注意妥善保管，避免个人信息泄漏。
◆本人已阅读并了解"XX银行服务价目表"。
◆本人确认上述打印内容与本人申请办理业务的内容一致。
◆本人承诺上述所提供的开户或业务申请资料真实有效，如有伪造、欺诈，自愿承担法律责任。
◆如本人纳税身份发生变化，本人将会自变化之日起30天内到XX银行办理变更手续。
◆本人已阅读并了解下列协议、章程、风险提示等有关条款，保证遵照该协议的有关规定。
◆客户须按服务协议和银行最新业务章程、业务规则、业务规定办理相关业务。
客户签章：张晓　　银行签章：
复核主管：周泽天　　经办人：S70000022 章峰　　交易日期：2018-06-27

图 2－63　个人网银签约和 USBkey 绑定业务回单

4. 送别客户。柜员将业务回单、网上个人银行业务申请表和《电子银行服务协议》的客户回单联与客户相关资料一并交付客户，送别客户。

5. 后续处理。柜员将业务传票、网上个人银行业务申请表和《电子银行服务协议》的银行记账联留作本业务发生的凭证，整理相关的凭证。

微课：办理电子银行业务

业务二　个人网银修改

业务描述

客户张晓持身份证和已签约网银的账户，要求修改 USB Key 单笔限额为 150 万元人民币。

PPT：办理电子银行业务

业务流程

1. 业务受理。柜员要求客户出示本人有效身份证件和签约账户的银行卡/折的原件。

2. 审核。柜员审核客户填写的电子银行变更申请书内容是否完整、准确、清晰，客户本人有效身份证原件及复印件是否真实、齐全，是否在有效期内；客户提供银行卡/折的原件是否属于本行网上银行的账户。

3. 交易处理。进行系统操作。

4. 打印、签章。柜员打印一式两联通用业务凭证，提请客户确认后加盖业务公章和柜员名章。

5. 送别客户。柜员把通用业务凭证和变更申请书的客户回单联与客户所提供的其他相关证明一并交给客户，送别客户。

6. 后续处理。柜员把通用业务凭证和电子银行变更申请书的银行记账联留做本次业务操作的凭证，整理相关的凭证。

操作动画：个人网银修改

操作步骤

1. 审核有效证件、签约账户和变更申请书（见表 2－8）。

表 2－8

个人电子银行变更申请书
Application Form for Changing Personal Account Information/Account Cancellation

客户姓名：张晓 联系电话/手机：13512345678 账号/卡号/客户号：7000000525000006376 证件类型：身份证 证件号码：440118199001023456
Customer Name Phone/Mobile phone Account No./Card No./Customer No. Type of Identification ID No.

账户信息变更 Changes of Customer/Account Information	电子银行业务变更 Changes of Electronic Banking	其他业务变更 Changes of Other Business
密码 Password □申请密码 Apply Password □修改密码 Change Password □注销密码 Cancel Password 支取方式 Withdrawal Methods 原支取方式：______ Original 新支取方式：______ New 产品变更 Change of Product 原产品：______ Original 新产品：______ New 开户行变更 Change of Opening Bank 原开户行：______ Original 新开户行：______ New 利息支付方式 Interest Payment Methods 转其他账户：______ Transfer to other Account 销借记卡/销户/解锁 Cancel Debit Card/Cancel Account/Unlock 账号/卡号（主卡）：______ Account/Card No. (Master Card) 账号/卡号（附属卡）：______ Account/Card No. (Supplementary Card) 销户原因：______ Reason for Cancel Account	☑网上银行 Online-Banking □手机银行 Mobile-Banking □家居银行 Home-Banking □查询/打印关联账户清单 Inquiry/Print Linked Accounts □同步用户信息 Synchronize Online-banking User Information □重置密码 Reset Password □关闭渠道 Close one Channel □注销电子渠道 Cancel Online-banking and Mobile Banking □找回用户名 Find User Name □个人用户解锁 Personal Account Unlock □个人用户挂失 Report Personal Account Loss □个人用户解除挂失 Relieve Personal Account Loss Report **认证工具 □动态口令牌+手机交易码 □USBKEY 证书** **Certification Tool E-Token + SMS transaction code USBKEY** □解锁 Unlock Certification Tool □ 补发 Reissue a new tool □更新认证工具 Renew Certification Tool □更新参考号授权码 Renew Authentication code for USBKEY □更换认证工具 Change Certification Tool □挂失 Report Loss □解挂 Relieve Loss Report □同步 Synchronize Certification Tool ☑修改信息 Information Renewal □查询 Search □注销 Cancel □ 吊销 Cancel USBKEY **电话银行 Phone-Banking** □重置电话银行密码 Reset Phone Banking Password □注销电话银行 Phone Banking Revocation □变更主登录卡 Alternate Main landing Card □签约信息修改 Signed Information Alternate □密码重置/修改 Password Reset/Alternate □变更缴费账户 Alternate Account for Fees □变更交易限额 （□指定转账 □代客转账） Change Translation Limit(□Designated Transfer □Transfer on behalf of Customers) 卡号/账号/限额：______ Card No./Account No./Limit	第三方存管关联账户变更 Related Account of Third Party Custody 证券公司名称：______ Name of Securities company 证券资金账号：______ Security Capital Account 新关联卡号/账号：______ New Related Card/Account No. 证券资金账号：______ Security Capital Account □撤销币种： □港币 HKD □美元 USD Currency Type of Revocation 银期转账服务撤销 Bank-Futures Transfer 期货公司名称：______ Name of Futures Company 期货保证金账号：______ Futures Margin Company 变更国债关联账号 Account Revocation of T-Bond □储蓄/记账式国债关联账号 Related Account of Savings T-Bond/Book-entry T-Bond 新关联卡号/账号：______ New Related Card/Account No. 终止借记卡自动转账支付授权 Debit card auto-transfer payment Termination □电话费 Phone Charge □手机费 Mobile Phone Charge □其他 Others 号码 Phone No.：______ 用户编号 User Code：______ 手机号码 Mobile No.： 开通手机银行的原手机号码：______ Old Phone Number for Mobile Banking 开通手机银行的新手机号码：______ New Phone Number for Mobile Banking

第一联 银行留存联

申请人声明：本人承诺上述提供的资料真实、有效，如有伪造、欺诈，自愿承担法律责任。本人自愿按银行相关规定申请办理上述业务。
Applicant Declaration: hereby certify that the above information provided is true and valid, and declare to be legally liable for any counterfeit or fraud under the laws of PRC. I hereby voluntarily comply with relevant regulations of bank when I do above business.

申请人签字： **张晓** 2018 年 6 月 28 日 银行经办人员 Handled by:____ 银行签章 Bank Seat:________银行复核人员 Checked by:______
Signature of Applicant YYYY MM DD

2. 电脑系统操作

进入“网银签约—个人网银修改”页面（见图2－64），输入张晓的客户号后，选择“证书管理”，录入需要修改的个人单笔限额150。点击“执行”，显示修改USBKey成功。

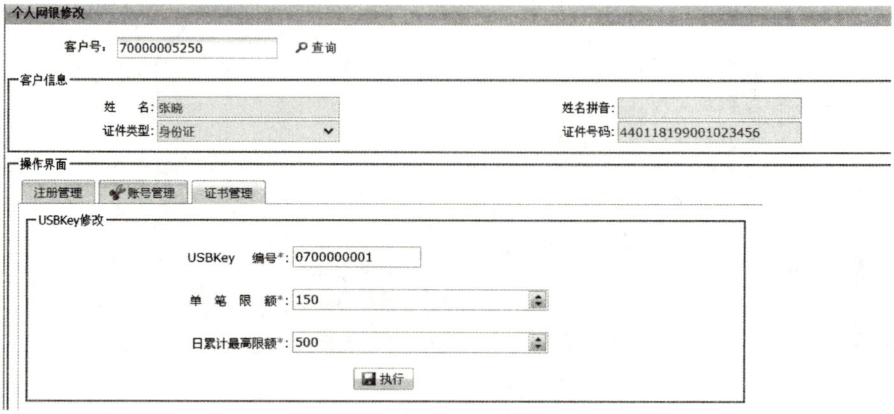

图2－64 证书信息修改界面

3. 打印回单，交由客户签字，盖业务章。

4. 递交回单，送别客户。

微课：办理电子银行业务

业务三 取消网银服务

业务描述

客户张晓持有效身份证件、个人电子银行变更申请书（同表2－8，略）等，要求取消网银服务。

PPT：办理电子银行业务

操作流程

进入“网银签约—个人网银撤销”页面（见图2－65），输入张晓的客户号后，选择“关联网银账号”中已关联的网银账户（见图2－66），点击“执行”。

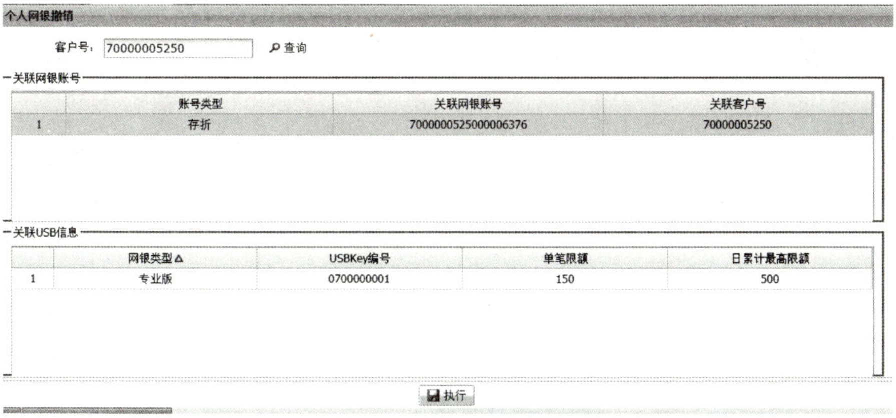

图 2-65　个人网银撤销界面

图 2-66　个人网银撤销成功界面

操作动画：取消个人网银

操作要点

办理网上银行的开户、修改、销户。

知识要点

1. 电子银行的种类；
2. 网上银行的开户、信息修改、销户业务流程。

思考与练习

分角色扮演柜员和客户角色，按照规定的程序办理网上银行开户、修改、销户业务。

视频：中国首家无人银行

视频：首个智能柜台

视频：人工智能机器人

模块四
智能柜员机业务

任务描述

走进银行大堂，客户通过智能柜员机及得到机动授权就能办理一百项以上的非现金业务，非现金业务柜面替代率达60%左右。本模块的学习任务：熟悉智能柜员机业务，能协助客户完成常见非现金业务办理。

相关知识

银行智能助手

1. 智能柜员机。智能柜员机运用大数据技术，通过硬件设备的集成和软件系统的整合，为客户提供“一站式、自助化、智能化”服务。智能柜员机能够实现绝大部分客户非现金业务的快速处理，中国建设银行智能柜员机受理11大类108项个人非现金业务，包括开户、开通电子银行、结售汇、转账、定期、理财、基金、特殊业务、签约/解约聚财、查询等；另外，还可受理8大类25项对公非现金业务，包括结算卡查询、转账、自助填单等。

2. 智能机器人经理。“大堂经理”有人脸识别功能，她可开展客户接待、引导分流、业务咨询、营销宣传、互动流等多项工作。通过数据导入，她可以向客户介绍简单的业务，指引客户到相关柜面办理业务，还能和客户进行互动对话。

3. 外币兑换机。自助外币兑换机，主要是办理外币兑换人民币业务，可查询外币汇率，外币包括美元、港币、欧元、英镑和日元5种货币，按不同面额自动兑换成人民币，每人每次限兑换2500元等值人民币，每天限兑换7500元等值人民币。外币汇率参照当天银行牌价，实行一日一价，每日上午9点半左右更换牌价。

但人民币现钞兑换外币现钞仍要到银行柜台办理，由于外币兑换机兑换汇率一日一价，可能存在汇差风险。

4. 纸硬币兑换机。纸硬币兑换机（仅人民币）可以进行三个兑换：纸币兑换硬币整卷或散币、硬币兑换纸币或存入银行卡、大小面额纸币互兑；硬币兑换面额为1角、2角、1元；纸币兑换面额为10元、20元、50元（纸币兑换10个硬币起）。

5. 网银体验设备区。全新的网银体验设备，客户不仅能够自助办理转账、汇款、购买理财、货币兑换等业务，免去排队、填单的烦恼，还可以获取丰富的产品功能、业务流程、价格信息资讯。

6. VTM 远程柜员机。(Virtual Teller Machine) 远程柜台机，又叫远程视讯柜台，由客户自助办理，远程客服人员协助指导。目前公私业务都能办，具体包括：开户发卡、信用卡申请、投资理财、个人贷款、个人信用卡综合免临柜、一站式签约、机构客户签约。

7. 产品领取机。该机器是一台集办理、领取为一体的综合智能机器，顾客只需持本人身份证按机器程序即可办取银行卡和相应业务。具有“开户办卡、开通网银、人脸识别、转账交易”等功能。

8. 贵金属展示终端。贵金属展示终端是通过全息投影展示柜的 3D 成像技术为客户展示贵金属产品的 3D 动态效果，使立体影像不借助任何屏幕或介质而直接悬浮在设备外的自由空间，并且以 180/270/360 度任意角度看动态效果展示。

微课：智能柜员机办理个人开户

业务一　智能柜员机办理个人开户

业务描述

客户持本人身份证来到营业网点，工作人员协助其完成个人开户。

PPT：智能柜员机办理个人开户

操作步骤

1. 进入智能柜员机系统主页面（见图 2－67）。

图 2－67　智能柜员机系统主页面

2. 客户点击“开户及账户服务”，提示插入身份证，读取身份证后取回身份证（见图2-68）。

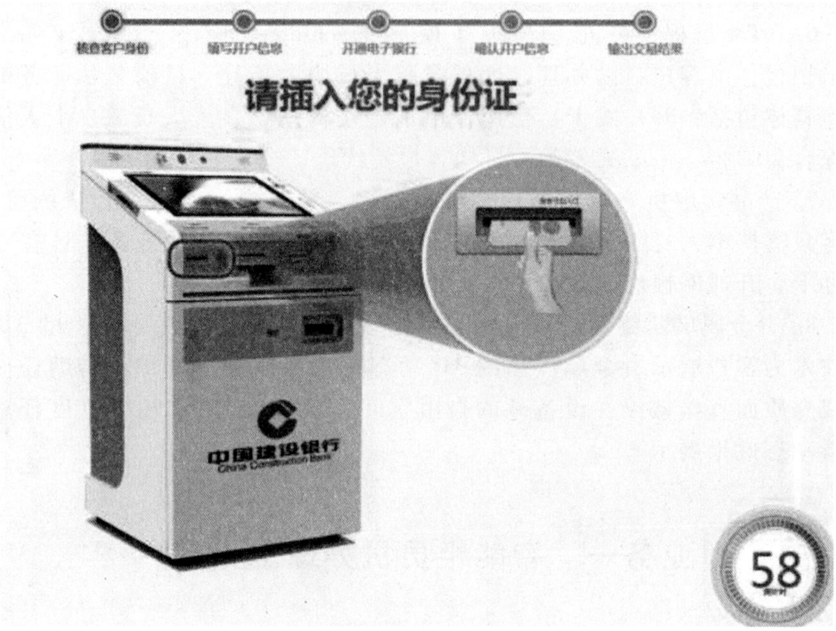

图2-68 提示插入身份证

3. 客户拍照，审核客户身份（见图2-69）。

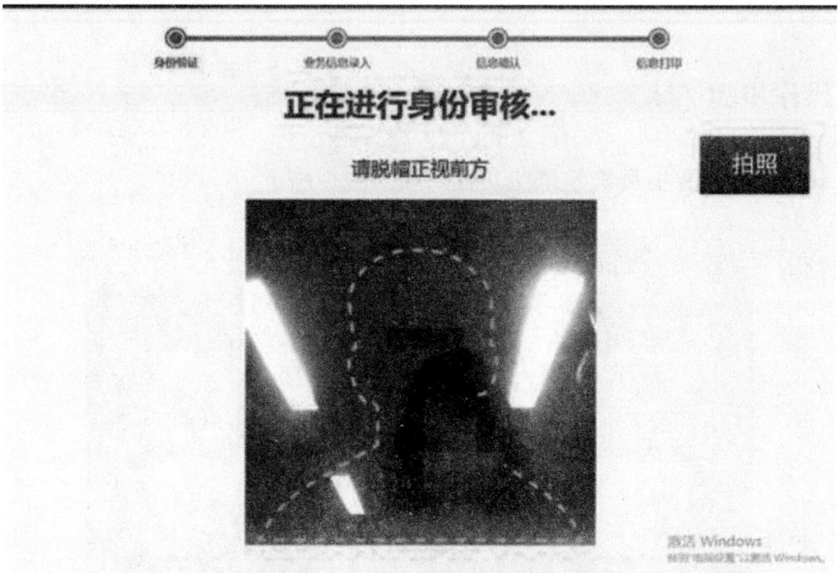

图2-69 人脸识别验证

4. 指导客户填写开户信息，并阅读《中国××银行×卡通领用协议》，点击“确认”（见图2-70）。

图 2－70　填写开户信息

5. 进入“选择开立卡种”界面（见图 2－71）。

（1）若客户在银行没有账户，系统默认自动开出一类账户，且一类账户的 ATM 转账限额默认值为 5 万元。

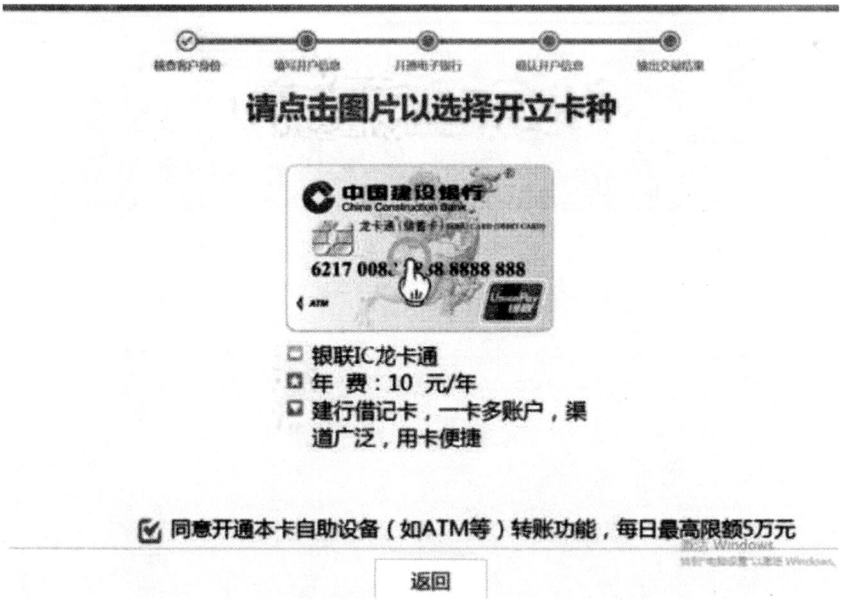

图 2－71　选择开立卡种

（2）若客户在银行已有账户，系统会提示客户将开立二类账户，二类户的 ATM 转账限额默认值为 1 万元（见图 2－72）。

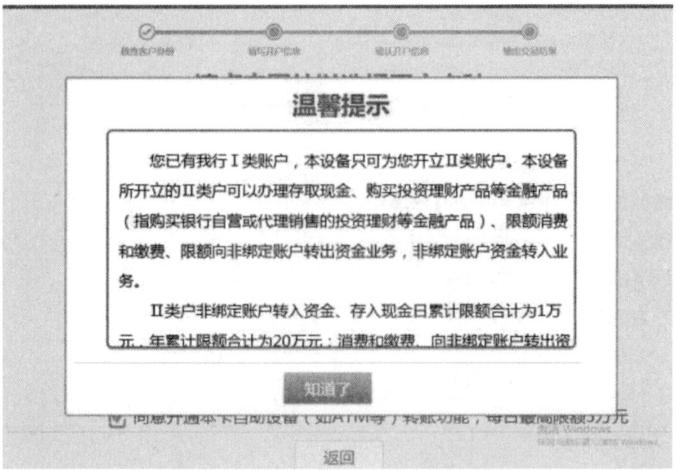

图 2-72 二类卡开卡温馨提示

6. 阅读优惠减免提示（见图 2-73）。

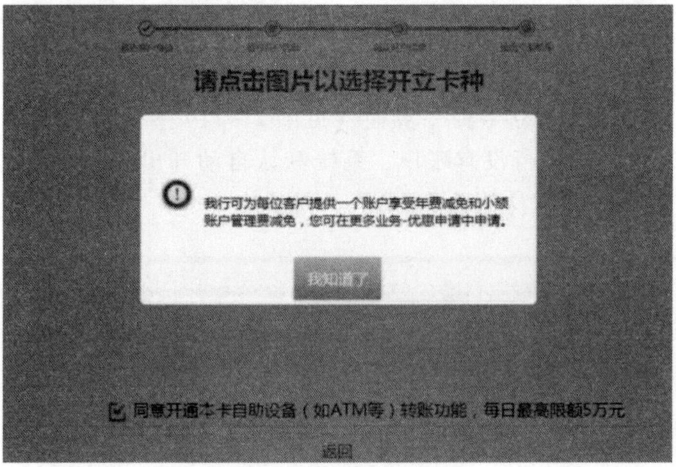

图 2-73 优惠减免提示

7. 客户设置银行卡密码（见图 2-74）。

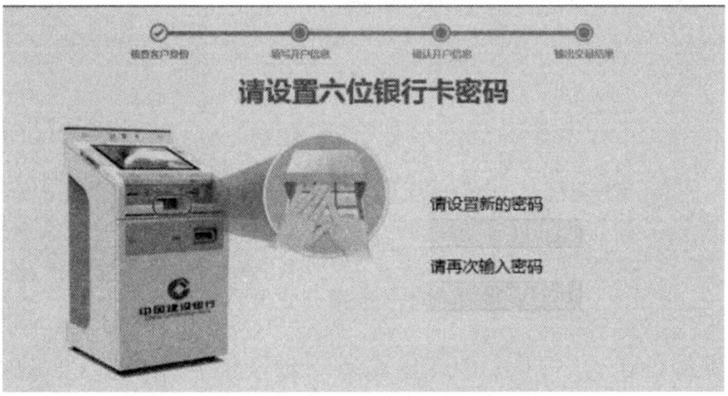

图 2-74 设置银行卡密码

8. 客户确认开户信息（见图 2－75）。

图 2－75 确认交易信息

9. 工作人员审核客户开户信息，并在系统上授权。客户即可取到新卡。

微课：智能柜员机办理个人开户

业务二 智能柜员机开通电子银行

☞ 业务描述

客户持本人身份证来到营业网点，协助其开通电子银行。

▣ 操作步骤

PPT：智能柜员机办理个人开户

1. 客户在主页选择“网络金融服务—开通电子银行”，插入银行卡（见图 2－76）。

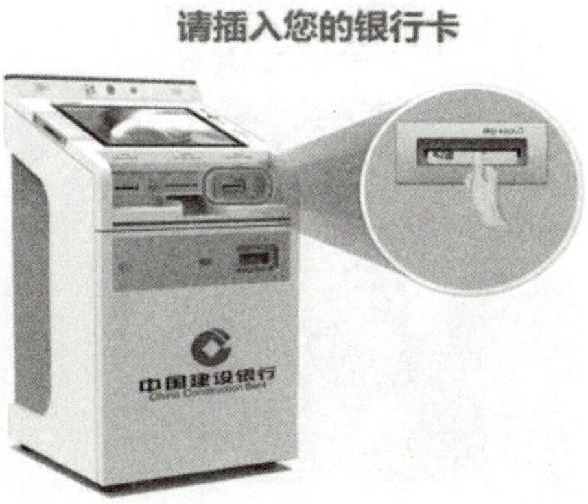

图 2－76 插入银行卡

2. 输入密码（见图2－77）。

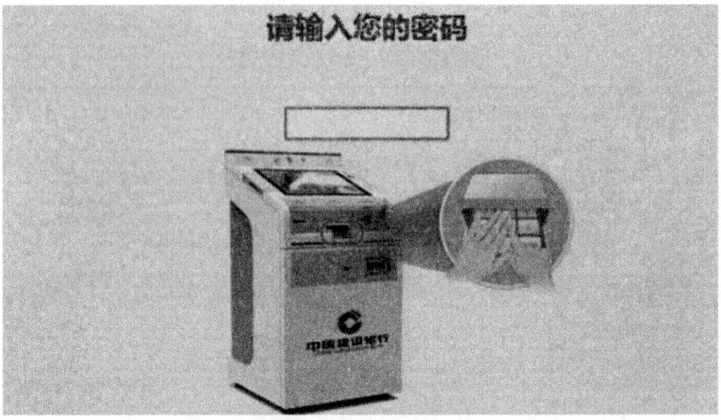

图2－77　输入密码

3. 按提示插入身份证（见图2－78），等待拍照验证（见图2－79）。

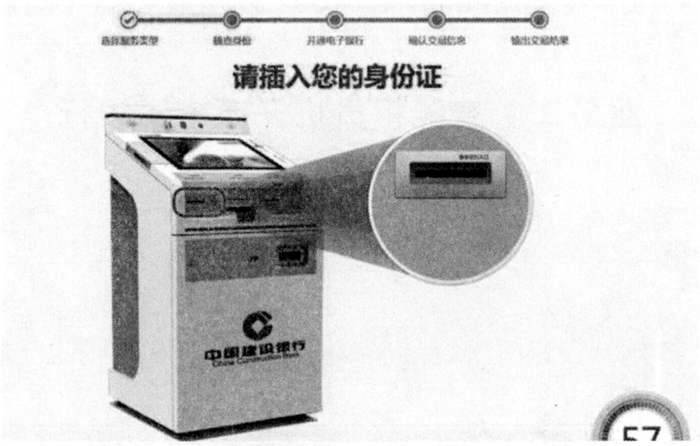

图2－78　插入身份证

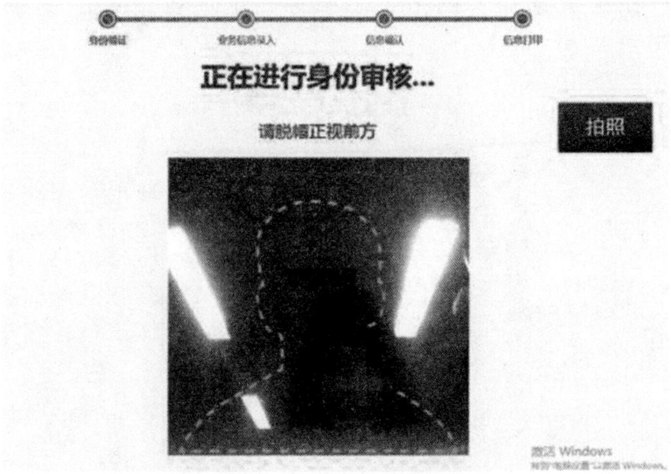

图2－79　人脸识别验证

4. 选择需要开通的电子银行（见图2－80）。

图2－80　开通电子银行服务

5. 如本人账户未开通过电子银行，请往下看第6点。如曾有本行卡开通过电子银行，需进行追加验证。

（1）可以输入手机号码并发送验证码进行验证（见图2－81）。

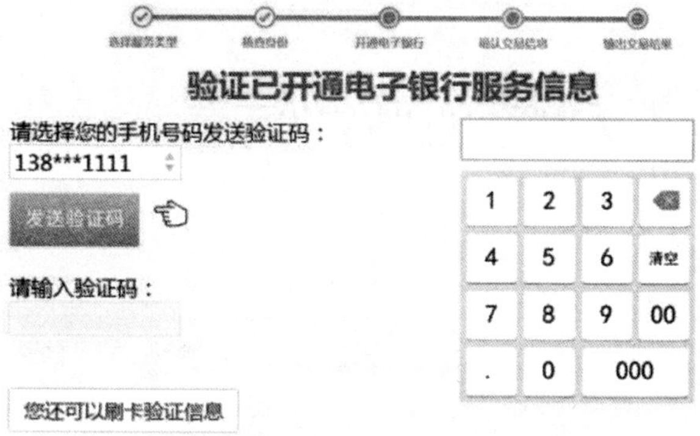

图2－81　验证已开通电子银行服务

（2）也可以选择已开通电子银行的账号，刷卡输入密码进行验证。

6. 输入新签约渠道的手机号码（见图2－82）。

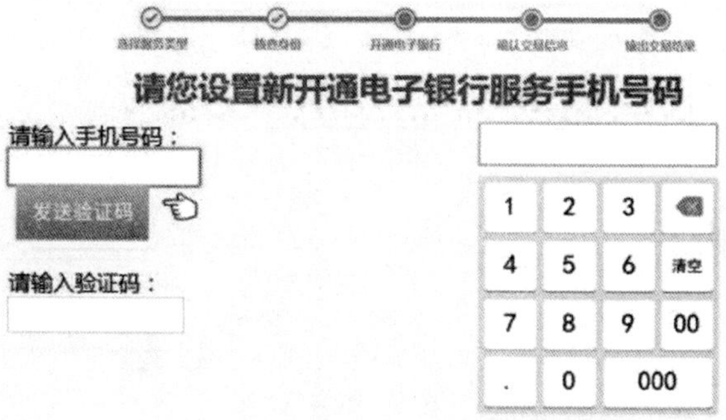

图2－82　新开通电子银行手机号码

7. 设置手机银行、电话银行密码（见图2－83）。

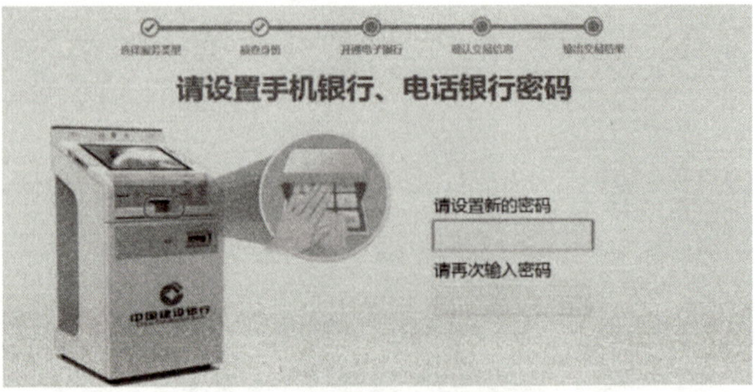

图2－83 设置电子银行密码

8. 客户确认交易信息，工作人员授权确认即可完成（见图2－84）。

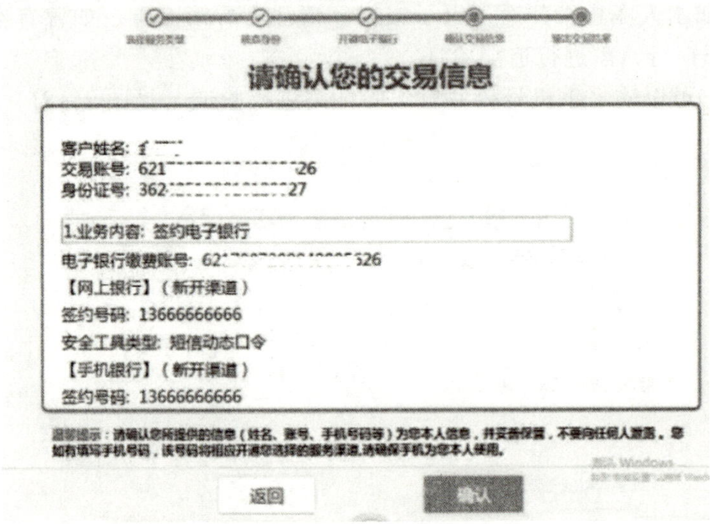

图2－84 确认交易信息

操作要点

熟练操作智能柜员机业务。

知识要点

银行智能助手。

练一练

在银行顶岗实习，熟练操作智能柜员机业务。

3 项目三 对公存款柜面业务

学习目标

知识学习目标：

1. 掌握单位活期存款的特点和业务处理流程。
2. 掌握定期存款的特点和业务处理流程。
3. 掌握单位通知存款、单位协定存款、保证金存款的特点和业务处理流程。
4. 掌握电子银行业务开通、修改、撤销的业务流程。

业务流程

技能训练目标：

1. 快速准确办理单位活期存款的开户、存款、取款、挂失、销户业务。
2. 快速准确办理单位定期存款的开户、提前支取、销户业务。
3. 快速准确办理单位通知存款、协定存款、保证金存款的开户、部分提支、销户业务。
4. 快速准确办理单位网上银行业务开通、修改、撤销业务。

工作任务

应完成的工作任务：

1. 为单位客户办理人民币单位活期存款柜面业务。

2. 为客户办理人民币单位定期存款柜面业务。

3. 为客户办理人民币单位通知存款、单位协定存款、保证金存款等柜面业务。

4. 为客户办理企业网银开户、修改及撤销等柜面业务。

完成工作任务应提交的标志性成果：

1. 为客户成功办理了有关单位活期存款开户、存款、取款、挂失、销户等柜面服务工作。标志性成果是处理完毕的存折、客户回单。

2. 为客户成功办理了有关单位定期存款等柜面服务工作。标志性成果是处理完毕的存单/存折、客户回单。

3. 为客户成功办理了单位通知存款、协定存款等柜面服务工作。标志性成果是处理完毕的存单/存折、客户回单。

4. 为客户成功办理了有关网上银行的开通、信息修改、撤销等柜面服务工作。标志性成果是处理完毕的存单/存折、客户回单。

业务场景

商业银行对外营业机构的综合柜台，参与者有顾客、柜员和主管。

模块一 单位活期存款业务

任务描述

本模块的学习任务是了解单位活期存款开户、续存、支取、销户等业务流程，熟练操作单位活期存款业务。

相关知识

单位存款（对公存款）是指企业、事业、机关、部队和社会团体等单位在金融机构办理的存款，按照存款的币种不同，单位存款可分为人民币单位存款和单位外汇存款。

人民币单位活期存款是一种随时可以存取、按结息期计算利息的存款，其存取主要通过现金或转账办理。包括基本存款账户、一般存款账户、专用存款账户、临时存款账户。

业务一　开　　户

☞ 业务描述

客户深圳金友信息技术有限公司持营业执照、开户申请书等资料至银行，要求开立基本存款户。

微课：单位活期存款业务——开户、续存、取款

PPT：单位活期存款业务——开户、续存、取款

相关知识

单位客户申请开立单位银行结算账户时，应按《人民币银行结算账户管理办法》（中国人民银行令〔2003〕第5号）的有关规定，提供相应的开户资料。开户行为单位客户开立的单位银行结算账户的名称，应与单位客户出具的申请开户的证明文件的名称相一致。开户行应建立健全开销户登记制度，对结算账户的开立与撤销及时予以记载反映。

一、基本存款账户的开立

基本存款账户是企事业单位的主要存款、结算账户，是存款人办理日常转账结算和现金收付的账户。企事业单位只能选择一家银行开立基本存款账户，存款人的工资、奖金等现金支取，只能通过基本账户办理。

1. 申请对象。基本存款账户的申请对象主要有企业法人、非法人企业、机关、事业单位、团级（含）以上军队、武警部队及分散执勤的支（分）队、社会团体、民办非企业组织、异地常设机构、外国驻华机构、个体工商户、居民委员会、村民委员会、社区委员会、单位设立的独立核算的附属机构及其他组织等。

2. 开立基本存款账户需提供的资料。

（1）营业执照。三证合一营业执照原件及复印件。

（2）法定代表人身份证或单位负责人身份证件原件及复印件。

（3）机构信用代码证原件及复印件。

（4）若授权他人前往银行办理的还应出具法定代表人或单位负责人的授权书（原件，须盖公章和法定代表人签章）以及被授权人的身份证件（原件）。但“开户申请书”和“银行结算账户管理协议”需经企业法定代表人或单位负责人现场签名确认。

（5）开户申请书及协议，盖好的预留银行印鉴卡四份，客户提交的盖有存款人印章的印鉴卡片（见图3－2）。

（6）上述1－5项证明材料A4大小复印件两份；复印件上均需加盖单位公章。预留印鉴为存款人公章或财务专用章加法定代表人或其授权人的签章。无须纳税的，需提供税务机关免税证明。

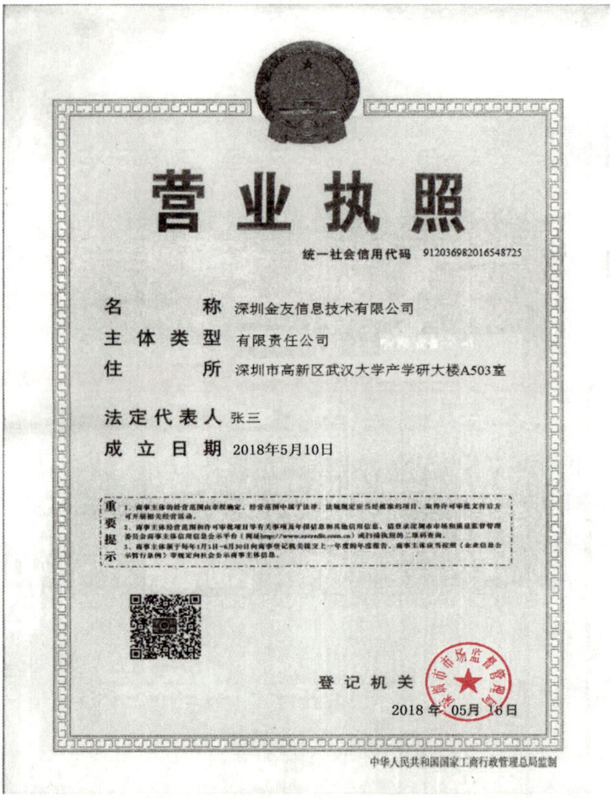
营业执照

统一社会信用代码 912036982016548725

名　　称 深圳金友信息技术有限公司

主体类型 有限责任公司

住　　所 深圳市高新区武汉大学产学研大楼A503室

法定代表人 张三

成立日期 2018年5月10日

登记机关

2018年05月16日

中华人民共和国国家工商行政管理总局监制

图3－1　营业执照

番职院模拟银行印鉴卡　　No：000011718

户　名	深圳金友信息技术有限公司	账　号	6000000571100006768
地　址	深圳市高新区武汉大学产学研大楼A503室	币　种	人民币
联系人	张三	账户性质	基本户
联系电话	13568932578	是否通兑	☑通兑　☐不通兑
预留银行签章式样	深圳金友信息技术有限公司 财务专用章　印鉴	使用说明	
		开户日期	2018年5月17日
		启用日期	2018年5月17日

图3－2　银行印鉴卡片

风险点

预留印签的管理规定

1. 单位预留印鉴不得使用原子印章（万次印）。

2. 预留印鉴卡片经审核符合有关规定并加盖经办（受理申请人）、主管印章后方为有效。

3. 无字号的个体工商户的预留印鉴必须包括“个体户”字样和其经营者姓名。

4. 单位银行结算账户名称使用规范化简称的，其预留印鉴必须与账户名称保持一致。

5. 新印章于挂失次日后启用，但单位客户必须在公函中注明由此引起的一切损失由单位客户自行负责。

6. 严禁银行内部员工代理客户办理预留印鉴的变更、挂失和保管。

二、一般存款账户的开立

一般存款账户是存款人在基本存款账户以外的银行办理银行借款转存、借款归还和其他结算的资金收付账户。可以办理转账结算和现金缴存业务，但不办理现金支取业务。

存款人必须在开立了基本存款账户的前提下才能申请开立一般存款账户并需出具基本存款账户“开户许可证”。对于取消企业银行账户开户许可证试点地区的存款人，可提供基本存款账户编号代替“开户许可证。”（下同）。如是因向银行借款需要的，应出具借款合同；如是因其他结算需要，应出具有关证明。

三、专用存款账户的开立

专用存款账户是存款人因特定用途（基本建设、更新改造等）需要开立的账户。专用存款专款专用，不得办理日常结算和现金收付业务。

存款人申请开立专用存款账户，应向银行出具其开立基本存款账户规定的证明文件、基本存款账户“开户许可证”和其他证明文件（例如基本建设资金、更新改造资金、政策性房地产开发资金、住房基金、社会保障基金，应出具主管部门批文）。

四、临时存款账户的开立

临时存款账户是经有关部门同意的外来临时机构的单位或个体工商户，因临时经营活动需要并在规定期限内使用而开立的账户。存款人可以通过本账户办理转账结算和根据国家现金管理的规定办理现金收付。

临时存款账户的有效期最长不得超过两年。存款人申请开立临时存款账户，应向银行出具有关证明文件。

五、单位银行账户使用规定

存款账户一经开立，银行就必须加强对账户的管理，监督开户单位正确使用账户。

（1）一个单位只能在一家银行的一个营业机构开立一个基本存款账户，不允许在多家银行开立基本存款账户。

（2）开户实行双向选择。存款人可以自主选择银行，银行也可以自愿选择存款人开立账户。任何单位和个人都不能干预存款人在银行开立或使用账户，银行也不得违反规定强拉客户在本行开户。

（3）实行开户许可制度。单位开立基本存款账户，应凭当地人民银行分支机构核发的开户许可证办理。银行不能对未持有开户许可证或已开立基本账户的存款人开立基本存款账户。试点地区已改“核准制”为“备案制”。

（4）实行开户申报制度。银行对企业事业单位开立、撤销账户，必须及时向当地人民银行报告，人民银行建立账户管理系统，加强对账户的管理。

（5）存款人的账户只能办理存款人本身的业务活动，不允许出租和转让他人。

操作动画：单位活期开户

业务流程

核准类银行结算账户开立审核流程如图3－3所示。

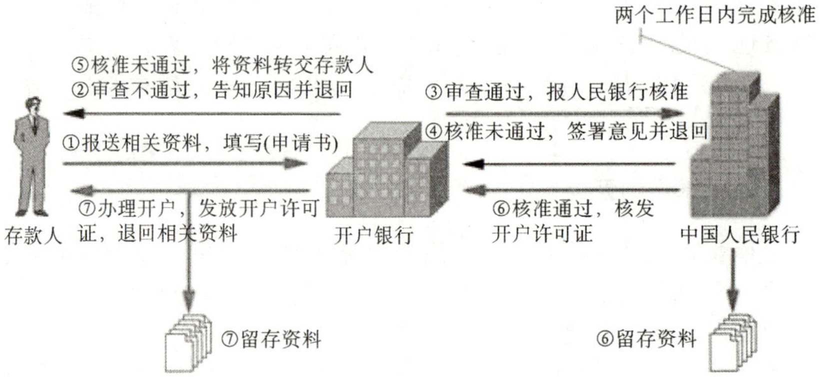

图3－3 核准类银行结算账户开立审核流程

操作步骤

一、审核开户资料

银行柜员审核客户提交的“开立单位银行结算账户申请书”（见表3－1）一式三联及相关证明文件原件、复印件。

表 3－1　　　　**开立单位银行结算账户申请书**

<table>
<tr><td>存款人名称</td><td colspan="4">深圳金友信息技术有限公司</td><td>电话</td><td colspan="2">0755－62698248</td></tr>
<tr><td>地　　址</td><td colspan="4">深圳市高新区武汉大学产学研大楼 A503 室</td><td>邮编</td><td colspan="2">518000</td></tr>
<tr><td>存款人类别</td><td colspan="2">企业法人</td><td colspan="2">组织机构代码</td><td colspan="3">A88999</td></tr>
<tr><td rowspan="3">法定代表人（　）单位负责人（　）</td><td>姓名</td><td colspan="6">张三</td></tr>
<tr><td>证件种类</td><td colspan="6">法人身份证</td></tr>
<tr><td>证件号码</td><td colspan="6">440304197910140925</td></tr>
<tr><td>行业分类</td><td colspan="7">A（　）B（　）C（　）D（　）E（　）F（　）G（√）H（　）I（　）J（　）
K（　）L（　）M（　）N（　）O（　）P（　）Q（　）R（　）S（　）T（　）</td></tr>
<tr><td>注册资金</td><td colspan="2">2,000,000.00</td><td colspan="2">注册地地区代码</td><td colspan="3">5840</td></tr>
<tr><td>经营范围</td><td colspan="7">系统开发、软件销售</td></tr>
<tr><td rowspan="2">证明文件种类</td><td colspan="2">营业执照</td><td colspan="2" rowspan="2">证明文件编号</td><td colspan="3">912036982016548725</td></tr>
<tr><td colspan="2"></td><td colspan="3"></td></tr>
<tr><td>国税登记证号</td><td colspan="2">888888888</td><td colspan="2">地税登记证号</td><td colspan="3">88888888</td></tr>
<tr><td>关联企业</td><td colspan="7">无</td></tr>
<tr><td>账户性质</td><td colspan="7">基本存款账户（√）一般存款账户（　）
专用存款账户（　）临时存款账户（　）</td></tr>
<tr><td>资金性质</td><td colspan="2"></td><td colspan="2">有效日期</td><td colspan="3"></td></tr>
<tr><td colspan="8">以下为存款人上级法人或主管单位信息：</td></tr>
<tr><td colspan="2">上级法人或主管单位名称</td><td colspan="6">无</td></tr>
<tr><td rowspan="3">法定代表人（　）单位负责人（　）</td><td>姓　　名</td><td colspan="6"></td></tr>
<tr><td>证件种类</td><td colspan="6"></td></tr>
<tr><td>证件号码</td><td colspan="6"></td></tr>
<tr><td colspan="8">以下栏目由开户银行审核后填写：</td></tr>
<tr><td>开户银行名称</td><td colspan="7">番职院模拟银行</td></tr>
<tr><td>开户银行代码</td><td colspan="2">37529168</td><td>账号</td><td colspan="4">6000000571100006768</td></tr>
<tr><td colspan="3">基本存款账户开户登记证核准号</td><td colspan="2">1782690</td><td>开户日期</td><td colspan="2">2018 年 5 月 14 日</td></tr>
<tr><td colspan="3">本存款人申请开立银行结算账户，并承诺所提供的开户资料真实、有效，如有伪造、欺诈，承担法律责任。

存款人（签章）：
2018 年 5 月 14 日</td><td colspan="2">开户银行审核意见：
同意开户申请。

经办人（签章）：李四
开户银行（签章）：
2018 年 5 月 14 日</td><td colspan="3">人民银行审核意见：
审核通过，同意开户。

经办人（签章）王小五
人民银行（签章）
2018 年 5 月 16 日</td></tr>
</table>

风险点

单位活期存款业务风险控制要求

1. 在办理开户手续时，一定要对开户单位提交的营业执照等开户文件原件的真实性进行审核，法人身份证应通过联网核查公民身份信息系统进行查询。

2. 对开户单位提供的开户资料进行审查后，各银行机构应在营业执照复印件等需人民银行审核、留存的开户资料上加盖“经核对与原件一致”的审查章，在法定代表人身份证复印件上加盖“已核查无误”审核章，凡复印件未加盖上述印章的，人民银行在办理账户审批备案业务时，将不予受理。

3. 各银行机构要对存款人提供的开户申请资料的真实性、完整性和合规性进行双人审查，并在开户申请书上双人签章予以确认。

文本：人民币银行结算账户管理办法

二、报备人民银行审批

开户银行审查同意开户后将账户信息录入账户管理系统，同时将三联开立单位银行结算账户申请书及相关证明文件复印件提交人民银行审批；人民银行审核书面开户资料，审核无误的，进行报备录入。

温馨提示

1. 国务院2018年8月《关于印发全国深化“放管服”改革转变政府职能电视电话会议重点任务分工方案的通知》，要求2018年年底前完成取消企业银行开户行政许可试点，2019年修订《人民币银行结算账户管理办法》及相关配套制度，尽快在全国范围内将银行开户核准改为备案。原开户许可证制度将取消。

2.《中国人民银行关于试点取消企业银行账户开户许可证核发的通知》银发［2018］125号，提出试点地区银行按规定审核企业身份、开户意愿真实性以及基本存款账户唯一性后，即可为符合条件的企业开立基本存款账户，不再需要央行审批。

3. 鉴于取消银行企业银行账户开户许可证核发制度尚在试行阶段，本书以目前企业开户制度撰写。

视频：工商银行取消企业银行账户许可证

三、建立客户信息、开立客户号

柜员根据客户提供的资料，检查其是否在本行已经建立客户信息，无客户信息则为客户开立客户号，在“开对公客户号”界面输入客户深圳金友信息技术有限公司信息，执行后生成客户号（见图3－4）。

温馨提示

关于客户号

1. 客户号是面向客户的基础，系统根据客户号识别一个客户。账户中不但包含了传统的账务信息，更重要的是它必须归属于一个全行唯一的客户号。

2. 客户号的引入为银行提供一个重要的角度，从客户角度来掌握银行的经营情况。便于实现客户理财，控制多头贷款等，为客户关系管理奠定基础。

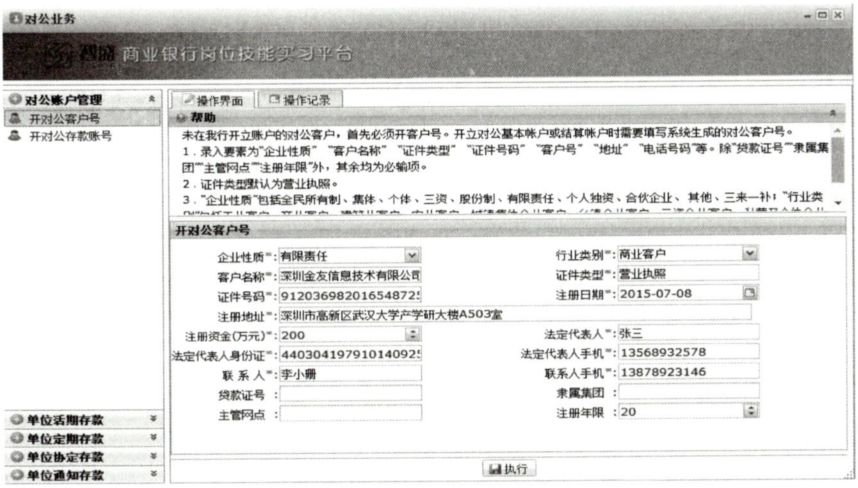

图 3-4　建立对公客户信息

四、预开账户

对于已经在银行开有客户号的客户，要进行存款业务，必须先预开一个账户。柜员进入"对公业务—对公账户管理—开对公存款账号"操作界面（见图 3-5）。

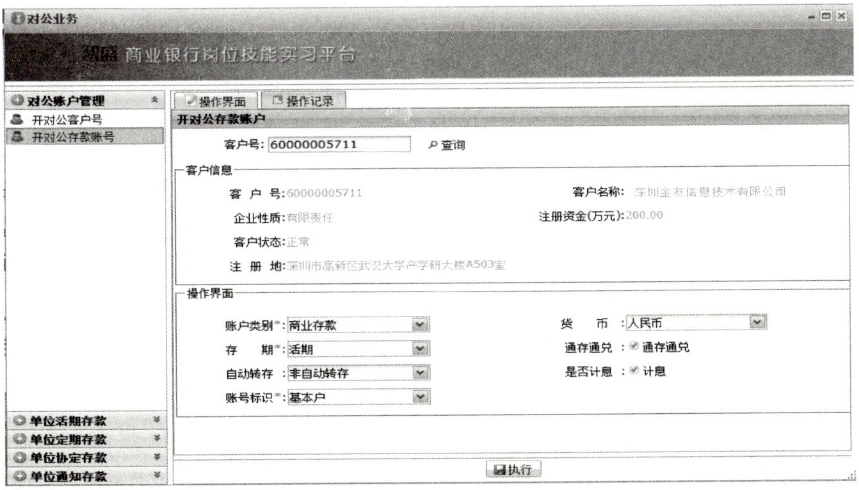

图 3-5　预开户界面

五、账户激活

账户开立最后的一步，是账户的实际开立，即新开户现金的存入。开立账户的前提是该账户已经预开。进入账户激活界面“单位活期存款—现金存款”栏目输入信息（见图3－6）。

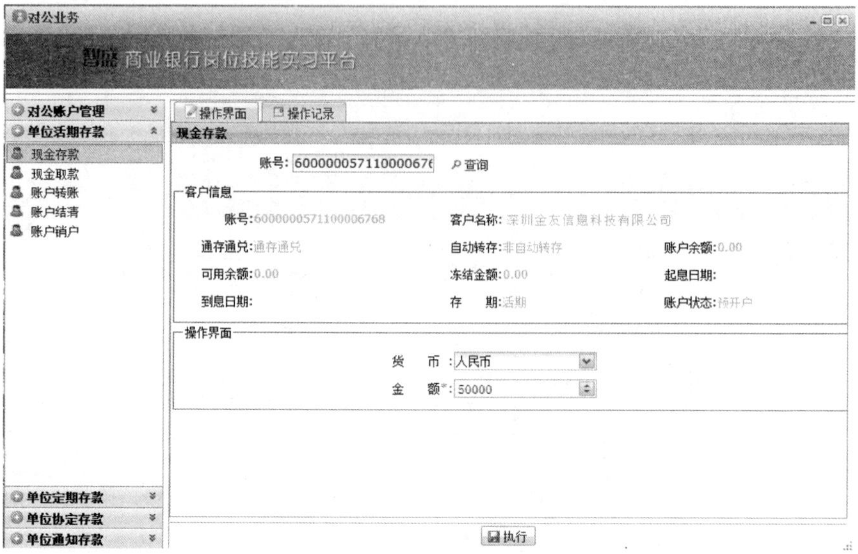

图3－6　账户激活

六、支票出售

在账户正式生效后，若属支票户，开户行还要向单位客户出售现金支票、转账支票等重要空白凭证。进入“凭证管理—支票出售”界面，输入信息（见图3－7）。操作成功后，返回操作结果（见图3－8）。

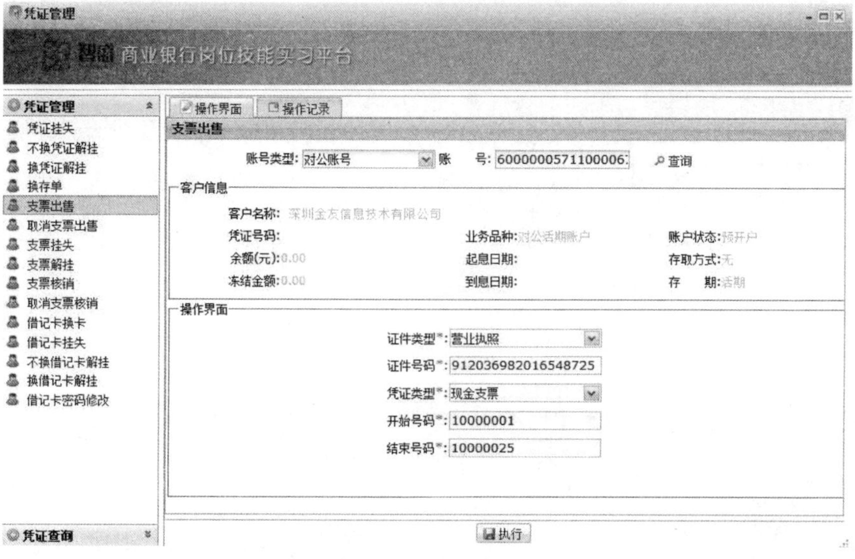

图3－7　支票出售

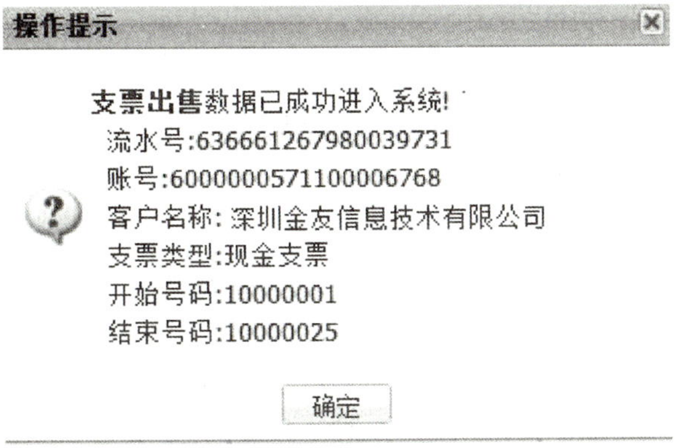

图 3－8　返回操作结果

七、送别客户

存款交易成功后，柜员根据系统提示打印凭条交客户签字确认收回。在打印的存款凭条上加盖现讫章，完成后将相关资料和凭证交给客户，送别客户。

对于开户时客户提交的证件和证明材料，开户网点应留存复印件，随开立银行结算账户申请书一并作为重要会计档案保管，保管期限为银行结算账户撤销后 10 年。

风险点

操作过程的风险点

1. 单位开立一般存款账户、专用账户和临时账户的，应自开户之日起 3 个工作日内书面通知基本存款账户开户银行。

2. 在账户正式生效前，开户行不得向单位客户出售重要空白凭证。

3. 单位银行结算账户的开户一般都是从其他账户转入，但必须在正式开立之日起，3 个工作日后，经人民银行备案后，才能正式生效，生效后方可办理对外支付，但由注册验资的临时存款账户转为基本存款账户、借款转存的一般存款账户除外。

4. 在进行活期存款开户之后，需启用“活期账户资料维护”交易将账户由未申报转为已申报，该用户才能支付款项。

微课：单位活期存款业务——开户、续存、取款

PPT：单位活期存款业务——开户、续存、取款

操作动画：单位活期现金续存

业务二　现金续存

现金续存根据存取方式不同，可以分为支票户存取和存折户存取。存折户使用存折进行存取款业务；支票户是使用支票办理存取款业务，适用于经营状况较好，结算业务频繁，重信用，严格执行结算纪律的单位和个体经营户。

☞ 业务描述

客户深圳金友信息技术有限公司要求将现金50000元存入其基本存款账户。

■ 操作步骤

一、审核现金缴款单、点收现金

客户向开户银行存入现金时，应填制一式两联现金缴款单（见图3－9），连同现金一并送交开户银行。柜员审查凭证、点收现金。

番职院模拟银行　现金缴款单（回　单）①

总字第1673号
字　第　55　号

2018 年　7　月　15　日

收款人	全称	深圳金友信息技术有限公司	款项来源	超库存现金
	账号	6000000571100006768	款项类别	现金
	开户行	番职院模拟银行某某支行	交款人	张丽

人民币（大写）	千	百	十	万	千	百	十	元	角	分
伍万元整			¥	5	0	0	0	0	0	0

券别	张数	百	十	万	千	百	十	元	券别	张数	百	十	万	千	百	十	元
100元	500		¥	5	0	0	0	0	5元								
50元									2元								
20元									1元								
10元									辅币								

复核 宋茜　出纳 李玉欢

番职院模拟银行某某支行 2018.7.15（银行盖章）现金收讫章（01）

图3－9　现金缴款单

二、系统操作

进入“对公业务/单位活期存款/现金存款”操作界面，输入信息（见图3－10）。

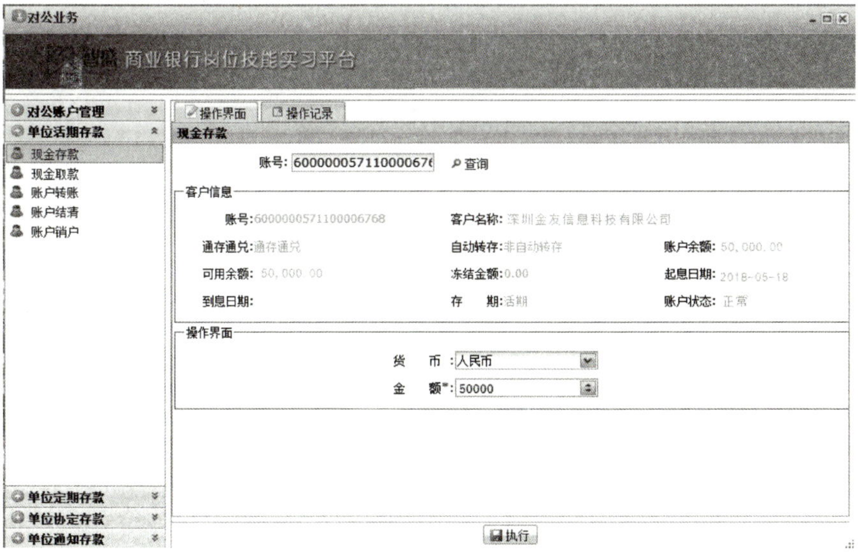

图 3－10　单位存款账户—现金存款

三、凭证处理

登记现金收入日记簿，复核签章后，将现金缴款单第一联加盖“现金收讫”章后作为回单退交存款人，第二联送交会计部门，凭以代现金收入传票登记单位存款分账户。

微课：单位活期存款业务——开户、续存、取款

业务三　支　　取

业务描述

客户单位出纳员韦明持深圳金友信息技术有限公司开出的面额5000元现金支票，支取现金。

操作步骤

一、审查凭证

存款单位向开户银行支取现金时，应签发现金支票，并在支票上加盖预留印鉴和押数章，由取款人背书后送交银行。柜员受理客户提交的现金支票后，应认真审查凭证要素是否齐全、准确。

PPT：单位活期存款业务——开户、续存、取款

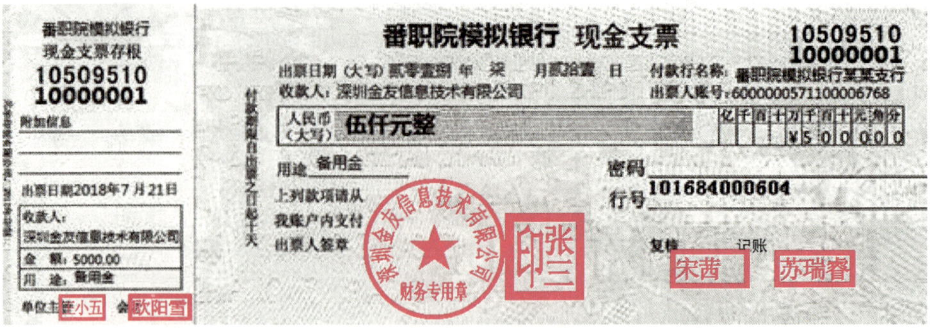

图3-11　现金支票

风险点

支票操作注意事项

1. 大额现金支取是否经有权人或部门审批。

2. 支票是否真实，是否超过提示付款期限，是否为远期支票。

3. 出票人签章是否符合规定，并折角核对其印章与预留银行的印鉴是否相符，使用支付密码的，其密码是否正确。

4. 支票必须记载的事项是否齐全，填写是否符合规范，出票日期、出票金额、收款人名称是否更改。支票的大小写金额是否一致。

5. 支票填明的收款人名称是否为该收款人，收款人是否在支票背面“收款人签章”处签章，其签章是否与收款人名称一致；对收款人为个人的现金支票，是否审核收款人身份证件，是否在支票背面注明证件名称、发证机关、证件号码。

视频：假支票取现金

二、系统操作

操作动画：单位活期支取

柜员审核无误后，进入“单位活期存款—现金取款”交易界面，输入信息（见图3-12）。

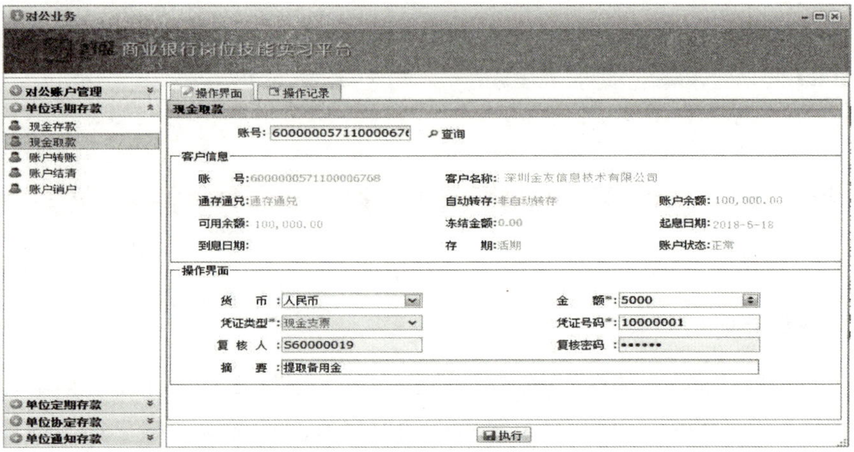

图3-12　现金支票取款

三、配款

根据凭证金额按照从大到小的顺序配款，并依次按实物券别录入，无误后方可对外支付，当面付清、一笔一清。

四、打印信息并付款

配款操作无误后，在现金支票的背面打印取款信息，款项付清后，在现金支票上加盖业务清讫章（见图 3－13）。办完业务后，提请客户收好现金及相关凭证，送别客户。

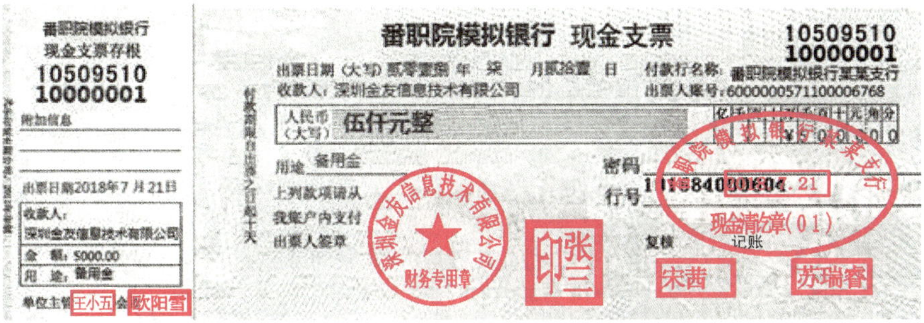

图 3－13　现金支票式样（已付讫）

业务四　转　　账

☞ 业务描述

客户广州番禺职业技术学院出纳员持深圳金友信息技术有限公司开出的面额 5000 元转账支票，要求银行将该款项收入本行账户。

相关知识

单位活期存款转账业务按转账收、付款单位开户行不同，一般可分为：收、付款单位均在同一行处开户的转账；收、付款单位一方在计算机联网通存通兑的不同行处开户的转账；收、付款单位一方在计算机联网以外的行处开户的转账三种类型。

收、付款单位在同一行处开户的转账和收、付款单位在同一银行计算机系统内不同网点开户的转账，柜面处理流程相同。收、付款单位一方在计算机联网以外的同城行处开户的转账需要通过同城交换处理（见项目六支付结算业务）。

现以收、付款单位在同一行处开户的转账为例介绍单位活期存款转账业务。

操作步骤

操作动画：单位活期转账

一、审查凭证

柜员受理客户提交的转账支票（见图3－14）和进账单（见图3－15），认真审查凭证要素是否齐全、准确。

若是持票人送交的支票，则要求提交二联进账单；若是出票人送交的支票，则要求提交三联进账单。在本案例中，客户作持票人需出示二联进账单。

视频：假支票转账

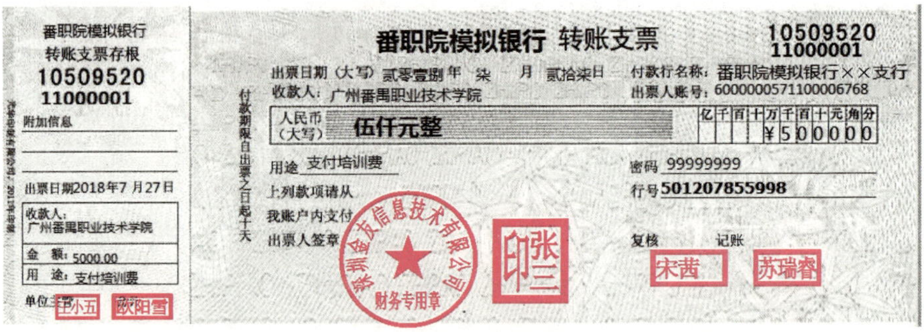

图3－14　转账支票

番职院模拟银行 进 账 单（回　单）

2018 年 7 月 27 日　　　　第 55 号

出票人	全　称	深圳金友信息技术有限公司		收款人	全　称	广州番禺职业技术学院
	账　号	6000000571100006768			账　号	6000000575100006812
	开户银行	番职院模拟银行××支行			开户银行	番职院模拟银行××支行
金额	伍仟元整					亿 千 百 十 万 千 百 十 元 角 分 ¥ 5 0 0 0 0 0
票据种类	转账支票	票据张数	1			
票据号码	11000001					
复核 宋茜　记账 苏瑞睿				番职院模拟银行 业务公章　开户银行签章		

此联是开户银行交给持票人的回单

图3－15　进账单

二、系统操作

柜员审核无误后，进入“对公业务—单位活期存款—账户转账”界面，填写完整（见图 3－16）。

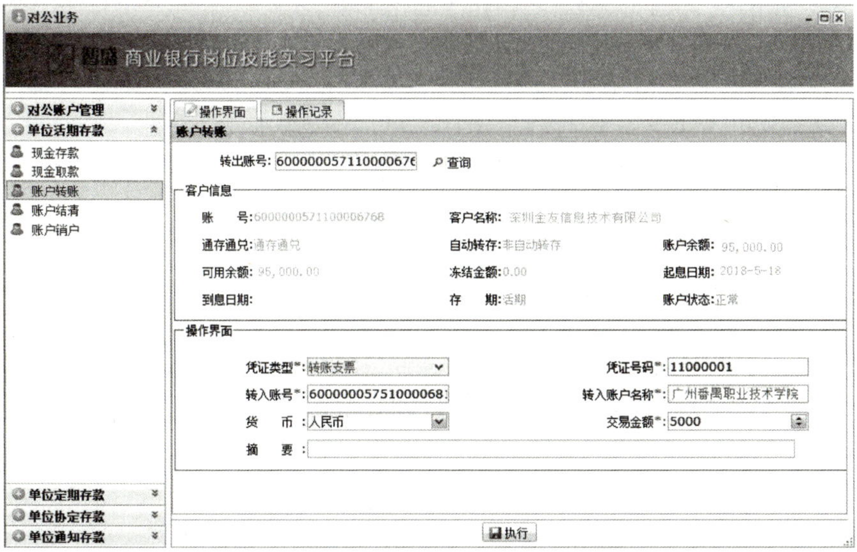

图 3－16　对公业务—账户转账

三、打印盖章

系统操作完毕后，在第二联进账单背面打印记账信息。记账后在全部支票和进账单上加盖业务清讫章和经办柜员个人名章。

四、将相关凭证递交客户

转账支票作为借方凭证，第二联进账单作为贷方凭证。进账单回单联或收账通知分别交出票人和持票人。若持票人送交，则将进账单第一联收账通知交给持票人；若出票人送交，则将进账单第一联交出票人作为受理支票的依据，第三联作收账通知交给收款人。办完业务后，提请客户拿好相关凭证，送别客户。

微课：单位活期存款业务——转账、销户

业务五　销　　户

☞ 业务描述

客户深圳金友信息技术有限公司申请将其基本户销户。

PPT：单位活期存款业务——转账、销户

相关知识

1. 撤销单位银行结算账户。单位客户发生下列情形之一的，存款人向开户银行提出撤销单位银行结算账户的申请：

（1）被撤并、解散、宣告破产或关闭的。

（2）注销、被吊销营业执照的。

（3）因迁址需要变更开户银行的。

（4）其他原因需要撤销银行结算账户的。

2. 银行撤销单位银行结算账户的注意事项。

（1）存款人撤并、解散、宣告破产或关闭，注销、被吊销营业执照的，应于5个工作日内向开户银行提出撤销单位银行结算账户的申请，且应先撤销一般存款账户、专用存款账户、临时存款账户，将账户资金转入基本存款账户后，方可办理基本存款账户的撤销。

（2）银行得知存款人被撤并、解散、宣告破产或关闭，注销、被吊销营业执照的，应通知单位客户办理销户手续，自通知发出之日起30天后，如单位客户仍未办理销户手续，开户行有权停止该账户的对外支付。

（3）存款人若有尚未清偿其开户银行的债务，不得申请撤销该账户。

（4）存款人撤销单位银行结算账户，必须与开户银行核对银行结算账户存款余额，交回各种重要空白票据及结算凭证和开户许可证，银行核对无误后方可办理销户手续。存款人未按规定交回各种重要空白票据及结算凭证的，应出具有关证明，造成损失的，由其自行承担。

（5）银行对一年未发生收付活动且未欠开户银行债务的单位银行结算账户（各地税务机关依法开立的税务代保管资金账户除外），应通知单位自发出通知之日起30日内办理销户手续，逾期视同自愿销户，未划转款项列入久悬未取专户管理。

（6）对于按照《人民币银行结算账户管理办法》及其实施细则规定应撤销而未办理销户手续的单位银行结算账户，银行应通知该单位银行结算账户的存款人自发出通知之日起30日内办理销户手续，逾期视同自愿销户，未划转款项列入久悬未取专户管理。

操作动画：单位活期销户

业务流程

银行结算账户撤销流程见图3-17。

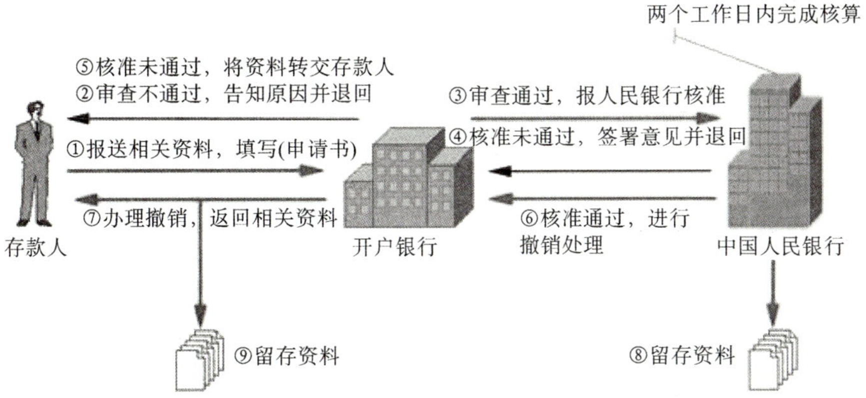

图 3－17　核准类银行结算账户撤销流程

操作步骤

一、提请客户填写销户申请书，审查与审批。

单位客户主动撤销银行结算账户的，须填写销户申请书（见表 3－2），并注明销户原因。审批后，要求单位客户填制“客户交回未用空白重要凭证清单”、交回所有未用空白重要凭证，并对交回凭证当面切角或打洞作废。

视频：民泰银行限时办理基本销户

表 3－2　　撤销单位银行账户申请书

深圳金友信息技术有限公司		
6000000571100006768		
番职院模拟银行某某支行	账户类型	☑支票户　☐存折户
☑基本户　☐ 一般户　☐ 专用户　☐ 临时户　☐ 其他：		
公司迁址更换开户行。		
本存款人申请撤销上述银行账户，同意对已开办委托开户银行授权付款的业务因销户而一并取消，保证以上填写资料真实、有效，并声明已向开户银行交回各种空白票据及结算凭证，如由于未交回空白票据及结算凭证而造成损失，或因资料有误而产生的一切法律责任，由本存款人自行承担。 存款人（公章）：深圳金友信息技术有限公司 2018 年 08 月 30 日	开户银行审核意见： 同意销户申请。 番职院模拟银行 业务专用章 经办人（签章）：宋茜 银行（签章）： 2018 年 08 月 30 日	人民银行审核意见： 同意销户申请。 中国人民银行深圳市中心支行 经办人（签章）：李淑艳 人民银行（签章）： 2018 年 09 月 01 日

二、结清账户

销户前，开户行要确认该账户是否有未归还的记账费用，是否有未归还的贷款、欠息，是否有浮动余额，是否有银行已承兑的银行承兑汇票和应承付的托收承付凭证。如有上述情况之一，不能办理销户手续。开户行在确认该账户没有其他遗留问题后，结清该账户的余额和往来利息。在“单位活期存款—账户结清”界面输入客户账号，点击执行按钮，结清客户账户（见图3－18）。

风险点

如有未退回的未用空白重要凭证，单位客户必须向开户行提交正式公函，声明由此引起的一切损失由单位客户自行负责，并在声明中注明未退凭证种类及号码。

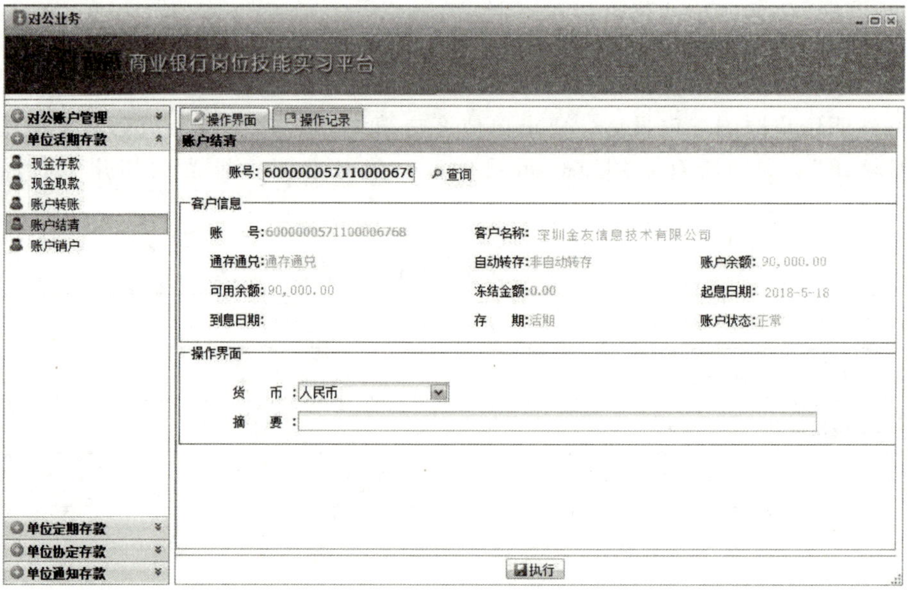

图3－18　账户结清

三、销户

进行销户的账户，必须是已经结清且余额为零的一般活期存款或余额为零的临时存款账户，即账户结清后必须将余额转出。

开户行确认该账户无余额、无积数、无欠息、无欠费后，填制两联“调整账户信息通知书”，交业务主管审批后，凭此办理销户。进入“账户销户”界面填写完整（见图3－19）。

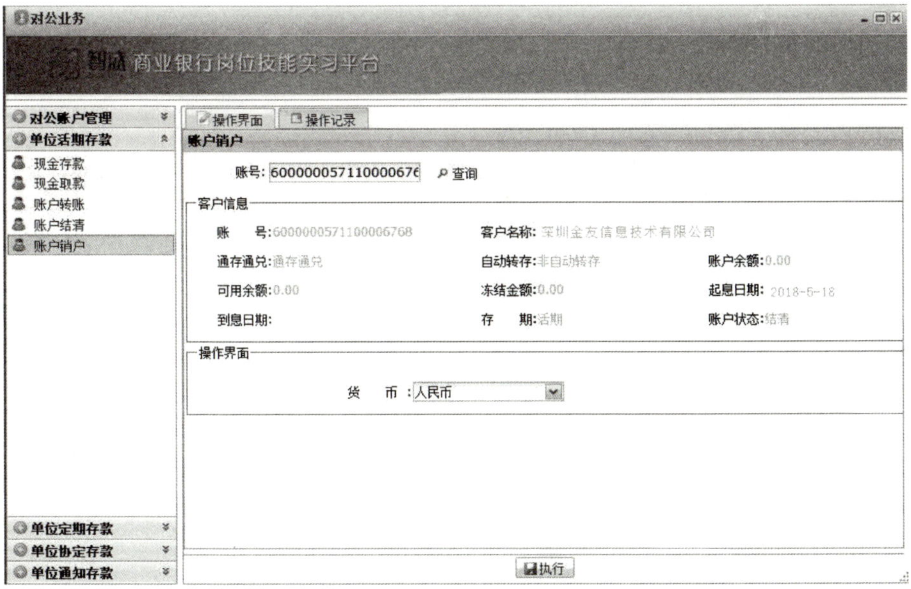

图 3－19 账户销户

四、送别客户

进行销户后，该账户剩余支票将全部核销。办完业务后，提请客户拿好相关凭证，送别客户。

操作要点

办理单位活期存款开户、续存、取款、销户业务操作。

知识要点

1. 基本账户、一般存款账户、临时存款账户、专用存款账户的特点。
2. 支票户与存折户。
3. 单位活期存款业务处理流程。

推荐阅读

查阅《人民币银行结算账户管理办法》。

思考与练习

1. 思考单位活期存款业务处理的程序和要点。
2. 按照规定的程序办理单位活期存款全部业务。

模块二 单位定期存款业务

任务描述

了解单位定期存款开户、部分提支、销户等业务流程，熟悉单位定期存款业务操作要点，熟练办理单位定期存款相关业务。

业务一 开 户

微课：单位定期存款业务

PPT：单位定期存款业务

业务描述

客户广东天创科技有限公司持营业执照（见图 3－20）、开户资料来到银行，要求开立 1 年期定期存款账户。

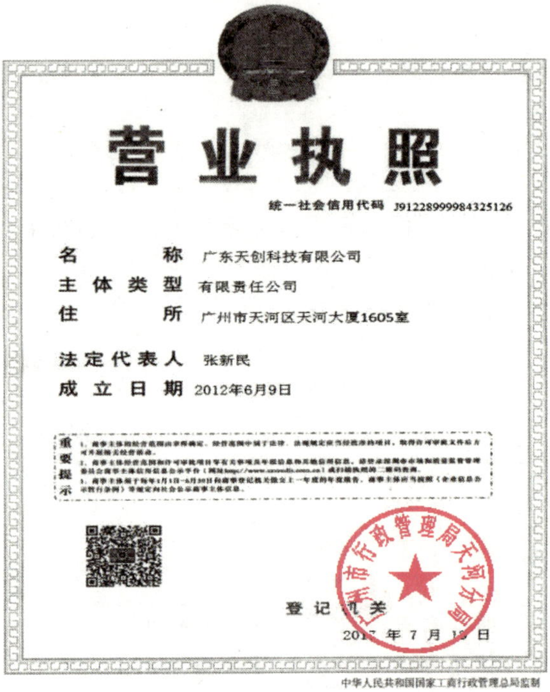

营 业 执 照

统一社会信用代码 J91228999984325126

名 称 广东天创科技有限公司

主体类型 有限责任公司

住 所 广州市天河区天河大厦1605室

法定代表人 张新民

成立日期 2012年6月9日

重要提示

登记机关

201[illegible] 年 7 月 1[illegible] 日

中华人民共和国国家工商行政管理总局监制

图 3－20 营业执照

相关知识

单位定期存款管理的基本规定

单位定期存款是约定期限，到期支付本息的一种存款。

1. 单位定期存款起存金额1万元，期限分为三个月、半年、一年三个档次，同时对大额单位定期存款实行报告制度。

2. 财政拨款、预算内资金及银行贷款不得作为单位定期存款存入金融机构。

3. 单位存入定期存款时，须预留银行印鉴，开户银行出具“存款开户证实书”，证实书作为重要空白凭证管理，仅对存款单位开户证实，不得作为质押的权利凭证，单位如需办理质押贷款，可向开户银行申请开具“单位定期存单”。

4. 单位在同一营业机构存入多笔定期存款的，经与经办行签订协议，可多个定期存款账户共用一套预留银行印鉴，并在预留印鉴上注明所有定期存款账户的账号。

5. 单位支取定期存款只能以转账方式将存款转入其基本存款账户，不得用于结算或从定期存款账户中提取现金。

6. 支取单位定期存款时，须出具证实书并交回印鉴卡，经办行审核无误后办理支取手续，同时收回证实书。多个账户共用一套印鉴的，在办理最后一笔存款支取时交回印鉴卡。

7. 单位定期存款可约定多次自动转存。办理人民币单位定期存款自动转存，必须与客户事先签订“人民币单位定期存款自动转存协议书”，协议书正本专夹保管，副本由业务部门留存。

8. 人民币单位定期存款自动转存分为本金转存或本金与利息之和一并转存。办理本金转存的客户需在经办行开立活期存款账户。转存时利率执行转存日挂牌公告利率，转存后的定期存款沿用原账号和原预留印鉴。

9. 单位定期存款可以全部或部分提前支取，部分提前支取仅限于一次。部分提前支取的，剩余部分如不低于起存金额，可按原存期、利率、账号开具新的证实书，如未支取部分小于定期存款起存金额的，应办理销户手续。

10. 单位存款人遗失“存款开户证实书”后，可到开户行填写“挂失申请书”办理挂失手续，开户行受理挂失七日后，可为挂失存款人补办证实书。

操作步骤

操作动画：单位定期开户

一、审核开户资料

审核开户单位提交的开户申请书（如表3－3所示）、企业法人执照或营业执照正本等规定资料以及预留的单位财务专用章，单位法定代表人章（或主要负责人印章）和财会人员章印鉴。

表3－3　　单位定期及通知存款业务申请书

账户名称	广东天创科技有限公司				
组织机构代码	J91228999984325126			代码证有效期	有效期至2032年6月9日
□法定代表人 □单位负责人	姓　名	张新民		证件种类	☑身份证　□其他：
	证件号码	430102198106230583		证件有效期	有效期至2028年5月15日
联系人	李晓霞	联系电话	15835689563	币　种	☑人民币　□其他：
业务类型	☑整存整取　□1天通知　□7天通知　□其他：				
凭证种类	☑开户证实书　□其他：			支付条件	☑印鉴加密码　□印鉴或签名
大写金额	壹拾万元整				（见下表）
定期存期	□3个月　□6个月　☑1年　□其他：			转存方式	□本息转存　□本金转存　☑不转存
资金来源	☑本行账户　□他行账户			转出账户	6000000575200006814
转出账户开户行名称					
转出账户预留银行印鉴：（广东天创科技有限公司 财务专用章）（张新民印）					
声明：本存款人保证以上填写资料真实、有效，并承担因资料有误而产生的一切法律责任。 存款人（公章）：（广东天创科技有限公司） 2018年7月2日					
账户账号： 开户银行审核意见：　　同意开户申请。 经办人（签章）：马聪　　银行（签章）：（番职院模拟银行 业务公章） 2018年7月2日					

亿	千	百	十	万	千	百	十	元	角	分
		¥	1	0	0	0	0	0	0	0

二、预开单位基本户和定期存款账户

进入“对公业务—对公账户管理—开对公存款账号”界面输入相关信息，预开一年期定期存款账户时，账户类别选择“一年以内定期存款”，存期选择“一年期”（见图3－21）。

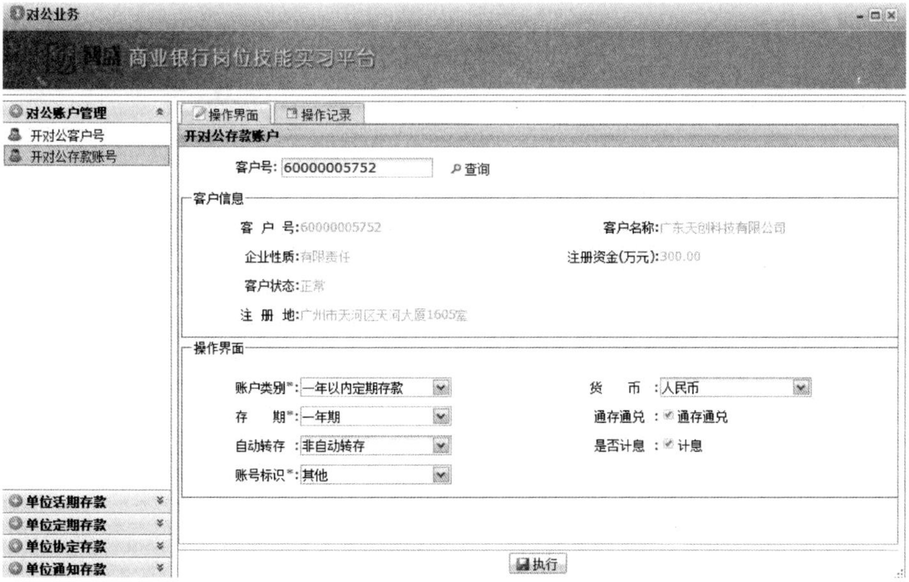

图 3－21　预开账户

三、激活账户

单位定期存款账户激活可以采用两种方式，转账存款和现金存款。

1. 转账方式激活账户。柜员进入“单位定期存款—新开户转账存款”交易界面，从该单位活期基本账户中转入资金到定期账户（见图 3－22）。

图 3－22　新开户转账存款

2. 现金存款方式激活账户。采用现金存款方式时，存款单位填写“单位定期存款缴款凭证”（见图3－23）一式两联，柜员审查凭证内容、联次是否完整齐全，账号、户名、大小写金额是否相符。审核无误柜员进入“单位定期存款—新开户现金存款”交易界面，录入相关要素（见图3－24）。

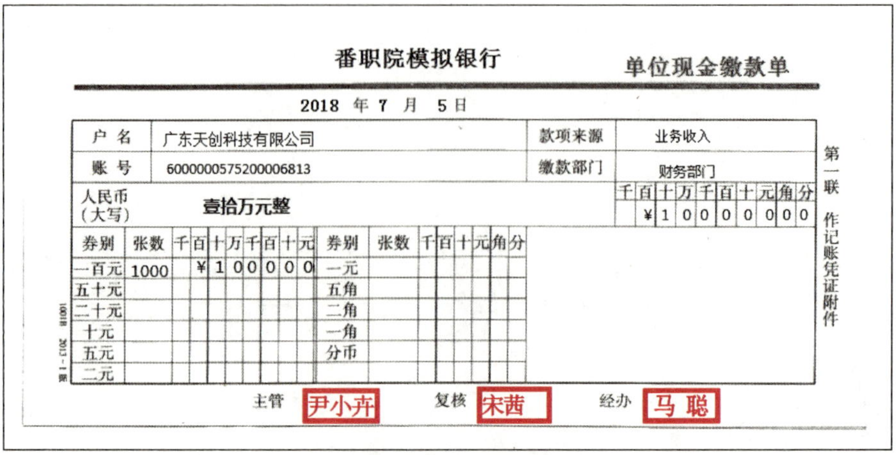

图3－23 单位现金缴款单

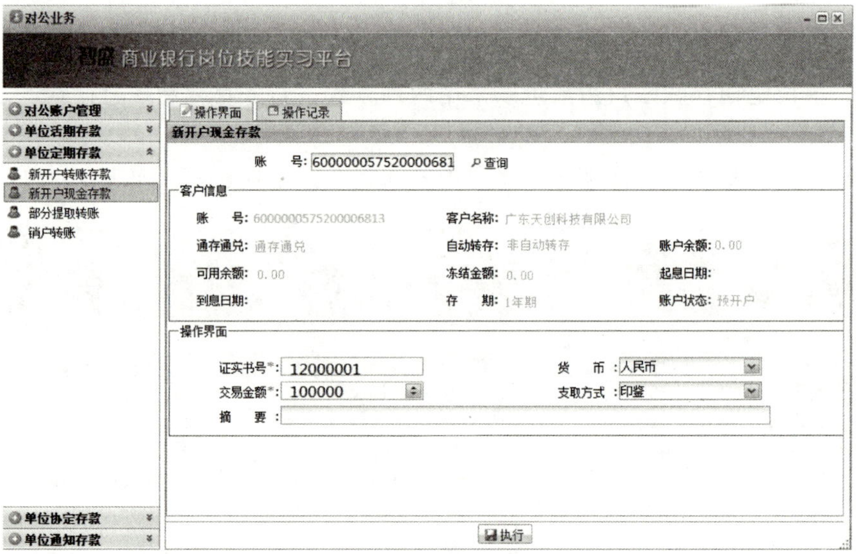

图3－24 新开户现金存款激活

四、打印“单位存款证实书”

打印单位存款证实书（见图3－25）一式两联，第一联作回单联与签章后的缴款凭证退存款人，第二联作银行留底卡加以保管。“单位定期存款缴款凭证”第二联作为收款的记账凭证。办完业务后，提请客户收好相关凭证，送别客户。

番职院模拟银行 单位定期存款开户证实书 序号：12000001

户名 广东天创科技有限公司 账号 6000000575200006813

金额 壹拾万元整 （小写） ¥100,000.00

存期 1年期 年利率 2.5% 开户日 2018年7月5日 到期日 2019年7月5日

支付记录	支取日	金额	利息	备注

备注：本证实书仅对存款人开户证实，不得作为质押的权利凭证。

事后监督 尹小卉 支取时经办 存入时经办 王小五 记账 马聪 复核 宋茜 银行签章：番职院模拟银行 业务公章

图3－25 单位定期存款开户证实书

五、后续事宜

“单位存款证实书”作为银行重要空白凭证管理，仅对存款单位开户证实用，不能作为质押的权利凭证，单位如需办理质押贷款，可向开户银行申请开具“单位定期存单”（见图3－26）。

商业银行

人民币 RENMINBI

定期存款存单 FIXED DEPOSIT RECEIPT

号码NO. 1653①

不得转让 NOT TRANSFERABLE

户名 Received from 广东天创科技有限公司 账号 Account No 60000005752000068

金额 The sum of [redacted]

小写金额 In figures 100,000.00 利率 Int. rate 2.5%

起息日期 Value date 2018-7-5 到期日 Repayable 2019-7-5 期限 For a period of 1年期

有效签章 AuthorizedSignatures 番职院模拟银行 业务公章

图3－26 单位定期存款存单

业务二 单位定期存款部分提支

微课：单位定期存款业务

单位定期存款可以全部或部分提前支取，但只能提前支取一次。存款单位支取定期存款只能以转账方式将存款转入其基本存款账户，不得将定期存款用于结算或从定期存款账户中提取现金。

PPT：单位定期存款业务

☞ **业务描述**

广东天创科技有限公司出纳员到银行，要求办理从广州天创科技有限公司的1年期定期存款账户部分提取50000元的业务到公司活期基本户。

业务流程

单位定期存款部分支取的基本业务流程包括审核凭证、系统操作、凭证处理、签章打印等（见图3－27）。

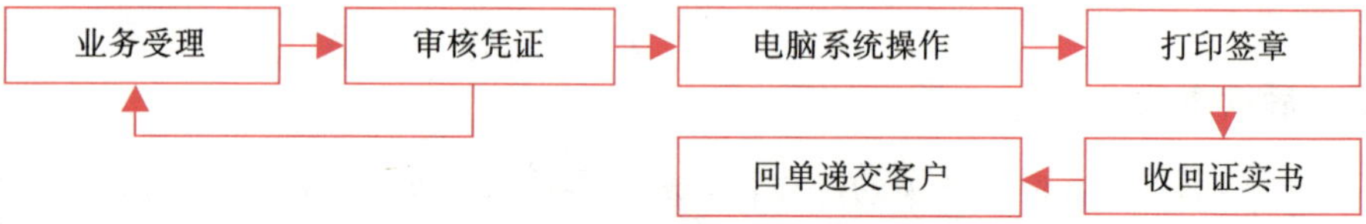

图3－27 部分支取的基本业务流程

操作步骤

操作动画：单位定期存款部分提支

一、柜员审核凭证

存款单位按支取的金额和利息合计金额填写“单位定期存款支取凭证”（见图3－28）一式三联，注明“部分提前支取”字样，并加盖预留印鉴。

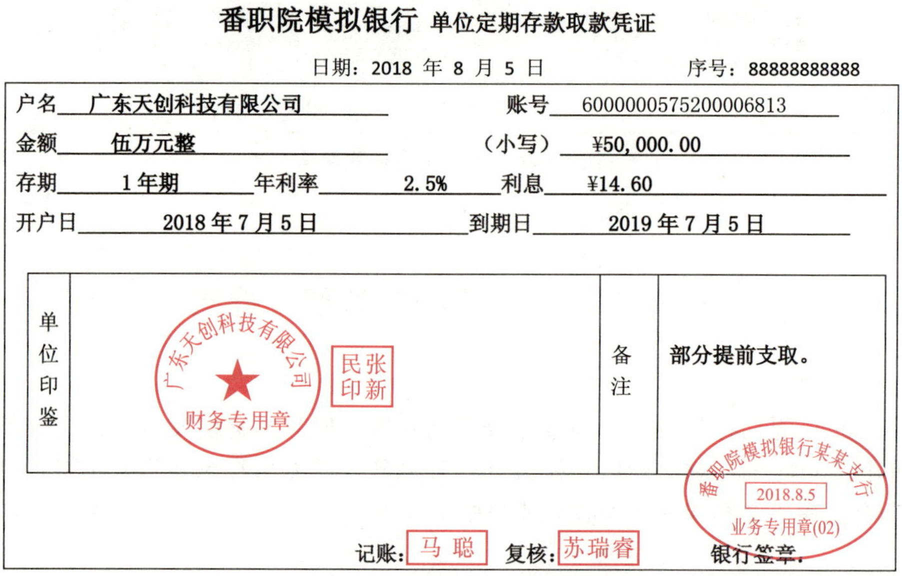

番职院模拟银行 单位定期存款取款凭证

日期：2018 年 8 月 5 日　　序号：88888888888

户名 广东天创科技有限公司　　账号 6000000575200006813

金额 伍万元整　　（小写）¥50,000.00

存期 1年期　年利率 2.5%　利息 ¥14.60

开户日 2018年7月5日　　到期日 2019年7月5日

单位印鉴	广东天创科技有限公司 财务专用章　民张 印新	备注	部分提前支取。

番职院模拟银行某某支行 2018.8.5 业务专用章(02)

记账：马聪　复核：苏瑞睿　银行签章：

图3－28 单位定期存款支取凭证

二、电脑系统操作

柜员进入“单位定期存款—部分提取转账”交易界面，输入各要素（见图 3－29）。

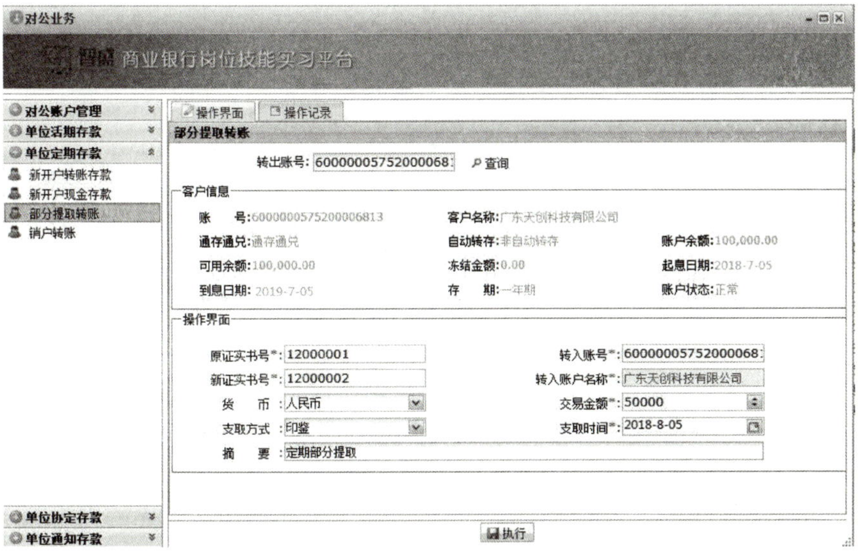

图 3－29　单位定期存款部分提取

三、打印新的“单位存款证实书”

打印新的单位存款证实书（见图 3－30）一式两联，第一联作回单联与签章后的缴款凭证退存款人，第二联作银行留底卡加以保管。“单位定期存款支取凭证”借方传票联作为付款的记账凭证，贷方传票联作收款的记账凭证，回单联签章后与利息清单一并退存款单位；原证实书收回，两联证实书注明“注销”字样，一并作借方传票附件。办完业务后，提请客户收好相关凭证，送别客户。

番职院模拟银行　　单位定期存款开户证实书　　序号：12000002

户名　广东天创科技有限公司　　　　账号　6000000575200006813

金额　伍万元整　　　　（小写）¥50,000.00

存期　1 年期　年利率　2.5%　开户日　2018 年 7 月 5 日　到期日　2019 年 7 月 5 日

支付记录	支取日	金额	利息	备注

备注：本证实书仅对存款人开户证实，不得作为质押的权利凭证。

事后监督 尹小卉　支取时经办　存入时经办 王小五　记账 马聪　复核 宋茜　银行签章：番职院模拟银行 业务公章

图 3－30　单位定期存款证实书（新开）

案例：对公定期存单异常支付

风险点

单位定期存款业务风险控制要求

1. 客户只允许采用转账方式办理单位定期存款支取、转存、部分支取业务。

2. 客户因急需用款，办理定期存款提前支取时，应有存款单位出具公函说明原因，支取利率为挂牌活期利率，结清存单。

3. 客户对存入的定期存款部分提前支取时应将原定期卡片结清，提前支取的本金部分，支取利率为支取日挂牌日活期利率，剩余部分达到定期起存金额1万元的，按留存的金额重新开具开户证实书（如果剩余金额不足定期起存金额的，只能作全部支取），新开具的定期存款证实书的存入日期和利率为原存入时的日期和利率。

4. 客户逾期支取的，逾期部分按支取日挂牌公告的活期存款利率支付利息。定期存款支取时要计提应付利息，并要严格执行分级授权制度，防范支付风险。

微课：单位定期存款业务

PPT：单位定期存款业务

业务三　单位定期存款到期销户

单位定期存款账户要进行销户，必须先将账户金额全部提出，账户无余额、无积数后方能办理。存款单位支取定期存款只能以转账方式将存款转入其基本存款账户。

业务描述

广东天创科技有限公司出纳员来到银行，要求将其公司1年期的定期存款账户销户。

业务流程

销户的基本业务流程包括柜员审核凭证、系统操作、打印签章、送别客户等（见图3-31）。

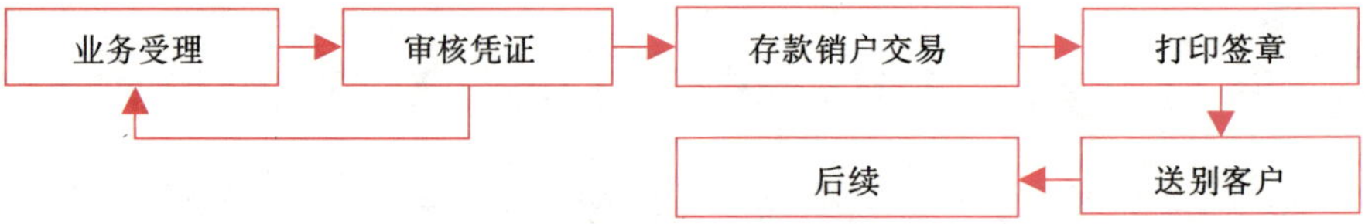

图3-31　销户的基本业务流程

操作步骤

一、柜员审核凭证

存款单位填写“单位定期存款支取凭证”（见图3－32）一式三联，第二联加盖预留印鉴，并持“单位定期存款证实书”办理支取。柜员审核证实书确属本行签发、内容齐全、无涂改、存款已到期，凭证填写正确、金额相符，并审核加盖的印鉴是否与预留印鉴一致。

操作动画：单位定期存款到期销户

番职院模拟银行　单位定期存款取款凭证

日期：2019 年 7 月 5 日　　序号：99999999999

户名 广东天创科技有限公司　　账号 6000000575200006813

金额 伍万元整　　（小写） ¥50,000.00

存期 1年期　年利率 2.5%　利息 ¥1250.00

开户日 2018年7月5日　到期日 2019年7月5日

单位印鉴	广东天创科技有限公司 财务专用章　张新 民印	备注	全部支取。

记账：马聪　复核：苏瑞睿　银行签章：番职院模拟银行××支行 2019.7.5 业务专用章(02)

图3－32　单位定期存款支取凭证

二、计算利息

银行审查无误后，按规定利率计算利息，开具利息清单（见图3－33）。

番职院模拟银行　存款利息清单

2019年　7 月　5 日　　流水号：31876548934517

户名	广东天创科技有限公司						
账号	6000000575200006813			开户行	番职院模拟银行某某支行		
种类	定期存款	存入日期	2018-7-5	存期	1年	币种	人民币
本金	50000.00	年利率(%)	2.5	利息	1250.00	应税利息	1250.00
税率（%）	0	税金	0	税后利息	1250.00	税后本息	51250.00
以上打印内容已经核实确认无误。							

授权员 尹小卉　　复核员 宋茜　　操作员 马聪

图3－33　存款利息清单

三、办理转账销户业务

计息后，柜员进入“单位定期存款—销户转账”交易界面，输入各个要素（见图3－34）。

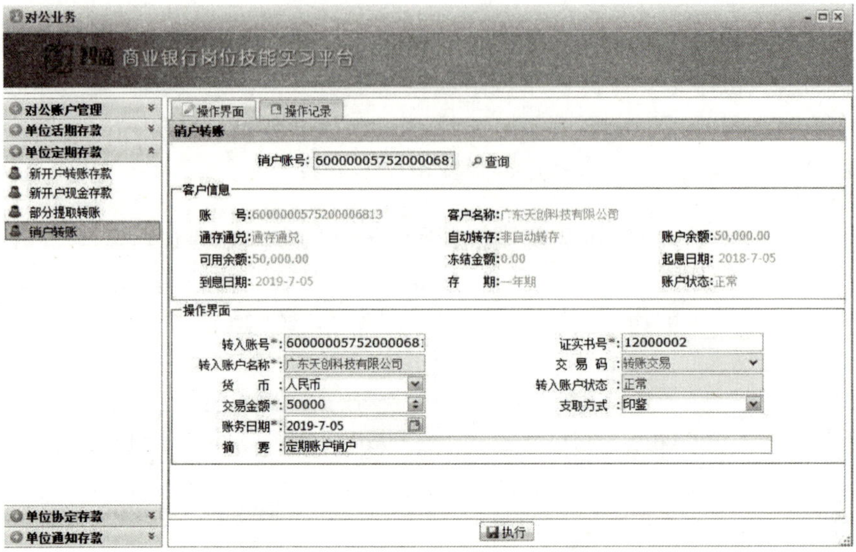

图3－34　定期存款销户

四、后续处理

“单位定期存款支取凭证”借方传票作付款的记账凭证，贷方传票作收款的记账凭证，回单联签章后与利息清单一并退存款单位；证实书收回，两联证实书注明“注销”字样，一并作借方传票附件。办完业务后，提请客户收好相关凭证，送别客户。

操作要点

办理单位定期存款的开户、部分支取、销户业务操作。

知识要点

1. 单位定期存款的特点。
2. 单位定期存款开户证实书。
3. 单位定期存款业务处理流程。

推荐阅读

1. 查阅《人民币单位存款管理办法》。

2. 查阅《大额可转让定期存单管理办法》。

思考与练习

1. 思考单位定期存款业务处理的风险点。
2. 按照规定的程序办理单位定期存款全部业务。

模块三
单位其他存款业务

任务描述

单位通知存款、协定存款、保证金存款是单位存款的重要组成部分。通过本模块的练习，学生可以了解单位通知存款、单位协定存款、保证金存款的开户、部分提支、销户等业务流程及操作要点，学会办理单位通知存款、协定存款、保证金存款等相关业务。

业务一　单位通知存款业务

一、通知存款开户

微课：单位其他存款业务

业务描述

客户广东天创科技有限公司出纳员持该公司 70 万元转账支票、银行进账单及其他相关资料，要求办理 1 天通知存款开户业务。

相关知识

PPT：单位其他存款业务

单位通知存款是指存款单位在存入时不约定存期，支取需提前通知开户行，约定支取存款日期和金额方能支取并按规定计息的存款。

单位通知存款按通知的期限分为 1 天通知存款和 7 天通知存款。1 天通知存款须提前 1 天通知约定支取存款，7 天通知存款须提前 7 天通知约定支取存款。

单位通知存款的最低起存金额为 50 万元，最低支取金额为 10 万元，须一次存入，一次或分次支取。

操作动画：单位通知存款业务

业务流程

单位通知存款开户的基本业务流程（见图 3－35）。

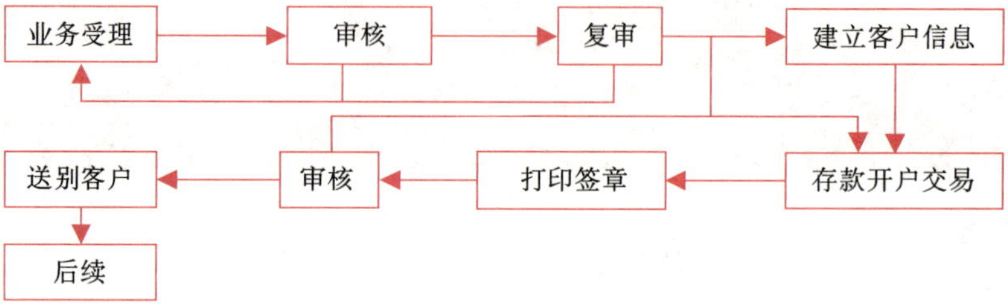

图 3－35 开户的基本业务流程

操作步骤

1. 审核客户资料。柜员审核存款单位提交的开户申请书（如表 3－4 所示）、转账支票、营业执照等开户资料。

表 3－4 通知存款开户申请书

账户名称	广东天创科技有限公司				
组织机构代码	J91228999984325126			代码证有效期	有效期至 2032 年 6 月 9 日
☐法定代表人 ☐单位负责人	姓　名	张新民		证件种类	☑身份证　☐其他：
	证件号码	430102198106230583		证件有效期	有效期至 2028 年 5 月 15 日
联系人	李晓霞	联系电话	15835689563	币　种	☑人民币　☐其他：
业务类型	☐整存整取　☑1 天通知　☐7 天通知　☐其他：				
凭证种类	☑开户证实书　☐其他：			支付条件	☑印鉴加密码　☐印鉴或签名
大写金额	柒拾万元整			亿 千 百 十 万 千 百 十 元 角 分 ¥ 7 0 0 0 0 0 0 0	
定期存期	☐3 个月　☐6 个月　☐1 年　☐其他：			转存方式	☐本息转存　☐本金转存　☑不转存
资金来源	☑本行账户　☐他行账户			转出账户	6000000575200006814
转出账户开户行名称					
转出账户预留银行印鉴：广东天创科技有限公司 财务专用章　张新民印					

续表

声明：本存款人保证以上填写资料真实、有效，并承担因资料有误而产生的一切法律责任。 存款人（公章）：　广东天创科技有限公司 2018 年 7 月 5 日
账户账号： 开户银行审核意见：　　同意开户申请。 经办人（签章）：马聪　　　银行（签章）：番职院模拟银行××支行 2018.7.5 业务专用章(01) 2018 年 7 月 5 日

2. 为客户开立通知存款账户

进入“开立对公存款账号”界面为客户开立通知存款账户，见图 3－36、图 3－37。

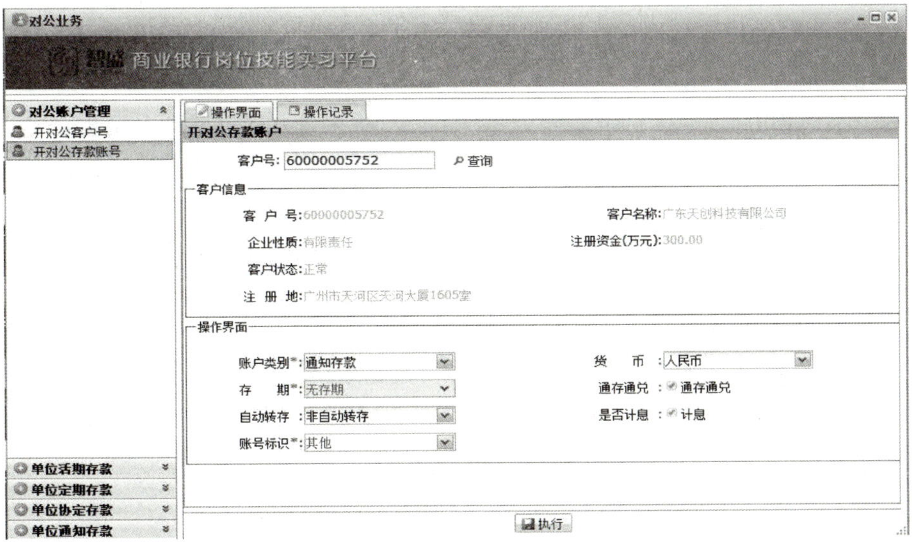

图 3－36　开立通知存款账户

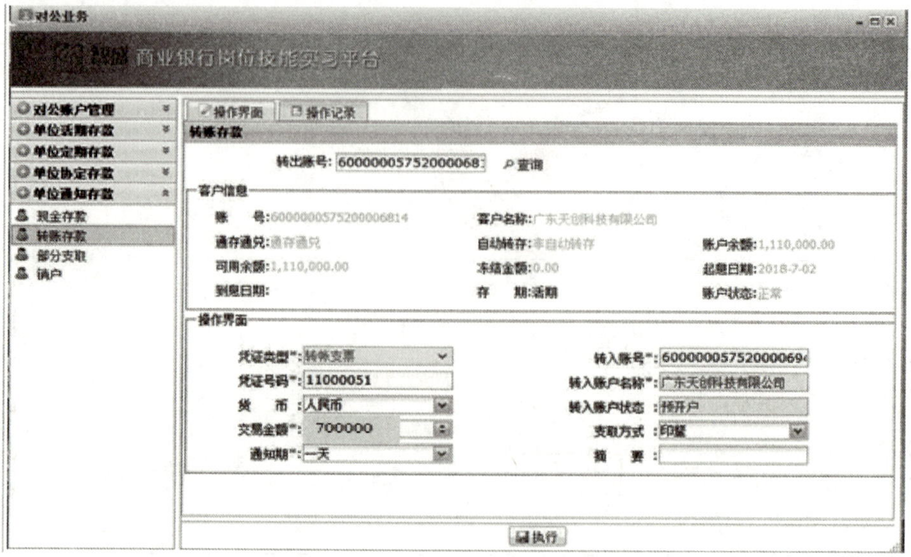

图 3－37　通知存款账户转账存款

3. 开具证实书

开户行审核相关证明文件后，开具“通知存款开户证实书”（见图3－38），业务操作完成后，提请客户注意收好凭证及资料，送别客户。

番职院模拟银行　　**1天通知存款开户证实书**　　**NO. 12000003**

户名　广东天创科技有限公司

币种　人民币　　　　账号　6000000575200006813

金额　柒拾万元整　　　　（小写）　¥700,000.00

支付记录	开户日期	支取日期	金额	利息	支取方式
	2018-7-5				凭印鉴

备注：本证实书仅对存款人开户证实，不得作为质押的权利凭证。

事后监督 尹小卉　支取时经办　存入时经办 王小五　记账 马聪　复核 宋茜　银行签章：（番职院模拟银行 业务公章）

图 3－38　通知存款开户证实书

二、单位通知存款部分提取/销户

☞ 业务描述

客户广东天创科技有限公司出纳员持前述单位通知存款开户证实书及其他相关资料，到银行部分支取20万元。

相关知识

存款单位支取单位通知存款，须提交证实书和预留印鉴，客户在证实书背面加盖预留印章，并由客户经办人签字确认。开户行须将本息转入其单位银行结算账户，存款单位不得从通知存款账户中支取现金。

1. 存款单位一次全部支取单位通知存款时，由开户行收回其存款凭证，办理销户手续。

2. 单位通知存款账户允许多次部分支取，但支取后的留存金额不得低于单位通知存款的最低开户金额（50 万元）；留存部分高于最低起存金额的，开户行须出具新的证实书，从原开户日起计算存期；留存部分低于起存金额则予以清户，按支取日总行规定的活期存款利率计息，或根据存款单位意愿转为其他存款。

3. 部分提取只能在原开户行办理。

4. 通过企业网上银行办理通知存款且未到柜面打印单位定期存款开户证实书的，可通过网上银行将通知存款转为活期存款。

操作步骤

1. 建立通知交易。支取前，取款人按照存款品种提前 1 天或 7 天通知拟取款营业网点，并提交“通知存款取款通知书”（见图 3－39）。通知到期日前，取款人可取消通知，并将原“通知存款取款通知书”交回。柜员在操作系统中选择“取消通知”交易，将原通知取消，将上述通知单随当日传票装订。注：每个通知存款账户每天只能建立一个通知。

商业银行单位通知存款取款通知书

申请内容：通知 √　　取消通知 □　　　　日期　2018 年　8 月　20 日

户　名	广东天创科技有限公司		账号	6000000575200006944
存入金额 人民币(大写)			小写	
支取金额 人民币(大写)	贰拾万元整		小写	RMB 200,000.00
存款单位预留印鉴：	广东天创科技有限公司 财务专用章　民张印新			
银行确认栏	通知收到日期	约定支取日期		通知取消日期
	2018-8-20	2018-8-21		

事后监督　尹小卉　　　　复核　宋茜　　　　经办　苏瑞睿

图 3－39　单位通知存款取款通知书

2. 支取。存款单位支取单位通知存款，须提交证实书和预留印鉴，开户行须将本息转入其单位银行结算账户，存款单位不得从通知存款账户中支取现金。柜员审核证实书以及“通知存款取款通知书”后，进入“对公业务—单位通知存款—部分支取”界面进行交易（见图3－40）。留存部分高于最低起存金额的，开户行须出具新的证实书。

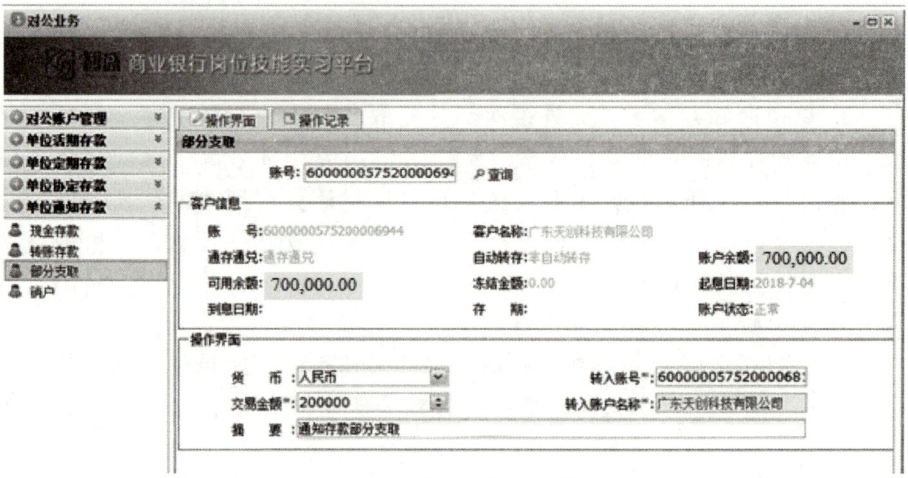

图3－40 单位通知存款部分支取

业务二 单位协定存款业务

微课：单位其他存款业务

PPT：单位其他存款业务

相关知识

单位协定存款是指存款单位与商业银行协议约定，在人民币结算账户（下称“结算户”）之上，开立协定存款账户（下称“协定户”），并约定基本存款额度，由开户行对超出基本额度的协定户存款按协定存款利率单独计息的存款，若结算账户销户，协定存款账户也须同时销户。

1. 单位协定存款按“两个账户、两个余额、两个计息积数、两种利率”的方式管理。单位协定存款账户分A户（结算户）与B户（协定户），A户按结算日中国人民银行公布的活期存款利率计息，B户按结算日中国人民银行公布的协定存款利率计息。单位协定存款的A户视同基本存款账户或一般存款账户管理使用，A户、B户均不得透支。

2. 单位协定存款账户不是一个独立存款账户，协定存款账户禁止对外办理支付业务，客户可以通过结算户办理日常结算业务，协定存款账户的操作和管理由银行负责。

3. 单位协定存款的最低约定额度为人民币10万元，客户可根据实际情况与银行约定具体的基本额度。

4. 协定存款的结息周期同单位活期存款，当登记协定存款的结算户在办理时自身金额不足时，系统会自动将协定存款账户中的余额划回，直到主账户的金额足够支付业务结算。

5. 协定存款期限，最长不超过 1 年（含），到期时如果任何一方没有提出终止或修改，即视为自动延期；合同期满，如不延期，协定账户做销户处理。

6. 协议存入客户账户档案保管。

一、单位协定存款开户

业务描述

客户广东天创科技有限公司与商业银行协议约定，开立协定存款账户，协定额度为人民币 50 万元，协定利率为 2.55%，期限为半年，到期日为 2019 年 1 月 2 日。

操作动画：单位协定存款业务

操作步骤

1. 签订协议。存款单位和开户行签订协定存款合同（见表 3-5）。

表 3-5　人民币单位协定存款合同

甲方：广东天创科技有限公司

乙方：番职院模拟银行××支行

甲、乙双方就办理人民币协定存款事宜达成如下协议：

一、甲方在乙方开立协定存款账户的账号：6000000575200006814，其基本存款额度为人民币（大写）　壹拾　万元。

二、乙方按季对甲方协定存款账户进行结息。

三、协定存款账户中基本存款额度以内的存款按甲方活期存款账户（账号：6000000575200006814）约定的活期存款利率计息，计息期间如遇活期存款利率调整，则按照调整前后的活期存款利率分段计息。

四、协定存款账户中超过基本存款额度的存款按以下第（1）种方式计息：

（1）按番职院模拟银行公布的协定存款利率计息。计息期间如遇番职院模拟银行调整协定存款利率，则按照调整前后的协定存款利率分段计息。

（2）按中国人民银行公布的协定存款利率　\　（选填“上浮”或“下浮”）　\　%计息。计息期间如遇中国人民银行调整协定存款利率，则按照调整前后的协定存款利率分段计息。若中国人民银行停止公布协定存款利率，则根据番职院模拟银行公布的定价标准执行。

五、对协定存款账户销户的，基本存款额度以内的存款仍按本合同第三条约定计息，超过基本存款额度的存款从上一结息日起到销户日止，不再按本合同第四条约定计息，而按本合同第三条约定的计息方式计息。

续表

六、合同期内，乙方有权对上述第二条至第五条约定的结息、计息方式进行调整，调整前将通过银行营业机构、互联网站或其他电子渠道对外公告。 七、双方应按银行有关对账管理的相关规定及时对账。 八、本合同的有效期为半年，自2018年7月2日至2019年1月2日止。合同期满后本合同自动终止。同时，乙方有权视具体情况提前终止本合同。 九、合同期满（含提前终止）时，乙方将甲方协定存款账户中超过基本存款额度的存款本息结清后，全部转入甲方在乙方的基本存款账户、一般存款账户或专用存款账户。 十、合同期内，甲方原则上不得要求销户，如遇特殊情况，须向乙方提交书面销户申请，乙方在收到销户申请后五个工作日内答复。乙方审核批准后，按前条规定为甲方办理销户手续。 十一、本合同不得质押，且不具任何证明之作用。 十二、本合同一式两份，双方各执一份。 十三、本合同经双方盖章、签字后，自2018年7月2日起生效。 甲方：广东天创科技有限公司　　　　乙方：番职院模拟银行某某支行 （公章）　　　　　　　　　　　　　（公章） 法定代表人：　　民张印新　　　　　经办行负责人：　　宋茜 （或授权代理人） 2018年7月2日　　　　　　　　　　2018　年7月2日

2. 审核资料。柜员对客户提交的资料进行审核：①协定存款合同签章是否齐全，是否加盖单位公章、法人代表（或授权代理人）签章、本行业务专用章、法人代表（或授权代理人）签章；②协议存款合同起存金额和期限是否符合规定，其他要素是否符合要求；③是否属于可以开立协议存款的账户类型。

3. 信息录入系统。柜员进入交易界面，进行单位协定存款开户处理。柜员先根据活期账户开户流程，开立活期存款账户，再根据已签订的协定存款合同，进入“单位协定存款”界面，录入活期结算账号、协定存款协议到期日期、金额、协定利率等要素后，提交后协定存款协议数据进入系统（见图3-41）。

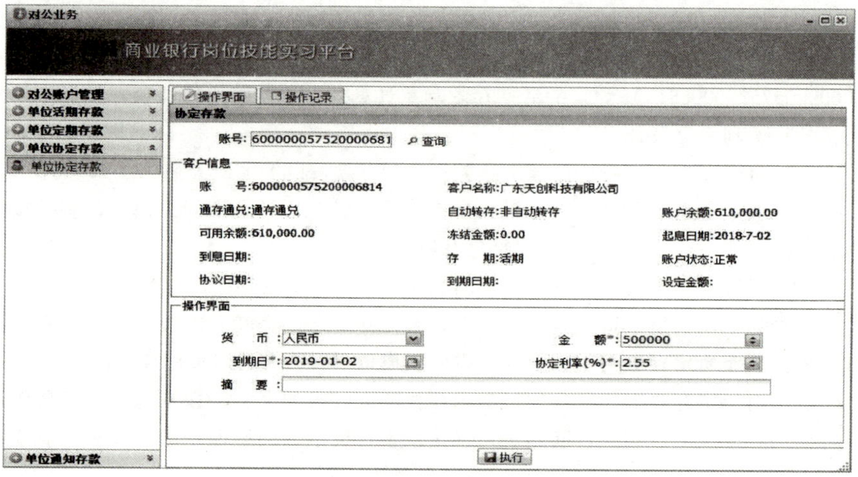

图3-41　开立单位协定存款

二、单位协定存款销户

单位协定存款协议期满，如存款单位或开户行书面提出终止或修改协议，开户行将协定存款协议存款本息结清后全部转入结算户。存款单位若结清结算户，须同时结清协定户。

业务描述

客户广东天创科技有限公司与商业银行签订的单位协定存款协议期满，客户书面提出终止，开户行按照业务规定予以办理。

操作步骤

1. 审核客户资料。柜员对客户提交的协定存款销户通知书（见表 3－6）进行审核。

表 3－6

人民币单位协定存款销户通知

番职院模拟银行××支行：

本单位需将 2018 年 7 月 2 日在贵行开立的人民币协定存款账户，单位名称：广东天创科技有限公司，账号：600000575200006814，金额为人民币（大写）：伍拾万元，按照与贵行签订的《人民币单位协定存款合同》结计利息，并将结后余额转入在贵行开立的人民币基本存款账户（基本存款账户、一般存款账户或专用存款账户），账号：600000575200006814。请予办理。

特此通知。

单位名称：广东天创科技有限公司　　　　经办行确认：

（单位盖章）　　　　（单位盖章）

法定代表人：

（或授权代理人）

2019 年 1 月 2 日　　　　2019 年 1 月 2 日

2. 系统操作销户

柜员通过“对公业务”交易界面将协定存款账户的存款本息结清后，全部转入基本存款账户或一般存款账户，同时协定存款账户销户。

温馨提示

协定存款账户销户：结息日销户，超过基本存款额度的存款按协定存款利率计息；不在结息日销户，超过基本存款额度的存款从上一结息日起到销户日止，不再按协定存款利率计息，而按销户日活期存款利率计息。

微课：单位其他存款业务

业务三　保证金存款业务

相关知识

保证金存款，是商业银行为客户出具具有结算功能的信用工具或提供资金融通后，按约履行相关义务，而与其约定将一定数量的资金存入特定账户所形成的存款类别。在客户违约后，商业银行有权直接扣划该账户中的存款，以最大限度地减少银行损失。

PPT：单位其他存款业务

保证金存款按照保证金担保的对象不同，可分为银行承兑汇票保证金、信用证保证金、黄金交易保证金、远期结售汇保证金四类。保证金存款的管理要求如下。

1. 保证金账户不得作为企业结算账户使用，严禁发生保证金账户与客户结算账户串用、经常项目外汇账户及各子账户之间相互挪用等行为。

2. 保证金账户的开立、支取、退回及销户必须根据相关部门出具的书面通知方可进行相应的处理，严禁未有相关部门通知擅自办理保证金业务的缴存、支付等相关业务。

3. 运营主管应定期根据通知书或协议与保证金登记簿的内容逐项核对，核对要点：产品类别、保证金比率、缴存额、期限是否与通知书或协议相符。

一、保证金存款开户

☞ 业务描述

客户广东天创科技有限公司向银行申请开立信用证，并按规定向银行提交“保证金账户开户申请书”（如表3－7所示）、信用证申请人承诺书及购销合同等资料；柜员收到银行其他部门开具的“保证金账户开立—存入通知书”（见图3－42）并审核了相关资料，为客户办理保证金存款开户业务。

操作步骤

操作动画：保证金存款业务

1. 审核开户资料

柜员收到相关业务部门出具的一式两份“保证金账户开立—存入通知书”（简称“通知书”）、客户提交的转账支票及转账进账单等，审核无误后办理开户。

表 3－7　　**保证金账户开户申请书**　　编号：9999999999

保证金业务机构填写	开户申请人全称（盖章）： 广东天创科技有限公司	资金来源账号：6000000575200006814 组织机构代码：J91228999984325126 保证人名称：张新民 保证人证件类型：身份证 保证人证件号码：430102198106230583
	保证金产品种类	☑单位活期保证金　□单位定期保证金
	业务种类	□银承　□担保贷款　□保函　☑信用证 □外汇交易　□衍生金融　□其他：
	存　期	□活期　☑定期三个月　□定期六个月　□定期一年　□其他：
	币　种	☑人民币　□ 港币　□ 美元　□其他：
	开户金额 （小写）：RMB20, 000. 00	开户金额 （大写）：贰拾万元整
	开户日期	2018 年 8 月 12 日
	保证金款项到期日	2018 年 11 月 12 日
	审批意见：同意申请。 经办客户经理（签章）：苏瑞睿 所在（机构）部门负责人（签章）：尹小卉	公　章：番职院模拟银行 业务公章 2018 年 8 月 12 日
账户开户机构处理情况	保证金账户名称	广东天创科技有限公司
	保证金账户账号	6000000575200006982
	☑已处理　□未处理　未处理原因： 网点负责人（签章）：宋茜	网点公章：番职院模拟银行××支行 2018.8.12 业务专用章(01) 2018 年 8 月 12 日

银行保证金账户开立/存入通知书

番职院模拟银行某营业部或支行　　　　编号：999999999

广东天创科技有限公司（单位名称），核心客户号60000005752在我行申请办理业务，合同（协议）编号/业务编号为 98754298761456，业务币种金额（大写） 贰佰万元整 。根据合同（协议）约定，需（按照业务金额的 10 %）存入保证金币种金额（小写）RMB200,000.00（大写）贰拾万元整 保证金期限为：活期/定期（定期 \ 月）。

请予以开设保证金账户，办理保证金存入手续。

国际业务部或相关部门（章）：番职院模拟银行国际业务部 业务公章　　有权签批人：辛新尔　　经办：欧阳雪

2018年8月12日

图 3－42　银行保证金账户开立/存入通知书

2. 开立账户，转账激活。进入操作系统“开立对公存款账号”交易界面，录入号信息后提交成功后生成保证金账户。进入“单位活期存款—账户转账”交易界面，选择凭证种类、输入凭证号后提交（见图 3－43）。

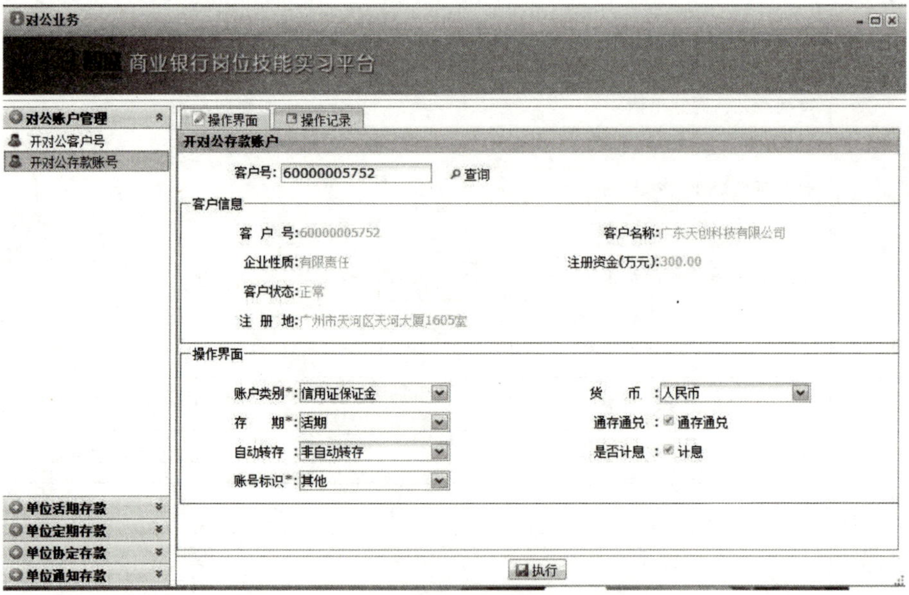

图 3－43　信用证保证金账户开户

3. 打印凭证、送别客户。打印相关凭证，加盖业务章后，一份开户申请书和转账进账单作记账凭证，通知书做附件；转账支票作借方凭证，一联转账进账单作保证金客户的贷方凭证；一份开户申请书和保证金账户开立通知书回执（见图 3－44）及转账进账单交客户，送别客户。

银行保证金账户划款支付/退回通知书

番职院模拟银行某营业部或支行　　　　　　　　　编号：985643333

广东天创科技有限公司（单位名称），核心客户号为 60000005752 在我行办理业务，业务编号为 976543562783。现通知将业务项下对应的保证金（币种金额）RMB100,000.00转出／退回客户账，用于支付该业务项下的相应款项。

相关业务管理部门（章）：　　有权签批人：辛新尔　　　经办：欧阳雪

番职院模拟银行国际业务部 业务专用章

2018 年 9 月 10 日

图 3－44　银行保证金账户划款支付/退回通知书

二、保证金支取／销户

业务描述

客户广东天创科技有限公司在保证金存款账户中支付 10 万元。

操作步骤

风险点

1. 单位活期保证金且未锁定的部分才能支取。
2. 保证金存款支取／销户时只能以转账方式处理，不能以现金方式处理。
3. 保证金支取必须符合规定，凭保证金业务通知书办理，必须转入其在本单位开立的单位结算账户。
4. 严禁挪用保证金资金。

1. 审核客户资料

银行业务部门提交“保证金业务通知书”（见图 3－45）。柜员审核：①保证金业务通知书填写是否规范，是否有经办人及负责人签章。②保证金支取是否符合规定，相关业务是否已经结清或变更保证方式。

银行保证金账户划款支付/退回通知书

番职院模拟银行某营业部或支行　　　　　　　　　编号：985643333

广东天创科技有限公司（单位名称），核心客户号为6000005752在我行办理业务，业务编号为976543562783。现通知将业务项下对应的保证金（币种金额）RMB100 000.00转出／退回客户账，用于支付该业务项下的相应款项。

相关业务管理部门（章）：番职院模拟银行国际业务部 业务公章　　有权签批人：辛新尔　　经办：欧阳雪

2018年9月10日

图3－45　银行保证金账户划款支付/退回通知书

2. 账户转账。柜员审核无误，进入“单位活期存款—账户转账”界面，将保证金存款转入单位在本行开立的单位结算账户（见图3－46）。

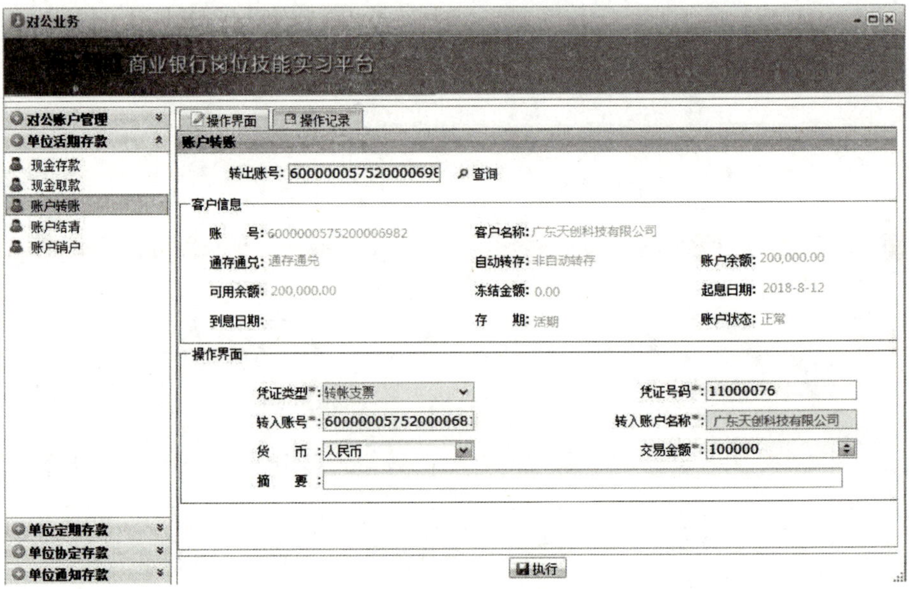

图3－46　银行保证金账户转账支取

3. 送别客户。打印银行保证金账户划款支付—退回回执（见图3－47），送别客户。

银行保证金账户划款支付/退回回执

番职院模拟银行国际业务营业部或支行　　　　　　　　　编号：3678935266

我支行（营业部）按照贵部指令已于 2018 年 9 月 10 日将广东天创科技有限公司（单位名称）编号为 995643363，保证金业务项下保证金存款本金 RMB100,000.00 元，转入该公司结算账户，账号为 6000000575200006814。

支行（营业部）业务章：番职院模拟银行××支行 业务公章　　运营主管：尹小卉　　经办：马聪

2018 年 9 月 10 日

备注：该通知书当日有效。

图 3－47　银行保证金账户划款支付/退回回执

操作要点

办理单位通知存款、单位协定存款、保证金存款全部业务。

知识要点

单位通知存款、单位协定存款、保证金存款的特点。

问题讨论

单位协定存款账户是不是一个独立存款账户？为什么？

思考与练习

1. 思考单位通知存款、单位协定存款、保证金业务处理流程。
2. 按照规定的程序办理通知存款业务。
3. 按照规定的程序办理单位协定存款业务。
4. 按照规定的程序办理保证金存款业务。

模块四 单位电子银行业务

任务描述

了解电子银行的类型，了解企业网上银行的开户、修改、撤销等业务流程，能熟练操作企业网上银行业务。

相关知识

单位电子银行业务是指银行通过开放型公众网络以及计算机、手机、移动终端和电话等电子设备，由客户通过自助方式、自主完成操作的银行金融交易服务业务。根据客户办理业务使用的电子渠道种类，电子银行业务分为网上银行、移动银行、电话银行、短信银行和微信银行等。单位电子银行客户按权限等级分为三大类：

（1）非注册客户，是指没有进行用户注册登记的客户，可使用银行电子银行网站和应用获取信息类服务，或直接使用账号密码办理部分极低风险业务。

（2）自助注册客户，是指客户在电子银行网站或使用应用软件自助注册成为银行的客户，仅可办理部分低风险业务。

（3）认证签约客户，是指经过银行身份识别、与银行签订电子银行服务协议，并约定电子银行客户身份认证方式的客户，可办理对应电子渠道的全部业务功能。

业务一　网银签约

微课：单位电子银行业务

PPT：单位电子银行业务

业务描述

广东天创科技有限公司法定代表人张新民来我行办理企业网银签约业务，并将公司员工李晓霞设置成管理操作员。

业务流程

企业网银签约业务流程包括：仔细阅读有关资料、准备申请资料、向开户网点提交申请资料、等待网点审核通过、领取客户证书和密码信封、安装安全控件和证书驱动、正常使用企业网上银行。

操作步骤

一、审核资料

柜员审核有效证件及网银企业客户申请书（见表3-8）。

表 3－8 **网上银行企业服务客户申请表**

客户填列

网银客户类型选择：	高级客户☐	普通客户☑		
客户基本信息：加＊的项目为客户必填项目				
企业名称：＊	广东天创科技有限公司		企业地址：＊	广州市天河区天河大厦 1605 室
证件类型：＊	营业执照		证件编号：＊	J91228999984325126
法人代表信息：＊	中文	张新民	法人证件类型：＊	身份证
	拼音	Zhang Xinmin	法人证件号码：＊	430102198106230583
联系电话：＊	15835689563		联系人：＊	李晓霞

缴费账户信息：（网银年服务费及网银结算业务手续费默认扣收的人民币账户）

缴费账号	账户名称	结算手续费计费方式
6000000575200006814	广东天创科技有限公司	按笔☑ 包月☐

申请签约账户信息：（另：开通账户变动手机短信通知业务，服务费 10 元/月/账户）

账 号	账户名称	币 种	开通短信通知	手机号码
6000000575200006814	广东天创科技有限公司	人民币	是☐ 否☑	15835689563
			是☐ 否☐	
			是☐ 否☐	

专业版客户电子证书申请信息：

操作员级别	操作员姓名	操作员证件类型	操作员证件号码
主 管	李晓霞	身份证	130125198607130562
制 单	王艳	身份证	320455198908230728
复 核	李欣	身份证	510475199110142685

高级版客户电子证书存储介质选择： USBKEY ☑ IC 卡 ☐

我企业已对以上资料进行认真填写，保证填写内容准确无误。 经办人签字：张新民 财务主管签字：周大倩 银行预留印鉴：（广东天创科技有限公司 财务专用章）（张新民印） 2018 年 8 月 10 日	经审核，我部门认为该企业符合企业签约的条件，提供的信息无误，并已正确录入客户资料。 操作员签章：马聪 复核员签章：宋茜 签约网点业务用章：（番职院模拟银行××支行 业务公章） 2018 年 8 月 10 日

填表说明：

1. 此表用于企业客户在银行网上银行系统开户，加盖企业在银行的预留印鉴后，连同证件正本（或副本）送交开户行进行签约；
2. 普通客户只拥有账务查询等功能，不能进行资金划拨；
3. 网银结算手续费按银行公示价格为准。

二、签约网银

登录电脑系统，选择“企业网银签约”，进入“企业网银签约”交易；录入信息，点击“执行”，显示网银签约成功（见图 3－48）。

操作动画：企业网银签约

视频：中国建设银行企业网上银行

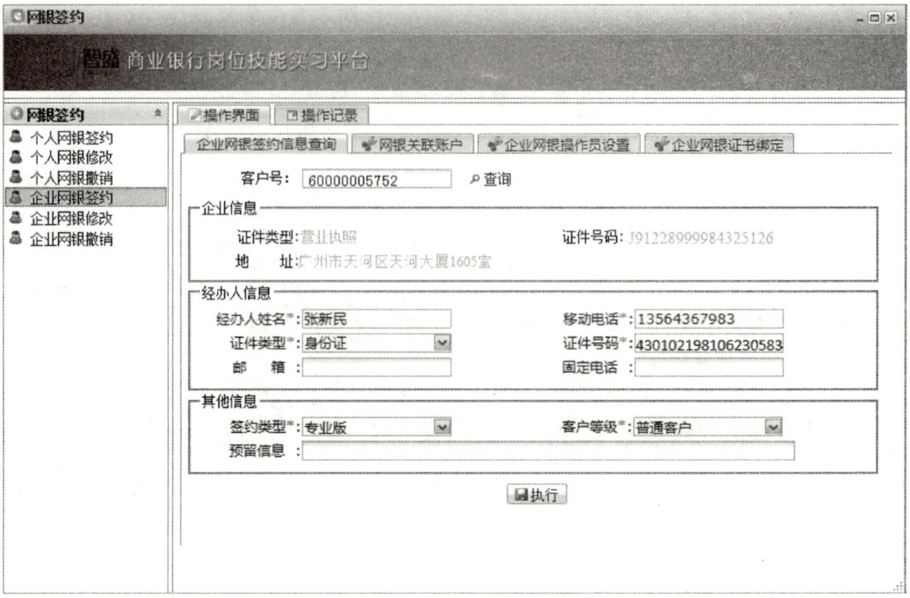

图3－48　企业网银签约操作界面

三、关联网银账户

签约完成后，进入"企业网银签约—网银关联账户"操作界面为客户关联网银账户，输入账户标识、关联账号等信息后点击新增，执行后系统提示新增成功（见图3－49）。

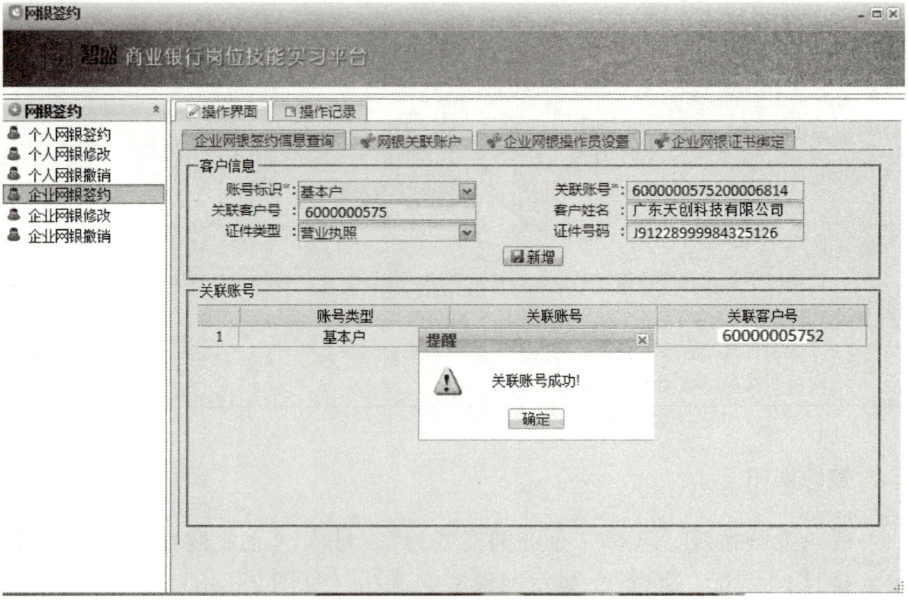

图3－49　企业网银关联账户操作界面

四、绑定操作员

关联账户完成后，进入“企业网银签约—企业网银操作员设置”操作界面添加操作员，按操作员不同级别分别录入，录入完成后点击新增，系统提示绑定操作员成功（见图3－50）。

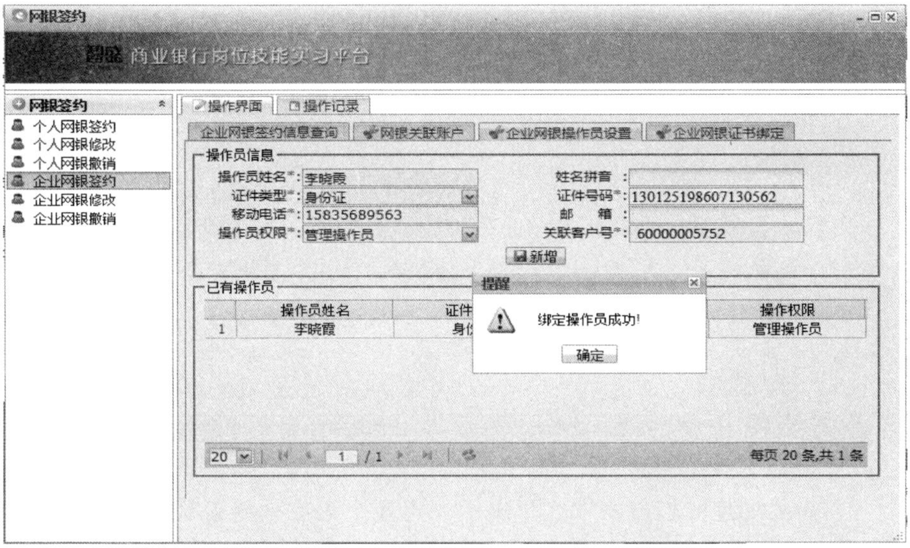

图3－50　企业网银操作员设置操作界面

五、绑定证书

操作员设置完成后，进入“企业网银签约—企业网银证书绑定”操作界面绑定网银证书，依次录入USBkey、单笔限额及累计限额等信息，录入完成后点击绑定证书按钮，系统提示绑定证书成功（见图3－51）。

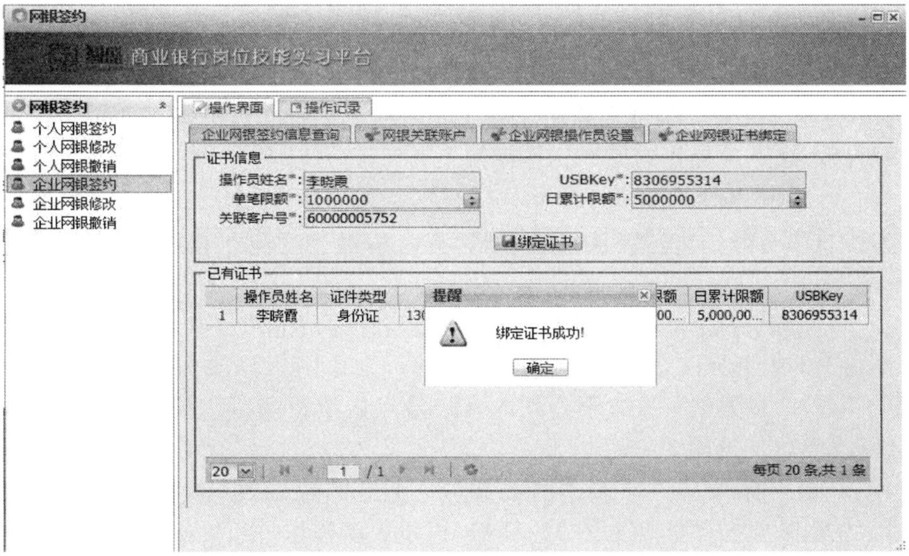

图3－51　企业网银证书绑定操作界面

六、送别客户

打印回单，交由客户签字，盖业务章。递交回单，送别客户。

微课：单位电子银行业务

业务二　企业网银修改

业务描述

因公司员工李晓霞离职，广东天创科技有限公司取消其管理操作员身份，重新设定公司法定代表人暂为管理操作员，USBKey、单笔限额和日累计限额保持不变，我行柜员为该公司办理企业网银修改业务。

PPT：单位电子银行业务

业务流程

1. 业务受理。柜员要求客户出示公司及个人有效身份证件和签约账户的银行卡/折原件。

2. 审核。柜员审核客户填写的网上银行变更申请书内容是否完整、准确、清晰，客户有效身份证原件及复印件是否真实、齐全，是否在有效期内；客户提供银行卡/折的原件是否属于本行网上银行的账户。

3. 交易处理。进行系统操作。

4. 打印、签章。柜员打印一式两联通用业务凭证，提请客户确认后加盖业务公章和柜员名章。

5. 送别客户。柜员把通用业务凭证和变更申请书的客户回单联与客户所提供的其他相关证明一并交给客户，送别客户。

6. 后续处理。柜员把通用业务凭证和网上银行变更申请书的银行记账联留做本次业务操作的凭证，整理相关的凭证。

操作动画：企业网银修改

操作步骤

1. 审核资料。审核有效证件、签约账户和维护申请书（如表3-9所示）。

2. 修改注册信息。进入“网银签约—企业网银修改—注册管理”页面，输入广东天创科技有限公司的客户号点击执行按钮，系统提示注册信息修改成功（见图3-52）。

3. 更换操作员。进入“网银签约—企业网银修改—操作员管理”界面，先删除原操作员（见图3-53），再录入新操作员相关信息，点击新增按钮，系统提示绑定操作员成功（见图3-54）。

表3－9　　**企业服务客户网上银行维护申请表**

版本：2018－Q02

企业名称	广东天创科技有限公司		客户号	60000005752	
经办人	张新民	联系电话	13564367983	E－MAIL	Zhangxm@126.com

基本信息变更			
原单位名称		现单位名称	
现单位地址		现单位电话	

账户变更					
账号		□追加　□取消	账号		□追加　□取消

指定服务		
集团服务	□开通　□取消	
代发工资	□开通　□更改限额　□取消	
	账号	
	总额度设置	限额______万元
企业财务室	□开通　□调高额度　□取消	
	账号	
	如申请调高系统默认额度，请在此写明额度类型、原因、金额和用途。________	

操作员变更						
操作员	是否系统管理员	姓名	证件类型	证件号码	E－MAIL	变更事项
	☑是　□否	李晓霞	身份证	130125198607130562	Lixx22@163.com	取消操作员
	☑是　□否	张新民	身份证	430102198106230583	Zhangxm@126.com	新增操作员
	□是　□否					

操作员可变更项包括：追加和取消操作员，证书冻结、解冻和补发，证书密码重置，修改操作员权限。

功能变更	
请填写需开通的功能	
请填写需关闭的功能	

其他变更	
请填写变更内容	
取消网银服务	□是

声明：本公司遵守监管部门对结算账户管理的各项规定，同时对以上所列事项的真实性及有效性负责。 企业盖章（公章） 法定代表人（或授权代理人）签字或盖章 张新民 2018年9月14日	支行审批意见： 同意操作员修改申请。 支行盖章：2018年9月14日

操作员/管理员KEY编号（此项由银行填写）

01 __8306955314__　02 ________　03 ________

密码信封及KEY签收：合计__1__套　签收人：　签收时间：2018年9月14日

安全提示：为了贵公司的账户和资金安全，请妥善保管和使用管理员/操作员USBKEY和密码，不得提供给上表指定管理员/操作员以外的其他人使用。注销企业网银后，请及时销毁USBKEY。

客户经理：马聪　　经办及验印：马聪　　会计主管：宋茜

第一联 开户行留存　第二联 主管部门留存　第三联 客户留存

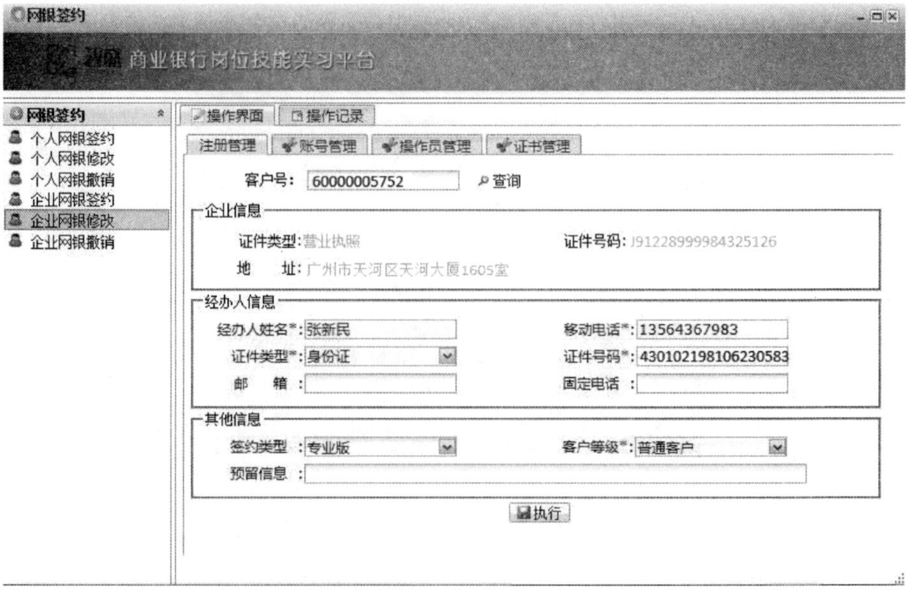

图 3－52 企业网银注册管理操作界面

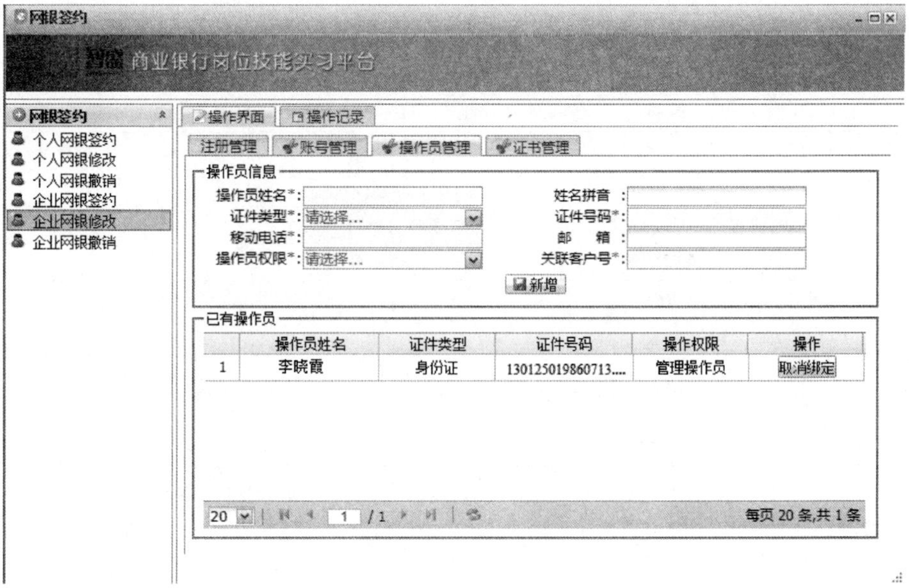

图 3－53 企业网银取消绑定原操作员操作界面

4. 修改证书。进入“网银签约—企业网银修改—操作员管理”界面，录入相关信息，点击绑定证书按钮，系统提示修改证书成功（见图3－55）。

5. 送别客户。打印回单，交由客户签字，盖业务章。递交回单，送别客户。

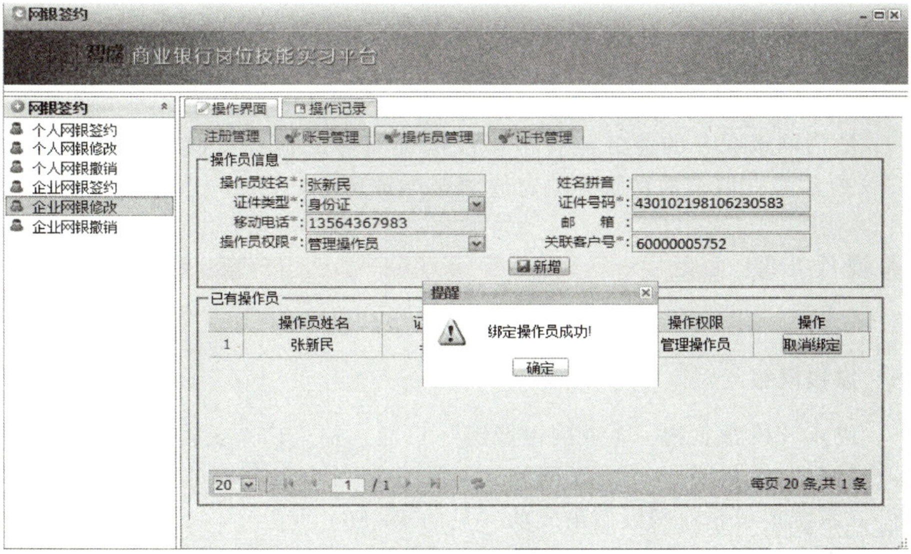

图 3－54　企业网银更换操作员操作界面

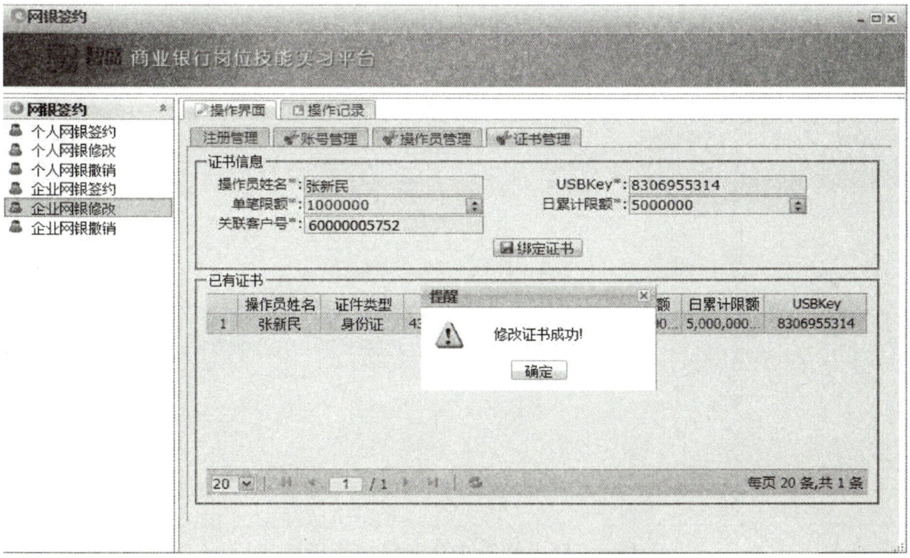

图 3－55　企业网银证书更换操作界面

业务三　取消网银服务

微课：单位电子银行业务

业务描述

考虑到网上银行风险问题，广东天创科技有限公司来行办理撤销企业网上银行业务。

PPT：单位电子银行业务

业务流程

取消网银服务的业务流程与修改网银服务的流程类似（申请表如表3－9所示，在取消网银服务项勾选“是”即可）。

操作步骤

操作动画：取消企业网银

一、撤销网银

进入“网银签约—企业网银撤销”页面，输入广东天创科技有限公司客户号后，鼠标点中“关联网银账号”中已关联的网银账户，点击“执行”，系统提示企业网银撤销成功（见图3－56）。

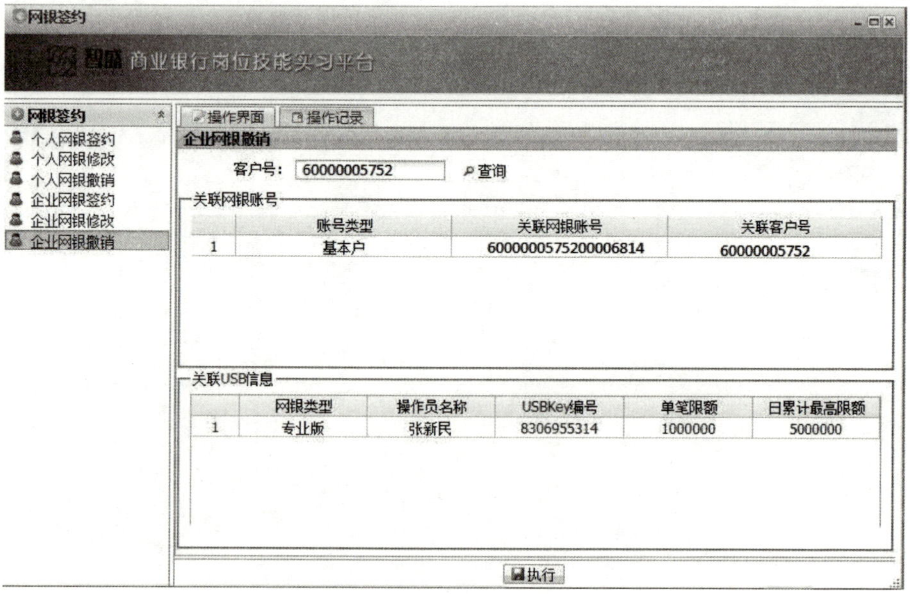

图3－56　撤销企业网银操作界面

二、送别客户

打印回单，交由客户签字，盖业务章。递交回单，送别客户。

操作要点

办理企业网上银行的开户、网银信息的修改、网上银行的撤销。

知识要点

1. 单位电子银行业务。

2. 企业网上银行的开户业务、信息修改业务、撤销业务流程。

思考与练习

1. 单位电子银行客户按权限等级可以分为哪几类？不同类型的客户的业务范围有什么区别？

2. 熟练办理企业网上银行的开户、网银信息的修改、网上银行的撤销业务。

4 项目四 贷款柜面业务

学习目标

知识学习目标：

1. 掌握个人住房贷款相关知识及业务处理流程；
2. 掌握个人汽车贷款相关知识及业务处理流程；
3. 掌握单位贷款相关知识及业务处理流程。

技能训练目标：

1. 能从个人贷款资料中熟练完成个人贷款信息的读取、录入；
2. 能快速准确办理个人住房贷款、个人汽车贷款发放、还贷等业务操作；
3. 能从单位贷款资料中熟练完成单位贷款信息的读取、录入；
4. 能快速准确办理单位贷款发放、还贷业务操作。

工作任务

应完成的工作任务：

1. 为客户办理个人住房贷款柜面业务；
2. 为客户办理个人汽车贷款柜面业务；
3. 为单位客户办理单位贷款柜面业务。

完成工作任务应提交的标志性成果：

1. 为客户成功办理了有关个人贷款柜面服务工作。标志性成果是贷款账户、客户回单。

2. 为客户成功办理了单位贷款柜面服务工作。标志性成果是贷款账户、客户回单。

业务场景

商业银行对外营业机构的综合柜台，参与者有：顾客、柜员、主管。

模块一 个人住房贷款业务

贷款是银行或其他金融机构按一定利率和必须归还等条件出借货币资金的一种信用活动形式。贷款业务是银行最主要的资产业务，一般占60%以上。

目前，我国银行的收益主要来自存贷款之间的利息差额。为了偿付存款利息、保证各项开支和获得盈利，银行需要通过贷款业务充分有效地运用资金。但是贷款业务具有一定的风险性，如经营不当，将使银行遭受重大损失。为避免资金风险，银行贷款的审查、批准、管理工作集中由信贷业务部门负责，风险管理部门对贷款风险进行把关，支行营业部办理贷款发放、收回的具体业务处理。

任务描述

作为一名银行柜员，在进行日间业务处理时，常会碰到零售贷款业务。如个人住房贷款、个人汽车消费贷款等。本模块以个人住房贷款业务为例，通过本模块学习，能了解个人住房贷款业务的资料、熟悉个人住房贷款发放和收回的业务流程，熟练操作贷款发放、收回业务。

相关知识

一、零售贷款

零售贷款，又称个人贷款业务，是指银行或其他金融机构向符合贷款条件的自然人发放的用于个人消费、生产经营等用途的本、外币贷款。

个人贷款包括个人住房贷款、个人汽车贷款、个人耐用消费品贷款、个人经营性贷款、个人有价单证质押贷款、个人小额信用贷款等。个人贷款具有贷款品种多、消费用途广泛、贷款额度较高、贷款期限灵活、担保形式多样、贷款风险分散等特点。

二、银行对于个人贷款的管理要求

《个人贷款管理暂行办法》从个人贷款业务的受理与调查、风险评价与审批、协议与发放、支付管理和贷后管理等方面做出了47条规定。

1. 对借款人进行多方面调查分析。调查内容涵盖借款人基本情况、借款人收入情况、借款用途、借款人还款来源、还款能力及还款方式、保证人担保意愿、担保能力或抵（质）押物价值及变现能力等。

2. 确定贷款用途。贷款用途应符合法律法规规定和国家有关政策，贷款人不得发放无指定用途的个人贷款。

3. 确定合理的信贷金额。贷款人应建立借款人合理的收入偿债比例控制机制，结合借款人收入、负债、支出、贷款用途、担保情况等因素，合理确定贷款金额和期限，控制借款人每期还款额不超过其还款能力。

4. 规范担保流程与操作。贷款人应依照《中华人民共和国物权法》《中华人民共和国担保法》等法律法规的相关规定，规范担保流程与操作。担保的主要方式为抵押、质押、保证。

抵押是指债务人或第三人不转移财产的占有，将该财产作为债权的担保。债务人不履行债务时，债权人有权以该财产折价或者以拍卖、变卖该财产的价款优先受偿。

质押是指债务人或第三人将其动产或权利凭证移交债权人占有，以该动产或权利作为债权的担保，当债务人到期不能履行债务时，债权人可以就该动产或权利通过折价、变卖等方式优先受偿。

保证是指保证人和债权人约定，当债务人不履行债务时，保证人按照约定履行债务或者承担责任的行为。

风险点

严禁个人挪用银行信贷资金买卖股票

银监会："严格禁止个人挪用银行信贷资金直接或间接进入股市，银行业金融机构不得贷款给个人买卖股票。若发现挪用贷款买卖股票行为，银行业金融机构要采取及时、必要的措施立即收回贷款。"对于违规的个人，其违规记录将被载入征信管理系统。

拓展阅读

零售贷款业务系统框架（见图4-1）

零售贷款业务处理包括零售贷款在线审批系统（CCAS）、核心银行系统（BANCS）、零售贷款催收系统（AZURE）、个人征信系统（ICCI）等。

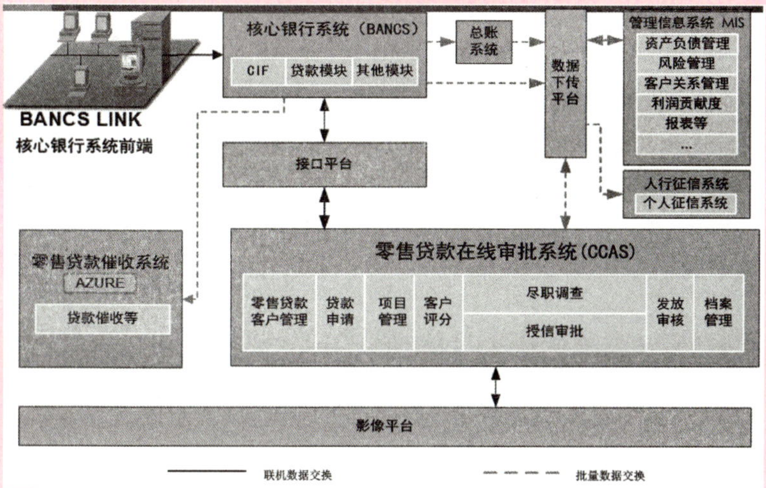

图4-1　系统基本框架图

零售贷款的业务操作一般分为放款前和放款后两个系统处理阶段。一个是零售贷款审批系统CCAS，负责放款前的业务处理，主要是贷款的审批、创建账户、创建第三方额度和创建担保等；另一个就是核心银行系统的前端BANCS LINK进行的操作，主要是放款、还款，以及放款后对账户、额度和担保信息的维护等事项。

零售贷款审批系统CCAS和核心银行系统前端BANCS LINK将数据传送给主机系统，进行数据的加工、归集处理后，将数据传送给总账系统，核心银行系统和总账系统将数据提供给数据下传平台，供征信系统和管理信息系统使用。

对于逾期的零售贷款，核心银行系统将数据下传给零售贷款催收系统，由催收系统进行催收管理支持。

零售贷款审批系统CCAS可以实时调用影像平台的数据，为审批决策提供支持。

业务一　个人住房贷款发放

微课：个人住房贷款业务

☞ 业务描述

客户张雯来到银行，交齐银行所需的贷款申请材料，拟申请一笔 50 万元的住房按揭贷款。根据其个人贷款资料，商业银行信贷部门、风控部门对其资料评估后认为符合贷款条件同意发放贷款。信贷客户经理录入贷款审批信息，银行柜员根据放款通知办理贷款发放业务。

PPT：个人住房贷款业务

相关知识

一、住房贷款分类

我国个人贷款业务是以个人住房贷款业务为主体。商业银行的住房贷款业务主要包括：

1. 个人住房贷款与个人再交易住房贷款。个人住房贷款是指银行用信贷资金向在中国大陆境内城镇购买、建造、大修各类型住房的自然人发放的贷款。个人再交易住房贷款是指银行用信贷资金向在中国大陆境内城镇住房二级市场购买各类型再次交易的住房的自然人发放的贷款，俗称“二手房贷款”。

2. 公积金个人住房贷款。按时足额缴存住房公积金的个人，在中国大陆境内城镇购买、建造各类型住房时，银行接受住房公积金管理中心委托向借款人提供的公积金个人住房贷款。

3. 个人住房组合贷款。个人住房组合贷款是指对按时足额缴存住房公积金的自然人在购买、建造、大修各类型住房时，银行同时为其发放公积金个人住房贷款和自营性个人住房贷款而形成的特定贷款组合。

文本：中国人民银行贷款通则

4. 个人商用房贷款。个人商业用房贷款是指银行用信贷资金向购买各种类型商业用房的自然人发放的贷款。

5. 个人住房抵押额度贷款。个人住房抵押额度贷款是指银行用信贷资金向借款人发放的、以借款人自有住房作最高额抵押、在贷款额度有效期间和可用额度内可多次支用的贷款。

二、个人住房贷款特点

1. 贷款用途：用于支持个人在中国大陆境内城镇购买、建造、大修住房。

2. 贷款对象：具有完全民事行为能力的中国自然人及在中国大陆有居留权境外、国外自然人。

3. 贷款额度：一般规定最高为所购（建造、大修）住房全部价款或评估价值的70%。

4. 贷款期限：最长为30年。

5. 贷款利率：基于央行基准利率而上下浮动确定的利率。

6. 还款方式：委托扣款、柜面还款方式。

7. 还款方法：贷款期限在1年以内（含1年）的，实行到期本息一次性清偿的还款方法；贷款期限在1年以上的，可采用等额本息、等额本金还款法等。

8. 贷款担保：抵押、质押、保证、抵押加阶段性保证等担保方式，可采用一种或同时采用几种贷款担保方式。

9. 申请贷款应提交的资料如表4-1所示。

表4-1　　中国××银行个人助业房抵快贷标准化业务材料清单

内部上报材料		
1.	授信调查报告	
2.	零售授信业务审查审批表	
3.	提前放款承诺函（如为快放业务）	
4.	助业房抵快贷申请暨面谈记录表	
5.	贷款用途声明及资金支付申请表	
6.	个人征信查询授权书及征信报告	
7.	企业征信查询授权书及企业信用报告（如有）或无贷款卡声明	
8.	“全国法院被执行人系统”查询记录（拷屏打印，由客户经理签名确认）	
借款人家庭及用款企业材料		
9.	借款人及配偶身份证复印件	
10.	借款人及配偶户口簿（首页及内页）	
11.	借款人婚姻情况证明 □结婚证　□单身声明　□离婚证　□离婚判决书　□离婚协议	
12.	还款账户复印件	
13.	营业执照复印件	
14.	客户经理与借款人在经营场所现场拍照（贷款金额超出一定额度需要）	
第一还款来源资料		
15.	借款人或配偶收入证明	
16.	借款人个人、家庭、用款企业近六个月主要结算账户流水	
17.	申请人家庭其他资产证明材料、其他收入来源证明材料（租金、分红、投资收入、专利收入等）	
第二还款来源资料		
18.	抵押物评估报告（初评）	
19.	抵押物权属证明及查册证明	
20.	抵押物所有权人资料（如为第三方抵押，资料同6、8、9、10、11点）	
21.	抵押物如为出租状态，需提供：租赁合同、承租人申明书、承租人身份证复印件	
22.	有价单证复印件及个人有价单证确认及冻结通知书原件（仅用于出国留学贷款）	
23.	自然人保证人资料（资料6、8、9、10、11所指资料）	

续表

贷款用途资料		
24.	个人贷款合同	
25.	个人贷款借据	
26.	抵押登记材料　□他项权利证复印件　□抵押登记回执	

客户经理签名：　　　　　　　　　　审查员签名：

业务流程

个人住房贷款发放涉及住房贷款申请人、银行、开发商、抵押人、律师等，基本流程见图4－2。

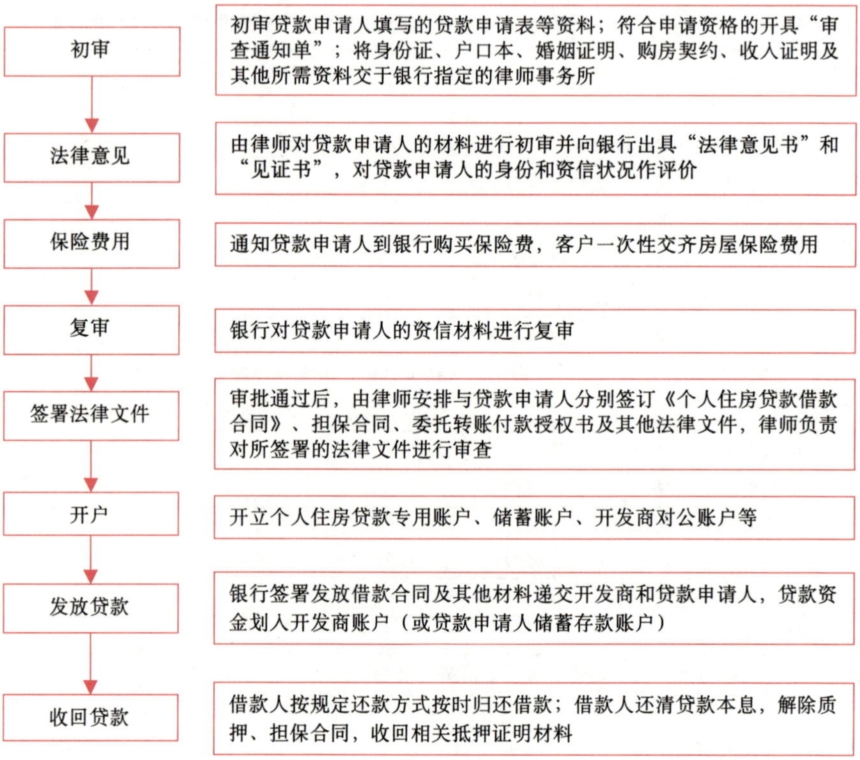

图4－2　个人住房贷款流程图

操作步骤

操作动画：个人住房贷款发放

一、为新客户开户

柜员根据客户填写的开户申请书，检查其是否在本行已经建立客户信息。若该客户为新客户，提请其填写开户申请书，为其建立客户信息并开立Ⅰ类账户，为客户张雯开户情况见图4－3和图4－4。

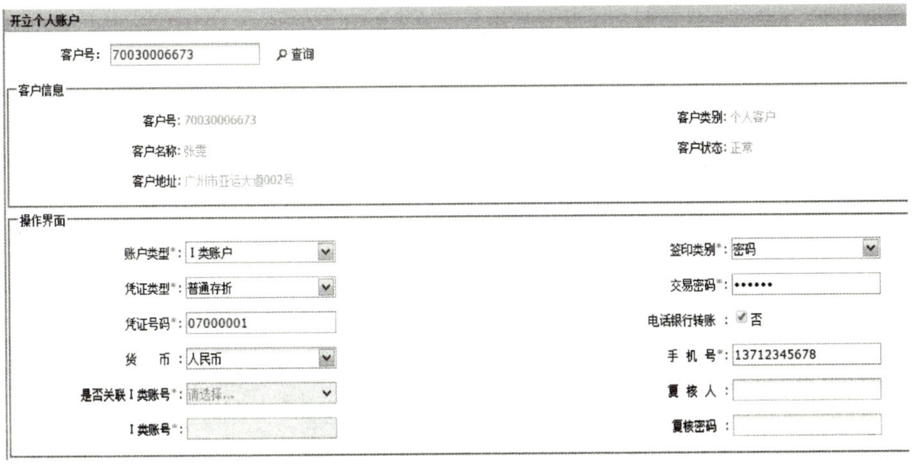

图 4－3 开立个人存款账户

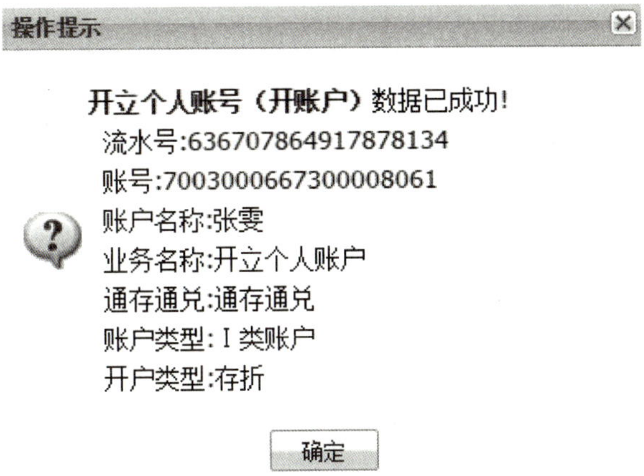

图 4－4 个人存款账户开立成功

二、审核贷款放款通知书等资料

客户张雯提交信贷部门的“贷款申请表及面谈记录表”（如表 4－2 所示）、贷款用途声明及资金支付申请表（如表 4－3 所示）、身份证件、户口本、婚姻证明、购房合同、收入证明等资料，经过信贷部门初审、复审，审批通过后签订《个人购房借款及担保合同》等法律文件并发放贷款通知书（如表 4－4 所示）。柜员审核贷款放款通知书等相关资料，无误后方可发放贷款。

视频：个人住房贷款人最高年龄延长

表4-2　　中国××银行房抵快贷申请暨面谈记录表

申请日期：2018年8月1日　　客户经理号：100000098　　员工手机号：13899998888

申请贷款基本信息					
贷款金额	50万元	贷款期限	240　月	授信方式	☑单笔单批 □授信额度
贷款用途	自用住房	还款方式	☑按月等额/等本　□按月还息按季/半年/年还本 □按月还息到期一次还本		

借款申请人资料					
姓名	张雯	学历	研究生	证件类型	☑身份证 □其他
证件号码	440118198301023456			健康状况	☑良好 □其他
家庭住址	广东省广州市亚运大道2号			邮政编码	511400
居住状况	☑无按揭商品房　□商业贷款购房　□公积金贷款购房 □组合贷款购房　□已购公房　□自有无产权房 □亲戚/父母家　□租用　□集体宿舍　□其他			婚姻状况	□未婚　☑已婚 □离异　□丧偶
移动电话	13099995545	固定电话	02084891234	电子邮件	12345678@qq.com
其他联系人	☑联系人1：李建；联系电话：13099995555；与借款人关系：夫妻 □联系人2：________；联系电话：________；与借款人关系：________				

经营资料					
用款企业名称		经营地址			
邮政编码		联系电话		借款人行业从业年限	年

贷款担保信息——抵押					
抵押物地址	广东省广州市亚运大道002号301房			抵押人名称	张雯
抵押物类型	☑住宅　□商用	抵押物状态	☑自用　□出租　□空置	是否唯一居所	☑是　□否
辅助担保					

借款申请人及配偶的声明及承诺人在此声明并授权如下：

一、本人声明在《房抵快贷申请暨面谈记录表》上填写的内容，以及提交的文件材料均属真实、有效、合法，如有隐瞒或虚构，本人将承担一切法律和经济后果。

二、本人已了解中国××银行个人贷款的有关规定，以及本人于贵行所签贷款合同、抵押合同、保证合同的全部约定，并完全接受其条款。

三、本人授权中国××银行及其分支机构向国家设立的金融信用信息基础数据库查询、打印、保存和使用本人信用报告，用于审核本笔贷款申请以及贷款发放后的风险管理；并将包括本人的身份信息、贷款信息等个人信息按照国家有关规定向金融信用信息基础数据库报送。

授权期限：本授权有效期自签署之日起至本笔贷款全部本息结清之日止，贷款申请撤销的，授权随之失效。

责任约定：被授权人如超出上述授权范围，本人可依法追究其相关责任。无论本授权涉及业务是否获得批准，被授权人均有权保留本授权书及授权人个人信用报告等相关资料。

四、无论贷款行是否批准本申请，贷款行均有权保留本申请及相关资料。

五、本人作为借款申请人的配偶，对其向贵行申请个人贷款并以__住宅__为担保一事完全知晓。

六、本人作为借款申请人的配偶，承诺完全同意借款申请人上述借款及提供担保的行为，本人承诺与借款申请人共同承担该笔借款的偿还义务，如借款申请人不能履行贷款合同，贵行可依法处置本人及借款申请人名下的抵/质押物。

经认真阅读以及询问，本人已完全知悉、理解并同意上述所有涉及事项。

借款申请人（亲笔签名）：张雯　　配偶（如有）（亲笔签名）：李建

日期：2018年8月1日　　日期：2018年8月1日

表 4－3 **中国××银行贷款用途声明及资金支付申请表**

中国××银行番禺支行：

本人向贵行申请人民币（大写 伍拾 万元的 个人住房 （贷款品种）贷款。贷款资金用于：

☑购房（仅适用于住房按揭贷款）

☐消费（☐住房装修 ☐购车 ☐购家具 ☐购电器 ☐出国留学 ☐其他消费）

☐经营（☐购货 ☐支付铺租 ☐其他＿＿＿＿＿＿）

如果贷款获得批准：

本人郑重声明以上贷款用途真实，且保证贷款资金不用于投入股市、权益性投资及其他任何国家政策、法律、法规所禁止的用途。

本人申请以下提款及支付方式：

（一）提款方式：

☑一次性提款；☐分次提款（请在贷款批复后 6 个月内完成全部提款）

授权贵行将贷款资金发放至本人在贵行开立的活期储蓄存款或银行卡。

账/卡号： 7003000667300008061

（二）支付方式

☑受托支付：

（1）放款后，授权贵行直接从本人的上述账户划转贷款资金 伍拾 万元到账户（账号：7003000667400008062 开户行： 中国××银行广州番禺支行 ）。

（2）放款后，授权贵行直接从本人的上述账户划转贷款资金＿＿＿＿＿＿万元到账户（账号：＿＿＿＿＿＿开户行：＿＿＿＿＿＿）。

☐自主支付：放款后，允许本人自主支付贷款资金＿＿＿＿＿＿万元。

自主支付原因：

☐本人无法事先确定具体交易对象且金额不超过三十万元人民币的；

☐本人交易对象不具备条件有效使用非现金结算方式的；

☐贷款资金用于生产经营且金额不超过五十万元人民币的；

☐法律法规规定的其他情形，具体为＿＿＿＿＿＿。

借款人（签章）：张雯

2018 年 8 月 1 日

表 4－4 **中国××银行个人贷款放款通知书（客户联）**

编号：201809998888

尊敬的客户 张雯 ：

根据与您签订的《借款合同》放款计划条款约定，我行于2018 年 08 月 25 日发放贷款，并将款项转入指定账户。

本通知作为发放贷款通知的客户联，请您与《借款合同》一起妥善保管，收到本通知后，可核查您的贷款账户，如有不符，请持本通知及有关身份证件到我行查询。

本通知同时作为分期还款计划变更通知，请您按新的分期还款（本）额及其应付利息备足款项，并按时到银行归还贷款本息。如您已与我行签订了委托扣款协议，您应在委托扣款账户中存入足额款项。如委托扣款账户中没有足够扣划的款项，所造成的损失由您自行承担。

本次放款的有关事项通知如下：

客户姓名：张雯

贷款账号：7003000667390000963

放款日期：2018 年 08 月 25 日

累计发放金额：￥500000.00 元

还款方式：等额本息

客户编号：70030006673

借款合同编号：0000000963

本期发放：￥500000.00 元

贷款余额：￥500000.00 元

新分期还款（本）额：￥3,272.22

（印章：中国模拟银行广州番禺支行）

特此通知！

中国××银行广州番禺支行（个贷中心）

2018 年 08 月 20 日

视频：违规发放个人住房按揭贷款

三、柜员核验借据，进行借据管理

柜台操作系统与信贷系统接口，借据从信贷系统自动进入本系统，柜员核验信贷部门审批的借款借据可进行借据管理。

柜员进入贷款合同管理界面进行借据登记，建立贷款账户（见图4－5、图4－6、图4－7）。

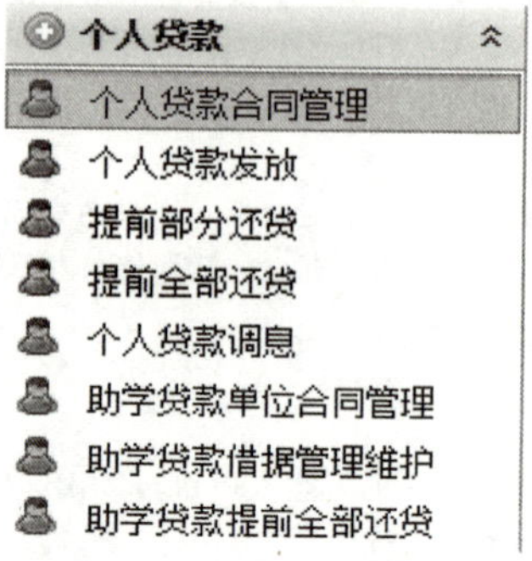

图4－5 个人贷款操作界面

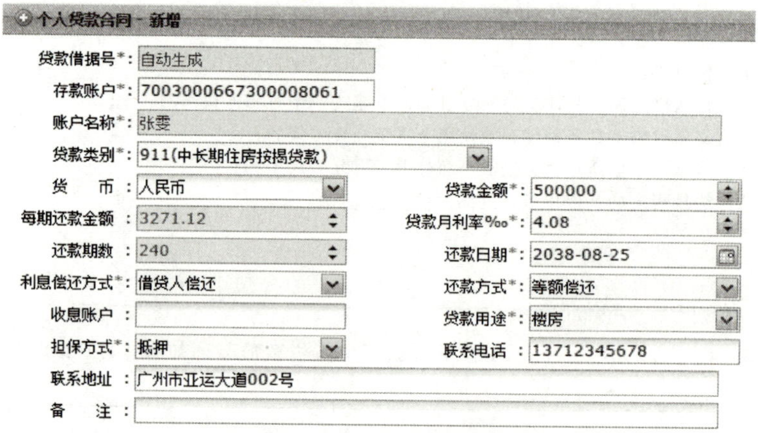

图4－6 个人贷款合同管理

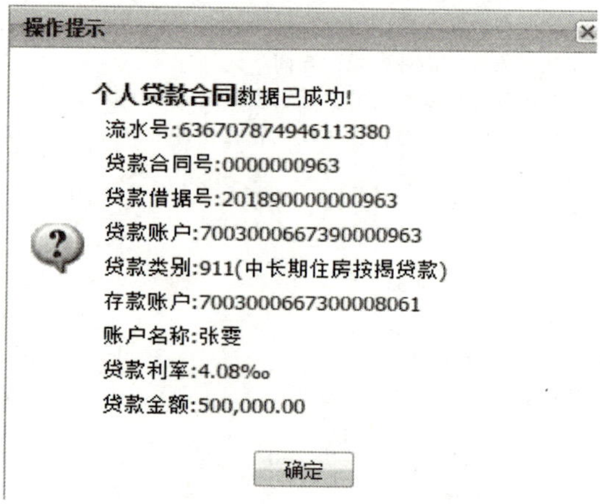

图4－7 个人贷款合同数据生成

四、柜员发放贷款

柜员应进入个人住房贷款发放操作界面并填写完整（见图4－8、图4－9）。表4－5为个人贷款借据，表4－6为银行存贷款基准利率表，表4－7为个人信贷分期还款计划表。

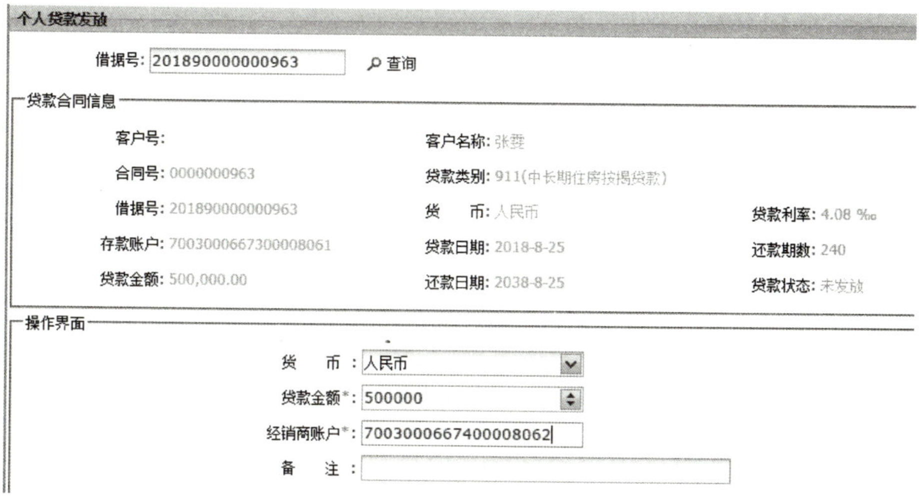

图4－8　个人贷款发放录入

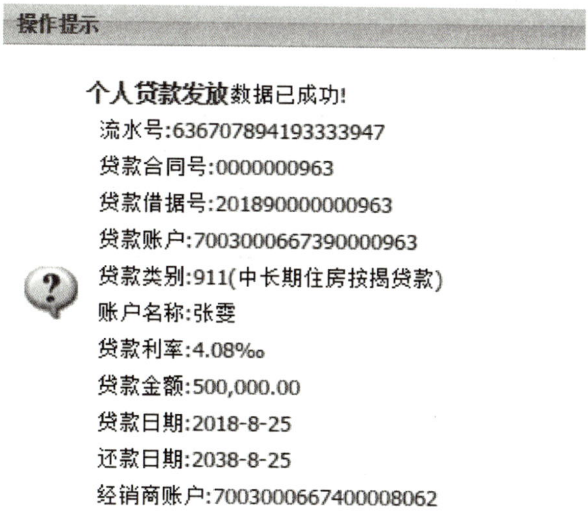

图4－9　个人贷款发放数据录入成功

柜员完成业务操作后，将存折及相关凭证交还客户，送别客户。

案例：房贷骗贷案始末

风险点

受托支付与自主支付

贷款人受托支付是指贷款人根据借款人的提款申请和支付委托，将贷款资金支付给符合合同约定用途的借款人交易对象。

借款人自主支付是指贷款人根据借款人的提款申请将贷款资金直接发放至借款人账户，并由借款人自主支付给符合合同约定用途的借款人交易对象。

个人贷款资金应当采用贷款人受托支付方式向借款人交易对象支付，但《个人贷款管理暂行办法》第三十三条规定的情形除外。

表 4－5　　中国××银行个人贷款（手工）借据

（贷3006）V.201808　　日期：2018 年 08 月 25 日　　借据编号：201890000000963

<table>
<tr><td>借款人姓名</td><td>张雯</td><td>放款账号户名</td><td>陈树明</td><td>放款账号</td><td colspan="6">7003000667400008062</td></tr>
<tr><td rowspan="2">借款金额</td><td rowspan="2" colspan="3">人民币（大写）零 佰 伍 拾 万 零 仟 零 佰元整</td><td>佰万</td><td>拾万</td><td>万</td><td>仟</td><td>佰</td><td>拾</td><td>元</td></tr>
<tr><td>¥</td><td>5</td><td>0</td><td>0</td><td>0</td><td>0</td><td>0</td></tr>
<tr><td>借款期限</td><td colspan="4">240 月（从 2018 年 08 月 25 日至 2038 年 08 月 25 日）</td><td colspan="2">年利率</td><td colspan="4">4.9 %</td></tr>
<tr><td>借款用途</td><td>购买住房</td><td>还款方式</td><td colspan="2">等额本息</td><td colspan="3">首次还本月数</td><td colspan="3">壹</td></tr>
<tr><td colspan="11">本人保证上列借款按所填用途使用，并按所填还款方式按期归还贷款本金和利息。
模拟银行广州番禺支行 2018.08.25 业务专用章(3)
借款人签名：张雯　　日期：2018 年 08 月 25 日</td></tr>
<tr><td colspan="11">经办人：吴天　　复核：李丽　　记账员：天李印晓</td></tr>
</table>

表 4－6　　2018 年 8 月份银行存贷款基准利率表

一、城乡居民和单位存款	年利率（%）
（一）活期存款	0.35
（二）整存整取定期存款	利率
三个月	1.10
半年	1.30
一年	1.50
二年	2.10
三年	2.75
二、各项贷款	利率
一年以内（含一年）	4.35
一至五年（含五年）	4.75
五年以上	4.90
三、个人住房公积金贷款	利率
五年以下（含五年）	2.75
五年以上	3.25

表 4－7　　**中国××银行个人贷款分期还款计划表**

机构号：20189000　　机构名称：模拟银行广州番禺支行

借据编号：201890000000963　　单位：元

年限：20年；期数：240期；年利率4.9%；贷款额：50万元；月供：3272.22元

期数	每期还款额	本期应还本金	本期应还利息	剩余本金
1	3272.22	1230.55	2041.67	498769.45
2	3272.22	1235.58	2036.64	497533.87
3	3272.22	1240.62	2031.60	496293.24
4	3272.22	1245.69	2026.53	495047.55
5	3272.22	1250.78	2021.44	493796.78
6	3272.22	1255.88	2016.34	492540.90
7	3272.22	1261.01	2011.21	491279.88
8	3272.22	1266.16	2006.06	490013.72
9	3272.22	1271.33	2000.89	488742.39
10	3272.22	1276.52	1995.70	487465.87
11	3272.22	1281.73	1990.49	486184.14
12	3272.22	1286.97	1985.25	484897.17
……	3272.22	……	……	……
合计	785332.86	500000.00	285332.86	

模拟银行广州番禺支行 2018.06.25 业务专用章(3)

温馨提示

等额本息与等额本金

1. 采用等额本息偿还法，每期归还贷款本金和利息的计算公式：

$$\text{每月偿还贷款本息额}=\frac{\text{本金}\times\text{月利率}\times(1+\text{月利率})^{\text{还款月数}}}{(1+\text{月利率})^{\text{还款月数}}-1}$$

等额本息还款是将按揭贷款的本金总额与利息总额相加，然后平均分摊到还款期限的每个月中。作为还款人，每个月还给银行固定金额，但每月还款额中的本金比重逐月递增、利息比重逐月递减。

2. 采用等额本金偿还法，每期归还贷款本金和利息的计算公式：

$$\text{当月偿还贷款本息额}=\frac{\text{贷款本金}}{\text{贷款月数}}+(\text{本金}-\text{已归还本金累计金额})\times\text{月利率}$$

等额本金还款是将本金分摊到每个月内，同时付清上一交易日至本次还款日之间的利息。这种还款方式相对等额本息而言，总的利息支出较低，但前期支付的本金和利息较多，还款负担逐月递减。

微课：个人住房贷款业务

业务二 个人住房贷款收回

个人住房贷款还款一般是借贷双方签订委托代扣协议，借款人在规定期限内存入等于或高于还款额的金额，由贷款行按期代扣。采用这种还款方法，可以使借款人不必往返银行还款。但若借款人违背借款合同约定，提前还贷，需要提前申请，审批通过后予以办理。

PPT：个人住房贷款业务

相关知识

贷款利息计算

银行对企业、单位、个人发放的各种贷款，除国家有特殊规定以外，均应按照有关规定计收利息。

1. 利率规定。短期贷款按贷款合同签订日的相应档次的法定贷款利率计息，遇利率调整不分段计息；中长期贷款利率实行一年一定，贷款利率按贷款合同生效日相应档次的法定贷款利率计息，每满一年再按当时相应的法定贷款利率确定下一年的贷款利率。贷款利率各经营行有较强的自主性，可以使用固定利率也可以使用浮动利率。

2. 结息方式。贷款按季结息的，每季度末月的20日为计息日；按月结息的，每月的20日为结息日。贷款利息的计算可以采用定期结息和利随本清这两种方式。

（1）定期结息是银行在每月或每季度末月20日营业终了时，根据贷款科目余额表计算累计贷款积数（贷款积数计算方法与存款积数计算方法相同），再乘以贷款日利率，即得贷款利息。其计算公式为：

利息＝累计贷款计息日积数×日利率

（2）利随本清是银行按照规定的贷款期限，在借款人归还贷款本金的同时计收利息的一种方法，这种方法适用于小额质押贷款，农户小额贷款等利息的计息，其计息公式为：

利息＝本金×期限×利率

业务描述

客户张雯来到银行，申请将一年前的住房贷款提前偿还本金20万元，提前还贷的申请获得批准，银行柜员完成贷款提前还款操作。

操作步骤

一、审核资料

银行柜员审阅“个人贷款提前还款申请审批表”（如表4－8所示）、储蓄存折、委托代扣协议、有效身份证明等资料。

表4－8　　中国××银行个人贷款提前还款申请审批表

经办单位：中国××银行银广州番禺支行　　　　报送日期：　2019年08月26日

借款人姓名	张雯	贷款合同号	0000000963
贷款品种	个人住房贷款	还款方式	等额本息
合同签订日期	2018.08.25	贷款到期日期	2038.08.25
提前还款类型	□全部还清☑部分还款	贷款余额	¥484897.17
本期提前偿还本金	¥200000.00	还款账号	7003000667300008061
违约金	按贷款合同第＿七＿条约定收取违约金人民币＿0＿元。		

申请人声明

本人由于资金充足，现向贵行申请提前偿还上述贷款，本人同时承诺上述约定还款账号中有足够资金用于扣收应付贷款本息，且本申请一经书面提出后即不再撤回。

对于剩余贷款，本人选择以下第＿2＿种方式偿还，并在提前部分还清后，按贵行提供的新“还款计划书”继续偿还剩余贷款本息。

1. 每期还款额不变，缩短贷款期限。　2. 贷款期限不变，减少每期还款额。

3. ＿＿＿＿＿＿＿＿＿＿＿＿＿＿＿＿

申请人：（签字）张雯

2019年　08　月　26　日

签字见证人：李晓天

经办人意见：

同意。

客户经理：（签字）李娉婷

2019年　09月　10日

经营单位负责人意见：

同意。

行长签字：李大鹏

2019年　09月　10日

附：2018年9月第一次还款，至2019年8月共还款12期。2019年9月提前部分还贷20万元本金及当月本息3272.22元。后续客户若选择按照“减少月还款额，还款期不变”，后续每月还款额为1918.96元。

表4－9　　提前还贷计算对比表

原月还款额	3272.22元	原最后还款期	2038年8月
已还款总额	39266.64元	已还利息额	24163.81元
该月一次还款额	203272.22元	下月起月还款额	1918.96元
节省利息支出	105271.45元	新的最后还款期	2038年8月

操作动画：个人住房贷款收回

二、系统操作

柜员审核无误后，进入个人贷款“提前部分还贷”界面进行个人住房贷款收回的相关操作（见图4－10、图4－11）。

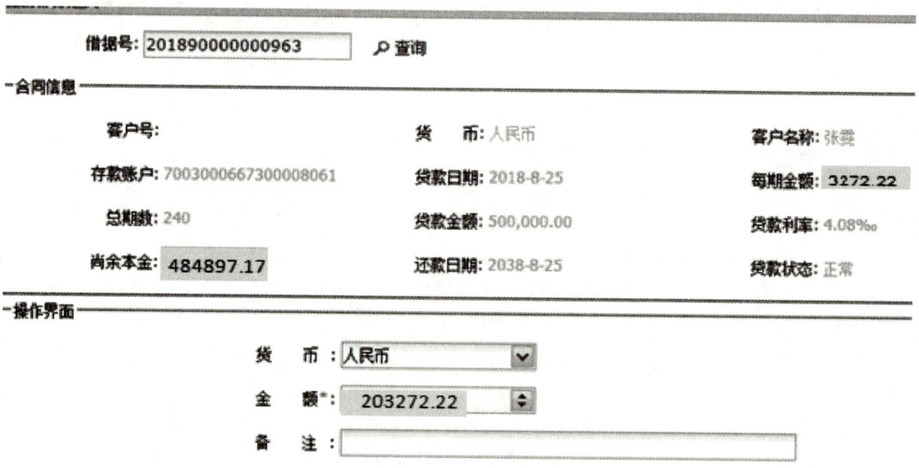

图4－10　个人住房贷款提前部分还贷

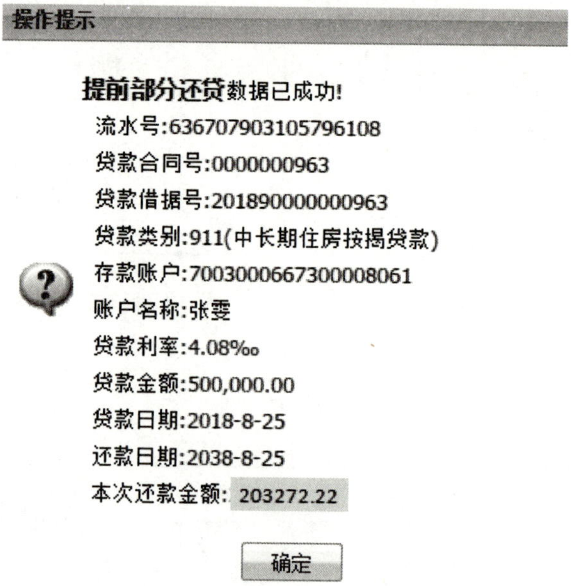

图4－11　个人住房贷款提前部分还贷数据录入成功

操作要点

1. 办理个人住房贷款发放业务操作；
2. 办理个人住房贷款收回业务操作。

知识要点

1. 个人住房贷款流程及操作方法；
2. 个人住房贷款发放需要提供的资料。

问题讨论

1. 在办理个人住房贷款业务过程中，应注意防范的风险是什么？
2. 怎样优化个人住房贷款申请的流程？

推荐阅读

1. 查阅查阅《个人贷款管理暂行办法》；
2. 查阅《贷款通则》；
3. 查阅《中华人民共和国担保法》。

思考与练习

1. 列出个人住房贷款业务处理的程序和要点；
2. 按照规定的程序进行个人住房贷款全部业务的操作。

模块二 个人汽车贷款业务

任务描述

本模块主要完成个人汽车贷款的发放和收回业务流程。通过本模块的练习，能熟悉个人汽车贷款发放和收回业务流程，理解并掌握贷款发放、收回柜台操作要点。

相关知识

个人汽车贷款是指商业银行向在特约经销商处申请购买汽车的个人发

放的人民币担保贷款。借款人到期不能偿还贷款本息的，贷款人有权依法处理其抵押物或质物，或由保证人承担偿还本息的连带责任。

1. 贷款对象：具有完全民事行为能力的自然人。

2. 贷款额度：所购车辆为自用车的，贷款金额不超过所购汽车价格的80%；所购车辆为商用车的，贷款金额不超过所购汽车价格的70%，其中，商用载货车贷款金额不得超过所购汽车价格的60%。

视频：央行修订《汽车贷款管理办法》

3. 贷款期限：所购车辆为自用车，最长贷款期限不超过5年；所购车辆为商用车，贷款期限不超过3年。

4. 贷款利率：基于央行基准利率而上下浮动确定的利率。

5. 担保方式：申请个人汽车贷款，借款人须提供一定的担保措施，包括纯车辆抵押、“车辆抵押＋担保机构”“车辆抵押＋自然人担保”和“车辆抵押＋履约保证保险”等。

6. 还款方式：贷款期限在一年以内的，可以采取按月还息任意还本法、等额本息还款法、等额本金还款法、一次性还本付息还款法等方式；贷款期限在一年以上的，可采取等额本息、等额本金还款法。具体还款方式由经办行与借款人协商并在借款合同中约定。

7. 需要提供的申请材料：

（1）“个人汽车贷款申请书”。

（2）个人有效身份证件。包括居民身份证、户口簿、军官证、护照、港澳台同胞往来通行证等。借款人已婚的要提供配偶的身份证明。

（3）户籍证明或长期居住证明。

（4）个人收入证明，必要时须提供家庭收入或财产证明。

（5）由汽车经销商出具的购车意向证明。

（6）购车首期付款证明。

（7）以所购车辆抵押以外的方式进行担保的，需提供担保的有关材料。

（8）如借款所购车辆为商用车，还需提供所购车辆可合法用于运营的证明，如车辆挂靠运输车队的挂靠协议、租赁协议等。

业务一　个人汽车贷款发放业务

微课：个人汽车贷款业务

业务描述

客户张雯向商业银行申请一笔20万元的汽车消费贷款，根据其贷款资料，商业银行审核并审批贷款申请。信贷客户经理录入贷款信息后，银行柜员完成贷款发放操作。

PPT：个人汽车贷款业务

业务流程

表 4－10　　个人汽车贷款基本业务流程

步骤 1	提出申请	提交贷款申请书、支付凭证、身份证、户口本、结婚证、收入证明、汽车销售合同、补充协议等原件或复印件
步骤 2	审查审批	信贷部门审查、审批客户提交的所有材料
步骤 3	签订合同	缴纳购车首付款、上户费、保险费等；签订个人汽车贷款、抵押、保证等合同文件
步骤 4	发放合同	审批，无误后合同文件盖章，发放贷款通知
步骤 5	发放贷款	柜员为客户开户、办理放款业务
步骤 6	收回贷款	按约定还款方式收回借款本息；借款人还清贷款本息，解除质押、担保合同，收回相关抵押证明材料

操作步骤

操作动画：个人汽车贷款发放

一、为新客户开立还款账户

如果该客户为新客户，提请客户填写开户申请书等，柜员为客户建立客户信息，开立活期账户，操作同前。

二、审核贷款放款通知书等资料

客户张雯提交信贷部门的“个人汽车贷款申请书”（如表 4－11 所示）、贷款用途声明及资金支付申请表（如表 4－12 所示）、身份证件、收入证明、购车协议等资料，经信贷部门初审、复审，审批通过后签订《个人汽车贷款借款合同》等法律文件。银行签署发放借款合同、发放贷款通知书（如表 4－13 所示）等资料。柜员审核贷款放款通知书等相关资料，无误后方可发放贷款。

表 4－11　　个人汽车贷款申请书

申请人基本情况					
姓名	张雯	性别	女	出生年月	1983.01
证件类型	身份证	证件号码	4 4 0 1 1 8 1 9 8 3 0 1 0 2 3 4 5 6		
婚姻状况	☑已婚 □未婚 □离异 □丧偶		家庭人数		
学历	□初中或以下 □高中/中专 □大专 □大学本科 ☑硕士研究生或以上				
户口所在地详细地址	广东省广州市亚运大道 2 号			邮编	511400
住宅地址	广东省广州市亚运大道 2 号			邮编	511400

续表

通讯地址	广东省广州市亚运大道2号	邮编	511400
住宅电话	02084891234	移动电话	13099995545
工作单位	广州番禺律师事务所	工作职务	律师
单位地址	广东省广州市番禺大道019号	单位电话	02038451261
单位性质	□国家机关 □国有企业 □股份制企业 □事业单位 □集体企业 ☑私营企业 □外资企业 □其他		

主要收入来源：月均约 ¥20000.00 元，其中

1. ☑月薪（□我行代发工资 ☑他行代发工资 □现金　月均约 ¥20000.00 元）
2. □租金收入，月均约______元
3. □经营收入，月均约______元
4. □其他______

主要债务支出：月均约 ¥3000.00 元，其中

1. ☑偿还除本笔贷款之外的贷款，月均 ¥3000.00 元
2. □其他债务支出，月均______元

申请人配偶情况

姓名	李建	出生年月	1980.11.23
证件类型	身份证	证件号码	4 4 0 1 1 8 1 9 8 0 1 1 2 3 4 5 6 7
移动电话	13099995555	月均收入	¥20000.00
单位名称	广州番禺对外贸易有限公司	工作职务	客户经理
单位地址	广东省广州市番禺大道099号	单位电话	02038998268
单位性质	□国家机关 □国有企业 □股份制企业 □事业单位 □集体企业 ☑私营企业 □外资企业 □其他		

共同申请人情况

姓名		出生年月	
证件类型		证件号码	
移动电话		月均收入	
单位名称		工作职务	
单位地址		单位电话	
单位性质	□国家机关 □国有企业 □股份制企业 □事业单位 □集体企业 □私营企业 □外资企业 □其他		

申请贷款情况

申请贷款品种	☑自用车贷款 □商用车贷款		
申请贷款金额	¥200000.00元	申请贷款期限	5年
申请还款方式	☑按月等额本息 □按月等额本金 □按单周/双周/三周等额本息 □随心还 □其他______		

续表

放款账户名称	广州番禺汽车销售公司	放款账户账号	7003000667500008063
还款账户名称	张雯	还款账户账号	7003000667300008061
贷款担保方式	☑抵押 □质押 □保证 □组合__________		
抵押物名称	小轿车	抵押物价值	￥300000.00 元
质押物名称	/	质押物价值	/
保证人名称			
保证人地址		保证人电话	
所购车辆情况			
车辆用途	☑自用轿车 □营运车辆—出租车 □营运车辆—城市公交线路车 □营运车辆—客运车 □营运车辆—货运车 □工程机械车		
车辆品牌	新 BMW 2 系敞篷轿跑车	生产厂商	宝马公司
经销商名称	广州番禺宝马汽车销售公司	经销商资质	一级
经销商地址	广州番禺兴业大道 888 号	经销商电话	8388129
交易价格	￥300000.00 元	市场指导价格	￥300000.00 元
裸车价格		发动机排量	
进口车标志	□是 □否	发动机型号	
拟购车辆共有人（含法定共有人）共 1 人			
借款人及配偶已在我行申请个人汽车贷款笔数		自用车贷款 0 笔 商用车贷款 0 笔	
申请人声明			

本人声明：

1. 贵行经办客户经理已就上述情况与本人进行了面谈 。 ☑是 □否

2. 申请表中填写内容、资料均属真实，如有隐瞒或虚构，本人将承担一切法律和经济后果。本人同时授权贵行向有关方面查询、核实相关情况。不论申请批准与否，本人同意贵行不返还此表格。

3. 本人授权贵行通过中国人民银行个人信息基础数据库等依法成立的个人信用数据库查询本人信用报告，并将本人的身份识别、职业和居住地址等个人基本信息，本人个人信贷交易记录，以及其他相关信用信息报送中国人民银行征信中心。

主申请人签字：张雯 主申请人配偶签字：李建 共同申请人签字：

2018 年 8 月 1 日 2018 年 8 月 1 日 年 月 日

表 4－12　　　　中国××银行贷款用途声明及资金支付申请表

中国××银行××支行：

本人向贵行申请人民币（大写 <u>贰拾</u> 万元的 <u>个人汽车</u> （贷款品种）贷款。贷款资金用于：

□购房（仅适用于住房按揭贷款）

☑消费（□住房装修 ☑购车 □购家具 □购电器 □出国留学 □其他消费）

□经营（□购货 □支付铺租 □其他________________）

如果贷款获得批准：

本人郑重声明以上贷款用途真实，且保证贷款资金不用于投入股市、权益性投资及其他任何国家政策、法律、法规所禁止的用途。

本人申请以下提款及支付方式：

（一）提款方式：

☑一次性提款；□分次提款（请在贷款批复后 6 个月内完成全部提款）

授权贵行将贷款资金发放至本人在贵行开立的活期储蓄存款或银行卡

账/卡号：<u>7003000667300008061</u>

（二）支付方式

☑受托支付：

1. 放款后，授权贵行直接从本人的上述账户划转贷款资金 <u>人民币贰拾</u> 万元到账户（账号：<u>7003000667400008063</u> 开户行：<u>中国××银行广州番禺支行</u>）。

2. 放款后，授权贵行直接从本人的上述账户划转贷款资金____________万元到账户（账号：__________________开户行：__________________）。

□自主支付：放款后，允许本人自主支付贷款资金____________万元。

自主支付原因：

□本人无法事先确定具体交易对象且金额不超过三十万元人民币的；

□本人交易对象不具备条件有效使用非现金结算方式的；

□贷款资金用于生产经营且金额不超过五十万元人民币的；

□法律法规规定的其他情形，具体为________________。

借款人（签章）：张雯

2018 年 8 月 1 日

表 4－13　　　　中国××银行个人贷款放款通知书（客户联）

编号：<u>201809998889</u>

尊敬的客户 <u>张雯</u> ：

根据与您签订的《借款合同》放款计划条款约定，我行于<u>2018 年 08 月 25 日</u>发放贷款，并将款项转入指定账户。

本通知作为发放贷款通知的客户联，请您与《借款合同》一起妥善保管，收到本通知后，可核查您的贷款账户，如有不符，请持本通知及有关身份证件到我行查询。

本通知同时作为分期还款计划变更通知，请您按新的分期还款（本）额及其应付利息备足款项，并按时到银行归还贷款本息。如您已与我行签订了委托扣款协议，您应在委托扣款账户中存入足额款项。如委托扣款账户中没有足够扣划的款项，所造成的损失由您自行承担。

本次放款的有关事项通知如下：

客户姓名：张雯	客户编号：70030006673
贷款账号：7003000667390000964	借款合同编号：0000000964
放款日期：2018 年 08 月 25 日	本期发放：￥200000 元
累计发放金额：￥200000 元	贷款余额：￥200000 元
还款方式：等额本息	新分期还款（本）额：￥3751.38 元

中国模拟银行广州番禺支行

特此通知！

中国××银行广州番禺支行（个贷中心）

2018 年 08 月 20 日

三、柜员核验借据，进行借据管理

柜台操作系统与信贷系统接口，借据从信贷系统自动进入本系统，柜员核验信贷部门审批的借款借据可进行借据管理。柜员进入贷款合同管理界面进行借据登记，系统生成贷款借据号及贷款账户（见图 4－12、图 4－13）。

图 4－12　个人汽车贷款合同登记

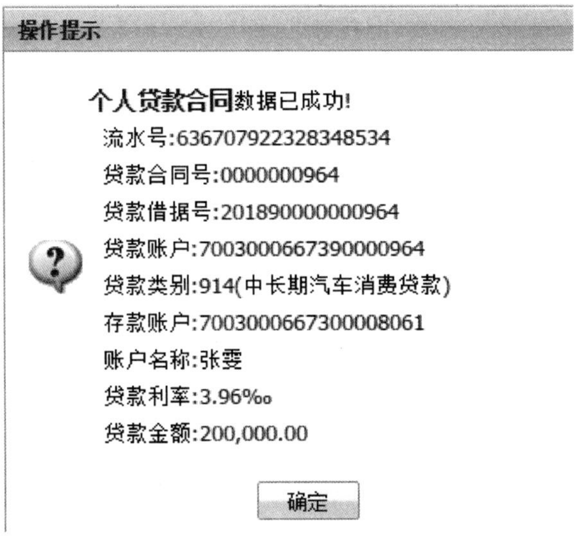

图 4－13　个人汽车贷款合同数据录入成功

四、柜员发放贷款

银行柜员进行个人汽车贷款发放系统操作（见图 4－14，图 4－15）。表 4－14 为个人贷款借据（第二联为客户回单联），表 4－15 为个人信贷分期还款计划表。

柜员完成业务操作后，将存折及相关凭证交还客户，送别客户。

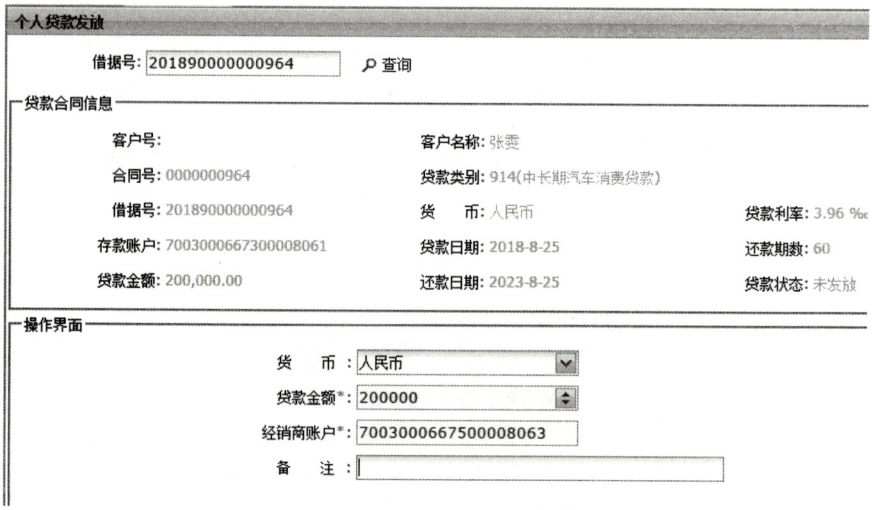

图4－14 个人汽车贷款发放录入

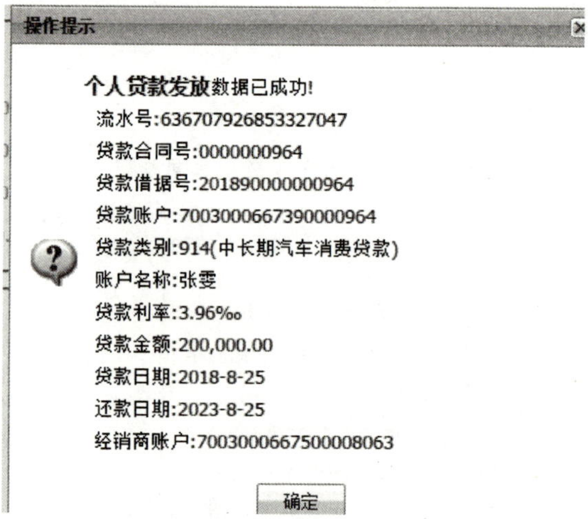

图4－15 个人汽车贷款发放成功

案例：个人汽车贷款违法发放

风险点

1. 特约汽车经销商必须在经办行开立存款账户；

2. 贷款申请人确定还款方式后，在贷款期间不得中途变更；

3. 对贷款申请人发放汽车消费贷款后，经办行应直接划转至汽车经销商存款账户，贷款申请人不得对贷款提存，也不得指定贷款人划转给除指定汽车经销商以外的其他单位或个人。

表 4－14　　　　**中国××银行个人贷款（手工）借据**

（贷 3007）V. 201818　　　　日期：2018 年　08　月 25　日　　　　借据编号：201890000000964

借款人姓名	张雯	放款账号户名	广州番禺汽车销售公司	放款账号	7003000667500008063					
借款金额	人民币（大写）零 佰 贰 拾 万 零 仟 零 佰元整			佰万	拾万	万	仟	佰	拾	元
				¥	2	0	0	0	0	0
借款期限	60 月（从 2018　年 08 月 25 日至　2023 年 08　月　25 日）				年利率			4.75　%		
借款用途	购买汽车	还款方式	等额本息		首次还本月数				壹	
本人保证上列借款按所填用途使用，并按所填还款方式按期归还贷款本金和利息。 借款人签名：张雯　　日期：　2018 年 08 月 25 日										
经办人：吴天		复核：李丽			记账员：天李印晓					

模拟银行广州番禺支行 2018.08.25 业务专用章(3)

表 4－15　　　　**中国××银行个人贷款分期还款计划表**

机构号：20189000　　　　机构名称：模拟银行广州番禺区支行

借据编号：201890000000964　　　　单位：元

模拟银行广州番禺支行 2018.08.25 业务专用章(3)

年限：5 年；期数：60 期；年利率 4.75%；贷款额：20 万元；月供：3，751.38 元

期数	每期还款额	本期应还本金	本期应还利息	剩余本金
1	3751.38	2959.72	791.67	197040.28
2	3751.38	2971.44	779.95	194068.85
3	3751.38	2983.20	768.19	191085.66
4	3751.38	2995.01	756.38	188090.66
5	3751.38	3006.86	744.53	185083.80
6	3751.38	3018.76	732.62	182065.04
7	3751.38	3030.71	720.67	179034.33
8	3751.38	3042.71	708.68	175991.63
9	3751.38	3054.75	696.63	172936.88
10	3751.38	3066.85	684.54	169870.04
11	3751.38	3078.99	672.40	166791.06
12	3751.38	3091.17	660.21	163699.89
……	3751.38	……	……	……
合计	225082.94	200000.01	25082.94	—

业务二　个人汽车贷款收回

微课：个人汽车贷款业务

个人汽车贷款还款一般是借贷双方签订委托代扣协议，借款人在规定期限内存入等于或高于还款额的金额，由贷款行按期代扣。采用这种还款

PPT：个人汽车贷款业务

操作动画：个人汽车贷款收回

方法，可以使借款人不必往返银行还款。但若借款人违背借款合同约定，提前还贷，需要提前申请，审批通过后予以办理。

业务描述

客户张雯来银行，申请将一年前的汽车贷款提前偿还本金10万元，提前还贷的申请获得审批，银行柜员完成贷款提前还款操作。

操作步骤

一、审阅资料

银行柜员审阅“个人贷款提前还款申请审批表”（如表4－16所示）、储蓄存折、委托代扣协议、有效身份证明等资料。

表4－16　　中国××银行个人贷款提前还款申请审批表

经办单位：中国××银行银广州番禺支行　　　　报送日期：　2019年08月　27　日

借款人姓名	张雯	贷款合同号	0000000963
贷款品种	个人汽车贷款	还款方式	等额本息
合同签订日期	2018.08.25	贷款到期日期	2023.08.25
提前还款类型	□全部还清☑部分还款	贷款余额	￥163699.89元
本期提前偿还本金	￥100000.00元	还款账号	7003000667300008061
违约金	按贷款合同第__七__条约定收取违约金人民币__0__元。		

申请人声明

本人由于资金充足，现向贵行申请提前偿还上述贷款，本人同时承诺上述约定还款账号中有足够资金用于扣收应付贷款本息，且本申请一经书面提出后即不再撤回。

对于剩余贷款，本人选择以下第__2__种方式偿还，并在提前部分还清后，按贵行提供的新“还款计划书”继续偿还剩余贷款本息。

1. 每期还款额不变，缩短贷款期限；　2. 贷款期限不变，减少每期还款额。

3. ____________________。

申请人：（签字）张雯

2019年　08　月　27　日

签字见证人：李晓天

经办人意见：

同意。

客户经理：（签字）李娉婷

2019年　09月　10日

经营单位负责人意见：

同意。

行长签字：李大鹏

2019年　09月　10日

表 4－17　　提前还贷计算对比表

原月还款额	3751.38 元	原最后还款期	2023 年 8 月
已还款总额	0 元	已还利息额	0 元
该月一次还款额	103751.38 元	下月起月还款额	3796.67 元
节省利息支出	18821.59 元	新的最后还款期	2020 年 8 月
计算结果提示			

附：2018 年 9 月第一次还款，至 2019 年 8 月共还款 12 期。2019 年 9 月提前部分还贷 10 万元本金及当月本息 3751.38 元。后续客户选择按照“减少月还款额，还款期不变”，后续每月还款额为 3796.67 元。

二、系统操作

柜员审核无误后，进入个人汽车贷款收回界面进行个人汽车贷款收回的相关操作（见图 4－16，图 4－17）。

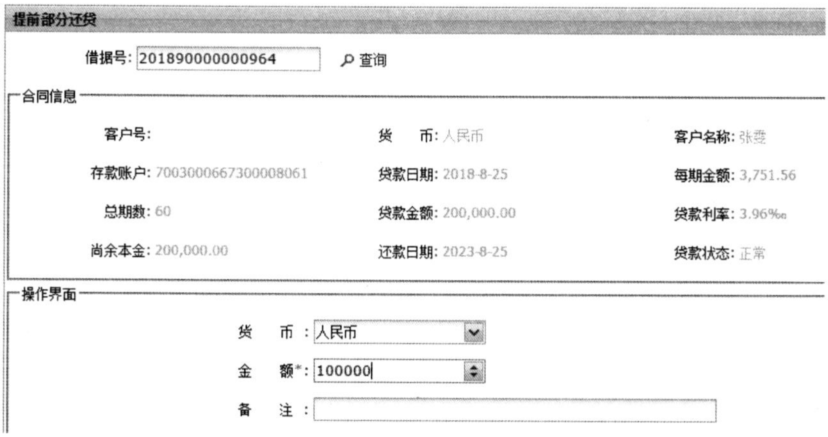

图 4－16　个人汽车贷款提前部分还贷录入

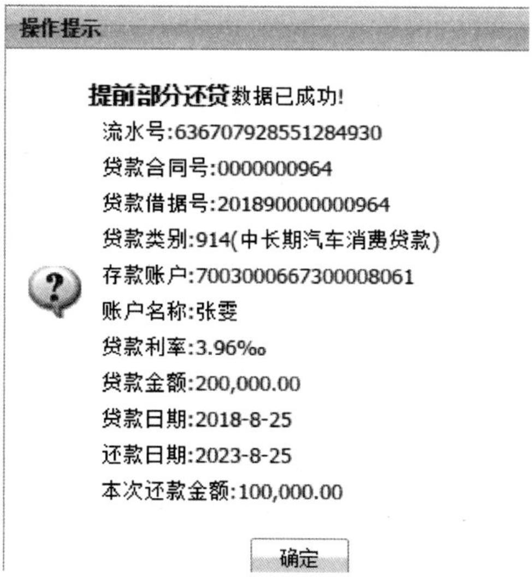

图 4－17　个人汽车贷款提前部分还贷成功

三、把有关资料归还给客户

提请客户注意收好业务凭证，送别客户。

操作要点

1. 办理个人汽车贷款发放业务操作；
2. 办理个人汽车贷款收回业务操作。

知识要点

1. 个人汽车贷款发放需提供的资料；
2. 个人汽车贷款业务的处理流程及操作方法。

问题讨论

1. 商业银行综合柜员在办理个人汽车贷款业务过程中，应注意防范的风险有哪些？
2. 个人汽车贷款的审批要经过哪些流程？

推荐阅读

1. 查阅汽车贷款的最新政策；
2. 查阅个人汽车贷款的相关知识。

思考与练习

1. 列出个人汽车贷款业务处理的程序和要点；
2. 按照规定的程序进行个人汽车贷款全部业务的操作。

模块三 单位贷款业务

任务描述

单位贷款是银行获得利润的重要组成部分。所以作为一名合格的银行柜员，必须熟知单位贷款的业务规定，能熟练在系统上操作单位贷款的业务处理流程。本模块将从单位贷款的整个业务流程角度，逐项完成单位贷款业务的柜台处理。通过本模块的学习，达到熟练为单位客户办理开户、贷款发放、贷款回收的目的。

相关知识

一、单位贷款

单位贷款是指对企事业单位、公司等的贷款。主要包括：

1. 流动资金贷款。流动资金贷款是为了满足客户在生产经营过程中临时性、季节性的资金需求，保证生产经营活动的正常进行而发放的贷款。流动资金贷款期限可根据客户具体需要灵活安排，分为临时、短期［1年内（含1年）］、中期［1~3年（含3年）］三种类型，最长不超过3年。

2. 固定资产贷款。固定资产贷款是指由银行发放的，用于借款人新建、扩建、改造、开发、购置等固定资产投资项目的贷款。固定资产贷款按用途可分为基本建设贷款和技术改造贷款。除通常资料外，一般还要提供：①项目建议书及批准文件；②项目报批的可行性分析报告或已批复的可行性报告及批准文件；③项目概算资料；④项目前期准备工作完成情况报告；⑤项目资金的筹措方案及落实资金来源的证明材料。

3. 小企业贷款。小企业贷款是指银行向符合小微企业标准对象发放的具有合法指定用途的贷款。银行一般都设有专为中小企业或小微企业服务的贷款机构或部门，一些信贷从业人员也专职从事中小企业或小微企业的授信贷款业务。我国商业银行，针对小微企业的授信贷款需求，开发出了众多产品。例如中国建设银行2018年为小企业提供“成长之路”“速贷通”“小额贷”“信用贷”等金融产品。

二、单位贷款资料

企业流动资金贷款清单如表4-18所示。

表4-18　　企业流动资金贷款资料清单（银行版）

资料名称	备注
一、基础资料	
流动资金贷款申请书、企业简介	
《营业执照》正、副本A4复印件	需当年年检合格
《组织机构代码证》正、副本A4复印件	需当年年检合格
《税务登记证》正、副本及一般纳税人资格证书	
《公司征信查询授权书》	《公司征信查询授权书》盖企业公章、法人签字
行业所需资质证书或特殊经营许可证A4复印件	需当年年检合格；在有效期内
基本结算账户开户许可证A4复印件	需当年年检合格
机构信用代码证	
自成立以来的公司章程（含章程、章程修正案、股东会决议、股权转让协议书）	近期调档的工商备案版本原件（工商局盖提档鲜章）

续表

资料名称	备注
公司所有股东资料	法人股东需提供：营业执照正副本、组织机构代码证正副本、税务登记证正副本、贷款卡及密码、《公司征信查询授权书》、基本开户许可证、机构信用代码证、公司章程、验资报告、法定代表人身份证复印件；自然人股东需提供：身份证复印件
自成立以来历次注册或增资的验资报告	
企业生产经营场地证明、最近一次租金缴付凭据	房产证或者租赁合同
身份证复印件、简历	法定代表人、总经理、财务经理等重要管理岗位
二、法定代表人资料	
夫妻双方身份证、户口簿（含首页和内页）、结婚证、《个人征信查询授权书》	《个人征信查询授权书》一人一份，签字并按手印
家庭所有的房产证及对应的国土证	针对已取得房产证的；如无分户国土证，请尽量提供开发商的大国土证复印件并加盖开发商鲜章
家庭所有的购房合同及对应的付款凭据	针对尚未取得房产证的房产
已出租房产的租赁合同	针对已经出租的房产，提供租赁合同
家庭所有的车辆行驶证及购车发票	
房管局查询个人房产调档信息（含摘要信息）	需本人持身份证原件到房产所在地房管局调档，并加盖房管局查档鲜章
家庭其他财产证明：股票、理财产品、保险单、存单等	
个人账户从201×年1月1日至今的流水明细	账户交易明细需要去开户银行打印，并加盖银行鲜章
三、财务资料	
最近三年经审计的财务报表	先期可提供未审计的，待正式申报时提供经审计的
今年最近月份的月度资产负债表、利润表、《资产负债表明细》	
201×年1月1日至今的月度缴税完税凭证、水电费缴费凭证（生产型企业提供）、员工工资表（生产型企业提供）	
主要对公账户201×年1月1日至今的流水	账户交易明细需要去开户银行打印，并加盖银行鲜章
企业最近12个月主要的销售货物发票、购进货物发票	提供大金额的；每类凭证每个月挑2张复印
企业最近12个月主要的入库凭证（进货单）、出库凭证（送货单）	提供大金额的；每类凭证每个月挑2张复印
企业最近12个月主要的采购合同、销售合同（订单）	提供长期的、大宗的、知名企业的相关购销合同；至少各提供4份
四、用途资料	
与申请借款用途相关的采购合同	

续表

资料名称	备注
五、担保资料	
企业类担保人资料	参照第一、二、三项提供
自然人担保人资料	参照第二项提供
抵押物资料（如有）	提供房产证、国土证、租赁合同（如已经对外出租）；如有最近的价值评估报告请一并提供

微课：单位贷款业务

业务一　单位贷款发放业务

业务描述

客户广东鹏飞电器有限责任公司向银行申请100万元的流动资金贷款。根据其贷款资料，银行审查、审批后同意发放贷款，柜员办理单位贷款发放业务。

业务流程

PPT：单位贷款业务

单位贷款业务流程见图4－18。

提交申请材料	客户向银行提交借款申请书及其他贷款材料
↓ 审查与审批	借贷部门进行调查评估和可行性论证后进行审批
↓ 签订借款合同	审批合格后，借贷双方共同签订贷款合同
↓ 借款凭证	签署发放合同及相关资料，将借款凭证交给会计部门凭以办理贷款发放手续；会计部门认真审查借款凭证有无信贷部门审批意见，各项内容是否正确、完整等
↓ 发放贷款	会计部门审查无误后以第一联和第二联凭证作借贷方记账凭证，转账后，将借款凭证第三联盖章后作为回单退借款人，第四联给信贷部门留存，第五联按到期日顺序专夹保管
↓ 收回贷款	借款人按规定还款方式按时归还借款；借款人还清贷款本息，解除质押、担保合同，收回相关抵押证明材料

图4－18　单位贷款业务流程

操作动画：单位贷款发放业务

操作步骤

一、为新客户开立账户

柜员进入“单位客户基本信息”交易系统，在客户信息系统中查询客户编号。该客户为新客户，柜员提请其备齐开户资料，填写开户申请书。

为该客户建立客户信息、开立存款账户（见图4－19、图4－20）。

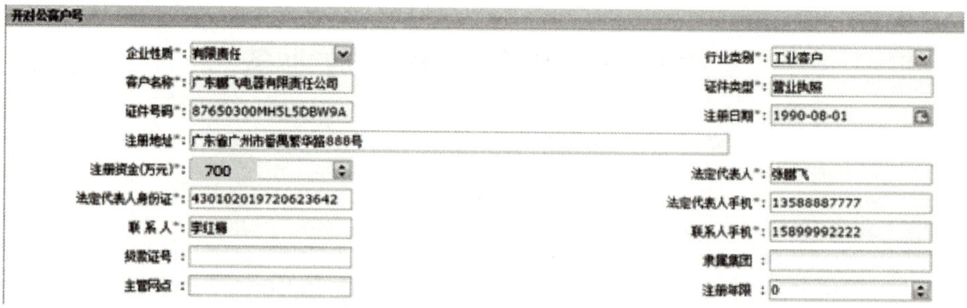

图4－19　建立客户信息

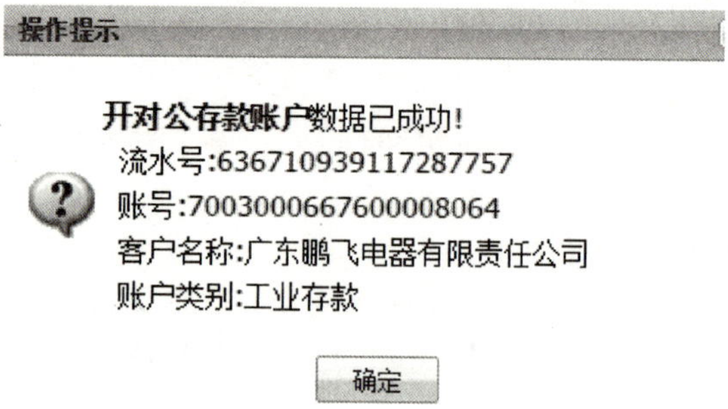

图4－20　开立对公账户

视频：星展银行流动资金贷款

二、审核贷款放款通知书等资料

客户广东鹏飞电器有限责任公司交来的贷款申请书（如表4－19所示）、企业业务征信信息提供及查询授权书（如表4－20所示）、贷款用途证明资料、公司章程、营业执照、法人代表证明、企业财务报表、有关担保和抵质押物资料等各类资料，经信贷部门初审、复审，审批通过后签订借款合同等法律文件。银行签署发放借款合同、贷款发放通知书（如表4－21所示）等资料。柜员审核贷款放款通知书等相关资料，无误后方可发放贷款。

视频：中国储蓄银行小企业贷款

表 4-19　**中国××银行流动资金贷款申请书**

一、借款申请人概况

申请人名称：广东鹏飞电器有限公司		注册资金：700 万
注册时间：1990-08-01	所属行业：工业	法定代表人：张鹏飞
单位地址：广东省广州市番禺繁华路 888 号		联系电话：13588887777

企业性质：☐国有 ☐集体 ☐民营 ☐股份制 ☐股份合作制 ☑有限责任
☐中外合资 ☐中外合作 ☐外商独资 ☐个体 ☐其他

在我行开立账户时间：	账户性质：☐基本账户　☐一般账户　☐其他

主营范围：制造电子产品、五金、模具、汽车配件、摩托车配件、机械设备及配件、环保设备

二、申请借款情况

申请借款金额：100 万	期限：36 个月	担保方式：☐保证 ☑抵押 ☐质押 ☐信用 ☐其他
拟保证人名称：		拟抵（质）押物名称：厂房

借款用途：购买机械设备配件

借款原因：短期流动资金周转

还款来源：经营收入

三、申请人资金概况：截至 2018 年 5 月 31 日的主要财务指标

指标（万元）	本期	上年末	前年末	指标（万元）	本期	上年末	前年末
1. 流动资产	2623	2178		5. 流动负债	1981	1665.5	
其中：货币资金	71	62		其中：短期借款			
应收＋预付款	40			应付＋预收款	1981	1665.5	
存货	2482	2026		6. 长期负债			
2. 长期投资				其中：长期借款			
3. 固定资产合计	584.7	641.6		7. 所有者权益			
固定资产原值	698.6	698.6		其中：实收资本	68	68	
固定资产净值	584.7	641.6		资本公积	884.9	1106.8	
4. 资产总额				盈余公积			

四、申请人经营状况

产品销售（经营）收入	1952	1691		净利润	293	189.9	
产品销售（经营）成本	1476	1325		存货周转率			
利润总额	293	189.9		应收账款周转率			

五、申请人开户情况：

截至 2018 年 5 月 31 日所有开户行、账号及存款余额情况

序号	开户行	账号	币种	账户性质	存款余额（万元）
1	番禺农村信用合作社	3500009761576712	人民币	基本账户	45.0564

六、申请人现有贷款情况：

截至 2018 年 5 月 31 日各种借款的明细记录

序号	金融机构名称	借款金额（万元）	币种	借款起始日	借款到期日
1					

续表

附 注	1. 人民币贷款余额共计___0___万元，其中逾期贷款___0___万元，逾期贷款中银行承兑汇票垫款___0___万元。 2. 人民币贷款中，流动资金贷款___0___万元，固定资产贷款___0___万元。 3. 外币贷款总余额为___0___万美元，其中逾期___0___万美元。 4. 现有对外提供的未结清担保有___0___户，总余额为___0___万元。

申请报告

略……

申请单位：广东鹏飞电器有限责任公司

法定代表人签字：张鹏飞

2018年7月5日

表4－20　**企业征信信息提供及查询授权书**

（授信/担保类客户适用）

致：中国××银行广州番禺支行

本单位（本人）不可撤销地授权贵行及贵行所属分支机构、子公司（以下简称“贵行”），在向本单位（本人）提供金融产品和金融服务以及与本单位（本人）开展其他业务过程中有权依据《征信业管理条例》进行以下行为：

一、信息查询。贵行可以通过中国人民银行征信中心、其他依法设立的征信机构以及金融信用信息基础数据库，查询、打印、保存并使用本单位（本人）的全部信息。

二、信息提供。贵行可将本单位（本人）与贵行签订的合同/协议/承诺项下所有授权信息和履约信息，以及贵行获得的其他相关信息提供给中国人民银行征信中心、其他依法设立的征信机构以及金融信用信息基础数据库。贵行可以依据法律法规和监管要求，将本单位（本人）的相关信息提供给有关的监管、司法、行政管理等部门。

三、第三方使用。贵行可以依据欠款催收、债权转让、金融服务外包等需要，将本单位（本人）的上述相关信息提供给有关第三方。

授权期限：本授权书自本单位（本人）签字或盖章后生效，在本单位（本人）接收贵行提供金融产品、金融服务以及与贵行开展其他业务期间一直有效。

授权人声明及法律责任约定：本单位（本人）在此申请知悉并理解上述条款内容，且贵行超出本授权范围查询使用本单位（本人）上述信息的一切后果及法律责任由贵行承担。

企业公章：广东鹏飞电器有限责任公司

法定代表人（授权代理人）：（签字）张鹏飞

自然人（身份证号）430102197206236423

签署日期：2018年7月5日

表 4-21　　中国××银行贷款发放通知书

致：财务部

NO.：2018009123

受理号：2018009015

经风控部审批决定，同意<u>中国××银行广州番禺支行</u>合同号<u>0000000965</u>的借款申请，请在财务部收到放款通知单并生效的<u>3</u>个工作日内，按以下金额放款至指定收款账号，并提供放款回执给风控部。

申请人借款情况：

借款金额：¥1000000.00 元

借款类型：流动资金贷款

借款期限：3 年

还款方式：等额本息

收款账户名称：广东鹏飞电器有限责任公司

收款账号：7003000667600008064

经办人：黎明　　　　复核人：方晓斌

------------------回执------------------

NO.：2018009123

受理号：2018009015

财务部放款至指定收款账号，并提供放款银行回单复印件给风控部。

风控部接收人签字：蔡铭

三、柜员核验借据，进入借据管理

柜台操作系统与信贷系统接口，借据从信贷系统自动进入本系统，柜员核验信贷部门审批的借款借据。进行借据管理，生成借据号、贷款账户（见图 4-21、图 4-22）。

案例：汇票一“变”三骗贷险得手

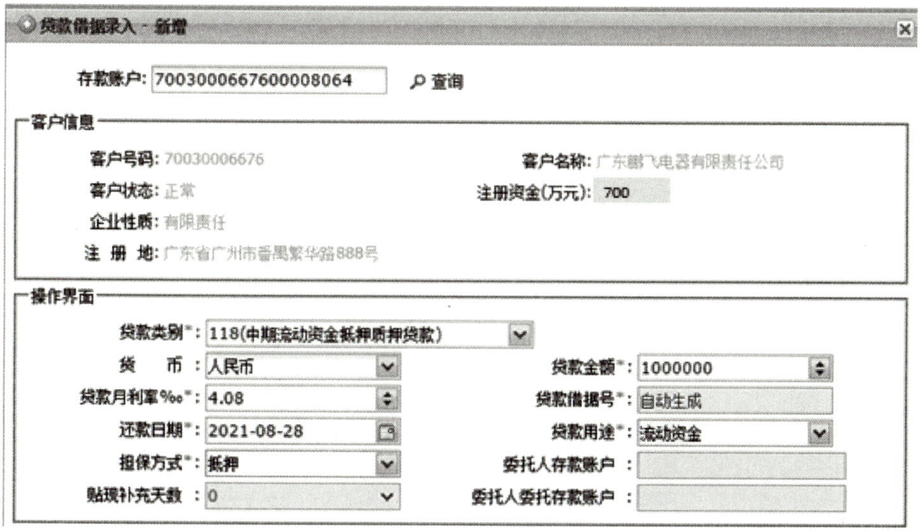

图 4-21　借据管理

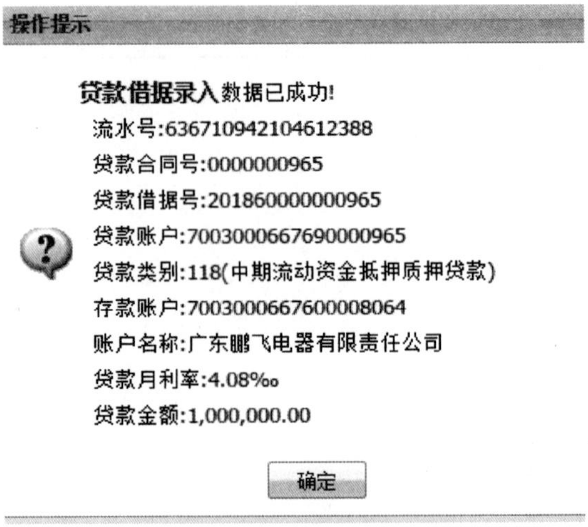

图4－22　借据录入成功

注意：

1. “贴现补充天数”为票据到期，从付款行付款后至到达收款行的款项在途时间，一般情况下外地票据的补充天数为3天，本地票据录入“0”。当贷款类别选择“贴现”时录入。

2. “委托人存款账户”为委托人在该部门开立的存款账户，当贷款类别选择“委托贷款”时录入；“委托人委托存款账户”为委托人进行委托贷款时，新开立的委托存款账户，专门用于委托存款，当贷款类别选择“委托贷款”时录入。

四、柜员发放贷款

贷款发放系统录入（见图4－23、图4－24）。

图4－23　贷款发放录入

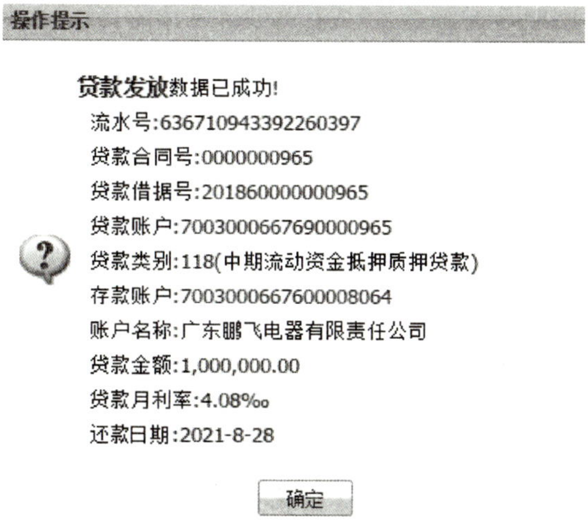

图 4－24　贷款发放数据录入成功

借款借据、还款计划表如表 4－22、表 4－23 所示，借款借据凭证各联次加盖业务专用章，第一联退借款人，第二联、第三联分别做借方凭证和贷方凭证，第四联由信贷部门留存，第五联由会计部门专夹保管，在贷款本息还清或核销时做相应账务处理凭证的附件。

表 4－22　　　　中国××银行借款借据（1）

借款人（单位）	广东鹏飞电器有限责任公司		证件号码	87650300MH5L5DBW9A	
借款种类	流动资金贷款	借款用途	购进设备配件	月利率　4.08‰	
贷款账户账号	7003000667690000965		存款账户账号	7003000667600008064	

借款金额（大写）	千	百	十	万	千	百	十	元	角	分
壹佰万元整	¥	1	0	0	0	0	0	0	0	0

借款日期	2018 年 8 月 25 日	到期日期	2021 年 8 月 25 日

还款登记	年	月	日	还本金额	还息金额	结欠本金	结欠利息	经办员

兹根据 0000000965 号合同办理此笔贷款。 借款人（单位）签章：广东鹏飞电器有限责任公司 法定代表人签字：张鹏飞 经手人签字：章云 年　月　日	贷款单位：中国××银行广州番禺支行 审批人：吴飞宇 信贷员：黎明 （签章）2018.08.25 业务专用章(3) 年　月　日

表 4－23 **中国××银行流动资金贷款分期还款计划表**

机构号：20189000 机构名称：模拟银行广州番禺区支行

借据编号：2018600000009635 单位：元

模拟银行广州番禺区支行 2018.08.25 业务专用章(3)

年限：3 年；期数：36 期；年利率 4.9%；贷款额：100 万元；月供：29924.23 元

期数	每期还款额	本期应还本金	本期应还利息	剩余本金
1	29924.23	25844.23	4080	974155.77
2	29924.23	25949.67	3974.56	948206.1
3	29924.23	26055.55	3868.68	922150.55
4	29924.23	26161.86	3762.37	895988.69
5	29924.23	26268.6	3655.63	869720.09
6	29924.23	26375.77	3548.46	843344.32
7	29924.23	26483.39	3440.84	816860.93
8	29924.23	26591.44	3332.79	790269.49
9	29924.23	26699.93	3224.3	763569.56
10	29924.23	26808.87	3115.36	736760.69
11	29924.23	26918.25	3005.98	709842.44
12	29924.23	27028.07	2896.16	682814.37
……	29924.23	……	……	……
合计	1077272	1000000	77272	—

业务二 单位贷款回收业务

微课：单位贷款业务

PPT：单位贷款业务

业务描述

某日广东鹏飞电器有限责任公司来到银行，向银行申请将一年前的流动资金贷款提前还贷本金 20 万，其申请得到银行批准，银行柜员按要求予以办理。

操作步骤

一、审核资料

银行柜员审阅《提前还款申请审批表》（如表 4－24 所示）、委托代扣协议、有效身份证明等资料。

表 4－24　　提前还款申请审批表

<table>
<tr><td>申请人（单位）</td><td>广东鹏飞电器有限责任公司</td><td>联系电话</td><td>02088888888</td></tr>
<tr><td>证件号码</td><td>87650300MH5L5DBW9A</td><td>已还款期数</td><td>12</td></tr>
<tr><td>借据号</td><td>2018600000009635</td><td>拟还款日期</td><td>2019.09.25</td></tr>
<tr><td>拟申请还款本金</td><td>￥200000.00 元</td><td>还款账户</td><td>☑默认 □其他________</td></tr>
<tr><td>还款种类</td><td colspan="3">□全部结清　☑部分还款</td></tr>
<tr><td>处理规则</td><td colspan="3">借款人应该按照预计还款本息合计金额在约定存款入账时间之前存入还款指定账户，如遇存款不足，按照以下方法处理：
☑自动取消本次提前还款申请；
□按照还款账户余额进行还款</td></tr>
<tr><td colspan="4">以下内容由银行填写：</td></tr>
<tr><td>预计还款本息合计</td><td>￥233924.23 元</td><td>存款入账时间</td><td>2018.09.10</td></tr>
<tr><td>申请情况</td><td colspan="3">☑支付申请提前还款本金金额的__2__%作为违约金，金额为￥4000.00 元。
□符合其他豁免违约金条件________
申请人（单位）：广东鹏飞电器有限责任公司
日期：2019 年 09 月 10 日</td></tr>
<tr><td rowspan="2">银行审批意见</td><td colspan="3">同意。
受理人：刘婷
日期：2019 年 09 月 15 日</td></tr>
<tr><td colspan="3">豁免违约金审批意见：
同意。
审批人：李大鹏
日期：2019 年 09 月 15 日</td></tr>
</table>

说明：2018 年 9 月第一次还款，至 2019 年 8 月共还款 12 期。2019 年 9 月提前部分还贷 20 万元本金、当月本息 29924.23 元和违约金 4000 元，共计 233924.23 元。

二、系统操作

审核无误后为客户办理提前还贷业务，部分还贷操作界面见图 4－25。

操作动画：单位贷款收回业务

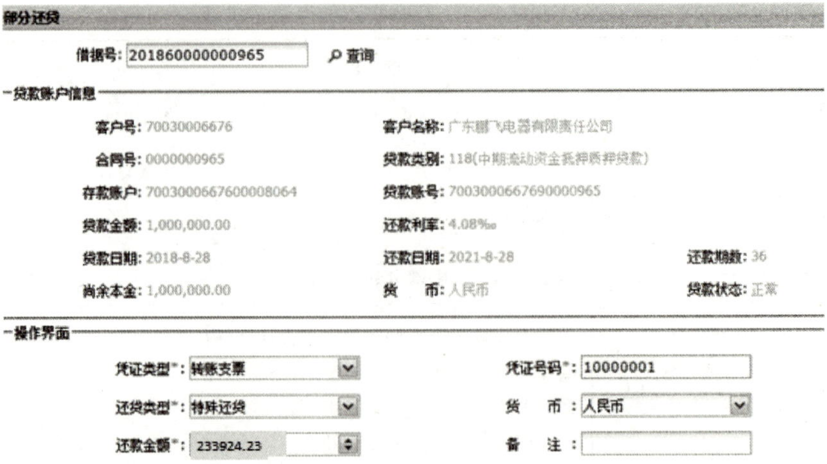

图4－25　提前部分还贷

相关链接

申请部分还贷的贷款账户不允许有欠息，即必须先把以前拖欠的利息（包括表内和表外）还清，才能偿还本金。

操作要点

1. 办理单位贷款发放业务操作。
2. 办理单位贷款收回业务操作。

知识要点

1. 单位贷款的流程。
2. 单位贷款业务的处理流程及操作方法。

问题讨论

单位贷款的利息应如何计算？

推荐阅读

查阅单位贷款的管理政策。

思考与练习

1. 列出单位贷款业务处理的程序和要点。
2. 按照规定的程序进行单位贷款全部业务的操作。

5 项目五 银行卡业务

学习目标

微课：银行卡综合知识

PPT：银行卡综合知识

知识学习目标：

1. 了解银行卡的分类和功能。
2. 熟悉银行卡业务操作规程。
3. 熟悉银行卡开户、存取款、挂失、销户业务流程。

技能训练目标：

1. 能完成客户关于银行卡类型和功能的咨询任务。

2. 能熟练办理借记卡活期账户的开户、存款、取款、换卡、挂失、销户等业务。

3. 能熟练办理借记卡整存整取、存本取息、零存整取、整存零取、通知存款和教育储蓄业务。

工作任务

应完成的工作任务：

1. 能熟练办理借记卡（活期、整存整取、存本取息、零存整取、整存零取、通知存款和教育储蓄）开户、存款、取款、换卡、挂失、销户等业务。

2. 能熟练办理信用卡开卡激活、存取款、挂失、销户等业务。

完成工作任务应提交的标志性成果：

1. 完成有关借记卡活期、整存整取、存本取息、零存整取、整存零取、通知存款和教育储蓄等柜面服务工作的凭证。

2. 完成信用卡开卡激活、存取款、挂失、销户等业务的凭证。

业务场景

商业银行对外营业机构的综合柜台，主要参与者包括：顾客、柜员、柜员助理。

模块一 借记卡业务

任务描述

目前银行卡在我国普及程度较高，商业银行综合柜台业务日常工作的大部分个人储蓄业务可以通过借记卡进行办理，熟悉借记卡的相关业务流程是前台柜员必备的条件。本模块的学习任务是：了解银行卡的分类和各类卡种的特点、功能，掌握借记卡开卡、借记卡存取款、借记卡销户和借记卡的特殊业务的操作规定和流程。

微课：借记卡一般业务

PPT：借记卡一般业务

业务一 借记卡开卡

业务描述

客户吕云持本人身份证至柜台，交付现金 5 万元，要求银行为其开立借记卡存款账户。并将 5 万元存入借记卡活期储蓄账户中。

相关知识

银行卡是指由商业银行向社会发行的具有消费信用、转账结算、存取现金等全部或部分功能的信用支付工具。银行卡的大小一般为 85.60 × 53.98mm（3.370 ×2.125 英寸），也有比普通卡小 43% 的迷你卡和形状不规则的异型卡。

一、银行卡的种类（如表 5－1 所示）

表 5－1 银行卡分类表

种类名称			功能
按是否有透支功能	借记卡	转账卡	实时扣账的借记卡。具有转账、存取现金和消费功能
		专用卡	特定区域、专门用途使用卡，具有转账、存取现金的功能
		储值卡	发卡行根据持卡人要求将其资金转至卡内储存，交易时直接从卡内扣款的预付钱包式借记卡
	信用卡	贷记卡	发卡银行给予持卡人一定的信用额度，持卡人可在信用额度内先消费、后还款
		准贷记卡	持卡人须先按发卡行要求交存一定金额的备用金，当备用金账户余额不足支付时，可在发卡行规定的信用额度内透支
按发行主体	境内卡		由境内商业银行发行的，既可以在境内使用，也可以在境外使用的银行卡
	境外卡		由境外设立的外资金融机构或外资非金融机构发行，可以在境内使用
按发行对象	个人卡		发卡银行向个人发行
	单位卡		发卡银行向企业、机关、事业单位和社会团体法人签发，由法人代表授权特定人使用
按币种	人民币卡		存款、信用额度均为人民币，且以人民币偿还
	外币卡		存款、信用额度均为外币，且应当以外币偿还
	双（多）币种卡		存款、信用额度有人民币和外币两个以上账户
按是否有实体卡片	实体卡		具有实体卡片，在卡片上标注银行账号等信息的卡片，可持卡使用
	虚拟卡/设备卡		在特定移动支付设备上绑定银行卡后，系统分配唯一的设备账号，形成虚拟卡号，仅用于该设备的支付
联名/认同卡			商业银行与商场、机场等机构合作发行的银行卡附属产品
社会保障卡			政府面向社会发放，用于个人办理社会事务、享受社会保障及其他社会公共服务的电子身份凭证。整合了社会保险、住房公积金、老年人优待、医疗卫生等领域的应用

二、银行卡的载体

（一）实体卡片

目前常见的实体银行卡，有两种载体，分别为磁条卡与芯片卡。也有同时具有磁条和芯片的一体卡。磁条卡与芯片卡的样式见图 5－1。

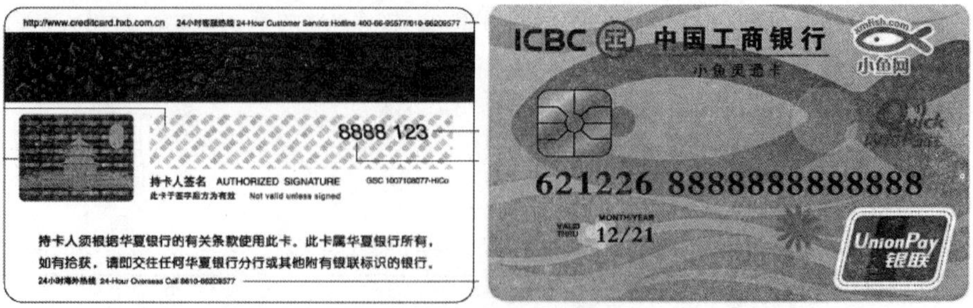

图5－1 磁条卡与芯片卡

磁条卡是在银行卡的背面安装一个带有持卡人信息的供ATM和POS终端识别与阅读的磁条。芯片卡，也叫智能卡或金融IC卡，是在银行卡上安装一个拇指大小的微型电脑芯片，这个芯片包含了持卡人的各种信息。芯片卡具有安全性高、快捷消费、信息储存量大等特点，目前芯片卡已经广泛地应用于我国银行、电信、交通等社会的各个方面，得到了快速的发展。

（二）设备卡/虚拟卡

随着移动互联、云计算、大数据的快速发展与广泛应用，客户消费行为发生了巨大改变，以移动支付为代表的移动金融预示着未来金融服务的发展方向。根据移动支付终端与各家银行签订的合作协议，合作银行的持卡人可以将借记卡和信用卡添加到对应的设备上，如具有移动支付功能的iPhone、Apple Watch、华为手机、小米手机等，客户能够享受到更加便捷和安全的日常消费。

与第三方移动支付不同的是，持卡人在添加信用卡或借记卡时，实际的卡号既不存储在设备上，也不存储在设备的服务器上。系统会分配一个唯一的设备账号（Device Account Number），对该账号进行加密，并以安全的方式将其存储在设备的安全芯片（Secure Element）中。每次交易都使用一次性的唯一动态安全码进行授权。在银行的后台系统中，显示的交易账号并不是银行卡账号，而是另一个专用虚拟账号，该账号没有对应的实体卡片。这也保证了持卡人线上支付的安全性和私密性。

三、借记卡

借记卡是指先存款后消费或取现，没有透支功能的银行卡。

随着技术手段的进步和金融服务的日益丰富，借记卡已逐渐发展成为集储蓄、转账结算、消费和买基金、炒股等众多个人理财功能于一体的一种安全、方便、灵活的消费、理财工具。

（1）综合账户功能：大部分银行发行的借记卡都可以一卡多账户、一卡多币种，即不仅可以办理活期存款，还可以直接存入各种存期的定期存款；不仅可以存入本币，还可以存入港币、英镑、欧元、加拿大元、日元等外币。

（2）通存通兑功能：持卡人可在发卡行网点、发卡行和他行张贴有

“银联”标识字样的自动柜员机上办理存款、取款，异地存取款业务。

（3）商户消费功能：持卡人可在发卡行特约商户及任何一台张贴有“银联”标识字样的 POS 机上办理消费结算。

（4）代收代付功能：持卡人个人或单位在委托发卡行并签定相关协议后，可利用借记卡代发工资（劳务费），代收各类公用事业费，如水、电、煤、电话、移动电话等。

（5）理财服务功能：持卡人可就卡中存款办理约定定期活期的自动互转；可以把借记卡设定为贷款放款和还款账户；可以办理基金、外汇买卖、股票、国债、保险、黄金等各类投资理财业务。

业务流程

借记卡开卡流程与普通活期存折户开户相同（详见项目二），主要包括审核开户资料、清点现金、打印凭证等。

操作步骤

操作动画：借记卡开卡

一、提请客户填写开户申请书

借记卡开卡，存款人需按照银行要求，填写“个人账户开户申请表”，或者由柜员协助在银行大堂的综合智能机，或通过网上银行进行开户申请。柜员应提请客户按要求认真填写，并请客户将本人有效身份证原件、现金一并交柜员。柜员需对申请书进行审核，并与身份证件进行核对。

视频：芯片卡和磁条卡

风险点

借记卡开卡注意事项

1. 注意遵循个人分类账户的管理规定，新开卡客户在一家银行只能有一个Ⅰ类账户，已经开立Ⅰ类账户的客户只能开立Ⅱ类账户、Ⅲ类账户。

2. 根据《关于银行业打击治理电信网络新型违法犯罪有关工作事项的通知》（银监发〔2015〕48 号）的要求，同一客户在同一商业银行开立借记卡原则上不得超过 4 张；如该客户之前已经持有同一商业银行全国范围内 4 张（含）以上借记卡的，商业银行不得为其开立或激活新的借记卡，社会保障卡、医疗保险卡、军人保障卡、已销户的借记卡除外。

3. 新开立借记卡，原则上需预留本人实名登记的手机号码，特别是新开办网上银行、手机银行、电话银行等业务的客户，必须预留本人实名的手机号码，否则一经发现，将停用其银行卡。

二、点收现金

柜员接过客户现金应进行认真清点、检验和捆扎。清点现金按“三先三后”程序操作。收入现金必须坚持手工清点，并用带有检伪功能的点钞机进行两遍复点。

三、进行电脑系统操作

1. 建立客户信息、开立个人客户号，与个人存折储蓄业务类似。如果银行已设立智能柜员机，或客户采用网络等方式进行自助开户申请，则客户填写的个人信息将直接出现在柜员系统中，无须柜员进行手动输入，此时柜员只需核对客户信息是否正确即可。

2. 开立个人账户，凭证类型处选择“借记卡”，将信息写入卡片。由于客户是银行的新客户，本次是客户第一次来本行办理借记卡业务，因此为客户开设I类账户。密码由客户自行设置。操作界面见图5－2。

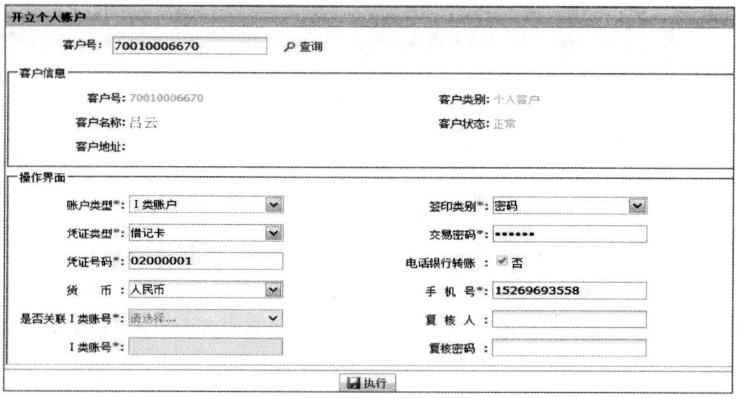

图5－2　开立个人借记卡账户

点击执行后，系统生成客户个人借记卡账户号码，此号码为银行系统中对应客户账户信息的专属标志。

3. 办理存款业务。按照客户要求存入现金，存款类型包括整存整取、存本取息、零存整取、整存零取、通知存款和教育储蓄等。本例中进行活期存款的操作页面见图5－3。

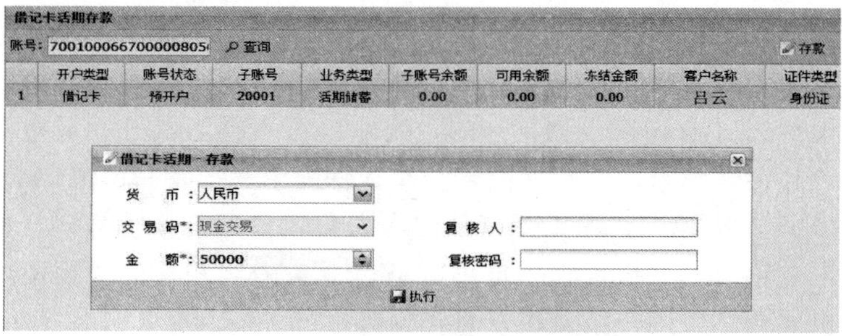

图5－3　借记卡账户活期存款

四、打印相关凭证签章后交给客户

在系统中确认开户和存款信息，并进行保存，便于后续操作和审核。电脑打印“个人业务收费凭证”，加盖相应的电子签章，电子签章的编号具有唯一性，一个编号对应一笔业务，该业务的相关信息都可通过输入编号进行查询。然后将打印的凭证（客户联或副联）、有效身份证件和新办理的银行卡交给客户。

业务二　借记卡的存取款

业务描述

客户吕云来行办理借记卡活期的存款、取款业务。

微课：借记卡一般业务

一、借记卡续存业务

银行卡续存业务与活期储蓄基本相同，办理续存现金时，柜员提请持卡人提交借记卡、告知续存金额或提交储蓄存取款凭条（无卡用户需填写）、当面交付现金，经审核清点无误后，进行电脑操作，并打印“个人存取款凭证”，加盖相应的电子签章，将借记卡交还给持卡人。

业务流程

PPT：借记卡一般业务

1. 客户将现金和银行卡交柜员，柜员口头询问客户存款金额。若需填写存取款凭条，则将存取款凭条连同现金和借记卡一起交柜员。存取款凭条客户填写页示例如表 5 -2 所示。

表 5 -2　　个人存取款凭条样式（客户填写页）

交易类型	☑存款	□取款	□其他______							
种　类	☑借记卡	□存折	□其他______							
币　种	人民币									
金　额（小写）	仟	佰	拾	万	仟	佰	拾	元	角	分
			¥	6	0	0	0	0	0	0
户　名	吕云	卡号/账号	7001000667000008056							
证件类型及号码	身份证 443138198602280665	联系电话	15269693558							
代理人姓名/证件号码		联系电话								
客户（代理人）签字：	吕云									

操作动画：借记卡存取款

2. 点收现金，并进行口头核对，核对无误后现金入箱。如果存款金额超过柜员现金限额，则需获得授权。

3. 读取银行卡，进行系统操作，录入业务信息。

4. 存款金额经客户核对并确认后，进行现金入账操作。

5. 柜员打印存款凭证，加盖电子签章，将客户联交给客户作为交易凭证。

6. 柜员将银行卡交还客户，送别客户。

本例中，为客户吕云的借记卡存续现金系统操作界面与开户时存现相同。

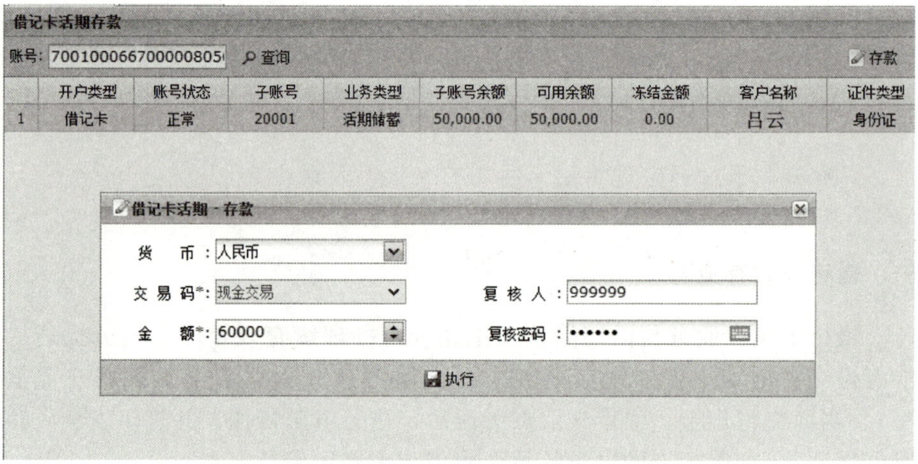

图5－4 借记卡活期存款续存

二、借记卡取款业务

业务流程

1. 柜员与客户口头核对取款金额。取款金额超过人民币5万元，则还须提交身份证件。

2. 读取银行卡，进行系统操作，录入业务信息。如果取款金额超过柜员现金限额，则需获得授权。

3. 按照现金付款流程配款，同时将现金、借记卡、身份证件交还客户。如客户对现金面值有特殊要求，在条件允许的情况下，应当予以满足。

4. 打印取款凭证（如表5－3所示），加盖电子签章，将客户联交给客户作为交易凭证。

本例中，为客户吕云的借记卡活期账户取款的系统操作界面见图5－5和图5－6。

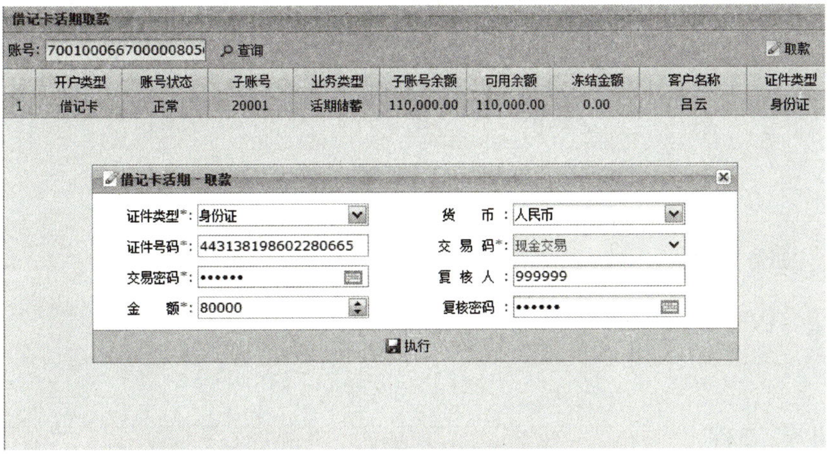

图 5－5 借记卡活期取款

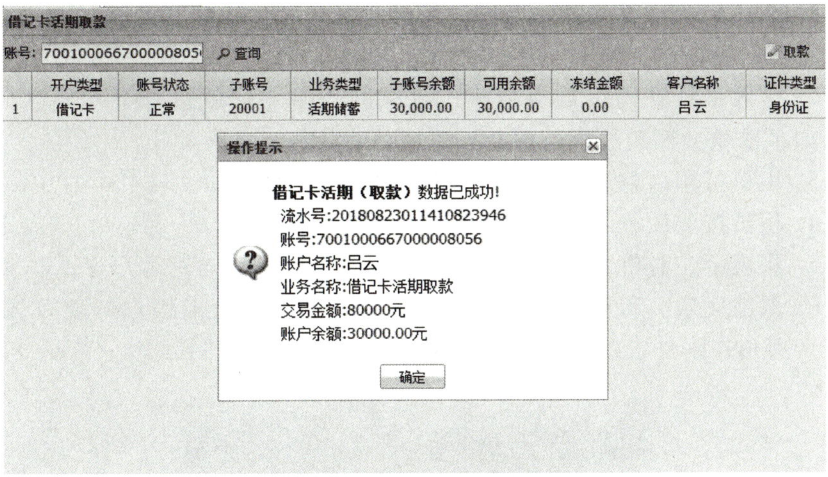

图 5－6 借记卡活期取款成功

表 5－3 个人存取款凭条样式（交易凭证）

模拟银行个人存取款凭条

交易类型 **取现** 交易日期 2018/08/15

户 名 **吕云** 卡号/账号 7001000667000008056

币 种 **人民币** 金 额 80000.00

客户证件 443138198602280665

联系电话 15269693558

代理人姓名/证件

联系电话

本人确认所办业务与银行记录相符。

客户（代理人）签字： 吕 云

（印章：模拟银行广州番禺支行 2018.08.25 电子回单专用章）

经办：王飞 复核：

交易流水号：45683376

交易机构：**广州番禺支行**

客户回单

交易类型 Transaction Type **取现**

户 名 Customer Name **吕云**

卡号/账号 Card/ Account No. 7001000667000008056

货币/金额 Currency/Amount **人民币** 80000.00

储种 Saving Type **活期结算户**

余额 **人民币** 30000.00

交易日期 2018/08/15

经办：王飞 复核：

交易机构：**广州番禺支行**

案例：北京最大POS机刷卡套现案

案例：冒充快递员骗取银行卡资金

业务三　借记卡销户

微课：借记卡一般业务

PPT：借记卡一般业务

操作动画：借记卡销户

业务描述

客户吕云要求将其借记卡活期账户进行销户。

业务流程

1. 客户将销户要求告知柜员，并将银行卡和身份证交给柜员，在销户申请书或智能操作面板上签字。

2. 进入系统查询银行卡余额，将取款凭条或取款信息显示给客户确认。如果取款金额超过柜员限额，还应获得授权。

3. 柜员打印取款凭证和利息清单，加盖电子签章。

4. 柜员按取款单、利息清单上应付本息金额配款。

5. 将现金、身份证件和各项凭证回单交给客户，送别客户。

6. 取款凭条、利息清单进行系统保存，作为银行卡销户的业务凭证。银行卡剪角作附件，柜员整理归档凭证。规范剪卡方式见图 5－7。

图 5－7　规范剪卡方式

本例中，为客户吕云借记卡销户的操作界面见图 5－8。

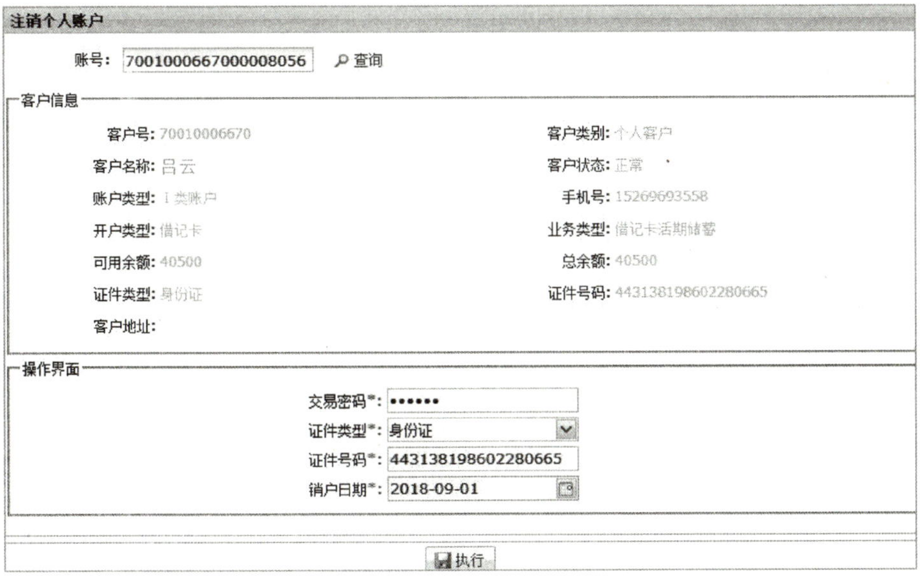

图 5－8　借记卡活期销户

微课：借记卡特殊业务

PPT：借记卡特殊业务

业务四　银行卡挂失、换卡等特殊业务的办理

业务描述

为客户吕云办理银行卡挂失、换卡等特殊业务。

操作步骤

一、借记卡挂失和补卡、换卡的处理

操作动画：银行卡挂失和补卡、换卡等特殊业务

1. 借记卡挂失的处理。客户因银行卡遗失、被盗、损坏或密码错记、遗忘、印鉴丢失等情况申请办理挂失时，由客户提供本人有效身份证件（代理他人办理挂失时，须同时提供代理人和被代理人的有效身份证件），到存款开户的营业机构申请挂失。客户办理正式挂失应填写“个人借记卡挂失申请书”，样式如表 5－4 所示。银行卡挂失业务操作界面见图 5－9。

表5－4　　个人借记卡挂失申请书

<table>
<tr><td colspan="8">申　请　挂　失</td></tr>
<tr><td rowspan="9">客户填写</td><td>客户姓名</td><td>吕 云</td><td colspan="5">账号/卡号：7001000667000008056</td></tr>
<tr><td>开户日期</td><td></td><td colspan="3">挂失方式：正式☑　临时☐</td><td colspan="2">是否冻结账户：
是☑　否☐</td></tr>
<tr><td>挂失日期</td><td>2018.8.20</td><td colspan="5">存单（折）号码：</td></tr>
<tr><td>挂失内容</td><td colspan="6">存单☐　存折☐　凭证式国债☐　借记卡☑　信用卡☐　支票☐
密码☑　预留印鉴☐</td></tr>
<tr><td>申请挂失人</td><td>吕 云</td><td>证件名称
及签发单位</td><td>身份证
深圳市公安局</td><td>证件号码</td><td colspan="2">443138198602280665</td></tr>
<tr><td>代理挂失人</td><td></td><td>证件名称
及签发单位</td><td></td><td>证件号码</td><td colspan="2"></td></tr>
<tr><td>申请人地址</td><td colspan="3">深圳市宝安区40号玫瑰花园5栋108房</td><td>联系电话</td><td colspan="2">15269693558</td></tr>
<tr><td>代理人地址</td><td colspan="3"></td><td>联系电话</td><td colspan="2"></td></tr>
<tr><td colspan="7"></td></tr>
<tr><td colspan="4">本人已认真阅读背面“客户须知”，请根据上述内容挂失/挂失冻结，如发生任何纠纷，概有挂失人负责。

申请人（代理人）签名：吕 云

凭印鉴支
取者印鉴：
2018年8月20日</td><td colspan="4">经办：王 飞

复核：

模拟银行广州番禺支行
2018.08.20
业务专用章
银行签章
2018年8月20日</td></tr>
<tr><td colspan="8">处　理　情　况</td></tr>
<tr><td colspan="4">☐ 挂失换发存折/单/卡
☐ 号码：______
☐ 挂失销户
☐ 挂失撤销
☐ 重置密码
本人确认上述处理结果准确无误。

客户签名：
年　月　日</td><td colspan="4">银行签章

年　月　日</td></tr>
</table>

受理正式挂失时，如有手续费或工本费，经办行应填制“业务收费凭证”一式三联，按规定向申请人收取相应费用，并在三联“挂失申请书”上加盖“业务用公章”和经办人名章，经客户签字确认后，第一联凭以登记“挂失登记簿”，留存专夹保管，第二联退客户，待挂失七天后，凭以办理换新银行卡或支取现金，第三联随当日凭证交业务部门。

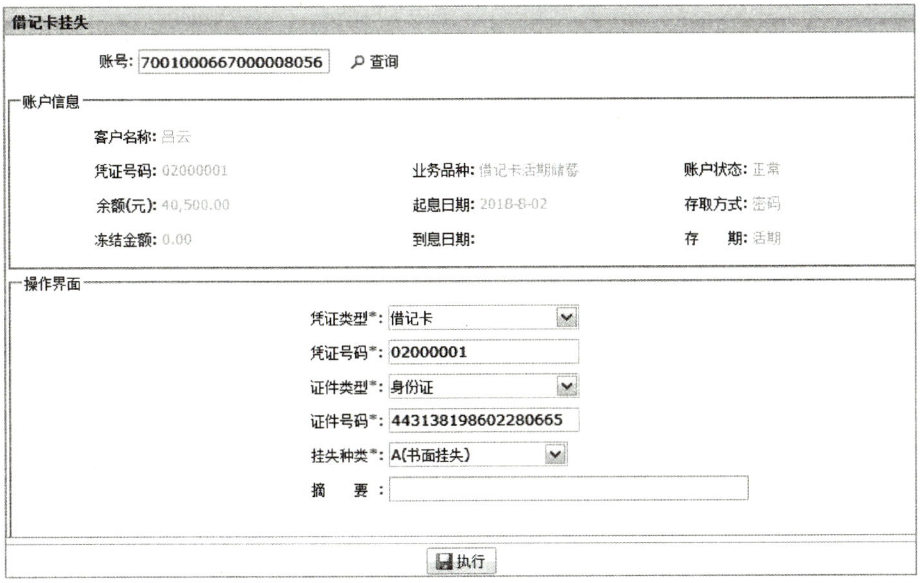

图 5-9　借记卡挂失

2. 借记卡挂失后的处理。

（1）撤销挂失。客户办理正式挂失后，要求撤销挂失时，经办行需要审查客户提交的有效身份证件和挂失申请书第二联及银行卡，无误后，在挂失申请书第一、二联上注明“××年×月×日撤销挂失”字样，经客户签字确认后，解除挂失，同时销记“挂失登记簿”，将第一、二联挂失申请书随当日凭证交业务部门。

（2）挂失期满后的处理。存款挂失满七天后，经办行应根据客户的要求补发新银行卡或支取现金。补发新银行卡操作界面见图 5-10。需要输入的信息有：证件类型、证件号码、原凭证号码、替换后的新凭证号码等。

案例：利用假身份证办理银行卡挂失

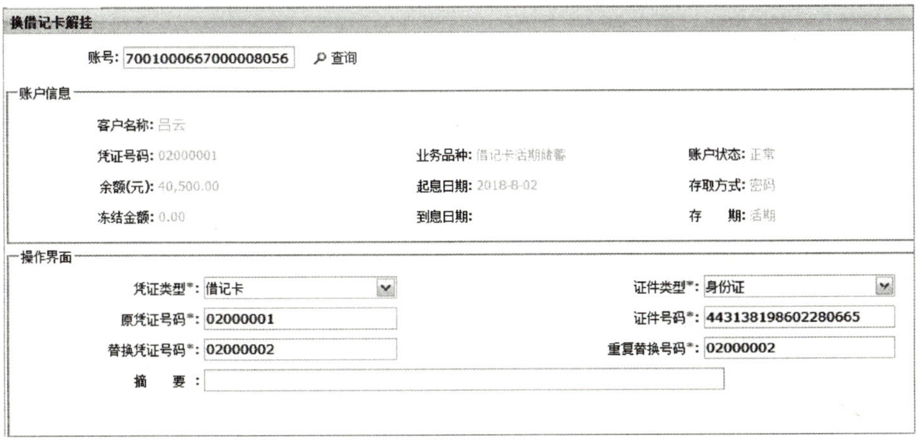

图 5-10　借记卡解挂（换凭证）

3. 借记卡更换的处理。借记卡因损坏、变形、磁记录消失等需要换卡时，存款人应提交旧卡及有效身份证件申请更换，经办行经审核无误的，如需收取工本费，则经办人填制“业务收费凭证”一式三联，按规定向存款人收取费用，并为存款人办理换卡，操作界面见图 5－11。

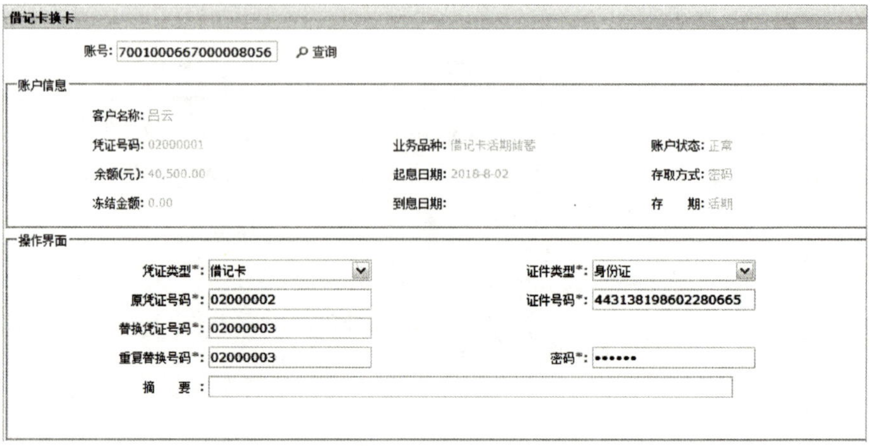

图 5－11　借记卡换卡

二、银行卡修改密码

修改银行卡密码一般可以在柜员机或者柜台进行处理，在柜台办理必须是本人带身份证进行修改，操作界面见图 5－12。

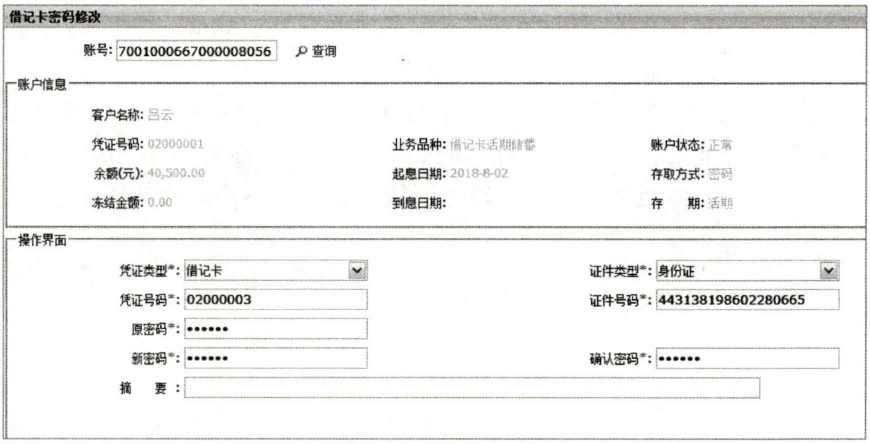

图 5－12　借记卡密码修改

操作要点

办理借记卡开卡、存取款、销户和特殊业务操作。

知识要点

1. 银行卡的种类和功能；

2. 借记卡开卡、存取款、销户、挂失等业务规范和步骤。

推荐阅读

1. 关于下发《银行卡业务管理办法》的通知（银发〔1999〕17 号）；
2. 《中国人民银行关于进一步加强银行卡风险管理的通知》（银发〔2016〕170 号）；
3. 《关于完善银行卡刷卡手续费定价机制的通知》（发改价格〔2016〕557 号）。

思考与练习

1. 列出常见银行卡的种类和定义；
2. 按照规定的程序进行借记卡业务操作。

模块二 信用卡业务

任务描述

信用卡的开卡申请一般在银行网点或者银行外设专用柜台进行，信用卡的审批、制卡等业务由信用卡中心完成，商业银行柜台柜员主要需了解信用卡的相关知识点，掌握卡片激活、存款、预借现金、销户和挂失等业务操作流程，并能熟练地进行系统操作。本模块的学习任务是：信用卡开户、信用卡存款和预借现金、信用卡销户、挂失等特殊业务。

业务一　信用卡申请业务

微课：信用卡业务

业务描述

吕云女士来行申请开立信用卡。

PPT：信用卡业务

相关知识

信用卡是持卡人可以在发卡银行给予的信用额度内透支的银行卡。按是否向发卡银行交存备用金，信用卡分为贷记卡和准贷记卡两类。贷记卡为使用最广泛的信用卡，是指发卡银行给予持卡人一定的信用额度，持卡人可在信用额度内先消费、后还款的信用卡。

1. 信用卡的种类。银行发行的信用卡按照申请人的信用状况不同核定授予不同的额度，根据对应的额度和权益差别分为普通卡和高级卡（如金卡、钻石卡等），按照发卡对象不同分为个人卡和商务卡（单位卡），个人卡又分为主卡和附属卡。

2. 信用卡的功能。信用卡具有消费结算、取现、转账等功能。

（1）消费结算：持卡人可以按照信用卡上的标识在与标识对应的银联、VISA 或万事达卡特约商户消费。

（2）取现：持卡人可按照信用卡上的标识在与标识对应的银联、VISA、万事达卡受理标识的取现网点或 ATM 上提取当地币种现钞。

（3）转账：持卡人可向其指定账户转出资金、自行办理或委托银行办理指定的代扣代缴业务。

3. 借记卡和贷记卡的区别。如表 5－5 所示。

表 5－5　借记卡和贷记卡的区别

种类\区别	借记卡	贷记卡
申办条件	不进行资信审查，使用前需存款；须由本人填写申请表和签注领用合约，并提供本人有效身份证件。未成年人可由其直系亲属代办	视各发卡银行规定，需进行必要的资信审查，对符合申请条件的方予发卡及核定信用额度；根据各行不同规定，可免担保人、免保证金等
用款方式	存多少用多少，不能透支	无须存款，先消费，后还款
免息还款期	无	20—60 天（根据各卡种章程规定）
信用额度	无	有
预借现金	无	有
循环信用	无	有
取现手续费	异地/跨行按照规定收取	异地手续费＋取现金额的一定比例
存款利息	有	无

4. 信用卡开卡的基本规定。

（1）具有完全民事行为能力和偿还能力的自然人（一般规定为 18—65 周岁），可凭本人有效身份证件和相关证明文件申领个人卡主卡。申请附属卡时，其前提是主卡已申请或主卡卡号已存在。个人卡的主卡客户可为其配偶及年满 13 周岁的直系亲属申领附属卡，申领附属卡最多不得超过三张，也有权要求注销其附属卡。附属卡所有交易款项及相应的利息、费用等均记入主卡账户，由主卡客户承担全部还款责任。

（2）个人办理信用卡必须进行资信调查，必要时需提供担保。担保方式为保证人、保证金、质押、抵押。符合条件的，发卡行可对其免除担保。采用保证金作为担保方式，保证金以定期存款的方式存入放于发卡机构，存期与信用卡有效期一致，除非该卡办理销户，保证金一经缴纳，不得在信用卡的有效期中提前支取。卡管理机构职工不得为他人办卡作保证人。

（3）在中国境内金融机构开立基本存款账户并具有偿还能力的机关、团体、部队、企业、事业单位和其他组织（以下统称单位），可凭经中国人民银行核准的基本存款账户开户许可证和相关证明文件申领单位卡。单位卡持卡人须由单位法定代表人（含行政负责人或委托代理人）书面指定。各客户的所有交易款项均记入该单位卡账户内，由单位承担还款责任。

（4）信用卡申办需提供的资料。

①个人卡所需资料：个人卡申请表；申请人、保证人、附属卡持卡人的身份证正反面复印件（外籍人士：护照及居留证或就业证；台籍人士：台胞证及就业证；港澳人士：回乡证及就业证/居留证）。有必要时提供工作证明文件。此外，提供以下资料有助于提高信用额度，如：开户银行近三个月储蓄账户流水清单；开户银行开立的理财账户资产余额证明原件；房产证复印件（含本人名字）；本人汽车行驶证复印件等。

②单位卡所需资料：单位卡申请表；申请单位的基本存款账户开户许可证、法人代码证、营业执照正本及复印件或其他单位法定资格的证明文件；单位指定持卡人的书面材料；持卡人身份证件复印件；单位近期银行对账单和资产负债表。

5. 信用卡的还款规定。

（1）账单日期规定。

账单日：每期账单中，所记录信用卡交易的截止日称作“账单日”。到期还款日一般在账单日后的第 18 天左右（以账单所示为准）。有的银行设置了还款宽限期，一般为 3 ~ 7 天，此期限内还款不算逾期，不收逾期利息。不同持卡人的账单日可能互不相同，比如：账单日为每月 25 日，则每期账单记录的是上月 26 日至本月 25 日的所有入账交易，对应的最后还款日是次月 13 日。

交易日和入账日：交易日是每笔信用卡交易的实际发生日期，记账日一般为交易日的次日。“账单日”之后入账的交易归属下期账单，“未出账单”的交易可在银行的账户管理栏目内查询。

（2）分期还款规定。

①账单分期：账单分期是银行为符合条件的持卡人提供的对其信用卡中符合条件的交易进行分期还款的服务，包括对未出账单的交易和已出账单进行分期。银行规定分期的期数，一般为 2—36 期，并按规定收取一定比例的分期手续费。持卡人办理账单分期成功后，不会立即恢复信用额度，对应交易所占用的额度会随着每期还款而逐期恢复，直至偿还最后一期或提前清偿所有分期余额。

②现金分期：现金分期业务是银行为符合条件的持卡人提供的支取现金并分期偿还的服务，持卡人需支付相应的分期手续费。银行对持卡人申请的分期额度有最低和最高金额的限制，且规定该款项不得用于投资（包括但不限于购房、股票、期货及其他股本权益性投资），仅限用于消费。

③购物分期：银行信用卡持卡人在进行购物消费的时候，可以选择将购买的商品或者服务的总价平均分成若干期数（月份）分期支付。每期（月）根据信用卡账单按时偿还款项。该类购物可以适用的范围包括：与银行签订分期协议的特约的分期商户店面，通过指定POS机来完成分期支付的；与银行合作的电视购物、电话购物、网上购物等线上购物渠道，使用信用卡支付的；通过银行合作商户购买指定型号汽车，用信用卡支付的等。

操作动画：信用卡申请

业务流程

1. 办理信用卡业务前必须在本支行开立客户号。
2. 协助客户填写“信用卡申请表”（如表5-6所示），在规定的地方签字确认。
3. 授权信用卡、制卡等工作一般在信用卡中心完成，当网点从卡部领回信用卡以后，柜员为客户激活信用卡。另外，信用卡中心可直接将信用卡邮寄至客户填写的地址，由客户按银行说明通过电话或网络、手机APP等渠道进行激活。

表5-6　　个人信用卡申请表

请用蓝色或黑色钢笔或签字笔完整填写申请表，注明“*”的栏为必填项，其他的为选填。

卡片产品选择

卡面名称信息请参照我行申请表中产品目录或网点柜台产品目录。

*卡面名称：银联通用金卡

如果您申请金卡/白金卡的要求未能满足，我们将为您寄送同一品牌的普卡。

个人信息

*姓：吕　名：云　*称谓：□先生 ☑女士

*姓名拼音：LV　YUN（请在姓和名的拼音间以空格隔开，并与证件姓名保持一致）

*出生日期：1986年02月28日　*国籍：☑中国　□其他：____

*证件类型：☑居民身份证　□护照　□其他：____

*证件号码：443138198602280665

*发证机关：深圳市公安局　证件到期日：2025年09月24日　□永久有效

签证类型：□普通签证　□礼遇签证　□外交签证

签证有效期至：____年__月__日（护照客户填写签证信息）

*家庭地址：广东（省/自治区/直辖市）深圳（市/区/县）宝安区40号玫瑰花园5栋108房（街道/小区）

*邮政编码：518100　☑卡片等重要资料邮寄至此地址

婚姻状况：☑已婚　□未婚　□其他

教育程度：□大专及以下　☑本科　□硕士　□博士及以上

*手机号码（申请人本人实名登记的手机号码）：15269693558

*E-mail：lvyun01@126.com　家庭电话：____

续表

职业信息

＊单位名称：<u>深圳市大鹏科技有限公司</u>

＊单位地址：<u>广东</u>（省/自治区/直辖市）<u>深圳</u>（市/区/县）<u>宝安区820号宏图大厦A座1605房</u>（街道/小区）

＊邮政编码：<u>518100</u>　□卡片等重要资料邮寄至此地址

单位电话：________

＊职业：<u>会计</u>　＊职位或级别：<u>部门主管</u>　＊现职工作年限：<u>5年</u>

＊年收入总额：<u>30</u>万元（人民币，含奖金津贴）

联系人信息

为了方便我行在必要情况下及时与您保持联系，请提供一位联系人的基本信息，联系人必须年满18周岁。

＊姓名：<u>王文正</u>　＊称谓：☑先生 □女士

＊与申请人的关系：□父母　☑配偶　□亲戚　□其他：________

单位名称：________

单位地址：____（省/自治区/直辖市）____（市/区/县）________（街道/小区）

邮政编码：________　单位电话：________

＊身份证号码：<u>443135198507140286</u>

＊手机号码：<u>18645195755</u>

申请人申明及签名

根据监管部门规定申请人需抄写如下内容：

“本人**已阅读**全部**申请材料**，充分**了解**并**清楚知晓**该信用卡产品的相关**信息**，**愿意遵守**领用**合约**的各项**规则**。”（请抄写加粗部分）

＊本人<u>已阅读</u>全部<u>申请材料</u>，充分<u>了解</u>并<u>清楚知晓</u>该信用卡产品的相关<u>信息</u>，<u>愿意遵守</u>领用<u>合约</u>的各项<u>规则</u>。

＊主卡申请人签名：

吕　云

签名进行涂改或划后重签均为无效签名。

＊日期：<u>2018　年8月2日</u>

银行填写栏

分行网点号：________　营销活动号：________

联名机构代码：________　营销人员代码：________

推荐人手机号：________

本例中，客户吕云的信用卡开户和激活的系统操作见图5-13至图5-16。

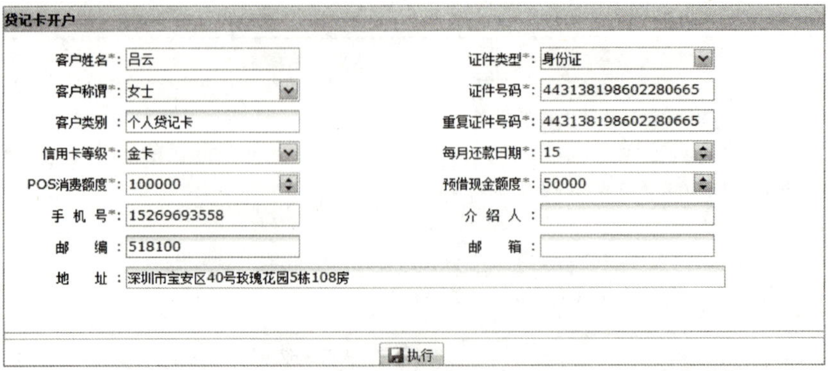

图5－13　为信用卡客户开户

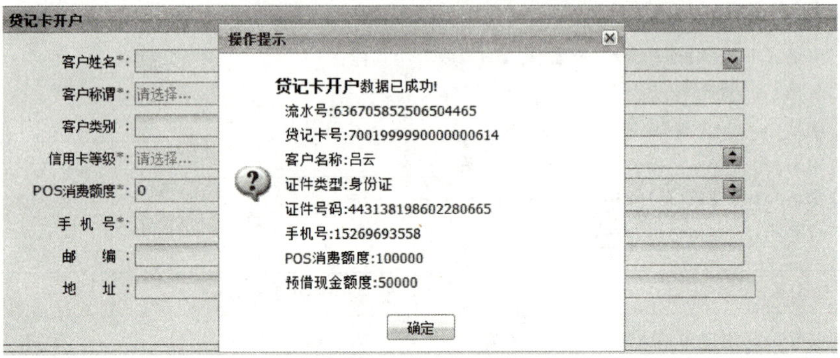

图5－14　信用卡开户成功

开户完成后，需激活信用卡。输入信用卡账号，即可查询到客户的信息，激活卡片需要输入的信息有：证件类型、证件号码、POS消费额度、预借现金额度等，并引导客户设置查询密码和交易密码。

案例：信用卡盗刷经典案例与防范建议

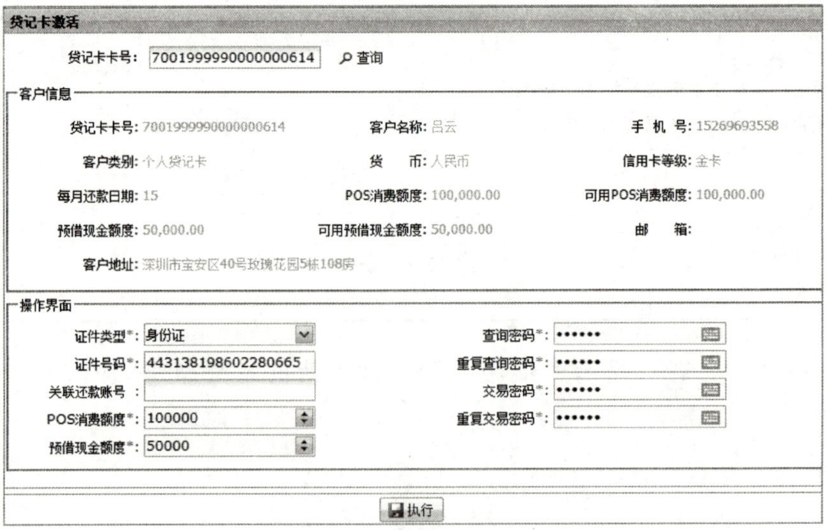

图5－15　激活信用卡

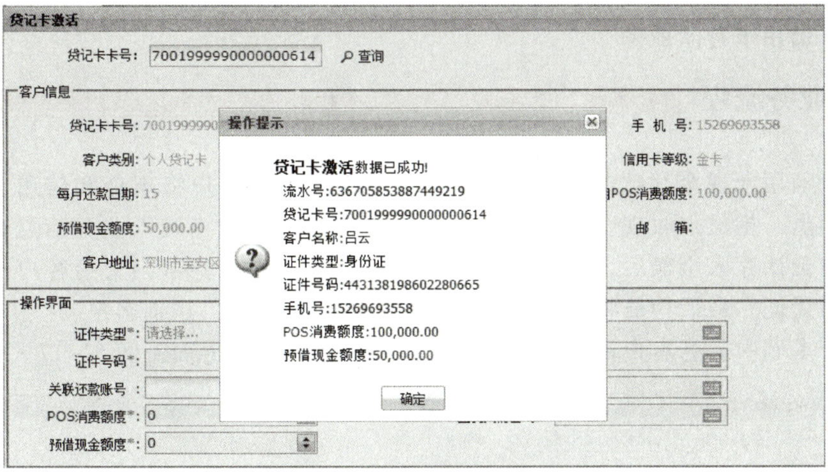

图 5－16　激活信用卡成功

业务二　信用卡存款和预借现金业务

微课：信用卡业务

业务描述

客户吕云来行办理信用卡存款和预借现金业务。

PPT：信用卡业务

相关知识

信用卡存款业务是指将现钞存入本人信用卡中，或通过转账的方式将其他账户中的资金转入信用卡中。

信用卡预借现金业务包括现金提取、现金转账和现金充值。其中，现金提取，是指持卡人通过柜面和 ATM 机等自助设备，以现钞形式获得信用卡预借现金额度内资金；现金转账，是指持卡人将信用卡预借现金额度内资金划转到本人银行结算账户；现金充值，是指持卡人将信用卡预借现金额度内资金划转到本人在非银行支付机构开立的支付账户。

持卡人通过 ATM 机等自助设备办理现金提取业务，每卡每日累计不得超过人民币 1 万元；通过柜面办理现金提取、通过各类渠道办理现金转账业务的每卡每日限额，由发卡机构与持卡人协议约定；发卡机构可自主确定是否提供现金充值服务，并与持卡人协议约定每卡每日限额。发卡机构不得将持卡人信用卡预借现金额度内资金划转至其他信用卡，以及非持卡人的银行结算账户或支付账户。

操作动画：信用卡存款、预借现金

一、信用卡存款业务

业务流程

信用卡现金存款业务操作流程与借记卡类似：客户将现金和信用卡交给柜员，柜员点收现金，读取银行卡，进行系统操作，录入业务信息；经客户确认存入金额后，柜员打印存款凭证，加盖电子签章，交给客户作为交易凭证。最后柜员将信用卡和凭证客户联交还客户，送别客户。

本例中，为客户吕云的信用卡存入现金系统操作界面见图5－17。

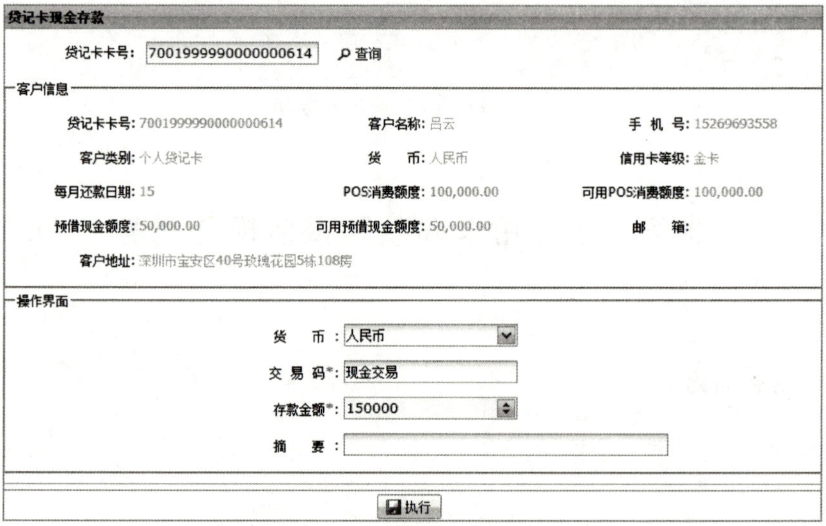

图5－17 信用卡现金存款

案例：信用卡“购车”套现

二、信用卡现金提取业务

注意客户每卡每日取现的额度规定，且金额不得超过其信用卡的预借现金额度。

业务流程

1. 经办行审核持卡人提交的信用卡及有效身份证件，且必须核对信用卡背面的签名是否与身份证上的名字一致。

2. 经审核无误后，在系统进行业务录入，取现金额经持卡人签字确认并核对无误后，办理取款手续。

3. 打印取款凭证，加盖电子签章，交给客户作为交易凭证。

4. 将现金、信用卡及有效身份证件、取款凭证等交还给持卡人。

本例中，为客户吕云的信用卡支取现金操作界面见图5－18、图5－19。

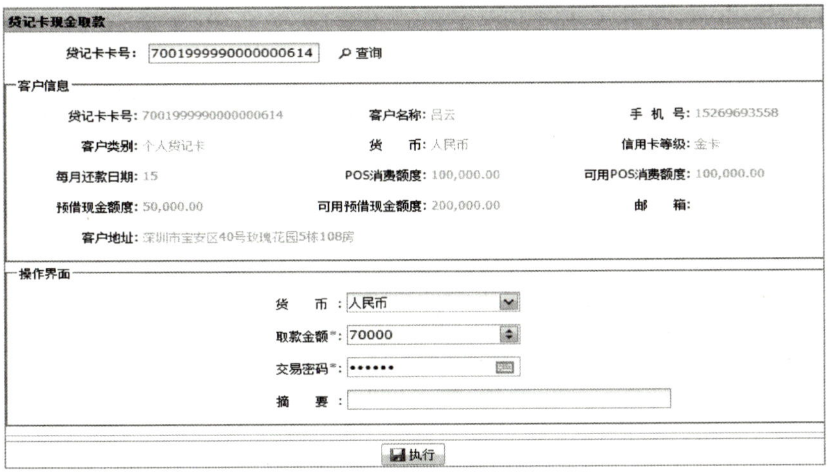

图 5－18　信用卡现金提取

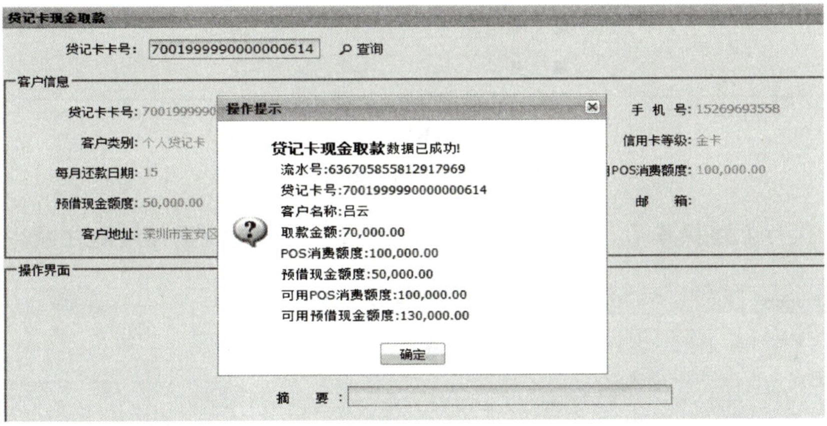

图 5－19　信用卡现金提取成功

三、信用卡现金转账业务

业务流程

1. 客户将信用卡及有效身份证件交柜员，柜员进行资料核对。

2. 客户告知转账信息。柜员审核金额是否在每卡每日限额之内，是否在信用卡预借现金额度之内。

3. 读取银行卡，进行系统操作，录入业务信息。

4. 转账金额需经客户核对，在转账凭条上签字确认，或在银行柜台客户智能操作面板上进行电子签字。

5. 打印转账凭证，加盖电子签章，交给客户作为交易凭证。交还信用卡和身份证件，送别客户。

本例中，为客户吕云的信用卡进行现金转账，将其信用卡预借现金额度

案例：信用卡盗刷纠纷案例——特约商户担责

度内的资金转入其本人借记卡账户中。系统操作界面见图5－20、图5－21。

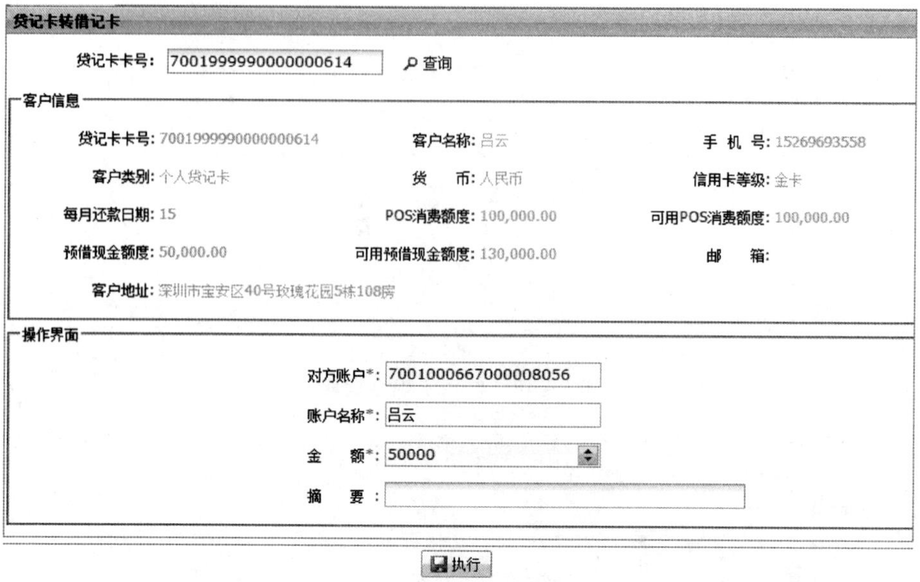

图5－20 信用卡转借记卡

执行上述操作后，转账完成，客户信用卡的预借现金额度随之减少。

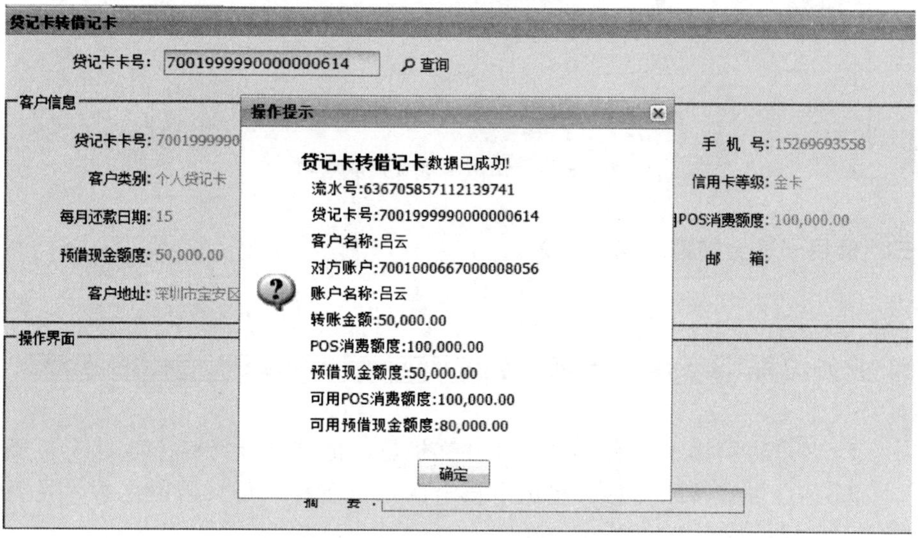

图5－21 信用卡转借记卡成功

微课：信用卡业务

业务三　信用卡挂失、销户等业务

☞ 业务描述

客户吕云来行办理信用卡挂失、解挂、销户等业务。

一、信用卡挂失和解挂业务

PPT：信用卡业务

业务流程

操作动画：信用卡挂失、销户

1. 信用卡挂失的处理。持卡人因遗失、被盗等情况申请办理信用卡挂失时，应提供本人有效身份证件，并提供信用卡种类、姓名、卡号等情况，向就近的本系统营业机构申请挂失。或者通过电话、手机银行、网上银行等方式临时挂失。

柜台挂失由持卡人填写“挂失申请书”一式两联（如表5－7所示），经办人根据客户提供的资料，审核挂失申请书内容及身份证件无误后，传真至原发卡行核准，报经主管人员授权同意后，办理挂失手续。挂失申请书第一联凭以登记“挂失登记簿”，留存专夹保管，挂失申请书第二联和有效身份证件退持卡人，凭以办理补卡或销户手续。

表5－7　　个人信用卡挂失申请书样式

申请挂失						
客户填写	客户姓名：	吕 云	账号/卡号：7001999990000000614			
	开户日期：		挂失方式：正式☑　临时□		是否冻结账户：是☑　否□	
	挂失日期：	2018.9.10	存单（折）号码：			
	挂失内容：	存单□　存折□　凭证式国债□　借记卡□　信用卡☑　支票□　密码☑　预留印鉴□				
	申请挂失人	吕 云	证件名称及签发单位	身份证 深圳市公安局	证件号码	443138198602280665
	代理挂失人		证件名称及签发单位		证件号码	
	申请人地址	深圳市宝安区40号玫瑰花园5栋108房			联系电话	15269693558
	代理人地址				联系电话	

续表

<table>
<tr><td>本人已认真阅读背面“客户须知”，请根据上述内容挂失/挂失冻结，如发生任何纠纷，概有挂失人负责。

申请人（代理人）签名：吕云

凭印鉴支
取者印鉴：

2018年9月10日</td><td>经办：王飞

复核：

模拟银行广州番禺支行
2018.09.10
业务专用章 银行签章

2018年9月10日</td></tr>
<tr><td colspan="2">处　理　情　况</td></tr>
<tr><td>□ 挂失换发存折/单/卡
□ 号码：＿＿＿＿＿
□ 挂失销户
□ 挂失撤销
□ 重置密码
本人确认上述处理结果准确无误。

客户签名：

年　月　日</td><td>银行签章

年　月　日</td></tr>
</table>

2. 信用卡挂失补卡的处理。挂失后持卡人至柜台要求补办新卡，持第二联“挂失申请书”、本人有效身份证件到发卡行办理挂失补卡手续，经办人应与原专夹保管的“挂失申请书”第一联进行核对。按照银行规定收取挂失手续费和工本费，不同银行对于这两项费用规定有差异。收费凭证第一联作借方记账凭证或作借方记账凭证附件，收费凭证第二联作贷方记账凭证，挂失申请书第二联作贷方记账凭证的附件，收费凭证第三联及有效身份证件交持卡人。

新卡制卡时间一般为2—3个工作日，卡片制好后通过邮寄的方式送至持卡人。新卡的卡号、背面CVV码数字要变更，但原有效期及其他资料不变。新卡需重新开通激活后使用。

客户吕云信用卡挂失业务操作界面见图5－22，信用卡解挂业务操作界面见图5－23。

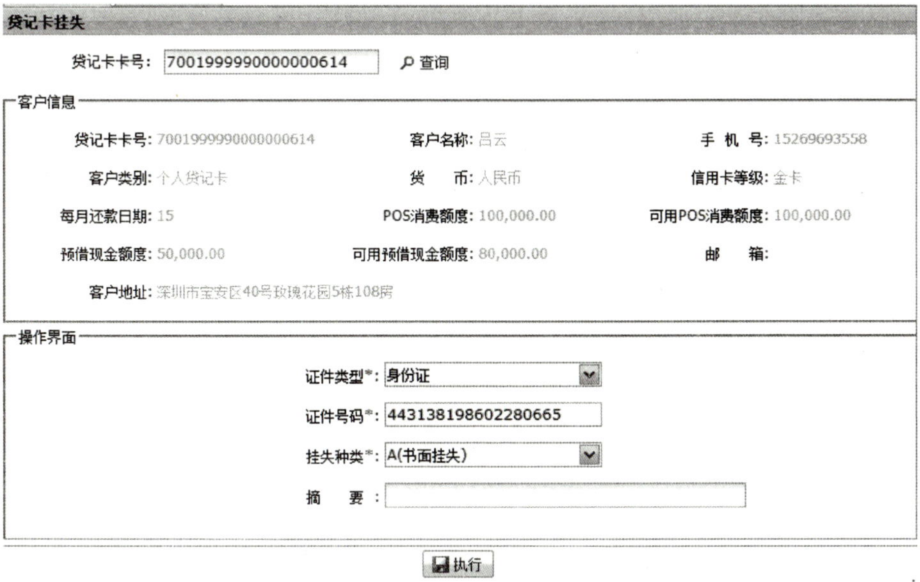

图 5-22　信用卡挂失

图 5-23　信用卡解挂

二、信用卡销户业务

业务流程

1. 个人信用卡销户的处理。持卡人申请销户必须全部偿还透支本息，否则银行不予受理。

持卡人申请销户时，可以至银行柜台或通电话、手机银行、网上银行等方式处理。柜台处理时，客户应填写“个人账户注销申请书”（如表 5-8 所示）一式两联，连同信用卡及有效身份证件一并交发卡行（如有附属卡的，应将附属卡一并交回），经办人审核无误后，在销户申请书各联加盖“业务专用章”，销户申请书第一联和身份证件退持卡人，将信用卡剪角后连同销户申请书第二联专夹保管。在登记销户45天后，账户自动关闭。

表5－8　　个人账户注销申请书样式

申请注销				
客户填写	客户姓名	吕云	账号/卡号：7001999990000000614	
	注销内容	存折□　借记卡□　信用卡☑		
	是否有未清偿债务	否☑　是□ 若选择“是”，请填写：币种：______　金额：______元		
	证件名称及签发单位	身份证 深圳市公安局	证件号码	443138198602280665
	申请人地址	深圳市宝安区40号玫瑰花园5栋108房	联系电话	15269693558
	注销原因	不再使用该类型信用卡		
本人保证以上信息真实，且已确认知悉该卡注销后将自注销之日起无法继续使用，本人自愿按银行相关规定申请办理上述业务。 客户签名：吕云 2018年12月20日			模拟银行广州番禺支行 2018.12.20 业务专用章 银行签章 2018年12月20日	

经办：王飞　　　　复核：　　　　受理机构：广州番禺支行

2. 单位信用卡销户的处理。单位信用卡销户必须审核单位介绍信，其余手续比照个人信用卡销户手续办理。

操作步骤

客户吕云信用卡销户业务操作界面见图5－24至图5－26。首先进行销户申请，填写相关信息后执行。此时卡片处于申请结清状态，然后将卡片进行结清处理，完成信用卡销户步骤。

图 5－24　信用卡销户

图 5－25　信用卡结清

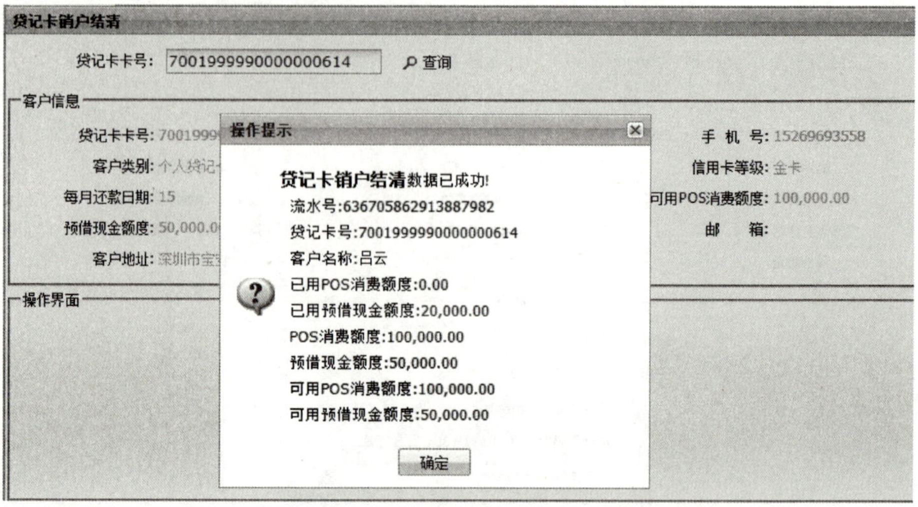

图 5-26　信用卡销户结清成功

案例：银行卡挂失期间被盗刷案例

拓展阅读

信用卡套现的危害

“信用卡套现”是指持卡人不是通过正常合法手续（ATM 或柜台）提取现金，而通过其他手段将卡中信用额度内的资金以现金的方式套取，同时又不支付银行提现费用的行为。信用卡套现是一种违法犯罪行为，持卡人应坚决抵制。

对于持卡人而言，信用卡套现行为也给自己带来极大的风险。表面上，持卡人通过套现获得了现金，减少了利息支出，但实质上，持卡人终究是需要还款的，如果持卡人不能按时还款，就必须负担比透支利息还要高的逾期还款利息，而且可能造成不良的信用记录，以后再向银行借贷资金就会非常困难，甚至还要承担个人信用缺失的法律风险。

我们来看看一个利用信用卡套现被骗并影响征信记录的案例。

张某信用卡额度只有6000元，已正常使用六个月，希望能够提升额度来购买一部 iphone 手机。后在网上看到某中介可以进行远程套现，中介向张某介绍现在最新技术通过第三方扫码支付，可以进行信用卡套现，当时到账当时返现；张某信以为真，通过微信支付向中介提供的二维码支付1000元，却迟迟没有收到返现，此时网上中介已将张某拉黑。张某被骗后仍不甘心，自己购买了一台蓝牙小 POS 机，据商家称这台蓝牙小 POS 机可以自动跳转商户，可以有效避免银行的风控，张某经过多次试用，的确发现每次小票上的消费商户都会跳转便放心地开始使用。但是一个月后，张某却接到了银行风控通知：信用卡封卡，原因是涉嫌套现。此后张某无法再使用该信用卡，在申请其他信用卡时也因为有不良征信记录而被拒绝。

套现的行为带来的风险远远大于能获取的那一点点收益，信用卡持卡人应当自觉遵守金融法规秩序，合规使用信用卡，切不可主动或协助参与信用卡套现行为。

操作要点

办理信用卡开卡激活、存取款、销户和挂失的业务。

知识要点

1. 信用卡特点。
2. 信用卡开卡激活、存取款、挂失、销户等业务规范流程。

问题讨论

1. 借记卡和贷记卡有哪些区别？
2. 信用卡使用要防范哪些风险？

推荐阅读

1. 《中国人民银行关于信用卡业务有关事项的通知》（银发〔2016〕111 号）。
2. 《关于防范信用卡风险有关问题的通知》（银发〔2006〕84 号）。

思考与练习

1. 按照规定的程序进行信用卡业务操作；
2. 查找各大银行推出的热销信用卡，分析各种信用卡的特点。

6

项目六 支付结算柜面业务

文本：中国人民银行支付结算办法

学习目标

知识学习目标：

1. 熟悉同城票据业务的业务流程。
2. 熟悉汇兑业务的处理流程。
3. 熟悉支票、汇票、本票的业务流程。
4. 熟悉委托收款与托收承付的业务流程。

技能训练目标：

1. 能熟练办理同城柜面业务；
2. 能熟练办理汇兑柜面业务；
3. 能熟练完成柜面支票、银行本票、银行汇票、商业汇票结算业务；
4. 能熟练办理委托收款与托收承付业务。

工作任务

应完成的工作任务：

1. 办理辖内同城柜面业务；
2. 办理汇兑柜面业务；
3. 办理支票、银行本票、银行汇票、商业汇票柜面业务；
4. 办理委托收款、托收承付柜面业务。

完成工作任务应提交的标志性成果：

1. 熟练完成柜面支票、银行本票、银行汇票、商业汇票的结算业务。

标志性成果有申请书回单、结算成功后的电子汇划凭证。

2. 熟悉委托收款与托收承付的业务处理与同城支付结算的业务处理。标志性成果有业务委托书、同城交换后的电子汇划凭证。

业务场景

商业银行对外营业机构的综合柜台、清算中心。主要参与者：柜员、复核后台、会计主管等。

模块一
同城票据交换

任务描述

同城票据交换业务是指我行客户与在同城他行开户的客户进行资金转账的业务。同城业务涉及银行间票据的交换，业务主要有提出、提入业务以及相应的资金清算。通过对本模块的学习，达到熟练办理提出借方、提出贷方、提入借方、提入贷方业务的目的。

微课：同城票据交换业务

PPT：同城票据交换业务

相关知识

一、同城票据交换业务的相关概念

同城票据交换是为了满足收、付款人在同一城市或规定区域但不在同一行处开户的企事业单位和个人之间办理资金清算的需要，由开户银行将有关的结算票据持往指定场所相互交换代收、代付票据，相互交换清算资金头寸的金融行为，是商业银行间结算工作的一项重要内容。同城票据交换由当地人民银行统一组织实施和管理，通过交换票据方式并按照人行相关规定在同一票据交换区域办理各商业银行和金融机构之间各种款项的票据资金清算。

1. 出票人、持票人。出票人是指签发票据的一方，通常是付款人。持票人是指持有票据一方，通常是收款人。

2. 同城。同城是指同一票据交换区，既指狭义的同城，即同一城市，也指广义的同城，即规定的区域，如长三角、珠三角区域，具体由各地人行根据结算业务的需要规定。

3. 票据交换所。票据交换所是指实施票据交换及清算职能的当地人民银行的执行机构，是各家商业银行完成实物票据交换的处理平台。

4. 交换票据的种类。交换的票据指支票、银行汇票、银行本票、进账单、托收凭证、特种转账凭证等遵循各地人民银行规定的允许参加同城交换业务的各种票据及凭证。其中支票是最主要的业务种类。

借方票据，这是银行内部参加同城票据交换业务的提法。比如说一张转账支票，从 A 行付款到 B 行，需要通过当地的人行票据交换所，即 A 行到交换所，交换所再到 B 行。提出、提入是指 A 行或 B 行相对于交换所的方向，从 A 行到交换所，叫 A 行的提出，从交换所到 B 行，叫 B 行的提入。

通俗地讲，借方票据就是指付款的单据，包括转账支票、本票、银行汇票、特种转账借方凭证；贷方票据，就是指收款的单据，包括与支（本、汇）票对应的银行进账单，特种转账贷方凭证。

5. 提出和提入。同城票据交换中所有由本网点提交出去票据就是提出，所有由其他行（网点）通过人民银行票据交换提给我行票据就是提入。提出和提入是指票据实物的流转，而非资金的流入、流出。

提出借方：本网点向其他行提出交换的借方票据，如本网点提出的转账支票、银行汇票、银行本票等。由对方银行付款，本行收款。

提出贷方：本网点向其他行提出交换的贷方票据，如本网点提出的进账单、委托收款凭证和税单等凭证。由对方银行收款，本行付款。

提入借方：本网点收到其他行提入的借方票据，如本网点收到其他行提入转账支票、汇票等。由对方银行收款，本行付款。

提入贷方：本网点收到其他行提入的贷方票据，如本网点收到其他行提入的进账单、委托收款凭证和税单等凭证。由对方银行付款，本行收款。

6. 交换场次。同城票据交换的场次可以是一天两场，也可是一天一场，根据各行的规定确定。经办人员于场次切换时间（根据人行规定各地自定），调用“交换场次”切换交易，将交换场次切换到下一个场次。场次切换后，此后受理的票据将在下一场提出。

参加两场交换的机构一天必须切换两次，参加一场交换的机构一天只能切换一次。

二、票据交换的原则

票据交换必须贯彻“先付后收、收妥抵用、银行不垫款”的原则。“先付后收、收妥抵用”是指收、付款人之间受理票据，在提交开户银行以后要等银行通过内部账务处理（或票据清算）将款项从付款单位账户付出，并收入收款单位账户后，才能支用。

三、票据交换业务审核的内容

收到客户或票据交换员交来的票据，应按《中国人民银行支付结算方法》（银发［1997］393 号）等相关规定进行审核。审核的主要内容有：

1. 票据和结算凭证是否按中国人民银行统一规定印制。

2. 票据和结算凭证的填写是否按规定记载，记载的事项是否齐全，出票金额、出票日期、收款人名称不曾更改，其他记载事项更改的是否已由原记载人签章证明。

3. 票据和结算凭证的大小写金额是否一致，凭证上下联次金额是否相符。

4. 背书转让的票据是否在规定的范围内转让，其背书是否连续，签章是否符合规定，背书使用粘单的是否按规定在粘接处签章。

5. 对提入的票据还需审核凭证上是否加盖提出行的票据交换专用章和其他当地人民银行要求的章戳。

6. 对不同票据和结算凭证还应对其特性方面进行审核。票据交换中，提入行对提出行的票据因大小写金额不符、账户户名不符、票据内容涂改、票据过期、印鉴不符、付款人金额不足等，应按规定在下一场将票据退回原提出行，其中，对于印鉴不符、付款人余额不足的，在退票的同时还需按票面金额的 5%，但不少 1000 元对付款人进行罚款。

四、票据交换的岗位分工

1. 票据交换章应指定专人妥善保管，票据交换员不得保管票据交换章及兼管其他用于票据交换的印章，不得保管空白凭证。

2. 票据交换员不得兼任记账员、复核员和账务核对工作。

3. 票据清算人员不得兼任票据交换员之职，票据清算员对提出他行票据要加强复核，对支票和进账单的收款人，账号及审核人签章等要进行全面认真复核，不能只核对金额。

4. 提出、提入的票据必须由票据清算员复核，票据清单与票据要核对相符，未经票据清算员复核清点的票据，不得提出交换和办理入账。

5. 提出行对提出的借方票据按“收妥抵用”的原则，采取隔场入账方式处理。

6. 磁码机必须指定专人保管使用。

7. 办理交换退票时，必须填制一式三联“退票理由书”（或退票通知书）并加盖“票据交换章”，无票据交换章的网点则加盖“业务用公章”并由其交换集中点加盖“票据交换章”。

8. 电子同城录入员、复核员、发送员不得混岗。如当地人民银行另有规定的，则按人民银行规定执行。

五、同城交换提入票据集中处理模式

提入票据集中处理模式，指票据业务集中处理中心对其所辖同城票据交换区域内的所有网点的提入票据做集中、统一处理，以大幅降低管理和运营成本，提升其会计结算业务集约化经营和扁平化管理的水平。对提入的票据原则上不返回原开户行处理，有条件的行应集中处理提入票据。交换提入的票据由票据集中处理中心操作员按规定进行审核，确保提入票据的真实性、合法性、完整性和准确性。审核无误后，根据提入行交换号、收付款方、业务种类分别进行处理。

案例：同城票据交换业务流程

业务流程

在同城交换提入票据集中处理模式下，提入的票据由票据中心统一处理，提出的票据由各网点分别进行提出。具体的业务流程见图6－1。

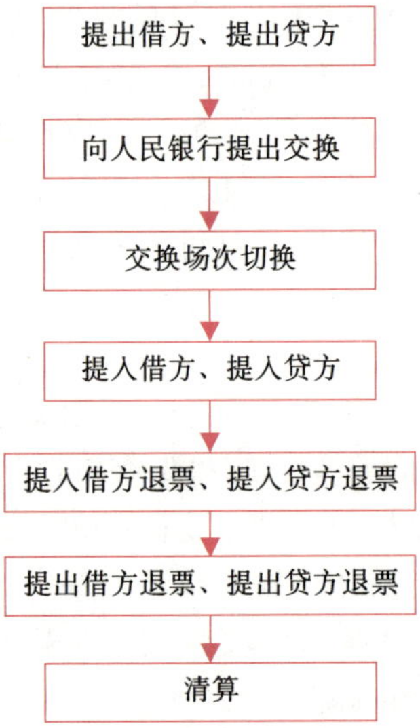

图6－1　同城票据交换业务流程图

1. 提出借方、提出贷方。此交易由各网点办理，在系统中录入提出借方、提出贷方票据信息，并每日定时交票据交换员。

2. 提出交换。由票据中心办理，将网点录入的提出借方、贷方的总笔数和总金额与系统每场合计数核对，一致则提出交换，同时切换交换场次。

3. 提入借方、提入贷方。票据中心收到提入的票据，审核无误后将票据要素录入系统中，直接记账。

4. 提入借方退票、提入贷方退票。票据中心收到提入的票据不符合规定，在规定的退票时间内退回原提出行。

5. 提出借方退票、提出贷方退票。票据中心先进行退票查询，再将票据退给持票人。

6. 清算。

业务一 提出借方业务

业务描述

汉东市宇林商贸有限公司（本支行开户客户）作为收款人持有一张付款人汉东市科迪机械设备有限公司（开户行：农业银行模拟银行）开出的票面金额为 100000 元的转账支票，柜员使用进账单为汉东市宇林商贸有限公司的出纳办理支票入账，对方交换号 103584000324，录入之后进行复核。

操作步骤

一、审核客户提交的票据要素

经办柜员收到客户提交的借方票据和一式三联进账单，应按照《中国人民银行支付结算方法》和相关业务规定进行审核（见图 6－2、图 6－3）。经办柜员审核无误后，在同城票据交换系统中选择“同城提出借方”交易，录入该笔业务。在“进账单”第一联加盖“业务受理专用章”交持票人，将支票和“进账单”第二联日间专夹保管，作为当日待提出票据。

操作动画：提出借方业务

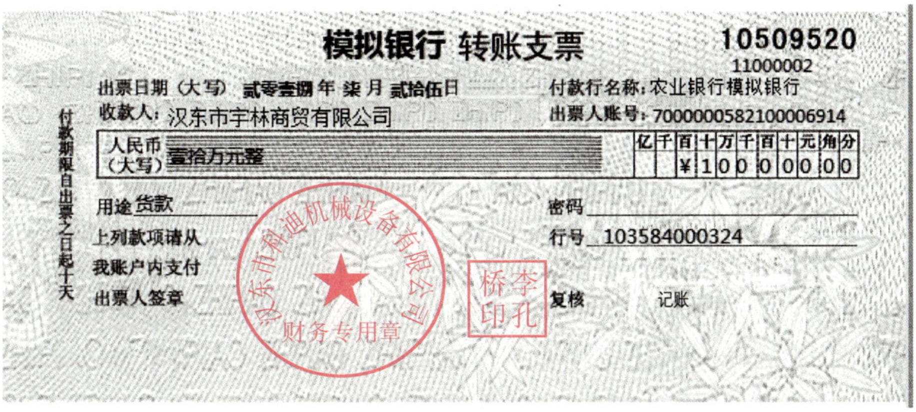
模拟银行 转账支票 10509520
11000002
出票日期（大写）贰零壹捌年柒月贰拾伍日 付款行名称：农业银行模拟银行
收款人：汉东市宇林商贸有限公司 出票人账号：7000000582100006914
付款期限自出票之日起十天

人民币（大写）	亿	千	百	十	万	千	百	十	元	角	分
壹拾万元整			¥	1	0	0	0	0	0	0	0

用途 货款 密码
上列款项请从 行号 103584000324
我账户内支付
出票人签章 复核 记账
汉东市科迪机械设备有限公司 财务专用章
桥李印孔

图 6－2 转账支票

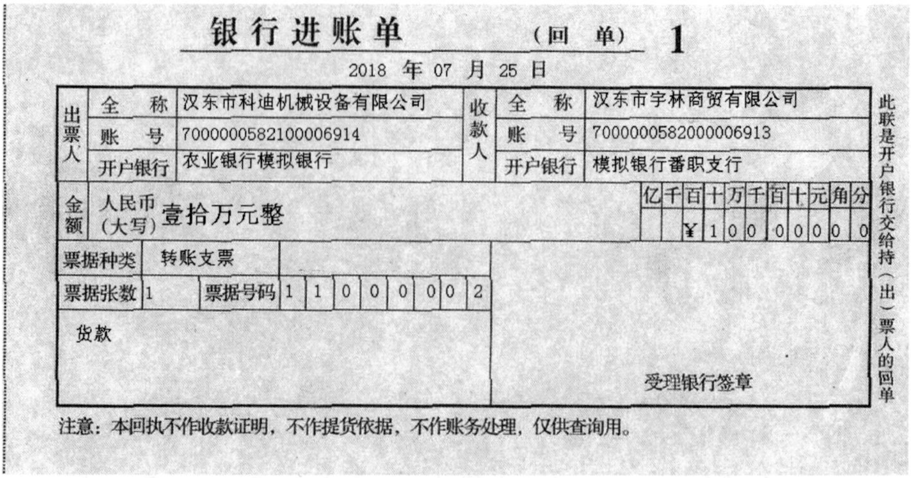
银行进账单 （回 单） 1

2018 年 07 月 25 日

出票人	全 称	汉东市科迪机械设备有限公司	收款人	全 称	汉东市宇林商贸有限公司
	账 号	7000000582100006914		账 号	7000000582000006913
	开户银行	农业银行模拟银行		开户银行	模拟银行番职支行
金额	人民币（大写）	壹拾万元整		亿千百十万千百十元角分	¥10000000
票据种类	转账支票				
票据张数	1	票据号码	11000002		
货款				受理银行签章	

此联是开户银行交给持（出）票人的回单

注意：本回执不作收款证明，不作提货依据，不作账务处理，仅供查询用。

图6-3 进账单第一联

二、系统操作

1. 提出借方录入，操作界面见图6-4。

图6-4 提出借方业务

"收款账号"是本部门开户的对公存款账户；"收款人凭证种类"选择其他凭证和内部凭证时，凭证号码不填，当选择进账单时，凭证号码为出库的凭证号码；"对方交换号"为对方行号；"付款人账号"为支票出票人账号；"付款人凭证种类"选择其他凭证和内部凭证时，凭证号码不填，当选择转账支票时，凭证号码为出售的支票号码；"金额"为票面金额。

2. 提出借方复核。

在经办柜员进行提出借方录入系统操作后，必须换由复核柜员（或业务主管）对录入业务进行复核系统操作（见图6-5）。

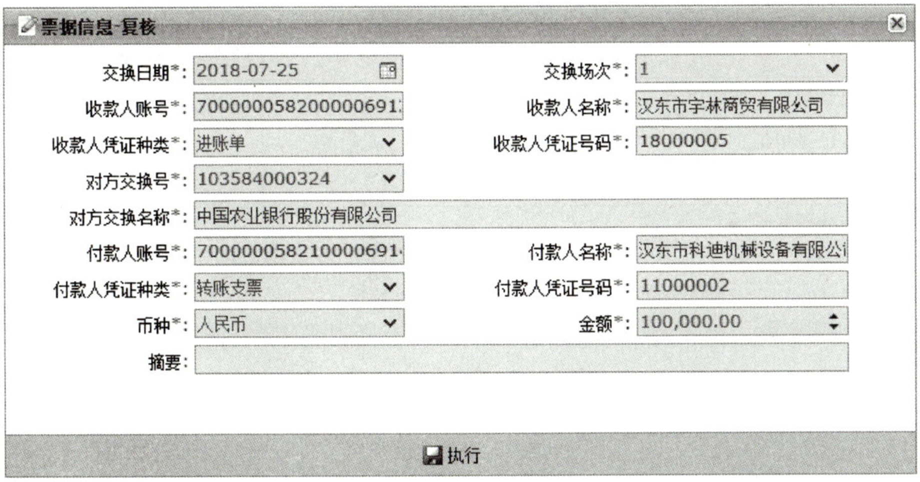

图 6－5　提出借方复核

3. 提出借方退票。

当我行提出的借方票据被对方提入行退票时，在人民银行规定的退票时间内接到对方银行的“退票理由书”（如表 6－1 所示），将一联“退票理由书”和相关借方票据退客户，同时填制借、贷方记账凭证各一联，以退票理由书作借方记账凭证的附件。我行接到交换过来的退票，在系统中进行同城提出退票交易，操作界面见图 6－6，完成后该报单的状态为“退票”。

表 6－1　　退票理由书

2018 年 07 月 26 日

出票单位 汉东市科迪机械设备有限公司

票据号码 11000002

项目	内　容	退票理由
账户款项不足	1. 存款不足	
	2. 超过放款批准额度或经费限额	
内容填写	3. 非用墨汁或碳素墨水填写	
	4. 金额大小写不全、不清楚	√
	5. 未填写收款单位或收款人	
	6. 未填写款项用途或填写不明	
	7. 按照国家政策规定不能支付的款项	
日期	8. 出票日期已过有效期限	
	9. 非即期支票	
背书签章	10. 背书人签章不清、不全、空白	
	11. 背书人签章与预留银行印鉴不符	
涂改	12. 支票大小写金额和收款人名称涂改	
	13. 日期、账号等涂改处未盖预留银行印鉴证明	

续表

项目	内　　容	退票理由
其他	14. 此户已结清、无此账户	
	15. 出票人已经申请止付	
	16. 非本行承付支票	
	17. 非该户领用此支票	

银行盖章：

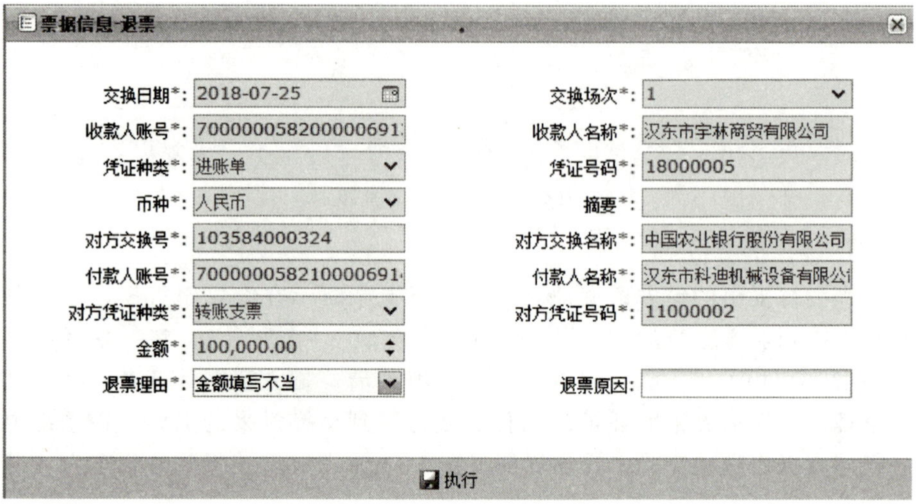

图6-6　提出借方退票

4. 提出退票签收。

我行通知客户领取退回的票据，并让客户签收退票。操作界面见图6-7。

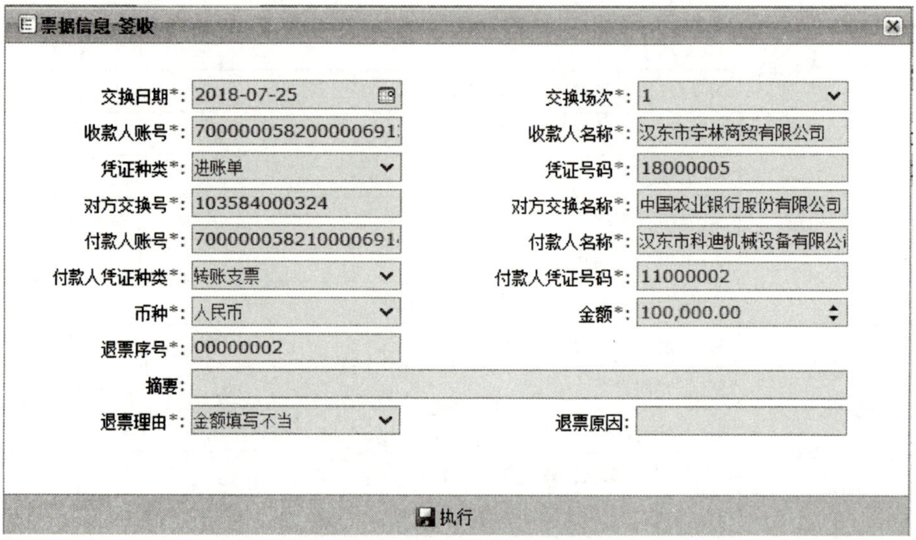

图6-7　提出借方退票签收

业务二　提出贷方业务

微课：提出、提入业务

PPT：提出、提入业务

操作动画：提出贷方业务

业务描述

付款人汉东市宇林商贸有限公司（本支行开户客户）开出一张票面金额为6000元的转账支票给收款人汉东市科迪机械设备有限公司（开户行：工商银行模拟银行），汉东市科迪机械设备有限公司出纳持该支票到本行办理进账单进账手续。本行柜员按票面金额从汉东市宇林商贸有限公司账户中扣除对应金额，对方交换号102584009198，录入之后进行复核。

操作步骤

一、审核客户提交的票据要素

当客户提交票据及贷方凭证时（见图6－8、图6－9），柜员应按照《中国人民银行支付结算办法》和相关业务规定进行审核。此项业务中涉及的票据主要是指支票、进账单等，并且票据付款人在我行开户。

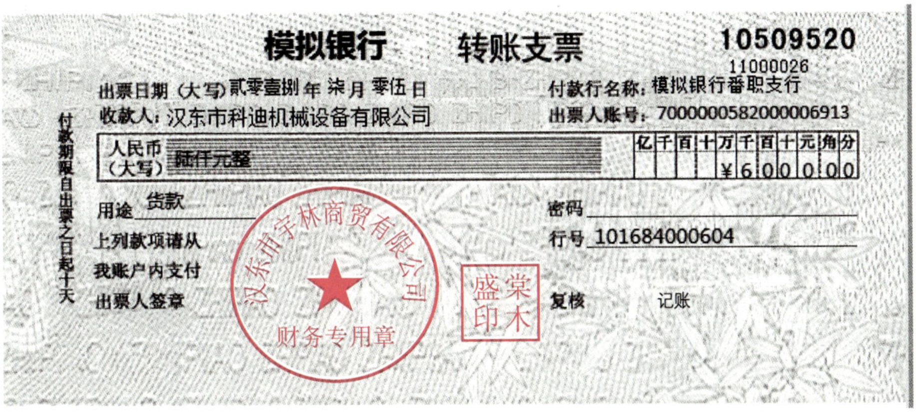
模拟银行　转账支票　10509520

11000026

出票日期（大写）贰零壹捌年柒月零伍日　付款行名称：模拟银行番职支行

收款人：汉东市科迪机械设备有限公司　出票人账号：7000000582000006913

付款期限自出票之日起十天

人民币（大写）	陆仟元整	亿	千	百	十	万	千	百	十	元	角	分
						¥	6	0	0	0	0	0

用途　货款　密码

上列款项请从我账户内支付　行号　101684000604

出票人签章　复核　记账

图6－8　转账支票

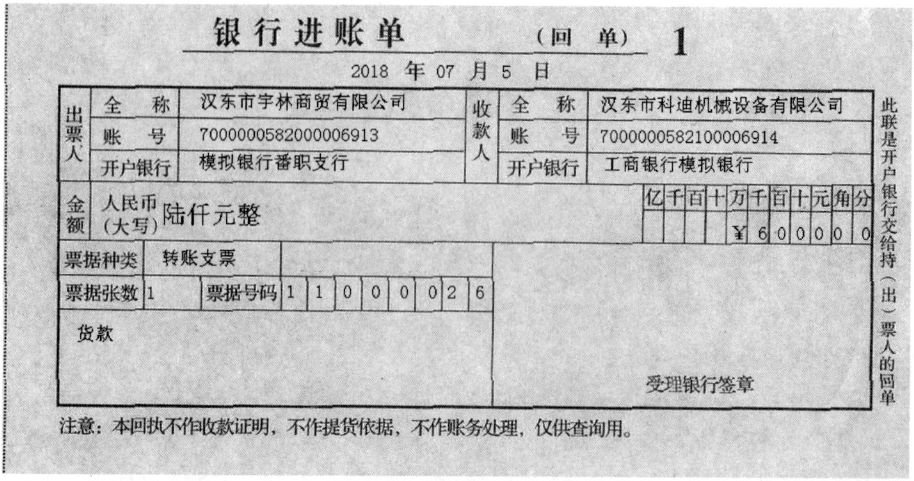

银行进账单 （回 单） 1

2018 年 07 月 5 日

出票人	全　称	汉东市宇林商贸有限公司	收款人	全　称	汉东市科迪机械设备有限公司
	账　号	700000582000006913		账　号	700000582100006914
	开户银行	模拟银行番职支行		开户银行	工商银行模拟银行
金额	人民币（大写）	陆仟元整		亿千百十万千百十元角分	￥600000
票据种类	转账支票				
票据张数	1	票据号码	11000026		
货款				受理银行签章	

此联是开户银行交给持（出）票人的回单

注意：本回执不作收款证明，不作提货依据，不作账务处理，仅供查询用。

图6－9　进账单第一联

二、系统操作

审核票据无误后，经办柜员在主界面下选择“同城提出贷方”，进入提出贷方录入界面。

1. 提出贷方录入。

“付款人账号”为本行开户的对公账号；当“付款人凭证种类”选择其他凭证和内部凭证时，凭证号码不填，当选择转账支票时，凭证号码为出售的支票号码；“对方交换号”为对方行号；“收款人凭证种类”选择其他凭证和内部凭证时，凭证号码不填，当选择进账单时，凭证号码为出库的凭证号码；“金额”为票面金额。操作界面（见图6－10），录入信息并核对信息是否正确，执行后将显示同城提出贷方录入数据已成功进入系统。

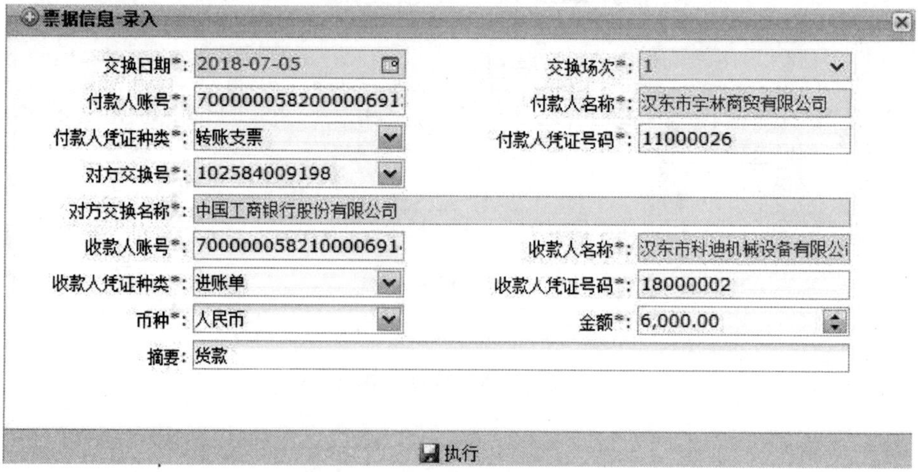

图6－10　提出贷方录入

2. 提出贷方复核。

在经办柜员进行提出贷方录入系统操作后，必须换由复核柜员（或业务主管）对录入业务进行复核系统操作（见图6－11）。

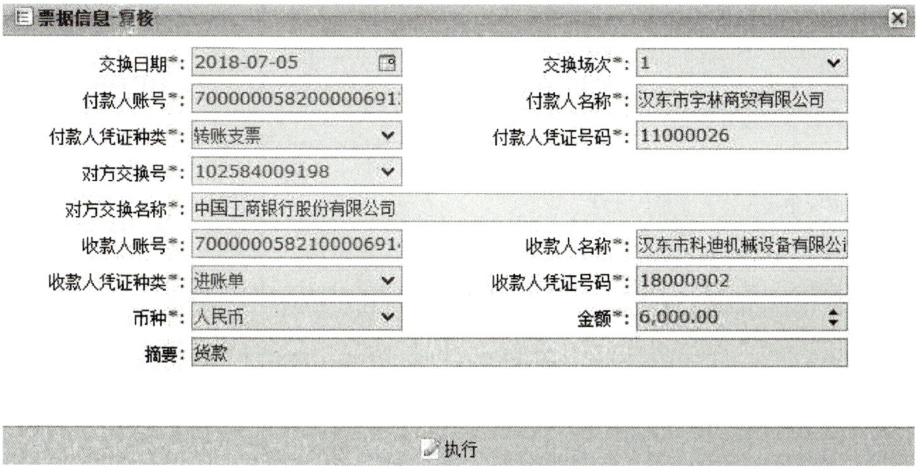

图6－11　提出贷方复核

复核成功以后，进行账务查询，核对资料是否成功入账，点击“综合查询”，在“交易查询”菜单下选择“账户账务查询”，输入账号和日期即可查询，查询结果见图6－12。

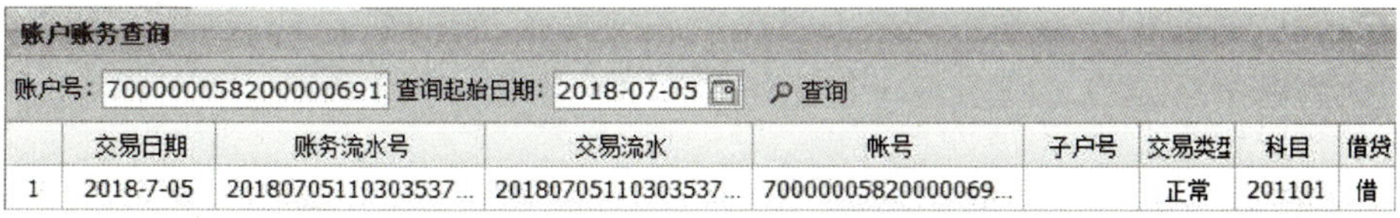
账户账务查询

账户号: 700000058200000691　查询起始日期: 2018-07-05　查询

	交易日期	账务流水号	交易流水	帐号	子户号	交易类型	科目	借贷
1	2018-7-05	20180705110303537…	20180705110303537…	70000005820000069…		正常	201101	借

图6－12　提出贷方账务查询

柜员将支票作为当日会计传票上缴，进账单第二联加盖网点业务专用章后作为当日待提出票据，进账单第一联加盖业务受理章后退回给客户。

3. 提出贷方退票。

该交易用于提出贷方退票时的业务处理，即我行提出票据被对方行退票并且退票理由书和所退票据已通过交换到达我行时进行的操作，完成后该报单的状态修改为“退票”。“退票理由书”如表6－2所示，操作界面见图6－13。

表6－2　　**退票理由书**

2018年07月05日

出票单位　汉东市宇林商贸有限公司

票据号码　11000026

项目	内容	退票理由
账户款项不足	1. 存款不足	
	2. 超过放款批准额度或经费限额	

续表

项目	内容	退票理由
内容填写	3. 费用墨汁或碳素墨水填写	
	4. 金额大小写不全、不清楚	
	5. 未填写收款单位或收款人	
	6. 未填写款项用途或填写不明	
	7. 按照国家政策规定不能支付的款项	
日期	8. 出票日期已过有效期限	
	9. 非即期支票	
背书签章	10. 背书人签章不清、不全、空白	
	11. 背书人签章与预留银行印鉴不符	
涂改	12. 支票大小写金额和收款人名称涂改	√
	13. 日期、账号等涂改处未盖预留银行印鉴证明	
其他	14. 此户已结清、无此账户	
	15. 出票人已经申请止付	
	16. 非本行承付支票	
	17. 非该户领用此支票	

工商银行模拟银行 票据交换章

银行盖章：

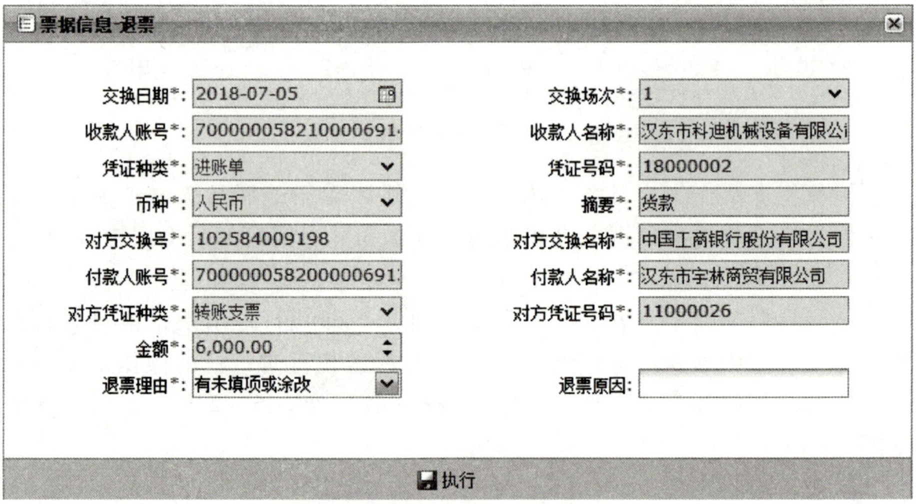

图 6-13　提出贷方退票

4. 提出退票签收。

我行通知客户领取退回的票据，并让客户签收退票。操作界面见图 6-14。

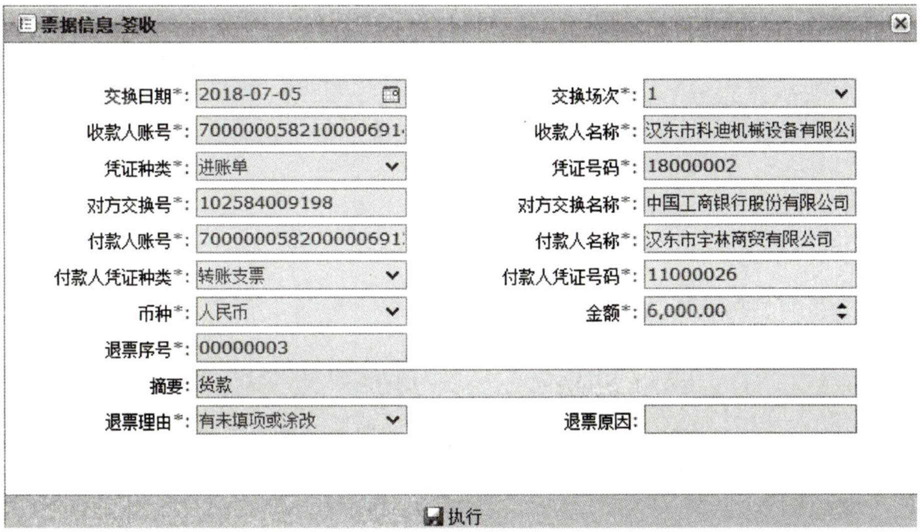

图 6－14　提出贷方退票签收

业务三　提入借方业务

微课：提出、提入业务

PPT：提出、提入业务

☞ 业务描述

汉东市宇林商贸有限公司（本行开户客户）开出一张票面金额为1万元的转账支票给汉东市科迪机械设备有限公司（开户行：中国银行模拟银行），转账支票的签发日期为交易当日，汉东市科迪机械设备有限公司出纳到其开户行办理进账单进账手续，后经票据交换传递到我行。我行经办人员收到票据交换员交来的票据后，办理提入借方业务，录入之后进行复核。

操作步骤

一、审核票据要素

经办人员收到票据交换员交来的票据（见图 6－15）后，按照《中国人民银行支付结算方法》和相关业务规定进行审核。注意提入的票据需加盖提出行的票据交换章。

操作动画：提入借方业务

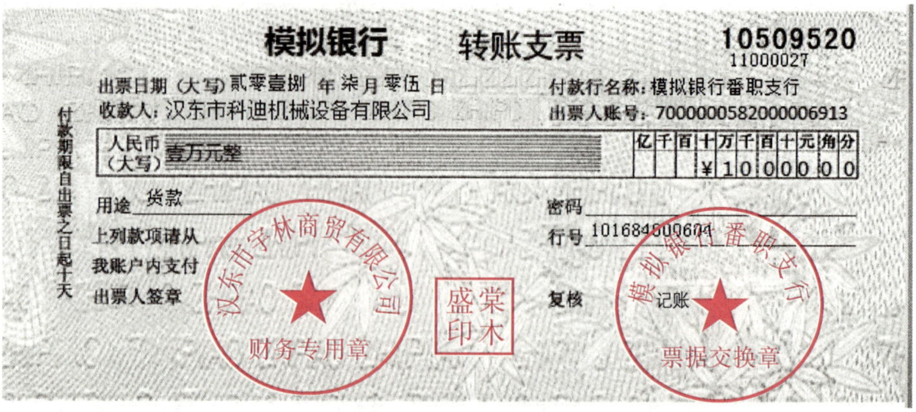

图 6－15 转账支票

二、系统操作

1. 提入借方录入。

在模拟系统中，需先切换场次之后，再进行提入操作。进入同城业务“同城场次切换”操作界面（见图 6－16），点击“录入”，录入场次信息。录入成功后点击“添加”按钮，添加到票据信息。模拟系统默认每天进行两场交换，第一场交换为场次 1，第二场交换为场次 2。日间切换下一场次时，表示本场业务已经处理结束，同时也表示下一场业务开始。场次切换规则按日期、场次递增。如果场次 1 结束后进行切换，则下场场次为 2，日期仍是当天的日期；如果场次 2 结束后进行切换，则下场场次为次日 1 场，日期为下一个工作日。

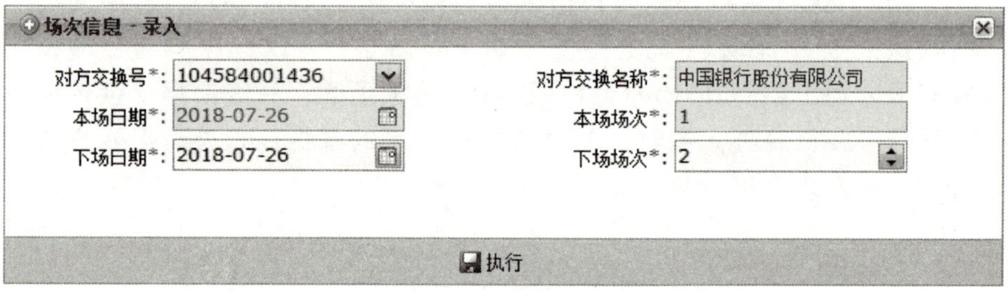

图 6－16 交换场次切换

经办人员在主界面下选择“同城提入借方”，在操作界面选择票据记录，点击“录入”，即可进入同城提入借方录入界面。“付款账号”是本行对公存款账号，回车后显示对应付款人名称；“付款人凭证类型”选择其他凭证和内部凭证时，凭证号码不填，当选择转账支票时，凭证号码为出售的凭证号码；“金额”为票面金额。图 6－17 为提入借方录入操作界面。

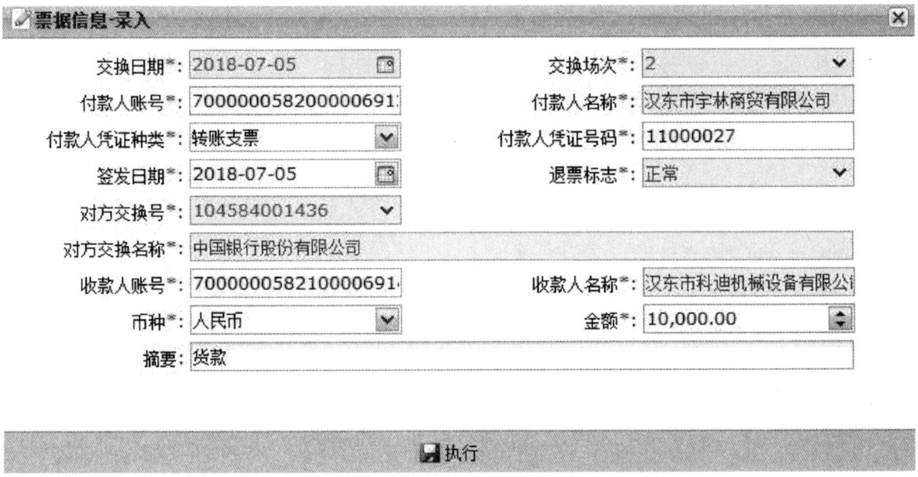

图 6-17　提入借方录入

2. 提入借方复核。

经办柜员将提入借方票据交给复核柜员，复核柜员进入同城提入借方的复核操作界面，审核票据要素正确、系统录入信息无误后提交。

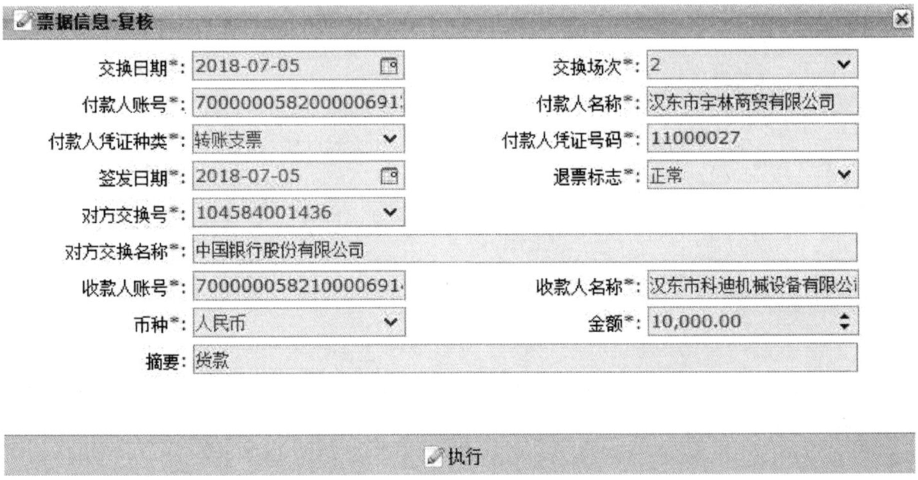

图 6-18　提入借方复核

3. 提入借方退票。

经办人员经审核，对票面要素有误、验印不通过或余额不足的票据，在退票系统中做退票处理，同时电话通知对方行，填制“退票理由书”并加盖“票据交换章”（如表 6-3 所示），同时登记“退票登记簿”，退票理由书及票据作为当日待提出票据。操作界面见图 6-19。

表 6－3

退票理由书

2018 年 07 月 05 日

出票单位 汉东市宇林商贸有限公司

票据号码 11000027

项目	内容	退票理由
账户款项不足	1. 存款不足	√
	2. 超过放款批准额度或经费限额	
内容填写	3. 费用墨汁或碳素墨水填写	
	4. 金额大小写不全、不清楚	
	5. 未填写收款单位或收款人	
	6. 未填写款项用途或填写不明	
	7. 按照国家政策规定不能支付的款项	
日期	8. 出票日期已过有效期限	
	9. 非即期支票	
背书签章	10. 背书人签章不清、不全、空白	
	11. 背书人签章与预留银行印鉴不符	
涂改	12. 支票大小写金额和收款人名称涂改	
	13. 日期、账号等涂改处未盖预留银行印鉴证明	
其他	14. 此户已结清、无此账户	
	15. 出票人已经申请止付	
	16. 非本行承付支票	
	17. 非该户领用此支票	

模拟银行番职支行 票据交换章

银行盖章：

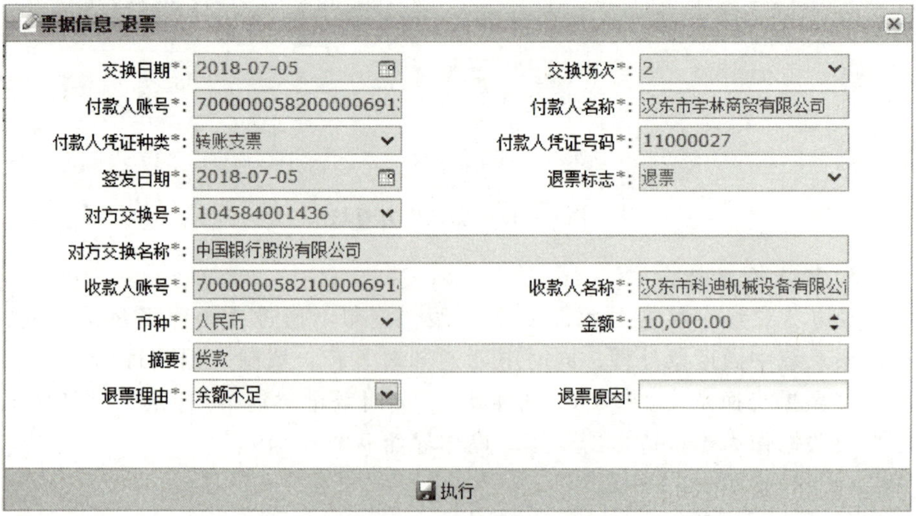

图 6－19 提入借方退票

微课：提出、提入业务

微课：提出、提入业务

操作动画：提入贷方业务

业务四　提入贷方业务

业务描述

汉东市宇林商贸有限公司（本行开户客户）持有一张付款人为汉东市科迪机械设备有限公司（开户行：中国银行模拟银行）开给本公司的转账支票，交易金额为50000元，汉东市宇林商贸有限公司出纳到中国银行办理进账手续。手续办理完成后，该进账单经中国银行提交到同城票据交换中心，再传递到本行。经办人员收到票据交换员交来的票据后，办理提入贷方业务，录入之后进行复核。

操作步骤

一、审核客户提交的票据要素

经办人员收到票据交换员交来的进账单第二联（见图6－20），按照《中国人民银行支付结算办法》和相关业务规定进行审核。注意提入的票据需加盖提出行的票据交换章。

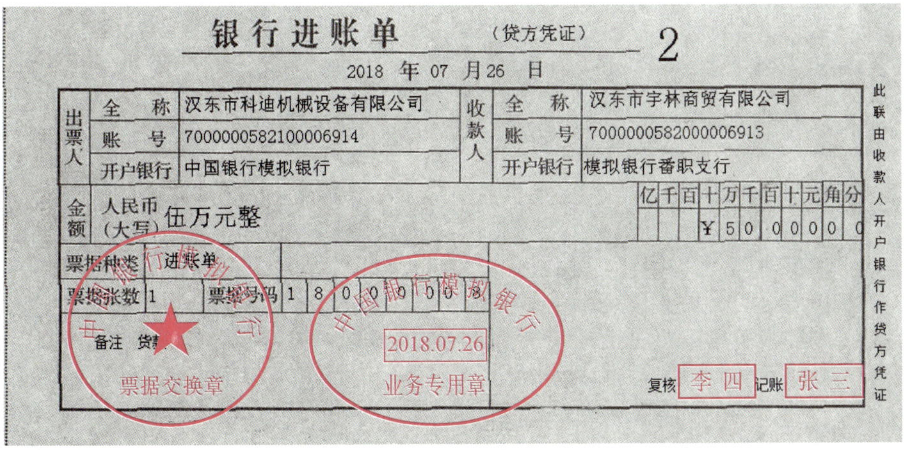

银行进账单　（贷方凭证）　2

2018年07月26日

出票人	全　称	汉东市科迪机械设备有限公司	收款人	全　称	汉东市宇林商贸有限公司
	账　号	7000000582100006914		账　号	7000000582000006913
	开户银行	中国银行模拟银行		开户银行	模拟银行番职支行
金额	人民币（大写）	伍万元整	亿千百十万千百十元角分		¥5000000
票据种类	进账单				
票据张数	1	票据号码	18000008		
备注　贷款				复核　李四	记账　张三

此联由收款人开户银行作贷方凭证

图6－20　进账单第二联

二、系统操作

（一）提入贷方录入

柜员在主界面下选择“同城提入贷方”，在操作界面选择票据记录，点击“录入”，即可进入同城提入贷方录入界面。“收款账号”是本部门活期存款账号，回车后显示对应账户名称；“收款人凭证种类”选择其他凭证和内部凭证时，凭证号码不填，当选择进账单时，凭证号码为出库的凭证号码；“金额”为票面金额。执行后显示成功信息，见图6－21。模拟系统需先进行交换场次切换再进行提入操作。

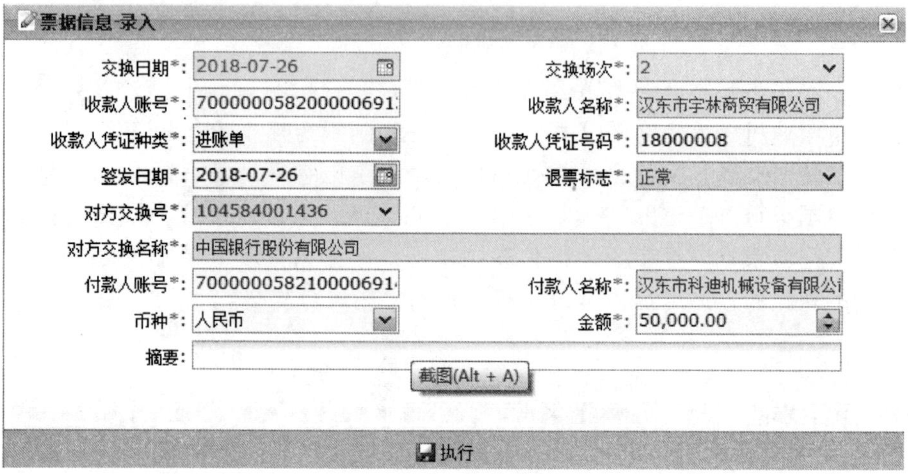

图6－21　提入贷方录入

（二）提入贷方复核

经办柜员将提入贷方票据交给复核柜员（见图6－22），复核柜员进入同城提入贷方的复核操作界面，审核票据要素正确、系统录入信息无误后提交。

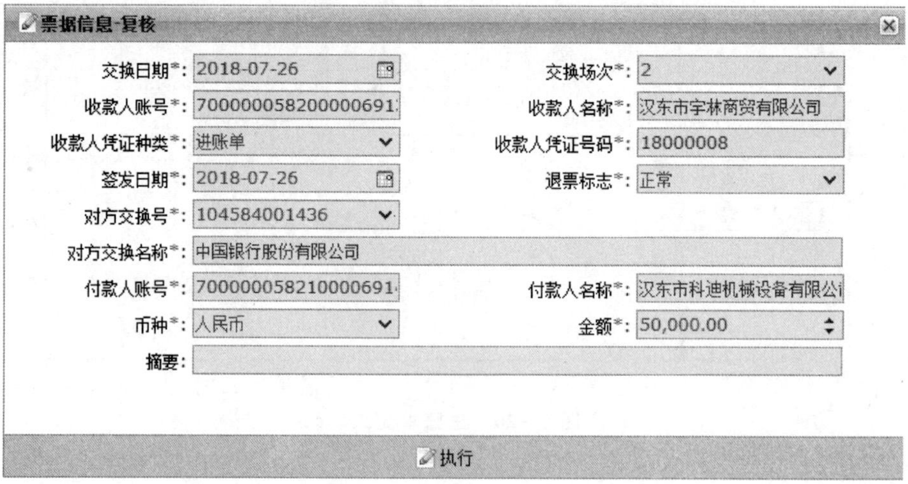

图6－22　提入贷方复核

（三）账务查询

经办柜员进行账务查询，见图6－23，显示已经入账。

图6－23　提入贷方入账查询

（四）提入贷方退票

经办柜员对提入的贷方票据若审核不通过，则进行退票处理，操作界面见图6－24。填制退票理由书（如表6－4所示），并加盖“票据交换章”，如表6－4所示，与所退票据一起作为当日待提出票据。

表6－4　退票理由书

2018年07月26日

出票单位　汉东市科迪机械设备有限公司

票据号码　18000008

项目	内容	退票理由
账户款项不足	1. 存款不足	
	2. 超过放款批准额度或经费限额	
内容填写	3. 费用墨汁或碳素墨水填写	
	4. 金额大小写不全、不清楚	√
	5. 未填写收款单位或收款人	
	6. 未填写款项用途或填写不明	
	7. 按照国家政策规定不能支付的款项	
日期	8. 出票日期已过有效期限	
	9. 非即期支票	
背书签章	10. 背书人签章不清、不全、空白	
	11. 背书人签章与预留银行印鉴不符	
涂改	12. 支票大小写金额和收款人名称涂改	
	13. 日期、账号等涂改处未盖预留银行印鉴证明	
其他	14. 此户已结清、无此账户	
	15. 出票人已经申请止付	
	16. 非本行承付支票	
	17. 非该户领用此支票	

模拟银行番职支行　票据交换章

银行盖章：

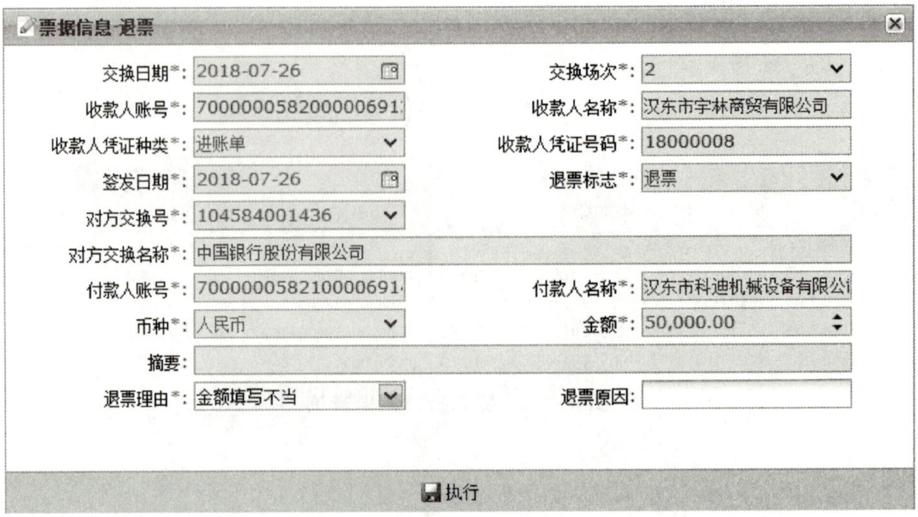

图6-24　提入贷方退票

操作要点

1. 审核客户交过来的票据，确认票据要素正确无误给予结算。
2. 进行提出借方、提出贷方业务的结算。
3. 进行提入借方、提入贷方业务的结算。

知识要点

1. 了解同城结算业务相关概念。
2. 熟悉同城结算业务规程。

问题讨论

出现退票的情况，提出与提入业务各应该如何处理？

推荐阅读

1. 查阅《中华人民共和国票据法》。
2. 查阅《关于加强银行结算工作的决定》。
3. 查阅《支付结算办法》。

思考与练习

1. 列出支付结算业务的操作程序。
2. 按照规定的程序进行同城结算业务的操作。

模块二
支票业务

任务描述

通过学习掌握支票相关知识、熟练操作支票业务。

微课：认识支票

PPT：认识支票

相关知识

支票是出票人签发的、委托办理支票存款业务的银行见票时无条件支付确定的金额给收款人或者持票人的票据。支票有现金支票、转账支票和普通支票三种。

一、支票的特点

支票适用于单位和个人，支票的基本当事人包括出票人、付款人和收款人。支票有三个特点：①使用方便，手续简便、灵活；②支票的提示付款期限自出票日起 10 天；③支票可以背书转让，但用于支取现金的支票不得背书转让。

二、支票的基本规定

1. 普通支票既能转账又能支取现金，但画线的普通支票只能转账，不得支取现金。

2. 用于转账的支票，只能在其同一票据交换区域内背书转让。

3. 支票必须记载的事项：表明“支票”字样、无条件支付的委托、确定的金额、付款人名称、出票日期、出票人签章。欠缺上列记载事项之一，支票无效。

4. 支票的金额、签发日期和收款人名称不得更改，更改的票据无效。

5. 支票付款人为支票上记载的出票人开户银行；支票的出票人为在经中国人民银行当地分支行批准办理支票结算业务的银行机构开立可以使用支票的存款账户的单位和个人。

6. 支票的金额、收款人名称，可以由出票人授权补记，未补记前，不得背书转让和提示付款。

7. 签发支票应用碳素墨水或墨汁填写，中国人民银行另有规定的除外。

8. 单位在支票上的签章，应为预留开户银行的签章；银行可以与出票人约定使用支付密码，作为银行审核支付支票金额的条件。

9. 银行不受理远期、过期支票。

10. 存款人领购支票，应提交购买凭证登记簿或支票领购单，填写业务收费凭证并加盖预留开户银行签章，银行应审验购买人身份。存款人结清销户时，必须将未使用的空白支票交回开户银行注销。客户因故无法交回剩余空白支票的，由其按规定出具有关证明并保证承担相应风险。

11. 银行经办人员向客户出售支票时，应在每张支票上加盖本行行名和存款人账号，在重要单证使用情况登记簿上登记领用日期、存款人名称、支票起止号码，并由客户在登记簿签收。

12. 禁止银行内部工作人员代客户购买空白支票，禁止替客户填写支票。

13. 禁止签发空头支票。对签发空头支票或签章与预留银行印鉴不符的支票，开户银行应按规定报告当地人民银行执罚；出票人对空头支票、签章不符或支付密码错误的支票，银行除予以退票外，人民银行按票面金额处以5%、但不低于1000元的罚款；持票人有权要求出票人赔偿支票金额2%的赔偿金。对屡次签发的，银行应停止其购买支票。

案例：假支票欺诈被银行堵截

风险点

支票业务风险控制要求

1. 严格审核支票与所附进账单金额及各要素是否一致。

2. 采用打码的支票，打印的磁码账号、票据号码、金额与支票上要素必须相符。

3. 背书必须连续、完整，使用粘单的，应按规定由第一个使用粘单的背书人加盖骑缝章。

4. 填写支付密码的支票未同时加盖预留印鉴，或支付密码错误，经办行应视同签章与预留印鉴不符退给客户。

5. 必须严格履行先审票后记账的业务处理顺序。

6. 对多次签发印鉴不符、余额不足支票的客户，应停止向其出售支票。

7. 持票人委托开户银行收款的，必须在支票背面作委托收款背书，背书签章与预留银行印鉴相符。通过票据交换办理的，应坚持“收妥入账，不予垫款”原则。

8. 严格掌握票据抵用时间，及时处理退票；换人核对提出交换的票据。

9. 严格审核取现账户的性质。

微课：支票业务

业务一 支票出售

业务描述

企业客户晋州市创展科技有限公司的出纳向开户银行申请购买转账支票一本，柜员为客户办理支票出售业务。

相关知识

PPT：支票业务

票据和结算凭证的填写规范

根据1996年1月1日起施行的《票据法》、1996年6月17日财政部颁发的《会计基础工作规范》以及中国人民银行制定的《正确填写票据和结算凭证》等法规文件，票据和结算凭证的填写规范如下：

1. 收、付款人名称的填写要与其在银行开户的名称完全一致。要求是：不写简称；不添字漏字；不写别字。个人姓名做到“三统一”：凭据上的、名章上的、身份证上的完全一致。

2. “付款人开户银行”处改手工填写为银行加盖条章。凡购买的支票等票据未盖银行名称条章的，应到银行补盖章。

3. “用途”栏的填写：现金支票有一定限制，一般填写“备用金”“差旅费”“工资”“劳务费”等。转账支票没有具体规定，可填写如“货款”“代理费”等。

4. 汉字大写金额数字的填写。如零、壹、贰、叁、肆、伍、陆、柒、捌、玖、拾、佰、仟、万、亿等，一律用正楷或者行楷书写，不得用〇、一、二、三、四、五、六、七、八、九、十、百、千等字代替，不得任意自造简化字。大写金额数字到元或者角为止的，在“元”或者“角”字之后应当写“整”字或者“正”字；大写金额数字有分的，分字后面不写“整”字或者“正”字。大写金额数字前未印有货币名称的，应当加填货币名称，货币名称与金额数字之间不得留有空白。

5. 阿拉伯小写金额数字前面，均应填写人民币符号“￥”。阿拉伯小写金额数字要认真填写，不得连写以致分辨不清。

6. 阿拉伯金额数字“0”的填写。阿拉伯金额数字中间有“0”时，汉字大写金额要写“零”字；阿拉伯数字金额中间连续有几个“0”时，汉字大写金额中可以只写一个“零”字；阿拉伯金额数字元位是“0”，或者数字中间连续有几个“0”、元位也是“0”但角位不是“0”时，汉字大写金额可以只写一个“零”字，也可以不写“零”字。

7. 票据的出票日期必须使用中文大写。为防止变造票据的出票日期，在填写月、日时，月为壹、贰和壹拾的，日为壹至玖和壹拾、贰拾和叁拾的，应在其前加“零”；日为拾壹至拾玖的，应在其前加“壹”。如1月15日，应写成零壹月壹拾伍日。再如10月20日，应写成零壹拾月零贰拾日。

操作步骤

一、资料审核

客户填写“邮电费、手续费、空白凭证收费单”（见图6－25），并加盖预留印鉴。柜员审核单据是否填写完整、正确，对单位签章进行电子验印，并要求出示购买人员身份证件，核对是否该单位的日常结算人员。审核无误后，为客户办理支票出售业务。

假设企业客户购买支票一本，必须手工记账支票工本费共30元，其中25张支票是一元一张，另外的5元是售卖支票的手续费，同时登记支票付出登记簿。

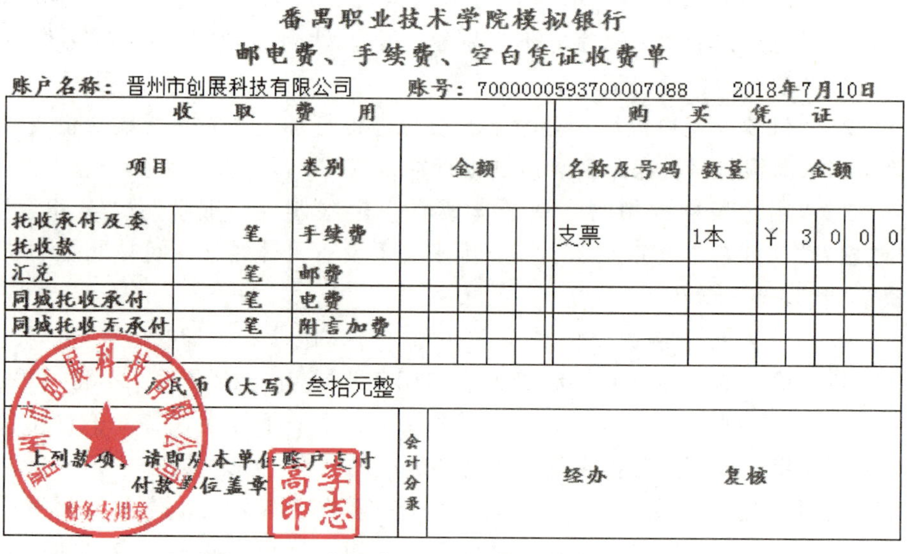

番禺职业技术学院模拟银行

邮电费、手续费、空白凭证收费单

账户名称：晋州市创展科技有限公司　账号：7000000593700007088　2018年7月10日

收取费用				购买凭证		
项目		类别	金额	名称及号码	数量	金额
托收承付及委托收款	笔	手续费		支票	1本	¥3000
汇兑	笔	邮费				
同城托收承付	笔	电费				
同城托收无承付	笔	附言加费				
人民币（大写）叁拾元整						
上列款项，请即从本单位账户支付　付款单位盖章		会计分录	经办		复核	

图6－25　邮电费、手续费、空白凭证收费单

二、支票出库

在操作过程中，票据必须要出库才能正常配发给柜员进行出售。前台柜员进入系统操作，在“钱箱管理”菜单下点击“凭证出库”操作界面，输入要出库的凭证类型和凭证号码。注意支票必须一次性出库25张，即整本出库。操作界面见图6－26。

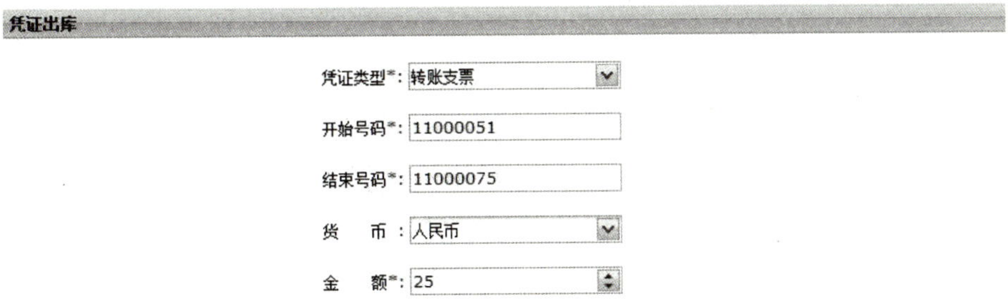

图 6－26　支票出库

三、支票出售

银行出售支票时，一般每个账户一次出售一本，对业务量大、路途较远的，可根据客户的实际情况酌情出售，但应以控制风险为主。对于全国通用的支票应在支票正面右下角支付密码栏下方加盖付款银行的银行机构代码（即支付系统行号）。对公账户类型为基本户、专用户或临时户才能出售现金支票，个人支票账户只能出售普通支票。

操作动画：支票出售

支票出售的界面见图 6－27。

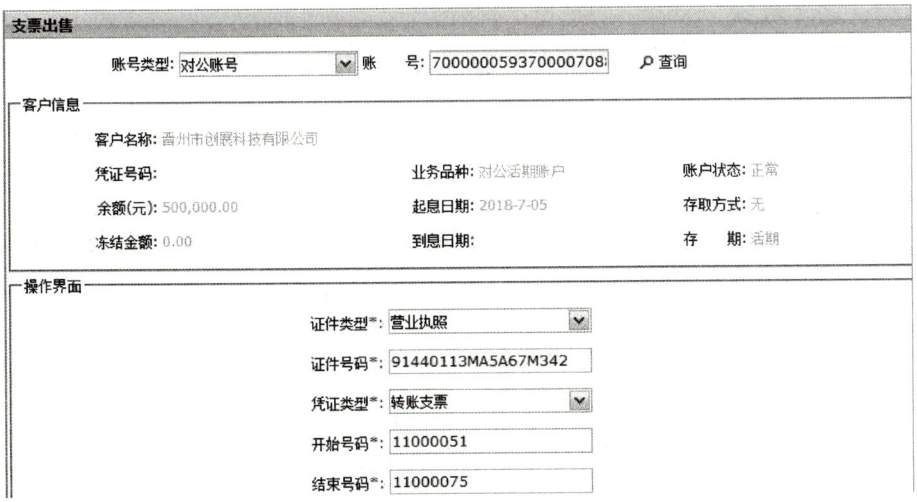

图 6－27　支票出售

四、取消支票出售

柜员取消将支票出售给客户，操作界面见图 6－28。

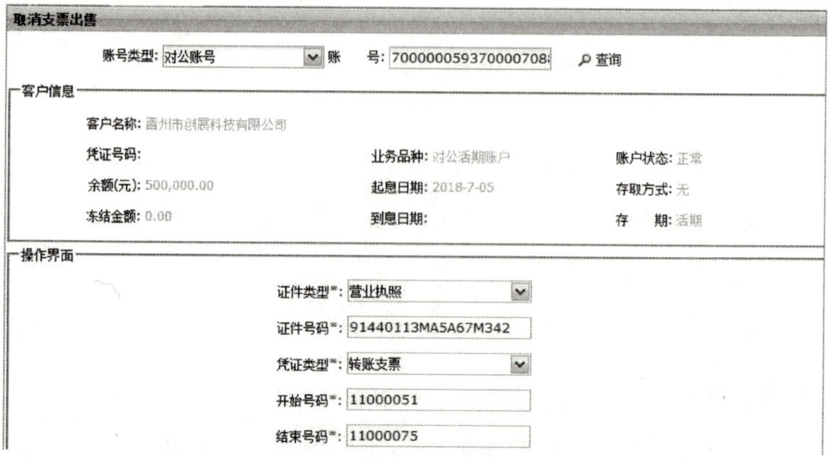
取消支票出售

账号类型：对公账号　账　号：700000059370000708　查询

客户信息

客户名称：晋州市创展科技有限公司

凭证号码：　业务品种：对公活期账户　账户状态：正常

余额(元)：500,000.00　起息日期：2018-7-05　存取方式：无

冻结金额：0.00　到息日期：　存　期：活期

操作界面

证件类型*：营业执照

证件号码*：91440113MA5A67M342

凭证类型*：转账支票

开始号码*：11000051

结束号码*：11000075

图 6－28　取消支票出售

业务二　支票现金取款

☞ 业务描述

企业客户晋州市创展科技有限公司的出纳手持现金支票，要求支取备用金 10000 元。

操作步骤

一、业务处理要求

柜员受理持票人提交的支票后，应做如下处理。

1. 审核支票的票面要素是否规范（见图 6－29）。

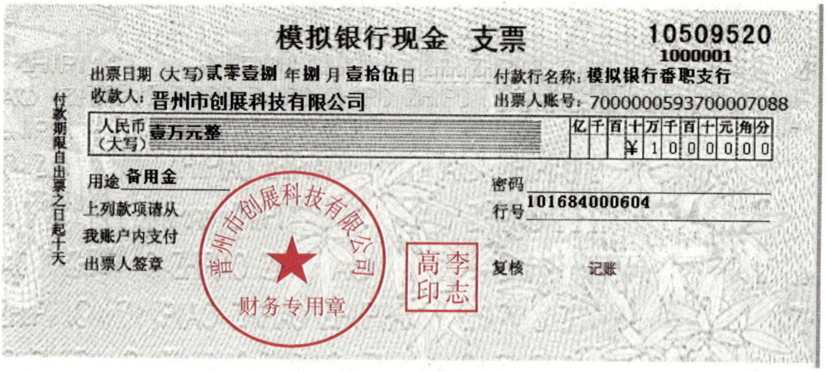
模拟银行现金 支票　10509520　1000001

出票日期（大写）贰零壹捌 年捌 月壹拾伍日　付款行名称：模拟银行番禺支行

收款人：晋州市创展科技有限公司　出票人账号：7000000593700007088

人民币（大写）壹万元整　¥10000000

付款期限自出票之日起十天

用途 备用金　密码

上列款项请从我账户内支付　行号 101684000604

出票人签章　复核　记账

晋州市创展科技有限公司 财务专用章

高李印志

图 6－29　现金支票

2. 对账户性质进行审核。根《人民币结算账户管理办法》，基本账户、临时账户和专用账户可提取现金，对于大额现金支取还需进行审批；

3. 对于非本网点开户的出票人提交的支票，根据出票人是否为通存通兑户进行处理，若为通存通兑户，且支取金额在规定限额以下的，予以办理；若非通存通兑户，或为通存通兑户，但支取现金金额超过限额，不予办理；

4. 审核无误后，按规定印鉴核验准确，在业务系统内进行账务处理。

二、支付用途的审核

对企业存款人办理支票现金支取业务，必须审核存款人是否具有办理现金业务的资格，按照国家现金管理有关规定办理。开户银行根据实际需要，原则上以开户单位三至五天的日常零星开支所需核定库存现金限额。边远地区和交通不发达地区的开户单位的库存现金现额，可以适当放宽但最多不得超过十五天的日常零星开支。

案例：空头支票维权

开户银行必须严格审核企业存款人支取现金用途，客户凭支票支取现金时，必须在支票票面填写用途。开户单位只可在下列范围内使用现金：

1. 职工工资、各种工资性津贴；

2. 个人劳务报酬，包括稿费和讲课费及其他专门工作支付给个人的各种奖金，包括根据国家规定颁发给个人的各种科学技术，文化艺术、体育等各种奖金；

3. 各种劳保、福利费用以及国家规定的对个人的其他现金支出；

4. 收购单位向个人收购农副产品和其他物资支付的价款；

5. 出差人员必须随身携带的差旅费；

6. 结算起点以下的零星支出；

7. 因采购地点不确定、交通不便、抢险救灾以及其他特殊情况，办理转账结算不够方便，必须使用现金的开户单位，要向开户银行提出书面申请，并加盖开户单位公章，经开户银行审核后，予以支付现金。

三、系统操作

柜员进入“现金取款”交易界面，输入账号，提取金额，支票号码，并经复核后台复核后提交，操作界面见图 6－30。

操作动画：支票现金取款

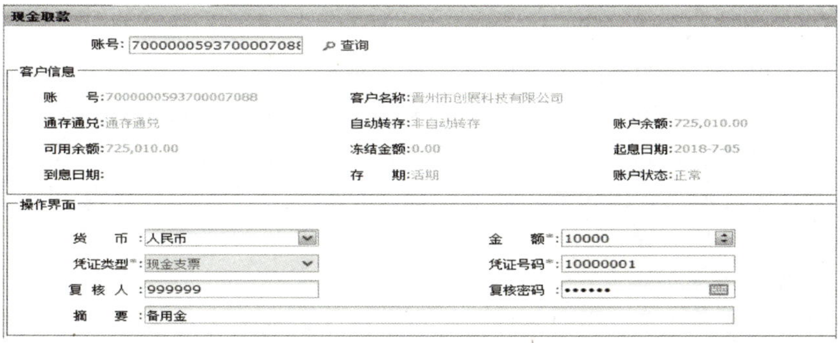

图 6－30　现金支取

提交成功后，系统自动打印“取款凭条”，见图6－31。“取款凭条”签章后连同现金一同交予客户。

模拟银行 取款凭条

户名：	晋州市创展科技有限公司		
账户/卡号	7000000593700007088		
种类			
币别	人民币	钞（汇）	钞
存期	活期	起息日	2018-07-05
取款金额：	10000.00		元
手续费：	0		元
流水号：	20180815182801883514		
	银行签章		

客户回单

图6－31 取款凭条

业务三 支票挂失

微课：支票业务

☞ 业务描述

客户晋州市创展科技有限公司不慎遗失现金支票一张，支票号码为10000002，到银行进行挂失操作，柜员为其办理支票挂失。

PPT：支票业务

相关知识

支票挂失

1. 转账支票丢失。

按照规定，已经签发的转账支票遗失或被盗等，由于这种支票可以直接持票购买商品，银行不受理挂失，所以，失票人不能向银行申请挂失止付。但可以请求收款人及其开户银行协助防范。如果丧失的支票超过有效期或者挂失之前已经由付款银行支付票款的，由此所造成的一切损失，均应由失票人自行负责。

2. 现金支票丢失。

出票人将已经签发内容齐备的可以直接支取现金的支票遗失或被盗等，应当出具公函或有关证明，填写两联挂失申请书（可以用进账单代替），加盖预留银行的签名式样和印鉴，向开户银行申请挂失止付。银行查明该支票确未支付，经收取一定的挂失手续费后受理挂失，在挂失人账户中用红笔注明支票号码及挂失的日期。

收款人将收受的可以直接支取现金的支票遗失或被盗等，也应当出具公函或有关证明，填写两联挂失止付申请书，经付款人签章证明后，到收款人开户银行申请挂失止付。其他有关手续同上。同时，依据《中华人民共和国票据法》第 15 条第 3 款规定："失票人应当在通知挂失止付后 3 日内，也可以在票据丧失后，依法向人民法院申请公示催告，或者向人民法院提起诉讼。"即可以背书转让的票据的持票人在票据被盗、遗失或灭失时，须以书面形式向票据支付地（即付款地）的基层人民法院提出公示催告申请。在失票人向人民法院提交的申请书上，应写明票据类别、票面金额、出票人、付款人、背书人等票据主要内容，并说明票据丧失的情形，同时提出有关证据，以证明自己确属丧失的票据的持票人，有权提出申请。

基本规定有：

1. 支票丢失后，失票人必须到开户行请求挂失。

2. 办理支票挂失业务时，柜员应要求客户在 3 天内向人民法院申请公示催告，或者向人民法院提起诉讼。如果客户没有按时出示人民法院的公示催告，则"挂失止付通知书"在挂失 12 天后失效。

操作步骤

操作动画：支票挂失

一、资料审核

客户填写"挂失止付通知书"（如表 6－5 所示），加盖预留银行的签名式样和印鉴。

表 6－5　　挂失止付通知书

填写日期 2018 年 08 月 15 日

挂失止付人：晋州市创展科技有限公司	丧失票据记载的主要内容	票据种类	支票
票据丧失时间：2018. 8. 14		号码	10000002
票据丧失地点：晋州市东城区宏谷产业园		金额	￥500000. 00
票据丧失事由： 遗失。 晋州市创展科技有限公司 财务专用章　李志高印 失票人签章 2018 年 8 月 15 日		付款人	晋州市创展科技有限公司
		收款人	汉东市科迪机械设备有限公司
		出票日期	2018. 8. 14
		付款日期	
	挂失止付人联系地址（电话）： 李志高 15027189653 晋州市东城区宏谷产业园 B 栋 201		

此联是银行给挂失止付人的受理回单

开户行收到挂失止付通知书后应审核：

1. 失票人提交的“挂失止付通知书”各项内容是否齐全，是否签章，且签章是否与预留银行印鉴相一致。

2. “挂失止付通知书”应记载票据丧失的时间、地点和原因；票据的号码、金额、出票日期、付款日期、收付款人名称；挂失人姓名、营业场所或住址以及联系方式等。

3. 确认该款项确未付款。

二、支票挂失

经会计主管审核同意后，经办柜员在综合业务系统中对支票作挂失处理，确认无误后授权签章。第一联挂失止付通知书上加盖业务受理章作为受理回单交给失票人，第二、三联专夹保管，凭以掌握止付。挂失止付期满后应及时将原挂失支票做解挂处理。挂失操作界面见图6－32，操作成功后支票状态由出售变为挂失。

图6－32　支票挂失

三、支票解挂

办理解挂业务时，会计主管应审核经办柜员解挂业务凭证是否正确，各要素与原挂失支票是否相一致，审核无误后签章确认。系统操作界面见图6－33。

图 6－33　支票解挂

操作要点

1. 办理支票的领用与出售。
2. 办理支票支取现金业务。
3. 办理支票挂失业务操作。

知识要点

1. 支票的种类、特点。
2. 支票的领用、出售。
3. 支票支取现金。
4. 支票挂失。

问题讨论

签发空头支票是违法吗?

推荐阅读

1. 查阅《中华人民共和国票据法》。
2. 查阅《关于加强银行结算工作的决定》。
3. 查阅《支付结算办法》。
4. 查阅《正确填写票据和结算凭证的基本规定》。
5. 查阅《人民币结算管理办法》。

思考与练习

1. 列出支票业务的操作程序；
2. 按照规定的程序进行支票出售、支取现金、挂失的操作。

模块三 银行本票业务

微课：认识银行本票

PPT：认识银行本票

任务描述

银行本票是一种重要的银行结算凭证，作为银行柜员，必须通晓银行本票的有关知识和业务操作方法。通过对本模块的学习，达到掌握银行本票相关理论知识及银行本票的签发、付款和结清业务操作要领的目的。

相关知识

一、银行本票的含义

银行本票是申请人将款项交存银行，由银行签发的承诺自己在见票时无条件支付确定的金额给收款人或者持票人的票据。单位和个人在同一票据交换区域需要支付各种款项时，均可以使用银行本票。

银行本票按照其金额是否固定可分为定额本票和不定额本票两种。定额银行本票是指凭证上预先印有固定面额的银行本票，定额银行本票面额为1 000元、5 000元、1万元和5万元。不定额银行本票是指凭证上金额栏是空白的，用压数机压印出票金额的银行本票。

二、银行本票的基本规定

1. 银行本票有现金本票和转账本票两种类型。申请人和收款人均为个人时，银行才可为其签发现金银行本票。现金银行本票不得转让。

2. 银行本票的出票人为经中国人民银行当地分支行批准办理银行本票业务的银行机构。

3. 签发银行本票必须记载下列事项：表明“银行本票”的字样；无条件支付的承诺；确定的金额；收款人名称；出票日期；出票人签章。欠缺记载上列事项之一的，银行本票无效。

4. 银行本票的提示付款期限自出票日起最长不得超过 2 个月。持票人超过付款期限提示付款的，代理付款人不予受理。银行本票的代理付款人是代理出票银行审核支付银行本票款项的银行。

5. 申请人使用银行本票，应向银行填写“银行本票申请书”，填明收款人名称、申请人名称、支付金额、申请日期等事项并签章。申请人和收款人均为个人需要支取现金的，应在“支付金额”栏填写“现金”字样，后填写支付金额。申请人或收款人为单位的，不得申请签发现金银行本票。

6. 出票银行受理银行本票申请书，收妥款项签发银行本票。用于转账的，在银行本票上划去“现金”字样；申请人和收款人均为个人需要支取现金的，在银行本票上划去“转账”字样。出票银行在银行本票上签章后交给申请人。

7. 申请人应将银行本票交付给本票上记明的收款人。收款人受理银行本票时，应审查下列事项：收款人是否确为本单位或个人；银行本票是否在提示付款期限内；必须记载的事项是否齐全；出票人签章是否符合规定；出票金额、出票日期、收款人名称是否更改，更改的其他记载事项是否由原记载人签章证明。

8. 收款人可以将银行本票背书转让给被背书人。被背书人受理银行本票时，除按照上述规定审查外，还应审查下列事项：背书是否连续，背书人签章是否符合规定；背书使用粘单的是否按规定签章；背书人为个人的身份证件。

9. 银行本票见票即付。跨系统银行本票的兑付，持票人开户银行可根据中国人民银行规定的金融机构同业往来利率向出票银行收取利息。

10. 在银行开立存款账户的持票人向开户银行提示付款时，应在银行本票背面“持票人向银行提示付款签章”处签章，签章必须与预留银行签章相同，并将银行本票、进账单送交开户银行。银行审查无误后办理转账。

11. 未在银行开立存款账户的个人持票人，凭注明“现金”字样的银行本票向出票银行支取现金的，应在银行本票背面签章，记载本人身份证件名称、号码及发证机关，并交验本人身份证件及其复印件。持票人对注明“现金”字样的银行本票需要委托他人向出票银行提示付款的，应在银行本票背面“持票人向银行提示付款签章”处签章，记载“委托收款”字样、被委托人姓名和背书日期以及委托人身份证件名称、号码、发证机关。被委托人向出票银行提示付款时，也应在银行本票背面“持票人向银行提示付款签章”处签章，记载证件名称、号码及发证机关，并同时交验委托人和被委托人的身份证件及其复印件。

12. 持票人超过提示付款期限不能获得付款的，在票据权利时效内向出票银行做出说明，并提供本人身份证件或单位证明，可持银行本票向出票银行请求付款。

13. 申请人因银行本票超过提示付款期限或其他原因要求退款时，应将银行本票提交到出票银行，申请人为单位的，应出具该单位的证明；申请人为个人的，应出具本人的身份证件。出票银行对于在本行开立存款账户的申请人，只能将款项转入原申请人账户；对于现金银行本票和未在本行开立存款账户的申请人，才能退付现金。

14. 银行本票丧失，失票人可以凭人民法院出具的其享有票据权利的证明，向出票银行请求付款或退款。

业务流程

1. 审查客户提交的申请书、申请开立本票的资料是否齐全。
2. 收取款项并签发银行本票。
3. 核对银行本票的真实性，然后进行款项的支付。
4. 如果遇到票据逾期、要素有误或者其他因素不能兑付的予以退票处理。

微课：银行本票的三种业务

业务一　银行本票签发

PPT：银行本票的三种业务

业务描述

我行给陈晓卿女士签发了一张可再转让的转账本票，付款账号为陈晓卿女士，付款类型为有卡折支付，收款人为马辉，出票金额为3000元，手续费收费方式为转账。

操作步骤

一、提请客户填写银行本票申请书

操作动画：银行本票签发

客户需要使用银行本票时，提请客户填写并提交一式三联的“银行本票申请书”（如表6－6所示）。写明收款人名称、申请人名称、支付金额、申请日期等事项。申请人为单位的在申请书第二联加盖银行预留印鉴，申请人为个人的应签字或签章确认并注明有效身份证件类型和号码。如办理不可转让的银行本票，则在申请书上注明“不可转让”字样。

二、受理、审核资料

本票签发机构受理申请人提交的一式三联本票申请书时，应认真审查：申请书填写的内容是否准确、要素是否齐全、书写是否清晰；申请人的签章与其预留银行印鉴是否相符；申请书填明“现金”字样的，申请人和收

表 6－6 **商业银行本票申请书（第二联）**

商业银行本票申请书（借方凭证）

申请日期 2018 年 08 月 13 日 NO. 12345678

申请人	陈晓卿	收款人	马辉								
申请人账号或住址	7000000601400007215										
本票金额	人民币叁仟元整（大写）	千	百	十	万	千	百	十	元	角	分
					¥	3	0	0	0	0	0

第二联 签发行办理本票的借方凭证

上述款项请从我账户内支付　　　　科　　目（借）________

（申请人盖章）陈晓卿印　　　　对方科目（贷）________

身份证号码 345022199209186021　　　　转账日期 2018 年 08 月 13 日

复核　　记账

款人是否均为个人；申请人要求本票不得转让的，是否在“备注”栏内注明“不得转让”字样。经审查无误后，方能受理其签发银行本票的申请。

三、签发本票

出票行在办理转账或收妥现金后，根据申请书的内容并按下列要求签发银行本票（以下简称本票）。

1. 经办柜员在“本票签发”界面进行银行本票的签发，录入金额、收款人名称和银行本票号码等信息，提交成功后，联机打印一式两联的银行本票，并将打印好的银行本票和申请书一并交本票专用章保管员盖章。其中“转现标识”可选择“转账”或“现金”，当为“现金”时，付款人和收款人必须都为个人；手续费收费方式可以选择“转账”或“现金”。本票签发的操作界面见图 6－34。

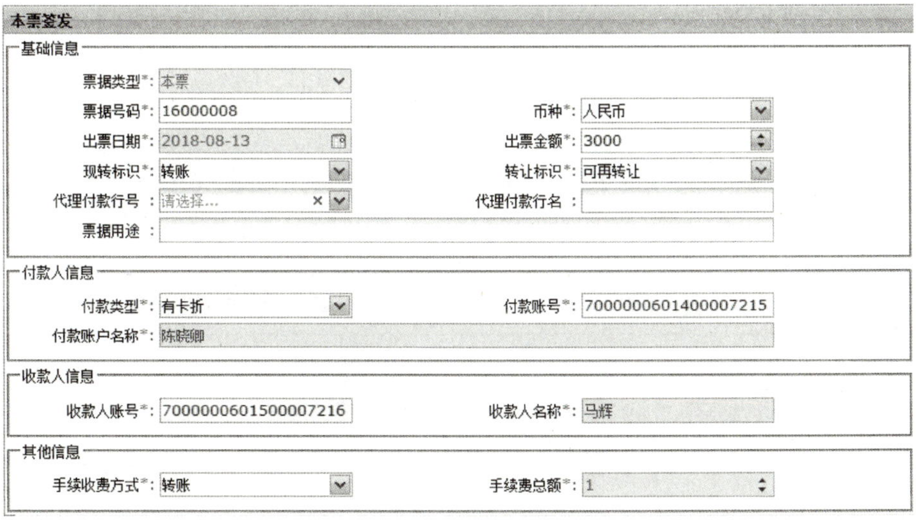

图 6－34 银行本票签发

2. 本票专用章保管员核对无误后，在银行本票第二联“出票行签章处”加盖本票专用章，并交业务主管审核。

3. 业务主管审核银行本票和申请书无误后，在本票第二联出票行签章处签章。

4. 将已完成签发的本票第二联及申请书第一联交客户，并做好签收登记。申请书第二联作借方凭证，第三联作传票附件，银行本票第一联卡片联专夹保管。

5. 对打印不清晰的银行本票，可重新打印银行本票。签发柜员选择“本票重打”交易，输入原签发流水号，签发流水号可在“本票查询”菜单下获取；输入流水号后，点击查询按钮，可显示本票信息，柜员核对信息是否相符后，于界面下方输入新的本票号码，注意凭证号码不可跳号使用。原银行本票加盖作废章后，作传票的附件。本票重打的操作界面见图6－35。

图6－35　银行本票重打

签发成功的银行本票第二联见图6－36。

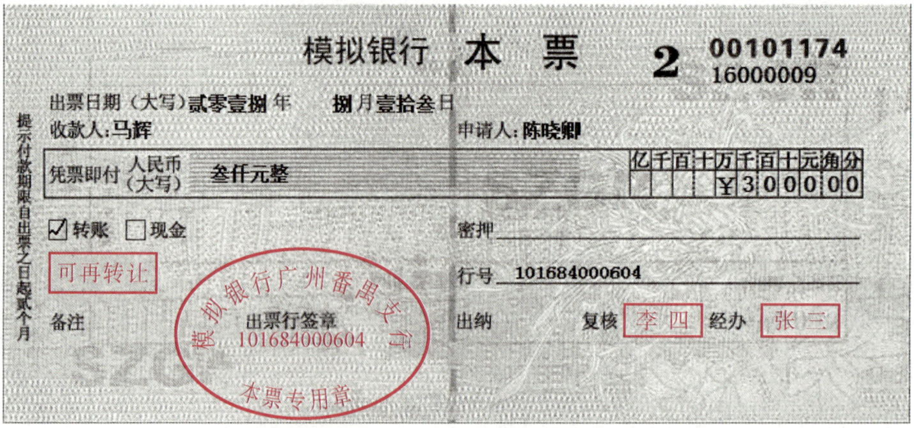

图6－36　银行本票第二联

业务二 银行本票兑付

微课：银行本票的三种业务

银行本票的兑付分为系统内兑付和跨行兑付。系统内兑付是指银行本票的签发行和代理付款行是同一银行的分支机构，例如签发行为“工商银行广州越秀支行”，代理付款行为“工商银行广州番禺支行”；跨行兑付是指银行本票的签发行和代理付款行分别为不同银行的分支机构，例如签发行为“建设银行番禺支行”，代理付款行为“工商银行白云支行”。代理付款行受理持票人提交的银行本票，对本票进行审查后，通过小额支付系统发送银行本票相关信息至出票银行，并根据出票银行实时返回的结果来处理银行本票的兑付业务。代理付款行与出票银行间的银行本票资金清算统一纳入小额支付系统处理。

PPT：银行本票的三种业务

业务描述

客户马辉持陈晓卿签发的转账本票来我行兑付。

操作步骤

操作动画：银行本票兑付

一、审核客户提交的申请资料

受理银行本票付款业务时，应审查下列事项：

1. 对银行本票和进账单应认真审查。

本票是否是统一规定印制的凭证，本票是否真实，提示付款期限是否超过；本票填明的持票人是否在本行开户，持票人名称是否为该持票人，与进账单上的名称是否相符；出票行的签章是否合规定，加盖的本票专用章是否启用 12 位银行机构代码，如未启用，票面是否记载银行机构代码；本票必须记载事项是否齐全，出票金额、出票日期、收款人名称是否更改，其他记载事项的更改是否由原记载人签章证明；持票人是否在本票背面“持票人向银行提示付款签章”处签章，背书转让的本票是否按规定的范围转让，其背书是否连续，签章是否符合规定，背书使用的粘单是否按规定在粘接处签章。

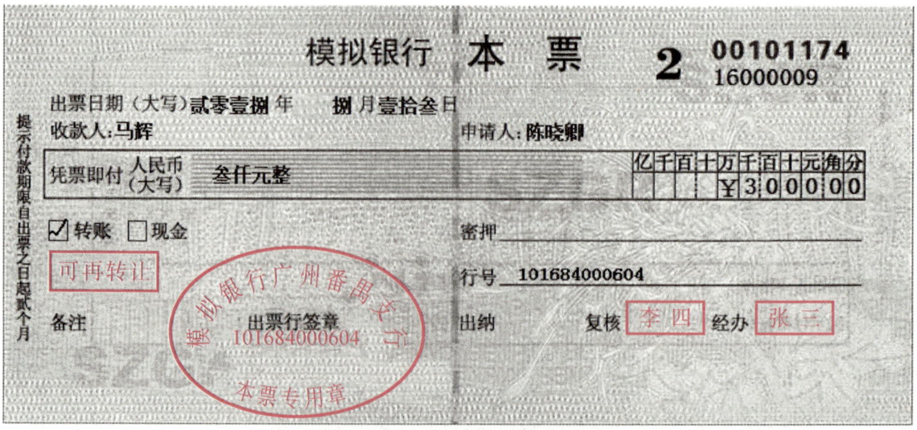
模拟银行 本 票 2 00101174 16000009

提示付款期限自出票之日起贰个月

出票日期（大写）贰零壹捌年 捌月壹拾叁日

收款人：马辉 申请人：陈晓卿

凭票即付 人民币（大写） 叁仟元整

亿	千	百	十	万	千	百	十	元	角	分
				¥	3	0	0	0	0	0

☑转账 □现金 密押

可再转让 行号 101684000604

备注 出票行签章 出纳 复核 李四 经办 张三

模拟银行广州番禺支行 101684000604 本票专用章

图 6－37 银行本票第二联

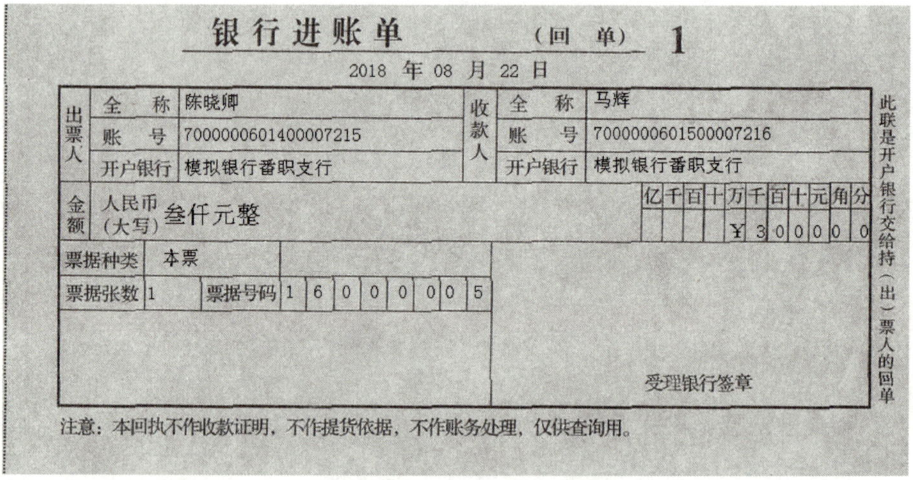
银行进账单 （回 单） 1

2018 年 08 月 22 日

出票人	全 称	陈晓卿	收款人	全 称	马辉
	账 号	7000000601400007215		账 号	7000000601500007216
	开户银行	模拟银行番职支行		开户银行	模拟银行番职支行

金额 人民币（大写） 叁仟元整

亿	千	百	十	万	千	百	十	元	角	分
				¥	3	0	0	0	0	0

票据种类 本票

票据张数 1 票据号码 1 6 0 0 0 0 0 5

受理银行签章

此联是开户银行交给持（出）票人的回单

注意：本回执不作收款证明，不作提货依据，不作账务处理，仅供查询用。

图 6－38 进账单第一联

2. 现金本票上填写的申请人和收款人是否均为个人，收款人的身份证件是否真实有效，并留存身份证件复印件，委托他人提示付款的，还要审查被委托人的有效证件，并留存复印件备查。

3. 本票上未划去“现金”和“转账”字样的，一律按照转账办理兑付。

二、系统操作

案例：银行本票提示付款

（一）系统内兑付的处理

兑付本行签发的银行本票，在审核银行本票和进账单无误后，在“系统内兑付”界面录入银行本票票面信息，转账本票还需录入最后持票人账号，提交成功后，打印借方机制凭证和进账单，银行本票作借方机制凭证的附件。现金本票兑付的款项自动转入兑付行应解汇款账户，转账本票兑付的款项自动转入持票人账户。操作界面见图 6－39。

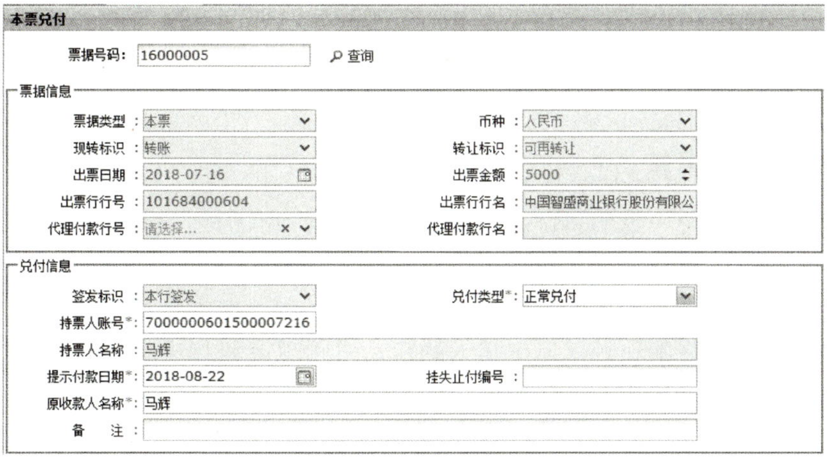

图 6－39　银行本票系统内兑付

（二）跨行兑付的处理

兑付非本行签发的转账银行本票，审核提交的银行本票无误后，在“跨行兑付”界面进行跨行兑付操作，录入出票日期、票号、出票行行号、金额、密押、背书人数、背书人名称、原收款人名称、最后持票人账号和名称，业务提交后，通过小额支付系统将本票信息发送给出票银行。出票行收到实时报文后，核验本票信息，并返回核验结果。代理付款行根据出票银行反馈的结果，做如下处理：

1. 出票行信息核对相符，向代理付款行返回成功付款的回执时，交易成功，款项自动转入最后持票人账户，打印进账单，银行本票作附件。

2. 出票行信息核对不相符，向代理付款行返回拒绝付款的回执时，交易失败，打印两份拒绝受理通知书，待客户签字确认，经办员签章和加盖支行业务公章后，将一份拒绝受理通知书和银行本票交还给客户，一份随当天传票装订。

3. 如超时无回执，打印两份业务处理待定凭证，待客户签字确认，经办员签章和加盖支行业务公章后，一份交给客户，一份随银行本票和进账单留存支行专夹保管。

微课：银行本票的三种业务

业务三　银行本票退回与挂失

PPT：银行本票的三种业务

业务描述

客户陈晓卿女士签发的转账汇票未用退回，票据号码为16000005，退回金额为5000元，退回日期为2018年8月18日。后续陈晓卿签发的现金本票遗失之后，来我行办理本票挂失。

操作动画：银行本票退回与挂失

操作步骤

一、银行本票退回

申请人因银行本票超过提示付款期限或其他原因要求退款时，应将银行本票提交到出票银行，申请人为单位的，应出具该单位的证明；申请人为个人的，应出具本人的身份证件。出票银行对于在本行开立存款账户的申请人，只能将款项转入原申请人账户；对于现金银行本票和未在本行开立存款账户的申请人，才能退付现金。

1. 应填制一式三联进账单（见图6－40）连同本票交给出票行，并按照支付结算办法的规定提交证明或本人有效身份证件。

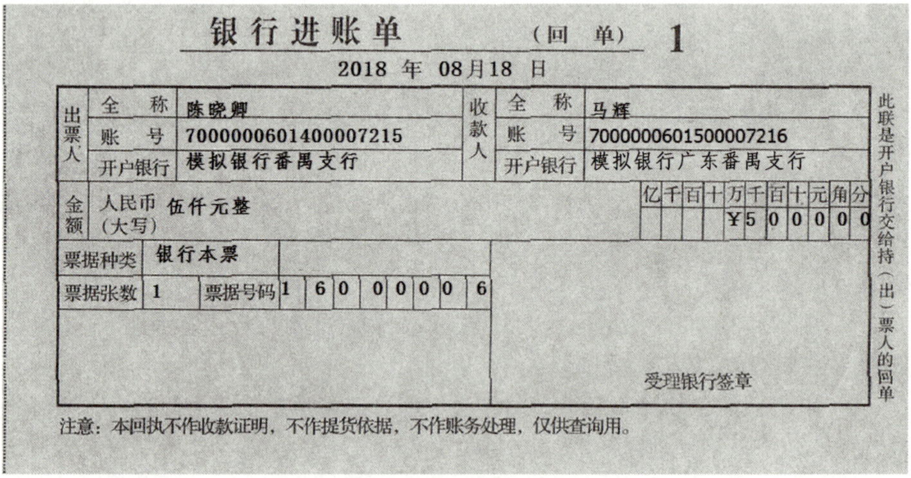

银行进账单 （回 单） 1

2018 年 08月18 日

出票人	全　称	陈晓卿	收款人	全　称	马辉
	账　号	7000000601400007215		账　号	7000000601500007216
	开户银行	模拟银行番禺支行		开户银行	模拟银行广东番禺支行
金额	人民币（大写）	伍仟元整		亿千百十万千百十元角分	¥500000
票据种类	银行本票				
票据张数	1	票据号码	1 60 0000 6		
				受理银行签章	

此联是开户银行交给持（出）票人的回单

注意：本回执不作收款证明，不作提货依据，不作账务处理，仅供查询用。

图6－40　进账单

2. 出票行经与原专夹保管的本票第一联或存根核对无误，在本票上注明“未用退回”字样，同时销记“开出本票登记簿”。

3. 柜员在系统中进行未用退回的操作处理。输入票据号码，核对银行本票信息；“退回类型”可以选择“未用退回”“逾期退回”和“强行退回”，选择“逾期退回”时退回日期需大于出票日期2个月，选择“强行退回”时需输入挂失止付编码；提交成功后，打印借方机制凭证，银行本票作借方机制凭证的附件，进账单回单联盖章后交给客户。操作界面见图6－41。

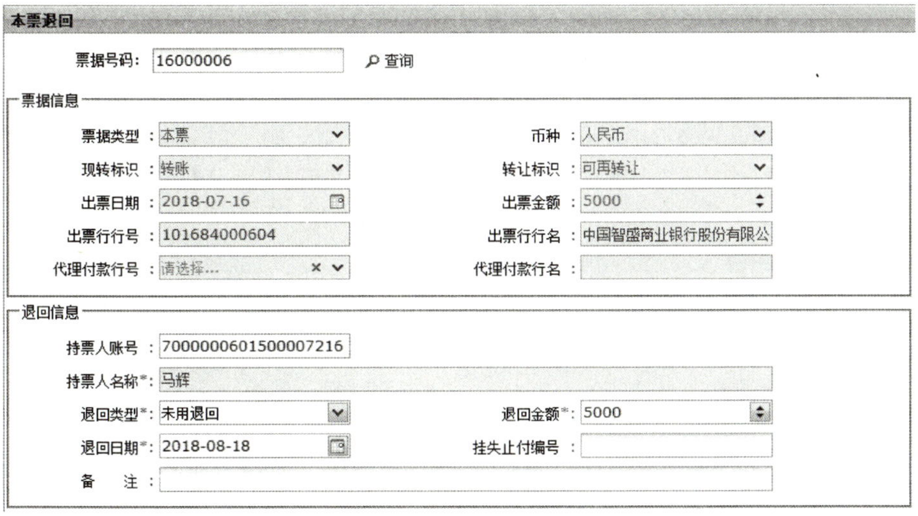

图 6－41　银行本票退回

注意：银行本票退回必须是还没有兑付的本票。逾期退回票据必须为过期票据，即退回日期大于出票日 2 个月。

二、银行本票挂失

确系填明“现金”字样的本票丧失，失票人到出票行挂失时，应提交一式三联挂失止付通知书。出票行收到挂失止付通知书后应按规定审核，抽出原专夹保管的本票卡片联，与挂失申请书填写信息核对，确属本行签发并确认未支付时方可受理。客户提交“挂失支付通知书”（如表 6－7 所示），填好票据丧失时间、地点、票据主要内容、失票人联系地址等，并签章确认。

案例：银行本票挂失止付

表 6－7　　挂失止付通知书

填写日期 2018 年 08 月 30 日

<table>
<tr><td>挂失止付人：陈晓卿</td><td rowspan="7">丧失票据记载的主要内容</td><td>票据种类</td><td>银行本票</td></tr>
<tr><td>票据丧失时间：2018. 8. 25</td><td>号码</td><td>16000007</td></tr>
<tr><td>票据丧失地点：汉东市东城区莲花路</td><td>金额</td><td>￥100000. 00</td></tr>
<tr><td rowspan="5">票据丧失事由：
遗失。
陈晓卿印
失票人签章
2018 年 8 月 30 日</td><td>付款人</td><td>陈晓卿</td></tr>
<tr><td>收款人</td><td>马辉</td></tr>
<tr><td>出票日期</td><td>2018. 7. 30</td></tr>
<tr><td>付款日期</td><td>2018. 9. 30</td></tr>
<tr><td colspan="3">挂失止付人联系地址（电话）：
汉东市明珠区嘉华街万科城 10 栋 801
手机号码：15107197270</td></tr>
</table>

此联是银行给挂失止付人的受理回单

柜员在“本票挂失与解挂”界面进行挂失操作，输入票据号码，查询到要挂失的本票记录，点击“挂失”，进入本票挂失界面，操作界面见图

6-42。打印业务凭证，客户签字确认，经办员签章和加盖业务公章后，一联挂失申请书作特殊业务凭条附件，随当天传票装订，一联挂失申请书交客户作为受理回单，一联专夹保管，并登记挂失登记簿。已挂失的本票，失票人凭人民法院出具的其享有该本票票据权利证明，向出票行请求付款或退款。

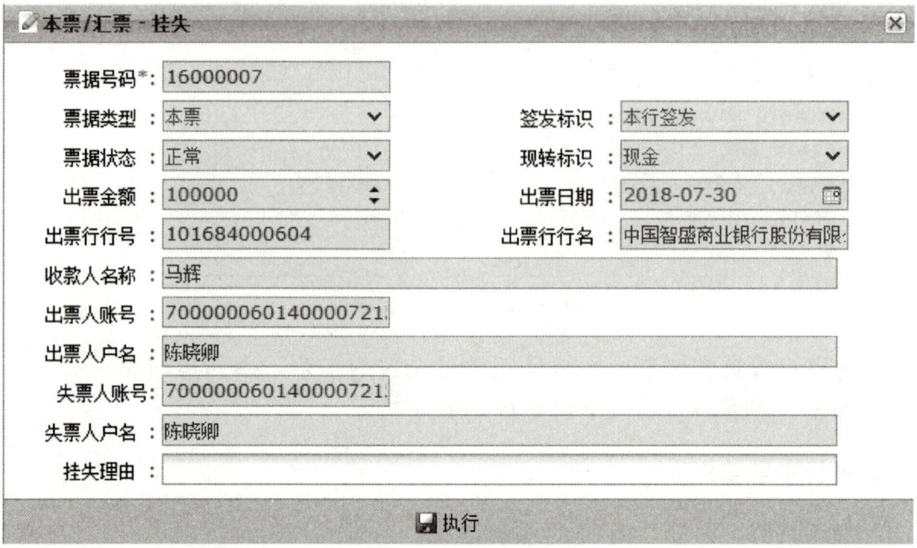

图 6-42　银行本票挂失

操作要点

1. 申请开立银行本票。
2. 签发银行本票。
3. 银行本票的兑付。
4. 银行本票的退回。

知识要点

1. 银行本票的含义、特点。
2. 银行本票的基本规定。

问题讨论

办理银行本票兑付时要怎么操作？

推荐阅读

1. 查阅《中华人民共和国票据法》。

2. 查阅《关于加强银行结算工作的决定》。

3. 查阅《支付结算办法》。

4. 查阅《广州银行银行本票业务操作规程》。

5. 查阅《中国人民银行关于印发依托小额支付系统办理银行本票业务有关管理规定的通知》（银发〔2007〕441 号）。

思考与练习

1. 银行本票的使用注意事项；

2. 按照规定的程序办理银行本票的签发、兑付、退回、挂失操作。

模块四 银行汇票业务

任务描述

银行汇票是一种重要的银行结算凭证，作为银行柜员，必须通晓银行汇票的相关知识和业务操作方法。通过对本模块的学习，掌握银行汇票相关知识及银行汇票的签发、兑付和退款、挂失与解挂等操作办法。

微课：认识银行汇票

PPT：认识银行汇票

相关知识

一、银行汇票的含义

银行汇票是指由出票银行签发的，多用于办理异地转账结算和支取现金，由其在见票时按照实际结算金额无条件付给收款人或持票人的票据。单位和个人的各项款项结算，均可使用银行汇票。

银行汇票的出票人指签发银行汇票的银行，收款人指从银行提取汇票所汇款项的单位和个人，付款人为出票银行，代理付款行是指代理本系统出票银行或跨系统签约银行审核支付汇票款项的银行。

银行汇票分为现金银行汇票和转账银行汇票。

1. 现金银行汇票可以转账也可以用于支取现金，转账银行汇票只能办理转账；

2. 现金银行汇票不能背书转让，转账银行汇票可以背书转让；

3. 现金银行汇票的申请人和收款人必须均为个人。

银行汇票一式四联，第一联为卡片，由出票行结清汇票时做汇出汇款借方凭证；第二联为银行汇票，与第三联解讫通知一并由汇款人自带，在兑付行兑付汇票后此联做联行往来账付出传票；第三联解讫通知，在兑付行兑付后由签发行做余款收入传票；第四联是多余款通知，并在签发行结清后交汇款人。

二、银行汇票的特点

1. 适用范围广泛，使用灵活，兑现性强，票随人走，凭票购货，余款自动退回。

2. 信用度高，安全可靠。银行汇票是银行在收到汇款人款项后签发的支付凭证，因而具有较高的信誉，银行保证支付，收款人持有票据，可以安全及时地到银行支取款项。而且，银行内部有一套严密的处理程序和防范措施，只要汇款人和银行认真按照汇票结算的规定办理，汇款就能保证安全。一旦汇票丢失，如果确属现金汇票，汇款人可以向银行办理挂失，填明收款单位和个人，银行可以协助防止款项被他人冒领。

3. 使用灵活，适应性强。实行银行汇票结算，持票人可以将汇票背书转让给销货单位，也可以通过银行办理分次支取或转让，另外还可以使用信汇、电汇或重新办理汇票转汇款项，因而有利于购货单位在市场上灵活地采购物资。

三、银行汇票的基本规定

1. 银行汇票的签发和解付。银行汇票的出票和付款限于中国人民银行和参加“大额支付系统”的各商业银行等银行机构办理。跨系统银行签发的转账银行汇票的解付，应通过同城票据交换将银行汇票和解讫通知提交同城的有关银行审核支付后抵用。代理付款人不得受理未在本行开立存款账户的持票人为单位直接提交的银行汇票。

2. 签发银行汇票必须记载下列事项：表明“银行汇票”的字样；无条件支付的承诺；出票金额；付款人名称；收款人名称；出票日期；出票人签章。欠缺记载上列事项之一的，银行汇票无效。

3. 银行汇票一律记名。所谓记名是指在汇票中指定某一特定人为收款人，其他任何人都无权领款；但如果指定收款人以背书方式将领款权转让给其指定的收款人，其指定的收款人有领款权。

4. 银行汇票的提示付款期限自出票日起1个月。这里所说的付款期，是指从签发之日起到办理兑付之日止的时期。这里所说的1个月，是指从签发日开始，不论月大月小，统一到下月对应日期止的1个月。比如签发日为3月5日，则付款期到4月5日止。如果到期日遇节假日可以顺延。逾期的汇票，兑付银行将不予办理。

5. 申请人因银行汇票超过付款提示期限或其他原因要求退款时，应将银行汇票和解讫通知同时提交到出票银行，并提供本人身份证件或单位证明。申请人缺少解讫通知要求退款的，出票银行应于银行汇票提示付款期满1个月后办理。

业务流程

1. 申请人填写银行汇票申请书并交足款项。
2. 银行出票。
3. 申请人持往异地办理结算。
4. 持票人提示付款。
5. 出票银行与代理付款银行之间进行资金清算。

业务一　银行汇票签发

微课：银行汇票业务

PPT：银行汇票业务

业务描述

申请人郑明泰先生来到银行申请签发银行汇票，我行给客户签发一张可再转让的转账汇票，付款账号为郑明泰先生，付款类型为有卡折支付，收款人为吴明霞，出票金额为38000元，手续费收费方式为转账。

操作步骤

一、提请客户填写银行汇票申请书

申请人需要使用银行汇票时，应向银行填写提交商业银行汇票申请书，填明收款人名称、汇票金额、申请人名称、申请日期等事项并签章。申请书一式三联，第一联存根，由申请人留存；第二联为借方凭证，由申请人加盖预留银行印鉴章后，作为银行从结算账户上划款的凭证；第三联贷方凭证，为银行签发汇票的依据。银行汇票申请书如表6－8所示。

二、受理、审查资料

营业柜台受理申请人提交的申请书时，应认真审查以下内容：

1. 申请书填写是否齐全、清晰，其签章是否为预留银行的签章；
2. 办理转账银行汇票的客户，其账户余额是否足以支付银行汇票款项；

表 6－8　　银行汇票申请书第二联

商业银行汇票申请书（借方凭证）

申请日期 2018 年 08 月 13 日　　　　NO. 12349998

<table>
<tr><td>申请人</td><td>郑明泰</td><td>收款人</td><td colspan="10">吴明霞</td></tr>
<tr><td>账号或住址</td><td>7000000601100007209</td><td>账号或住址</td><td colspan="10">7000000601200007210</td></tr>
<tr><td>用途</td><td></td><td>代理付款行</td><td colspan="10"></td></tr>
<tr><td rowspan="2">本票金额</td><td colspan="2" rowspan="2">人民币叁万捌仟元整
（大写）</td><td>千</td><td>百</td><td>十</td><td>万</td><td>千</td><td>百</td><td>十</td><td>元</td><td>角</td><td>分</td></tr>
<tr><td></td><td></td><td>¥</td><td>3</td><td>8</td><td>0</td><td>0</td><td>0</td><td>0</td><td>0</td></tr>
</table>

此联出票行作借方凭证

上述款项请从我账户内支付　　郑明泰印

（申请人盖章）

科　　目（借）__________

对方科目（贷）__________

转账日期　2018 年 08 月 13 日

复核　　　　记账

3. 申请书填明“现金”字样的，申请人和收款人是否均为个人，是否填明代理兑付行的行名。

4. 对于办理现金银行汇票的客户，经办柜员收妥现金后，应根据《金融机构客户身份识别和客户身份资料及交易记录保存管理办法》的相关规定，对客户身份进行识别，并留存身份证件复印件。

操作动画：银行汇票签发

三、银行汇票的签发

银行汇票签发过程如下：

1. 经办柜员借记客户账（办理转账银行汇票）或收妥现金（现金银行汇票），在系统中选择“汇票签发”交易，录入银行汇票签发信息，同时收取相应费用，操作界面见图 6－43。录入完毕后，交复核人员复核。

2. 录入、复核无误的，通过行内系统将业务信息发送至密押服务器加编密码。系统返回交易信息成功后，根据系统提示打印银行汇票及业务收费凭证。打印银行汇票时，应使用复写纸成套打印。

3. 在签发银行汇票过程中如出现打印作废等情况，致使已完成签发交易的银行汇票无法交付申请人时，可撤销已签发的银行汇票。完成撤销交易后，打印作废的银行汇票剪角，并逐联加盖“作废”戳记。客户原填写的汇票申请书仍有效，无须另行填制。柜员根据原汇票申请书重新发起签发交易。

4. 银行汇票打印成功，第一、二联加盖经办人名章，交汇票印章保管员，印章保管员审核票面要素齐全后，在银行汇票第二联上加盖汇票专用章和个人名章。

5. 经办员将汇票第二联和第三联（解讫通知联）一并交给申请人；汇票第一联（卡片联）和第四联（多余款收账通知联）由出票行专夹保管。

6. 汇票申请人的开户网点如未开办银行汇票签发业务，可将款项转交辖内开办银行汇票签发业务的网点办理。申请人在其开户行签发转账支票，将资金转至出票行账户，填写“银行汇票申请书”由开户行核验预留印鉴，到出票行办理转账银行汇票的签发。银行汇票的签发见图6－43。

案例：银行汇票背书转让纠纷

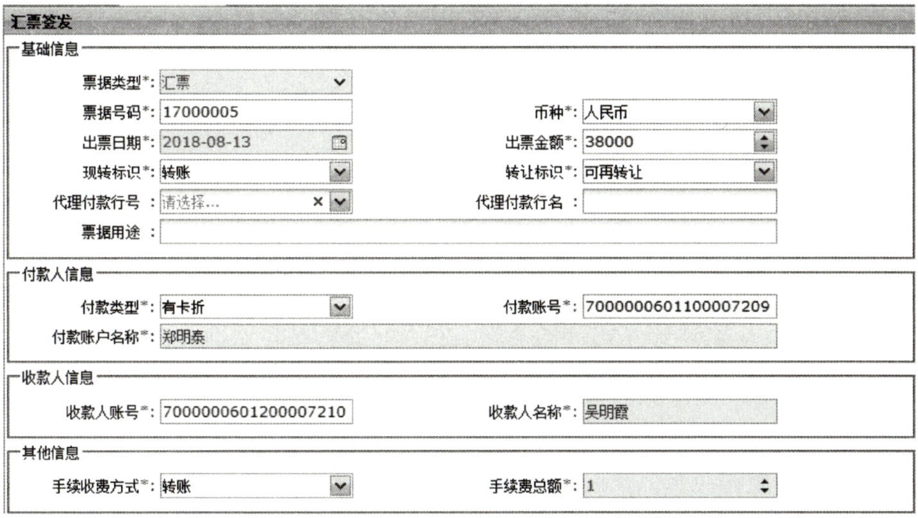

图6－43 银行汇票签发

签发成功的银行汇票见图6－44。

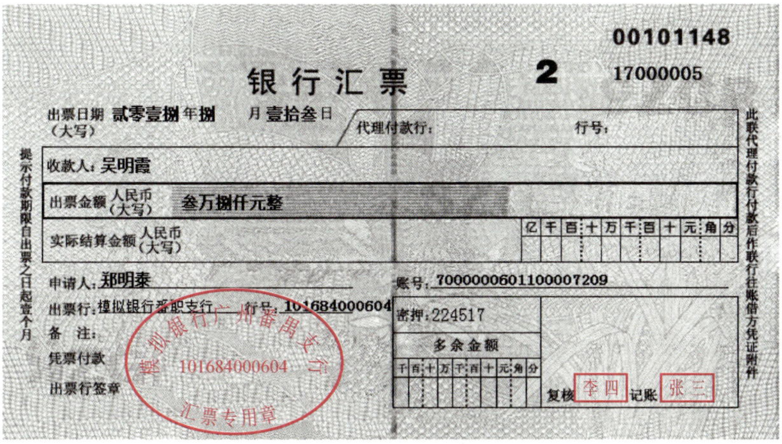

图6－44 银行汇票第二联

微课：银行汇票业务

PPT：银行汇票业务

操作动画：银行汇票兑付

业务二　银行汇票兑付

业务描述

汇票持票人吴明霞来到银行办理银行汇票的票款进账，票据号码为17000005，兑付金额为38000元，提示付款日期为2018年8月30日。

操作步骤

一、代理付款行兑付

持票人持汇票和解讫通知联至代理兑付行提示付款时，应填写一式三联的进账单，并在汇票联背面“持票人向银行提示付款签章”处签章，将汇票、解讫通知联、进账单（见图6－45）一并交代理兑付行。银行审核无误后办理转账。

银行进账单　（回　单）　1

2018 年 08 月 30 日

出票人	全　称	郑明泰	收款人	全　称	吴明霞
	账　号	7000000601100007209		账　号	7000000601200007210
	开户银行	模拟银行番职支行		开户银行	模拟银行番禺支行营业部
金额	人民币（大写）	叁万捌仟元整		亿千百十万千百十元角分	￥3800000
票据种类	银行汇票				
票据张数	1	票据号码	17000005		
				受理银行签章	

此联是开户银行交给持（出）票人的回单

注意：本回执不作收款证明，不作提货依据，不作账务处理，仅供查询用。

图6－45　进账单第一联

代理兑付行收到持票人或通过票据交换提示付款的转账汇票、解讫通知联及进账单，应认真审核以下要素：

1. 汇票、解讫通知联是否齐全，号码和记载的内容是否一致。上下联不符或缺少任何一联，代理兑付行不予受理。

2. 汇票必须记载的事项是否齐全；出票日期、出票金额、实际结算金额和收款人名称是否更改；其他记载事项的更改是否有原记载人签章证明。

备注中注明“不可转让”字样的汇票是否转让。

3. 汇票冠以的会员行名称与汇票专用章中的大额行号是否匹配；汇票的标识、暗记、水印等防伪标志与票样是否一致，代理兑付行发现疑点必须向签发行查询确认。

4. 汇票是否超过提示付款期限，代理兑付行不得受理超过提示付款期限的汇票。

5. 汇票的小写金额是否与大写的出票金额一致。代理兑付行不受理大小写金额不一致的汇票。

6. 实际结算金额大小写是否一致，是否在出票金额以内，与进账单金额是否一致。多余金额结计是否正确。

7. 出票行的签章是否为汇票专用章加盖法定代表人或其授权经办人名章，汇票专用章是否与印模相符，代理兑付行不得受理漏盖、错盖汇票专用章的汇票。漏盖法定代表人或其授权经办人名章的可以查询确认。

8. 持票人是否在汇票背面“持票人向银行提示付款签章”处签章，签章须与预留的银行印鉴章相同。

9. 背书转让的汇票是否按规定的范围转让，汇票的背书是否连续，使用粘单背书的，是否在粘接处正确签章。

代理兑付行收到持票人提示付款的现金汇票、解讫通知联及一式三联的进账单，除按照转账汇票审核的有关规定审核之外，还必须认真审核下列内容：

1. 汇票的申请人和收款人是否均为个人，并填明“现金”字样。

2. 本行是否为汇票指定的代理兑付行。

3. 审查持票人的身份证件，并要求持票人在“持票人向银行提示付款签章”处签字或签章，并注明身份证件名称、号码及发证机关，持票人身份证件复印件留存备查。

4. 现金汇票持票人委托他人提示付款的，背面是否作委托收款背书并注明持票人和被委托人身份证件名称、号码及发证机关，同时必须查验持票人和被委托人的身份证件，复印件留存备查。

当代理付款行与出票行属同一家银行的不同分支机构时，持票人可直接在代理付款行柜台提示付款，经办柜员按以上要素审核无误后在系统中选择“汇票兑付”交易，录入各要素，生成兑付申请报文并复核发送，操作界面见图 6－46。收到系统返回交易成功信息后，打印“汇票解付确认书”，实际结算金额转入收款人账户。

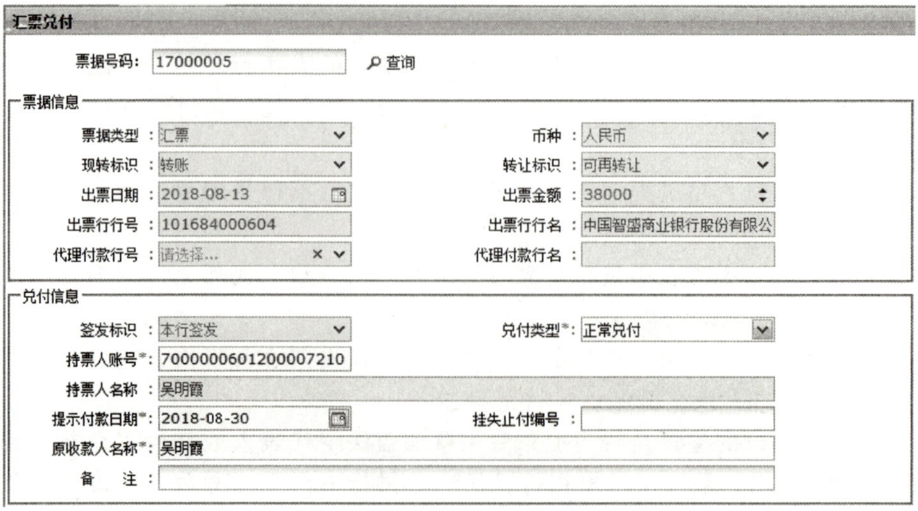

图 6－46　银行汇票兑付

当代理付款行与出票行属不同银行的不同分支机构时，应通过同城票据交换将汇票和解讫通知提交给同城有关的代理付款行审核支付后抵用。

二、出票行处理

出票行经办柜员接收来账并打印来账凭证，抽出专夹保管的银行汇票第一、四联，核对无误后作为来账凭证附件，如有多余金额，银行汇票第一联作为来账凭证附件，经办员在银行汇票第四联上填写实际结算金额和多余金额，作为将多余款退回申请人账户的入账回单。

风险点

银行汇票兑付风险提示

1. 银行汇票付款前应审核银行汇票的真伪，对有疑点的汇票，不能退给持票人，应向主管汇报并查询，进行相应的处理。

2. 兑付系统内大额银行汇票、手工签发的汇票、有缺陷的汇票，需向签发行发出查询，待查询无误后才能解付入账，并准确记录查询结果。

3. 结清前应认真审核银行汇票各要素，对有疑点的汇票，应进行查询直接办理结清；对审核中发现的异常情况应及时向业务主管汇报并查询，直接做出相应的处理。

4. 每月至少 1 次，通过系统查询，检查清理有无超过汇票付款期限（加上正常凭证传递期），或者汇票已经付款，但是未结清的汇票，如有，应主动与申请人联系，查明原因，及时处理。

微课：银行汇票业务

PPT：银行汇票业务

操作动画：银行汇票退回、挂失与解挂

业务三　银行汇票退回、挂失与解挂

业务描述

客户郑明泰手持一张银行汇票，签发日期为2018年7月6日，票据号码为17000001，由于汇票逾期未兑付，前来出票行办理银行汇票退回业务。后续客户郑明泰不慎遗失一张现金银行汇票，来行办理挂失业务。

操作步骤

一、银行汇票退回

1. 申请人退回的处理。

由于汇票系由申请人自带凭证且账务通过“汇出汇款”科目处理，因此，汇票的退款应向出票行申请办理。

申请人申请办理退款时，除应向出票行交验公函或身份证件并说明退款原因外，还应交回汇票和汇款解讫通知。出票行经与原留存的卡片核对无误后，在汇票和汇款解讫通知的实际结算金额大写栏填写“未用退回”字样，将款项转入“申请人存款”账户，在多余款收账通知上按原汇款金额填入多余金额栏，并加盖转讫章作为退款收账通知交给申请人。如果申请人由于汇票和解讫通知缺少一联，无法在代理付款行所在地办理结算时，也应备函向出票行说明原因，并将剩余一联交回，经出票行审查并于提示付款期满一个月后办理退款手续。

2. 持票人超过付款期限不获付款的处理。

持票人超过付款期限不获付款的，在票据权利时效内请求付款时，应当向出票行说明原因，并提交汇票和解讫通知。持票人为个人的，还应交验本人身份证件。出票行经与原专夹保管的汇票卡片核对无误，并审核多余金额结计正确，即在汇票和解讫通知的备注栏填写“逾期付款”字样，办通过银行汇票退票交易办理付款手续。

3. 业务处理要求。

受理柜员应将第一联汇票卡片做借方凭证，第二联汇票做附件，第三联解讫通知作贷方凭证（如系退付现金，即作为借方凭证的附件），在系统“汇票退回”模块录入退回申请。操作界面见图6－47。

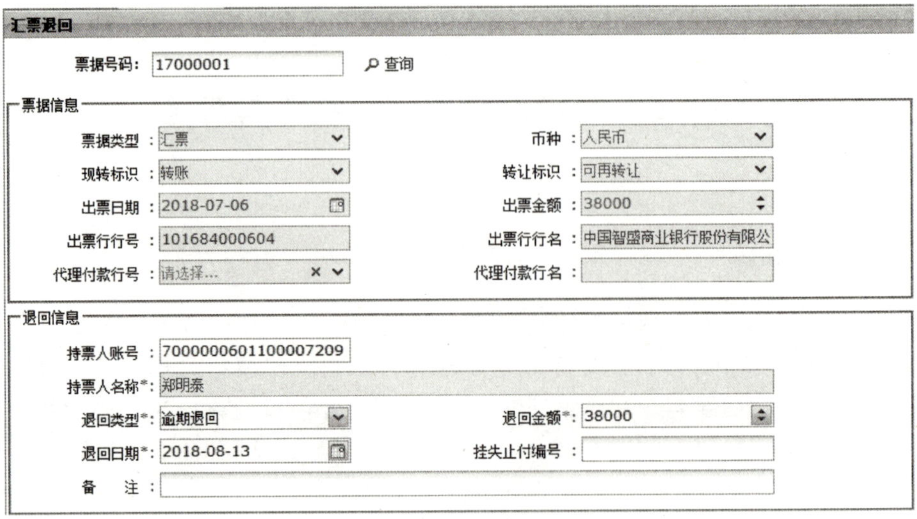

图 6－47　银行汇票退回

二、银行汇票挂失

填明“现金”字样和兑付行的汇票丧失，失票人到兑付行或签发行挂失时，应当提交一式三联“挂失止付通知书”分别处理。客户郑明泰不慎遗失一张现金银行汇票，票据号码为17000004，汇票金额为1000元，到出票银行办理银行汇票挂失业务，向银行柜员提交“挂失止付通知书”，如表6－9所示。

表 6－9　　**挂失止付通知书**

填写日期　2018年07月16日

挂失止付人：郑明泰	丧失票据记载的主要内容	票据种类	银行汇票
票据丧失时间：2018.7.10		号码	17000004
票据丧失地点：粤东市光明区海宁街		金额	¥1000.00
票据丧失事由： 遗失。		付款人	郑明泰
		收款人	吴明霞
		出票日期	2018.7.6
		付款日期	2018.8.6
失票人签章　郑明泰印 2018年07月16日	挂失止付人联系地址（电话）： 粤东市光明区海宁街城市花园3栋501 手机号码：18289205610		

此联是银行给挂失止付人的受理回单

1. 兑付行接到失票人提交的挂失止付通知书柜员应审查挂失止付通知书是否符合要求，是否属本行代理付款的现金汇票，并查实确未付款的，方可受理。在第一联挂失止付通知书上加盖业务公章作为受理回单。

使用“汇票挂失与解挂”交易，输入原汇票号码，系统检查签发行汇票登记簿中有无符合查询条件且状态为“正常”的汇票，如有则点击“挂失”交易，并自动登记“挂失行行号”和“挂失日期”。操作界面见图6－48。

图 6－48　银行汇票挂失

交易完成后，将第二、三联挂失止付通知书专夹保管，凭以掌握止付。如失票人委托兑付行通知签发行挂失的，兑付行应立即通过系统向签发行发出挂失通知。

2. 兑付行接受失票人的挂失止付后，如在 12 日内收到法院的止付通知书，应按照止付通知书的要求继续止付。如到期未收到法院的止付通知书，自第 13 日起撤销止付责任，在系统中使用“兑付行汇票解挂”交易作为解挂处理。

如失票人委托代理付款行通知出票行挂失的，应将以上情况同时通知出票银行查询汇票的挂失、解挂情况，使用“查询汇票挂失登记簿”交易进行处理。

三、银行汇票解挂

如需对银行汇票解挂，签发行柜员可使用“汇票挂失与解挂”交易输入“汇票种类”“汇票号码”调出汇票进行汇票解挂处理。交易成功后，汇票恢复为“正常”状态，并在汇票登记簿中登记“解挂行行号”和“解挂日期”。操作界面见图 6－49。

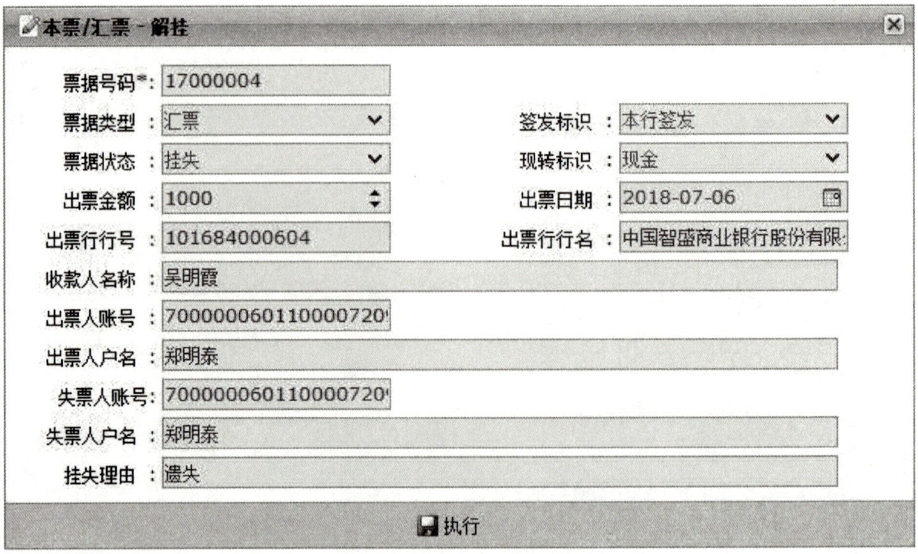

图6-49 银行汇票解挂

操作要点

1. 申请银行汇票的开立。
2. 办理银行汇票的签发业务。
3. 办理银行汇票兑付与结清业务。
4. 办理银行汇票挂失的业务操作。
5. 办理银行汇票退票的业务操作。

知识要点

1. 银行汇票的含义、特点。
2. 银行汇票的基本规定。
3. 银行汇票的结算基本程序。
4. 银行汇票的签发、付款、结清、退款、挂失、解挂。

问题讨论

1. 银行汇票的作用。
2. 票面中的结余金额应如何处理。

推荐阅读

1. 查阅《中华人民共和国票据法》。
2. 查阅《关于加强银行结算工作的决定》。

思考与练习

1. 银行汇票的基本规定和结算程序。

2. 按规定的程序完成银行汇票的签发、付款、结清、退款、挂失、解挂等操作。

模块五
商业汇票业务

任务描述

通过本模块的学习，达到掌握商业汇票相关知识、熟练操作商业汇票的签发、商业汇票到期后的业务处理的目的。

相关知识

微课：认识商业汇票

PPT：认识商业汇票

一、商业汇票的含义

商业汇票是出票人签发的，委托付款人在指定日期无条件支付确定的金额给收款人或者持票人的票据。

电子商业汇票是出票人依托人民银行电子商业汇票系统，以数据电文形式制作的，委托付款人在指定日期无条件支付确定的金额给收款人或者持票人的票据。

二、分类

商业汇票按承兑人的不同，可以分为商业承兑汇票和银行承兑汇票两种。电子商业汇票分为电子商业承兑汇票、电子银行承兑汇票。

银行承兑汇票，由银行承兑。商业承兑汇票，由银行以外的付款人承兑。商业汇票的付款人为承兑人，承兑人应该承担汇票到期付款的责任和最终的追索责任。

商业承兑汇票和银行承兑汇票的区别在于承兑人不同，决定了商业承兑汇票是商业信用，银行承兑汇票是银行信用，商业承兑汇票在信用等级和流通性上低于银行承兑汇票，在银行办理贴现的票据一般都是银行承兑汇票。

三、付款期限

纸质商业汇票的最长付款期限为 6 个月，而电子商业汇票的最长付款期限为 1 年。

四、适用范围

商业汇票适用范围：单位之间使用，自然人不适用；同城、异地均可。

五、商业汇票的当事人

商业汇票一般有 3 个当事人，即出票人、收款人和付款人。

1. 出票人。

工商企业需要使用商业汇票时，可成为出票人。商业汇票与银行汇票的主要区别是：银行汇票的出票人是银行，商业汇票的出票人是工商企业。

2. 收款人。

收款人为商业汇票上实际载明的收取汇票金额的人。

3. 付款人。

付款人即对商业汇票金额实际付款的人。银行承兑汇票的付款人是与买卖合同的买方签订承兑协议的承兑行，在票据到期时无论买方的账户存款足够与否，都得无条件付款，即使以自己的款项支付也不得拒绝付款责任；商业承兑汇票的付款人是买卖合同中的买方，由其开户行受托付款，如果买方账户存款不足，受托付款人不承担付款责任，只是将汇票还给持票人或者通过持票人的开户银行还给持票人。

微课：纸质商业汇票业务

业务一　纸质商业汇票出票业务

PPT：纸质商业汇票业务

☞ 业务描述

客户晋州市创展科技有限公司来到柜台申请开立银行承兑汇票，出票人为晋州市创展科技有限公司，收款人为台山市易到科技有限公司，承兑人为模拟银行番职支行，票据金额 100 000 元，期限为 3 个月。

操作步骤

操作动画：纸质商业汇票出票业务

一、业务受理

出票人向开户银行申请承兑时，应提交承兑申请表，具体说明申请承兑的金额、期限等。

表 6－10　　　　　　　　　　　　**承兑申请表**

编号：00000001

模拟银行广州番禺支行：

一、我公司向贵行申请承兑如下商业汇票：

序号	汇票金额	出票人	收款人	签发日期	汇票到期日	款项内容
1	￥100000.00	晋州市创展科技有限公司	台山市易到科技有限公司	2018.7.12	2018.10.12	货款

二、我公司确认和保证如下：

（一）遵守已与贵行签订的《授信协议》（如有）和《银行承兑合作协议》；

（二）根据贵行的要求，按承兑汇票的票面金额的万分之五向贵行支付承兑手续费；

（三）向保证金账户存入承兑汇票票面金额的40%的保证金。该资金自进入保证金账户之日起视为特定化和移交贵行占有，作为上述商业汇票承兑业务的担保，未经贵行许可我公司不得动用；如本申请书所约定的保证金账号与《银行承兑合作协议》的约定不一致的，以本申请书的约定为准。

（四）本申请书所陈述的各项内容及所附资料真实、合法、有效。

申请人（预留印鉴）：

申请日期：2018.07.05

晋州市创展科技有限公司 财务专用章　高李印志

银行确认栏：　模拟银行广州番禺支行 2018.07.05 业务专用章

（盖章）

主要负责人或授权代理人（签字/盖名章）　陈清

日期：　2018.07.05

二、办理收取保证金或质押物操作

对承兑出票以缴存保证金或质押方式办理的，经办人员按相关规定收取保证金或质押物的相关操作。

三、出票申请

柜员根据“承兑合同”“商业汇票承兑申请书”“批复通知”等资料，在纸质商业汇票系统中选择出票申请交易。

四、承兑登记

柜员在纸质商业汇票系统中选择承兑登记交易，录入完整的票据信息，操作界面见图 6－50。

视频：银行汇票与银行承兑汇票

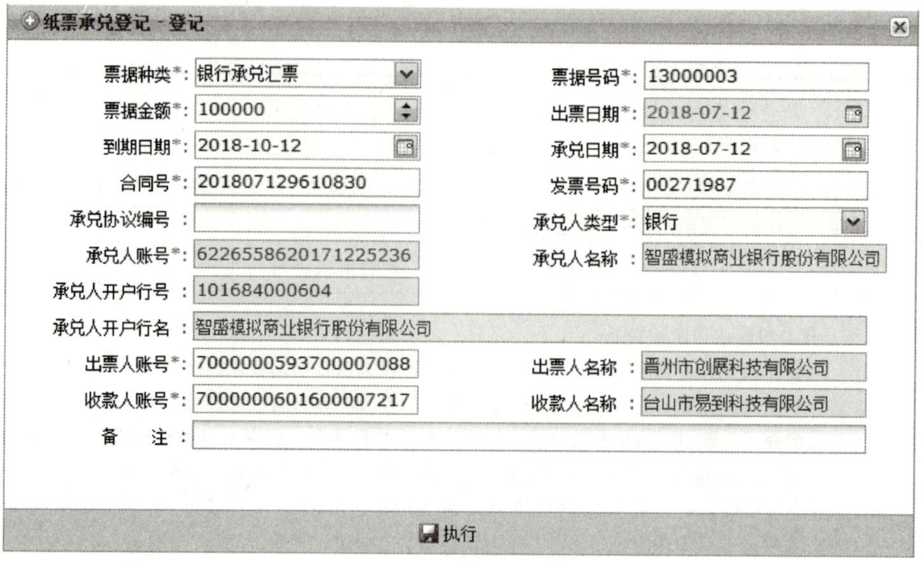

图6-50 承兑登记

操作完成后，票据状态变为纸票承兑已登记，见图6-51。

案例：银行承兑汇票的防伪与鉴别

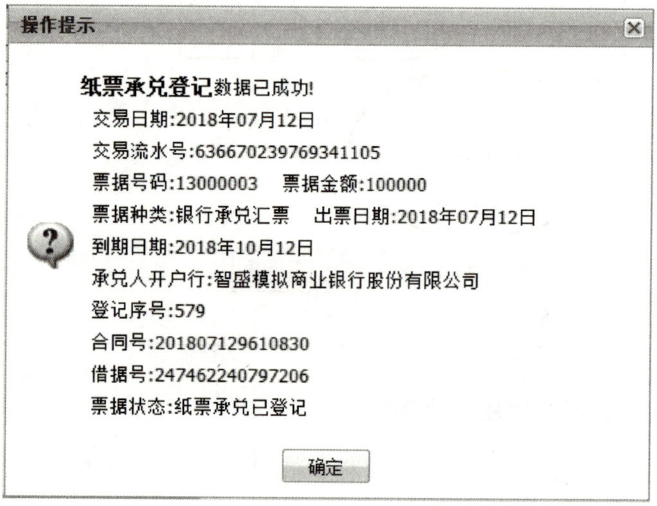

图6-51 承兑已登记票据状态

五、交付

汇票第一联作为留底卡片专夹保管，汇票第二、三联交客户并签收。图6-52为开立成功的银行承兑汇票式样。

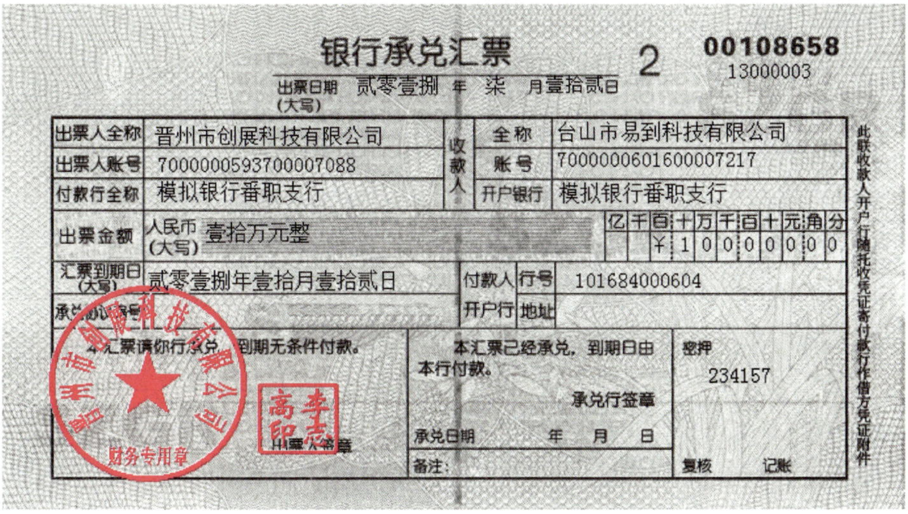
银行承兑汇票　2　00108658
13000003
出票日期（大写）　贰零壹捌 年 柒 月壹拾贰日

出票人全称	晋州市创展科技有限公司	收款人	全称	台山市易到科技有限公司
出票人账号	7000000593700007088		账号	7000000601600007217
付款行全称	模拟银行番职支行		开户银行	模拟银行番职支行
出票金额	人民币（大写）壹拾万元整		亿千百十万千百十元角分	¥ 1 0 0 0 0 0 0 0
汇票到期日（大写）	贰零壹捌年壹拾月壹拾贰日	付款人开户行	行号	101684000604
承兑协议编号			地址	
本汇票请你行承兑，到期无条件付款。 出票人签章		本汇票已经承兑，到期日由本行付款。 承兑行签章 承兑日期　年　月　日 备注：		密押 234157 复核　记账

财务专用章
李志高印

此联收款人开户行随托收凭证寄付款行作借方凭证附件

图 6－52　银行承兑汇票第二联

六、资料保管

将汇票第一联及“承兑合同”“承兑清单”“批复通知”等文档资料按相关规定专夹保管。

业务二　纸质商业汇票挂失止付与解挂业务

业务描述

客户晋州市创展科技有限公司申请开立的纸质银行承兑汇票不慎遗失，该公司的出纳来到柜台申请办理挂失止付业务，票据号码为 13000003。

操作步骤

挂失止付由原办理承兑业务的经办行在纸质商业汇票系统办理。

一、挂失止付

1. 挂失业务受理。

经办行收到客户提交的“挂失止付通知书”（如表 6－11 所示）或人民法院出具的“停止支付通知书”，检查填写内容及相关手续符合规定，审查挂失申请人或经办人身份真实，挂失票据信息与专夹保管的汇票卡片

微课：纸质商业汇票业务

PPT：纸质商业汇票业务

操作动画：纸质商业汇票挂失、止付与解挂业务

核对相符，汇票确未付款方可受理。

表 6－11 **挂失止付通知书**

填写日期　2018 年 07 月 19 日

挂失止付人：台山市易到科技有限公司	丧失票据记载的主要内容	票据种类	银行承兑汇票
票据丧失时间：2018. 7. 10		号码	13000003
票据丧失地点：台山市朝阳区南京路		金额	￥100000. 00
票据丧失事由： 遗失。 台山市易到科技有限公司 财务专用章　李霄来印 失票人签章 2018 年 07 月 19 日		付款人	晋州市创展科技有限公司
		收款人	台山市易到科技有限公司
		出票日期	2018. 07. 12
		付款日期	2018. 10. 12
	挂失止付人联系地址（电话）： 联系人：陈露林，手机号码：18125018231 地址：台山市朝阳区南京路创投大厦 812		

此联是银行给挂失止付人的受理回单

2. 挂失交易处理。

柜员选择“挂失止付”交易，输入票据号码后系统显示票据信息。柜员输入挂失种类，如为客户挂失止付的，“挂失种类”应选择“挂失止付”；如为人民法院要求停止支付的，“挂失种类”应选择“公示催告止付”。操作界面见图 6－53。

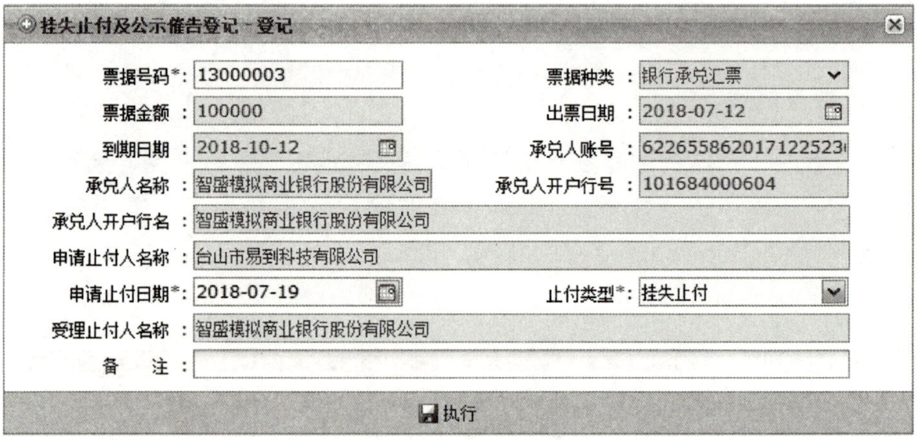

图 6－53　挂失止付

3. 挂失资料保管。

“挂失止付”交易成功后，“挂失止付通知书”第一联加盖相关业务印章和经办人名章作挂失受理回单；汇票第一联备注栏注明“挂失止付”字样、第二、三联“挂失止付通知书”或“停止支付通知书”与汇票第一联一并专夹保管。

二、解挂

1. 解挂业务受理。

经办行收到客户提交的“解除挂失止付申请书”、交回的“挂失止付通知书”（如表 6 – 12 所示）第一联或人民法院出具的“解除停止支付通知书”，审查挂失申请人或经办人身份真实，“解除挂失止付申请书”与专夹保管的第二联“挂失止付通知书”核对无误。

表 6 – 12　　　　解除挂失止付通知书

填写日期：2018 年 07 月 26 日

<table>
<tr><td>解除挂失止付人：台山市易到科技有限公司</td><td rowspan="7">丧失票据记载的主要内容</td><td>票据种类</td><td>银行承兑汇票</td></tr>
<tr><td>挂失票据丧失时间：2018. 7. 10</td><td>号码</td><td>13000003</td></tr>
<tr><td>原挂失止付时间：2018. 07. 19</td><td>金额</td><td>￥100000. 00</td></tr>
<tr><td rowspan="5">（印章：台山市易到科技有限公司 财务专用章）（印章：李霄来印）
签章
2018 年 07 月 26 日</td><td>付款人</td><td>晋州市创展科技有限公司</td></tr>
<tr><td>收款人</td><td>台山市易到科技有限公司</td></tr>
<tr><td>出票日期</td><td>2018. 07. 12</td></tr>
<tr><td>付款日期</td><td>2018. 10. 12</td></tr>
<tr><td colspan="3">解除挂失止付人联系地址（电话）：
联系人：陈露林，手机号码：18125018231
地址：台山市朝阳区南京路创投大厦 812</td></tr>
</table>

此联是银行给挂失止付人的受理回单

2. 解挂交易处理。

柜员选择“解挂”交易，输入票据号码后系统显示票据信息。核对申请解挂的票据信息与系统显示信息相符，按系统提示输入其他信息无误后提交交易。操作界面见图 6 – 54。

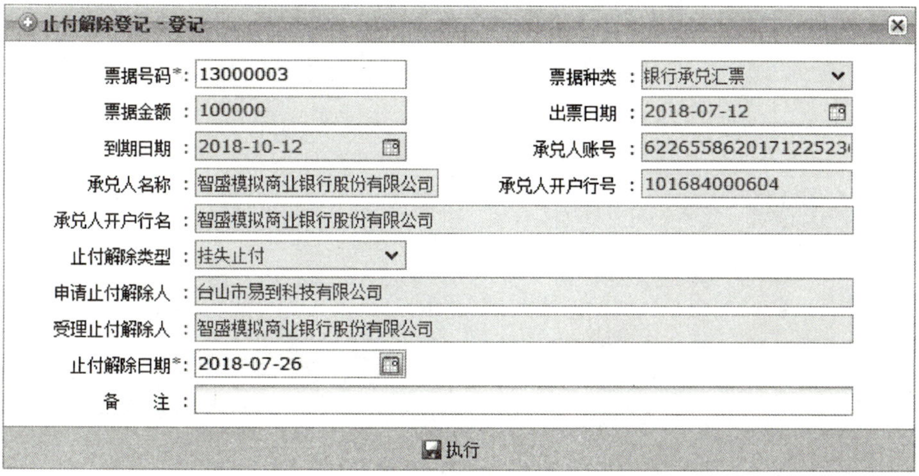

图 6 – 54　解挂

3. 解挂资料保管。

解挂交易成功后，柜员将“解除挂失止付申请书”或“解除停止支付通知书”与汇票卡片等资料一并专夹保管。

微课：纸质商业汇票业务

PPT：纸质商业汇票业务

操作动画：纸质商业汇票委托收款业务

业务三　纸质商业汇票委托收款业务

业务描述

纸质商业汇票到期后，最后一手持票人开户行发出委托收款，将纸质商业汇票邮寄到付款行，付款行办理付款。晋州市创展科技有限公司开立的纸质商业汇票于2018年10月12日到期，持票人台山市易到科技有限公司到开户行办理委托收款业务，票据号码为13000003。

操作步骤

一、发出委托收款

柜员审查委托收款凭证和商业汇票信息无误后，在汇票系统中对委托收款的商业汇票（见图6－55）做“发出委托收款”交易处理，依据托收凭证输入委托收款人名称、委托收款人账号等信息。柜员核对输入信息，无误后提交交易。操作界面见图6－56。

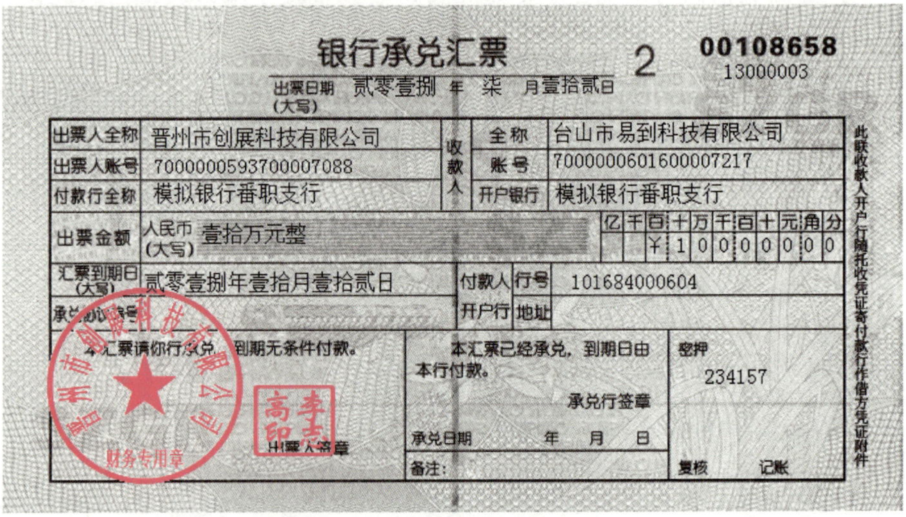
银行承兑汇票　2　00108658
13000003
出票日期（大写）　贰零壹捌　年　柒　月壹拾贰日

出票人全称	晋州市创展科技有限公司	收款人	全称	台山市易到科技有限公司
出票人账号	7000000593700007088		账号	7000000601600007217
付款行全称	模拟银行番职支行		开户银行	模拟银行番职支行
出票金额	人民币（大写）壹拾万元整		亿千百十万千百十元角分	￥10000000
汇票到期日（大写）	贰零壹捌年壹拾月壹拾贰日	付款人开户行	行号	101684000604
承兑协议编号			地址	
本汇票请你行承兑，到期无条件付款。出票人签章	本汇票已经承兑，到期日由本行付款。承兑行签章 承兑日期　年　月　日 备注：		密押 234157	复核　记账

此联收款人开户行随托收凭证寄付款行作借方凭证附件

图6－55　银行承兑汇票

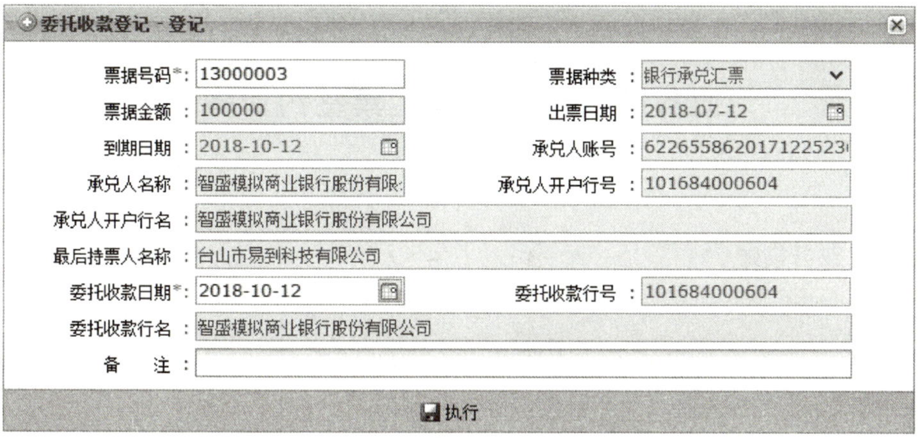

图 6－56　委托收款登记

二、付款行接收委托收款

柜员审查托收凭证和商业汇票无误后，先逐张登记收到委托收款的商业汇票信息，然后按付款或拒付分别进行处理。

1. 确认付款。

对于银行承兑汇票，经办行柜员根据业务实际需要，通过行内往来系统或大、小额支付系统向收款人划付款项。对于商业承兑汇票，经办行及时通知付款人后得到付款答复且账户中有足够票款的，柜员从付款人账户中扣款，并根据业务实际需要，通过行内往来系统或大、小额支付系统向收款人划付款项。办理划付款项后，柜员选择“结清登记”交易，输入票据号码系统显示票据信息。操作界面见图 6－57。

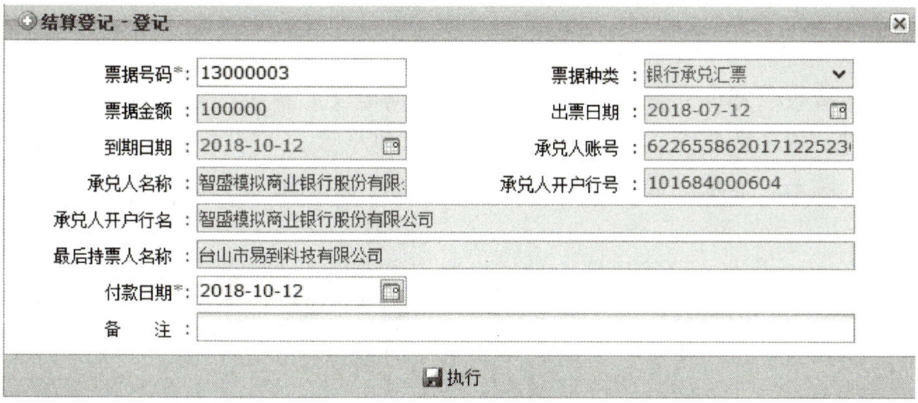

图 6－57　结清登记

2. 确认拒付的。

柜员选择“拒付登记”交易，输入票据号码系统显示票据信息。核对商业汇票的记载信息与系统记录信息相符，补充输入最后持票人名称和拒绝付款理由无误后提交交易。

案例：商业承兑汇票拒绝付款

业务四　电子商业汇票签约业务

业务描述

企业客户汉东市青语广告科技有限公司出纳到银行申请办理电子商业汇票签约业务，签约账号为7000000655700007914，联系人为李向乾（手机号码为13589674825）。

微课：电子商业汇票业务

PPT：电子商业汇票业务

相关知识

电子商业汇票

与纸质票据相比，电子商业汇票具有以数据电文代替纸质凭证、以计算机设备录入代替手工书写、以电子签名代替实体签章、以网络传输代替人工传递四大突出特点，有效提高了商业汇票业务的透明度和时效性，极大地克服了纸质票据操作风险大的缺点，节省了各方交易成本，促进了统一票据市场的形成。

1. 电子商业汇票分为电子银行承兑汇票和电子商业承兑汇票。电子银行承兑汇票由银行业金融机构、财务公司（以下统称金融机构）承兑；电子商业承兑汇票由金融机构以外的法人或其他组织承兑。电子商业汇票的付款人为承兑人。

2. 电子商业汇票系统是经中国人民银行批准建立，依托网络和计算机技术，接收、存储、发送电子商业汇票数据电文，提供与电子商业汇票货币给付、资金清算行为相关服务的业务处理平台。电子商业汇票的出票、承兑、背书、保证、提示付款和追索等业务，必须通过电子商业汇票系统办理。

3. 电子商业汇票的出票，是指出票人签发电子商业汇票并交付收款人的票据行为。出票人在电子商业汇票交付收款人前，可办理票据的未用退回。出票人不得在提示付款期后将票据交付收款人。电子商业汇票的出票人必须为银行业金融机构以外的法人或其他组织。电子银行承兑汇票的出票人应在承兑金融机构开立账户。

4. 电子商业汇票出票必须记载下列事项：表明“电子银行承兑汇票”或“电子商业承兑汇票”的字样；无条件支付的委托；确定的金额；出票人名称；付款人名称；收款人名称；出票日期；票据到期日；出票人签章。

5. 电子商业汇票的承兑，是指付款人承诺在票据到期日支付电子商业汇票金额的票据行为。电子商业汇票交付收款人前，应由付款人承兑。

6. 电子银行承兑汇票由真实交易关系或债权债务关系中的债务人签发，并交由金融机构承兑。电子银行承兑汇票的出票人与收款人不得为同一人。

7. 电子银行承兑汇票的出票人应向承兑金融机构提交真实、有效、用以证实真实交易关系或债权债务关系的交易合同或其他证明材料，并在电子商业汇票上做相应记录，承兑金融机构应负责审核。

8. 承兑人承兑电子商业汇票，必须记载下列事项：表明“承兑”的字样；承兑日期；承兑人签章。

9. 转让背书是指持票人将电子商业汇票权利依法转让给他人的票据行为。票据在提示付款期后，不得进行转让背书。

10. 转让背书应当基于真实、合法的交易关系和债权债务关系，或以税收、继承、捐赠、股利分配等合法行为为基础。

操作步骤

一、业务受理

操作动画：电子商业汇票签约业务

客户申请办理电子商业汇票业务的签约，应向其开户行提交以下资料：

1. 填制“电子商业汇票业务申请表”，并加盖其单位印鉴，申请表样式如表 6－13 所示。

2. 审核法定代表人（单位负责人）有效身份证件及复印件；授权他人办理的，需出具授权书，并同时提供法定代表人（单位负责人）及被授权人有效身份证件及复印件。

银行柜员审核申请资料的完整性与合规性无误，与客户签订电子商业汇票服务协议，在电子商业汇票系统中选择“客户签约”，依据客户申请资料输入签约客户的信息，核对信息资料无误后点击提交。操作界面如图 6－58。

业务开通申请表、服务协议加盖有关印章后，一联开通申请表、服务协议交客户，一联开通申请表、服务协议专夹保管。

客户签约成功后，如要修改联系人信息，可以选择“签约修改”操作；若要解除签约业务，可以选择“客户解约”操作。

案例：全国首起电子票据造假案

表 6－13

模拟银行番职支行

电子商业汇票业务申请表

2018年07月01日

以下由客户填写：

申请业务：☑开通电子商业汇票业务 □关闭电子商业汇票业务
□ 修改签约账号关闭电子商业汇票业务

客户号：70000006557

企业代码：914403003497681946

客户中/英文名称：汉东市青语广告科技有限公司

签约账号：7000000655700007914

是否已经开通公司网上银行版

是☑否□

是否已在网上银行设臵操作人员

是☑否□

是否已在网上银行设臵操作人员的操作权限

是☑否□

选择“修改签约账号”的请填写：

原签约账号：

新签约账号：

本公司授权 李向乾 办理以上申请业务，申请内容合法有效

授权人签章 乾李印向

公司签章：汉东市青语广告科技有限公司

授权经办人姓名：李向乾 身份证件类型：身份证

身份证件号码：448901199509015521

以下银行确认

客户号：70000006557 银行业务章：模拟银行广州番禺支行 2018.07.01 业务专用章

日期：2018.7.1 流水号： 机构号： 经办：李四 复核：张三

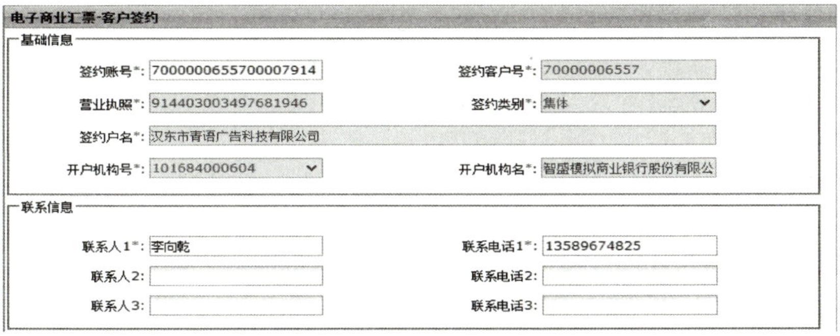

图 6－58　电子商业汇票签约

业务五　电子商业汇票出票及承兑业务

业务描述

企业客户汉东市青语广告科技有限公司出纳到银行申请开立电子商业承兑汇票 1 张，出票人汉东市青语广告科技有限公司，收款人汉东市科迪机械设备有限公司，承兑人为汉东市青语广告科技有限公司，票据金额为 100 万元，期限为 6 个月。

微课：电子商业汇票业务

PPT：电子商业汇票业务

操作动画：电子商业汇票出票及承兑业务

操作步骤

一、登记出票信息

出票人在电子商业汇票系统中通过“出票信息登记”交易进行登记，录入电子汇票信息，操作界面见图 6－59。

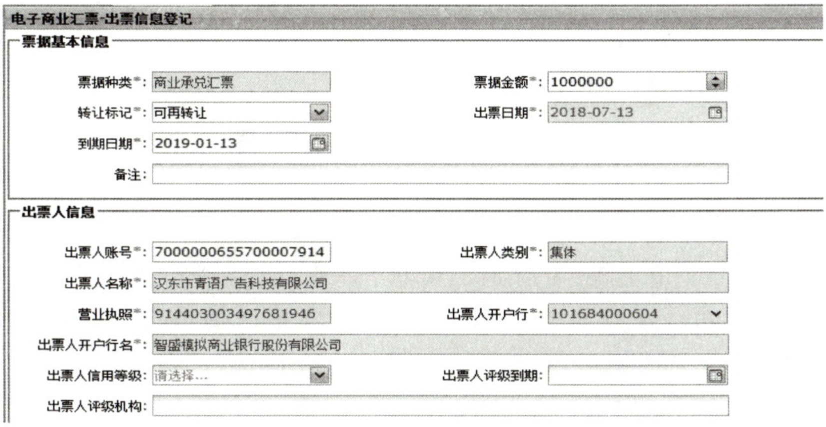

图 6－59　出票登记

出票登记成功后，系统自动生成电子票据号码，并联机打印票据信息清单，一份交客户，一份专夹保管（见图 6－60）。出票登记成功的电子商业汇票（见图 6－61）。

操作提示

出票信息登记数据已成功!

流水号:636670835785534950

票据号码:39260099

票据金额:1000000

票据种类:商业承兑汇票

出票日期:2018-7-13

到期日期:2019-1-13

承兑人账号:

承兑人名称:

承兑人开户行:智盛模拟商业银行股份有限公司

登记序号:947

票据状态:出票已登记

确定

图 6－60 出票登记成功

电子商业承兑汇票

出票日期 2018/7/13　　票据状态 出票已登记

汇票到期日 2019/1/13　　票据号码 39260099

出票人	全称	汉东市青语广告科技有限公司	收款人	全称	汉东市科迪机械设备有限公司
	账号	7000000655700007914		账号	7000000582100006914
	开户银行	智盛模拟商业银行股份有限公司		开户银行	智盛模拟商业银行股份有限公司
出票保证信息	保证人姓名:		保证人地址:		保证日期:
票据金额	人民币（大写）	壹佰万元整		十 亿 千 百 十 万 千 百 十 元 角 分	¥ 1 0 0 0 0 0 0 0 0
承兑人信息	全称	汉东市青语广告科技有限公司	开户行行号	101684000604	
	账号	7000000655700007914	开户行名称	智盛模拟商业银行股份有限公司	
交易合同号			承兑信息	出票人承诺：本汇票请予以承兑，到期无条件付款	
能否转让	可再转让			承兑人承兑：本汇票已经承兑，到期无条件付款	
承兑保证信息	保证人姓名:		保证人地址:		保证日期:
评级信息(由出票人,承兑人自己记载,仅供参考)	出票人	评级主体:	信用等级:	评级到期日:	
	承兑人	评级主体:	信用等级:	评级到期日:	

图 6－61 电子商业承兑汇票票面

二、提示承兑

承兑人承兑电子商业汇票时，在电子商业汇票系统作“提示承兑”处理。交易成功，查看票据状态为“提示承兑已签收”。操作界面见图 6－62。

图 6－62　提示承兑申请

三、提示收票

出票人发出提示收票申请。电子商业汇票只有在“提示承兑已签收”状态下，出票人才可以发起提示收票申请。在电子商业汇票系统中，进入提示收票界面，输入电子票据号码，核对反显信息无误后提交。发送成功后，查看票据状态为“提示收票待签收”。操作界面见图 6－63。

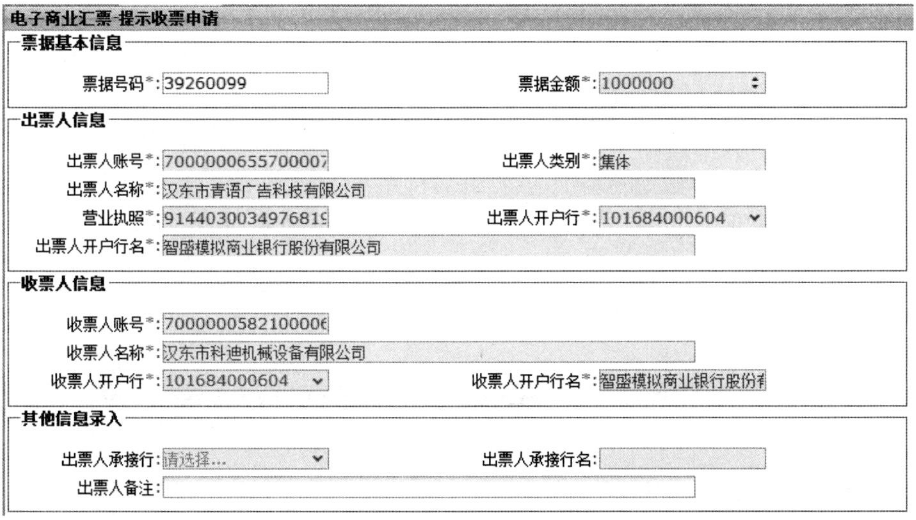

图 6－63　提示收票

收款人在电子汇票系统中完成收票操作后，该票据的状态变为提示收票已签收。

四、撤票处理

电子商业汇票承兑在交付收款人之前，处于“出票已登记”或“提示承兑已签收”状态下，出票人可以申请对该笔电子商业汇票撤票。撤票是指票据的未用退回处理。交易成功后，查看票据状态为“票据已作废”。

微课：电子商业汇票业务

业务六　电子商业汇票提示付款业务

业务描述

汉东市青语广告科技有限公司开出的电子商业承兑汇票于2019年1月13日到期，持票人汉东市科迪机械设备有限公司于到期日委托银行发起提示付款业务，票据号码为39260099。

PPT：电子商业汇票业务

相关知识

提示付款是指持票人通过电子商业汇票系统向承兑人请求付款的行为。电子商业汇票在提示付款期内，可发起提示付款交易。提示付款期为自票据到期日起十日内，最后一日遇法定节假日、大额支付系统非营业日、电子商业汇票系统非营业日顺延。

持票人在票据到期日前提示付款的，承兑人可付款或拒绝付款，或于到期日付款。承兑人拒绝付款或未予应答的，持票人可待票据到期后再次提示付款。

持票人在提示付款期内提示付款的，承兑人应在收到提示付款请求的当日至迟次日（遇法定休假日、大额支付系统非营业日、电子商业汇票系统非营业日顺延）付款或拒绝付款。持票人超过提示付款期提示付款的，接入机构不得拒绝受理。持票人在做出合理说明后，承兑人仍应当承担付款责任，并在上款规定的期限内付款或拒绝付款。

操作动画：电子商业汇票提示付款业务

操作步骤

一、发出提示付款申请

持票人在电子商业汇票系统中点击“提示付款”，输入电子票据号码，核对系统反显票据信息无误，根据申请表选择清算方式和代理申请标识，其中：若承兑人的接入点为接入财务公司，不得选择线上清算方式。核对票据信息无误后提交。操作界面见图 6－64。

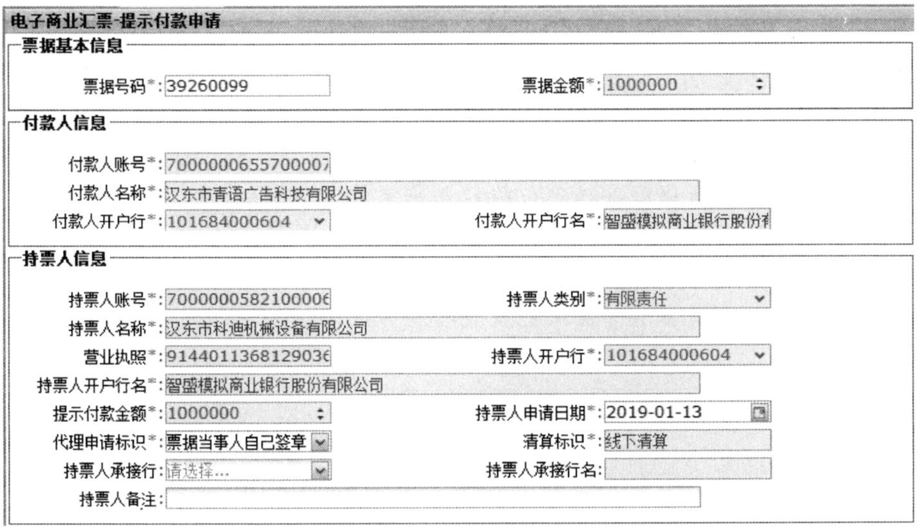

图 6－64 提示付款申请

二、承兑人回复提示付款申请

1. 电子银行承兑汇票的处理。

（1）收取待兑付银行承兑汇票款项。从出票人保证金账户及出票人存款账户扣划银行承兑汇票款项。

（2）对持票人发出的提示付款申请进行签收。签收成功后，票据状态为“票据已结清”。

（3）账务处理。经办柜员在电子商业汇票系统进行“提示付款记账”交易，根据提示付款申请的“线上清算”或“线下清算”标识分别进行处理。

2. 电子商业承兑汇票的处理。

（1）通知承兑人。经办行收到提示付款申请信息后，应按服务协议约定的方式及时通知承兑人。承兑人在收到提示付款请求次日起第 3 日（最后一日遇法定节假日、大额支付系统非营业日、电子商业汇票系统非营业日顺延）未应答的，经办行进行以下处理：①承兑人账户余额在该日电子商业汇票系统营业截止时足够支付票款，则视同承兑人同意付款，经办行应扣划承兑人账户资金支付票款，并在下一日（遇法定节假日、电子商业汇票系统非营业日、大额支付系统非营业日顺延）电子商业汇票系统营业开始时代承兑人做出付款回复。②承兑人账户余额在该日电子商业汇票系统营业截止时不足以支付票款，则视同承兑人拒绝付款，经办行应在下一日（遇法定节假日、电子商业汇票系统非营业日、大额支付系统非营业日顺延）电子商业汇票系统营业开始时代承兑人做出拒付回复。

（2）账务处理。经办柜员在电子商业汇票系统进行“提示付款记账”

交易，根据提示付款申请的“线上清算”或“线下清算”标识分别进行处理。

操作要点

1. 申请签发纸质商业汇票的手续。
2. 办理纸质商业汇票挂失与解挂业务操作。
3. 办理纸质商业汇票委托收款业务。
4. 申请签发电子商业汇票业务。
5. 办理电子商业汇票提示付款业务。

知识要点

1. 商业汇票的含义、特点。
2. 办理商业汇票的注意事项。

问题讨论

1. 商业承兑汇票与银行承兑汇票有什么区别？
2. 纸质商业汇票和电子商业汇票有什么区别？

推荐阅读

1. 查阅《中华人民共和国中国人民银行法》。
2. 查阅《中华人民共和国商业银行法》。
3. 查阅《中华人民共和国票据法》。
4. 查阅《关于加强银行结算工作的决定》。
5. 查阅《商业汇票承兑、贴现暂行办法》。
6. 查阅《关于颁发〈商业汇票办法〉的通知》。

思考与练习

1. 掌握纸质商业汇票的签发要点。
2. 掌握电子商业汇票的兑付要点。

模块六 汇兑业务

任务描述

熟悉汇兑业务结算规定，了解汇兑业务凭证格式，掌握具体填写要求，正确办理汇兑业务。

相关知识

微课：认识汇兑业务

PPT：认识汇兑业务

一、汇兑的含义

汇兑是汇款人委托银行将其款项支付给收款人的结算方式。汇兑适用于单位和个人的各种款项的结算。

1. 签发汇兑凭证必须记载下列事项：表明“汇兑”的字样；无条件支付的委托；确定的金额；收款人名称；汇款人名称；汇入地点、汇入行名称；汇出地点、汇出行名称；委托日期；汇款人签章。汇兑凭证记载的汇款人名称、收款人名称，其在银行开立存款账户，必须记载其账号，欠缺记载的，银行不予受理。

2. 汇兑业务根据汇出行与汇入行联系方式的不同分为信汇、电汇两种。目前，汇兑的主要方式为电汇，各家商业银行均通过其系统内的电子汇划系统或人民银行跨行支付系统办理汇兑业务。其中，人民银行跨行系统又分为大额实时支付系统和小额批量支付系统，属于中国现代化支付系统的重要组成部分。

二、中国现代化支付系统

中国现代化支付系统是中国人民银行为适应我国经济发展的要求，充分利用现代计算机技术和通信网络技术开发建设的高效、安全处理各银行办理的异地、同城各种资金汇划业务及其资金清算和货币市场交易资金清算的应用系统。目前，中国现代化支付系统业务覆盖全国所有省、自治区和直辖市，连接中国境内办理结算业务的各银行金融机构、香港和澳门人民币清算行以及中央债券登记结算公司、中国银联、中国外汇交易中心、全国银行同业拆借中心和城市商业银行汇票处理中心，提供实时全额资金清算服务、净额资金清算服务、支付管理信息服务。

中国现代化支付系统（CNAPS）采用以国家处理中心（NPC）为核

心，以城市处理中心（CCPC）为接入点的两层结构。各政策性银行、商业银行的分支行可以与当地的支付系统城市处理中心连接，也可以由其总行通过所在地城市处理中心集中接入支付系统。商业银行下属各分支机构通过各商业银行的行内系统连接中国现代化支付系统处理支付业务，包括：大额实时支付系统、小额批量支付系统、支票影像交换系统、境内外币支付系统、电子商业汇票系统、网上支付跨行清算系统等。

1. 大额支付系统。

大额支付系统主要用于处理异地、同城跨行之间大额贷记及紧急小额贷记支付业务。主要包括客户或金融机构发起的汇兑业务报文、即时转账报文等。

大额支付系统最大的特点是实时清算，实现了跨行资金清算的零在途，支付指令逐笔实时发送，全额清算资金，该系统处理同城和异地的、金额在规定起点以上的大额贷记支付业务（人民币5万元以上）和紧急的小额贷记支付业务。自2018年1月22日起，大额支付系统实行5×21小时运行，受理开始时间从原来每天（T日）上午8：00提前至前一天（T-1）23：30，截止时间由每个法定工作日17：00延长至17：15，清算窗口时间调整为17：15至20：30。

2. 小额支付系统。

小额支付系统主要用于处理异地、同城每笔金额在规定金额以下的贷记业务及借记业务等。通过组包发送业务、实时轧差、定时清算资金的资金清算方式处理业务。

小额支付系统实行7×24小时运行，借贷记业务均能处理，主要面向消费性支付（借贷记）业务，既支持汇款等贷记业务又支持收款等借记业务，其中小额贷记业务金额有限制。小额贷记业务金额上限为5万元，中国人民银行自2015年7月11日起，将周末（周六、周日）及法定节假日期间小额支付系统普通贷记业务的限额调整为50万元/笔。

业务一　支付类业务发起

☞ 业务描述

对公客户汉东市宇林商贸有限公司财务人员跨行汇款100000元货款到深圳仁鼎仁贸易有限公司，业务类型普通汇兑，业务种类普通汇兑，转账支付手续费，付款人无卡支付，我行柜员为其办理该业务。

操作步骤

一、业务受理

汇款人委托银行办理汇兑时，应向银行填交一式两联的结算业务申请书（如表 6－14 所示）。第一联由银行作记账凭证；第二联为银行给客户的回单。

表 6－14　　结算业务申请书

粤　　NO：15000012

申请日期：2018 年 10 月 03 日

业务种类：行内汇款□　境内同业汇款☑　银行汇票□　银行本票□

申请人	名称	汉东市宇林商贸有限公司	收款人	名称	深圳仁鼎仁贸易有限公司
	账号	7000000582000006913		账号	9999000099900000998
	联系电话			联系电话	（未在我行开户须填写）
	身份证件类型		汇入行名称		中国银行股份有限公司
	身份证件号		汇入行地点		广东省 深圳　市（县）

金额	亿	千	百	十	万	千	百	十	元	角	分
人民币 壹拾万元整（大写）			¥	1	0	0	0	0	0	0	0

扣账方式：转账☑　现金□　其他□		收费账号：
现金汇款请填写	国籍：　　职业：	用途：
支付密码：		附言：工程款
申请人签章：汉东市宇林商贸有限公司 财务专用章　盛棠印木		核准：　　经办：

汇出行受理汇兑凭证时，应审查以下内容：

1. 凭证必须记载的各项内容是否齐全、正确；
2. 凭证的金额、委托日期、收款人名称是否更改；其他事项更改是否由原记载人签章证明；
3. 大小写金额是否一致；
4. 委托日期是否为当日；
5. 汇款人账户内是否有足够支付的余额；
6. 汇款人的签章与预留银行印鉴是否相符；
7. 填明“现金”字样的凭证，汇款人和收款人是否均为个人。审查无误后，办理汇款手续。

操作动画：支付类业务发起

二、汇出行交易处理

在柜员操作系统中选择“跨行汇款交易”，将相关业务信息录入，进行系统操作处理。此交易根据金额、报文优先级判断发送渠道。对于汇出金额大于小额贷记金额上限的汇款或优先级为紧急的汇款，通过大额支付系统汇

案例：大额跨行汇款业务引发风险

出；对于汇出金额小于或等于小额贷记金额上限的汇款，通过小额支付系统汇出。录入完成后即自动记账，生成待复核报文。操作界面见图6－65。

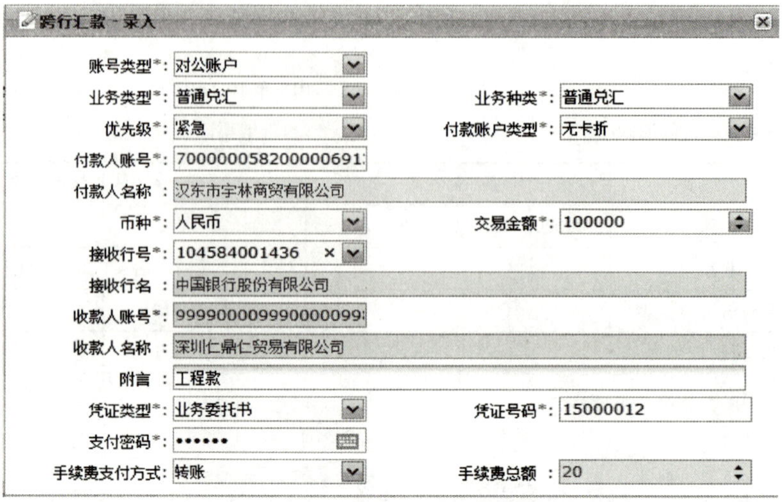

图6－65 跨行汇款录入

支付报文录入完成后，由复核柜员完成复核和报文发送，汇款业务才发送成功。发送成功后的报文状态显示为“已发送”（见图6－66）。

图6－66 跨行汇款录入

当支付报文在复核时或录入后发现录入信息有误，可将该笔报文进行修改，注意只能修改收款人账号、户名和附言，其他栏位不允许修改，若其他栏位录入错误，则需要进行冲账处理。复核、发送成功后的报文不可修改。操作界面见图6－67。

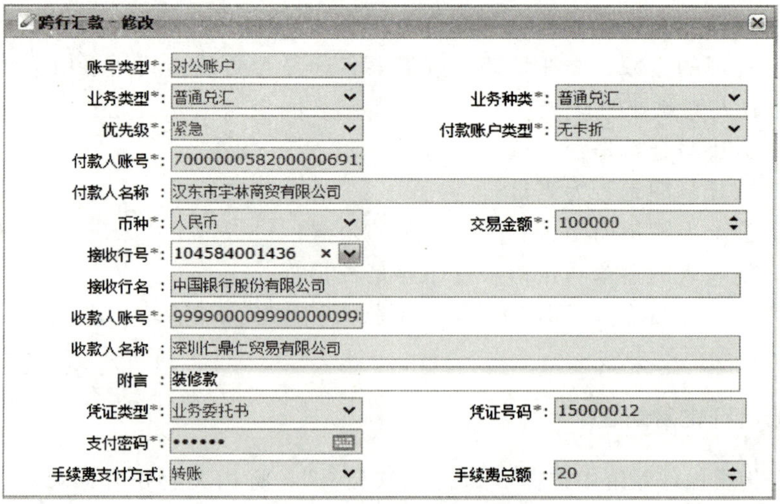

图6－67 跨行汇款修改

业务二　支付类业务接收

微课：汇兑业务的三种业务类型

业务描述

汇入行收到汇出行的汇款信息进行入账处理。

PPT：汇兑业务的三种业务类型

操作步骤

汇入银行对开立存款账户的收款人，应将汇入款项直接转入收款人账户，并向其发出收账通知。收账通知是银行将款项确已收入收款人账户的凭据。大小额支付系统来报业务处理是对通过总行接收到人民银行转来的报文，首先进行合法性检查和重复性检查，通过检查的报文执行直入账或直扣账处理，对于无法直入账或直扣账的业务转人工处理的过程。来报将按照收款人开户行（须有大小额处理权限）、收报行（须有大小额处理权限）的顺序落在手工处理队列中，同时系统自动将直入账或直扣账失败原因写到对应的说明栏位。手工处理可执行的操作包括：分报 \ 退报、修改入账 \ 账号入账、直接退汇、手工挂账等。

操作动画：支付类业务接收

操作要点：

1. 所有落地的支付类业务来报必须及时处理，原则上应于当日处理完毕，未处理完毕业务要注明原因。

2. 手工扣账和手工修改账户入账时应遵循经办和复核柜员双人操作的原则。柜员应仔细核对账号户名等信息，确认无误后方可入账或扣账；对需要修改收款人账号或付款人账号的业务进行重点核对，防止错误入账。

案例：违规办理个人大额转账汇款

3. 对于有疑问的来报报文，应遵循“先查实后处理”的原则，及时向对方行发送业务查询书，得到答复后再进行手工处理，不得在业务不明确的情况下进行手工处理。

4. 来报退汇业务应遵循“原路退回”原则。

5. 对于直入账的客户汇入汇款业务回单由系统批量打印，各机构必须安排专人每天负责客户回单的分发或留底备查，并加强管理防止回单重复发放。

6. 手工入账、手工扣账后需冲正的业务仅限入账或扣账的当日完成。

7. 来报业务遵循“交易行负责制”，即由报文中记录的交易行负责监控和处理该报文及相关报文。

业务三　查询查复业务

☞ **业务描述**

我行柜员对已经发起的一笔跨行汇款业务是否入账存在疑问，向对方收款行发起查询业务，该笔业务的原业务流水号为636741881308557341。接收行收到该笔查询业务后，在大小额系统及时回复给发起行。

操作步骤

操作动画：查询查复业务

一、查询业务

我行对发出或接收的支付业务有疑问，可通过大小额系统向对方行发起查询业务。通过输入原汇款交易的业务流水号，系统自动显示该笔支付报文的信息。操作界面见图6－68。

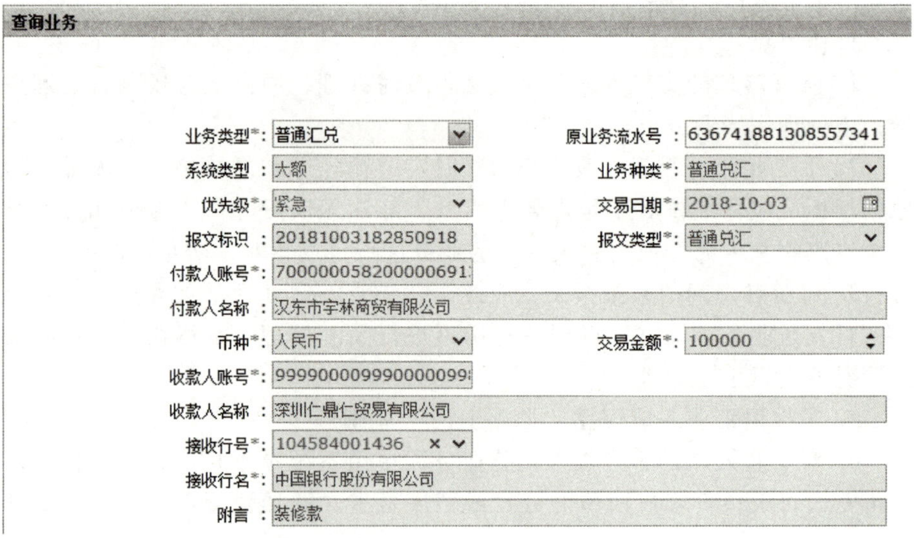

图6－68　查询业务

操作要点如下：

1. 必须做到“有疑必查，有查必复，复必详尽，及时处理。”

2. 必须以业务发生的原始凭证为依据，及时、准确地处理查询查复业务。

3. 小额系统和大额系统的查询查复报文不得混用。

4. 查询业务为银行承兑汇票、银行汇票等票据类业务，应使用专用的票据查询书进行处理。

5. 应密切监控我行发出但未收到对方应答的信息类业务，积极与对方行联系和沟通，敦其尽快返回应答信息。

6. 业务查询书、业务查复书和自由格式报文应当日复核发送。

二、查复业务

我行收到他行发来的业务查询报文时，系统自动查找对应的支付报文，将收到的业务查询报文落到对应支付报文的发起机构；收到他行、人民银行等发来的其他信息类应答报文，系统自动查找对应的信息类申请报文，将收到的应答报文落到对应信息类申请报文的发起机构。无法自动配对的信息来报将落到收报行。操作界面见图 6 – 69。

图 6 – 69　查复业务

操作要点：

1. 应及时处理接收到的信息类业务，需要回复的应当按人民银行规定及时予以查复。

2. 对更正支付业务要素的查询，如更改收款人账号等，必须严格以客户提交的原始汇划凭证的记载内容为依据进行查复。严禁擅自更改原始汇划凭证内容，发出查复信息。

3. 各行应设专人查看未做应答处理的信息类来报，并督促有关部门及时答复。

4. 对于收到的查复书，若所查问题已得到明确答复的，经业务主管人员审核后，立即按照有关规定处理，及时通知客户。

5. 人民银行将对各行的查复情况进行监测和统计，对查询查复不及时、不准确，所导致对汇划资金（或利息）损失，由有关责任行承担。

业务四　退汇业务

☞ 业务描述

收款银行接收到原业务流水号为 636741881308557341 的汇款业务，收款人深圳仁鼎仁贸易有限公司拒绝接收该笔款项，收款银行为客户办理退汇业务。

■ 操作步骤

操作动画：退汇业务

一、退汇申请业务

汇款人对汇出银行已经汇出的款项可以申请退汇，并填写“汇入汇款退汇申请书”（如表 6－15 所示）。汇款人要求退汇时，对收款人在汇入行开立账户的，由汇款人与收款人自行联系退汇；对收款人未在汇入行开立账户的，应由汇款人出具正式函件或本人身份证件连同原信、电汇回单，由汇出银行通知汇入银行，经汇入银行核实汇款确未支付，并将款项汇回汇出银行，方可办理退汇。

表 6－15　　汇入汇款退汇申请书

致中国银行模拟银行：

本公司于 2018 年 10 月 03 日收到汇入汇款一笔，汇款人为汉东市宇林商贸有限公司，交易金额人民币壹拾万元整，交易流水号为 636741881308557341。

现本公司同意将此笔款项退回。

以上退汇经贵行确认后办理，所有退汇费用请按如下收取：

☑ 在退汇款项内扣收。

□由本公司承担，请从本公司收款账户内扣收。

申请人签章：（深圳仁鼎仁贸易有限公司 财务专用章）

2018 年 10 月 04 日

银行填写栏

意见：同意

经办 张三　　复核 李四

汇入银行对收款人拒绝接受的汇款，应立即办理退汇。汇入银行对于向收款人发出取款通知，经过2个月无法交付的汇款，应主动办理退汇。操作界面见图6－70。

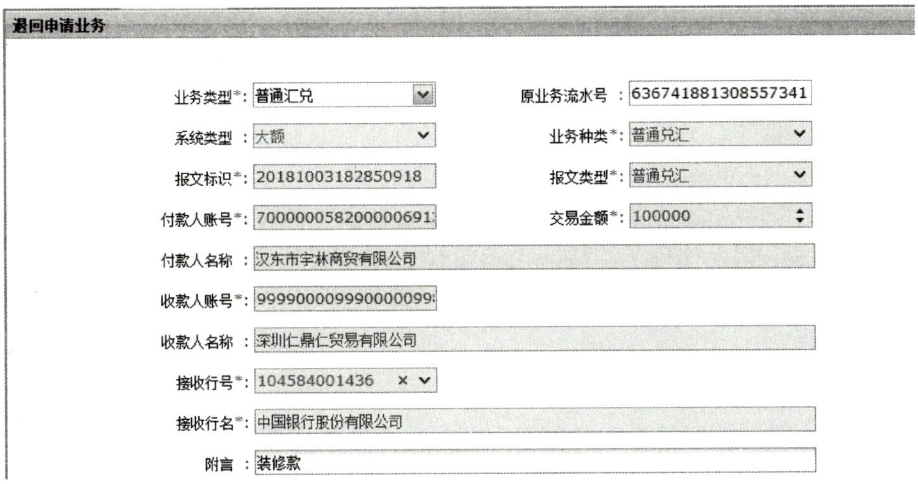

图6－70　退汇业务

二、退汇应答业务

汇出行收到退汇申请业务，办理退汇应答，操作界面见图6－71。

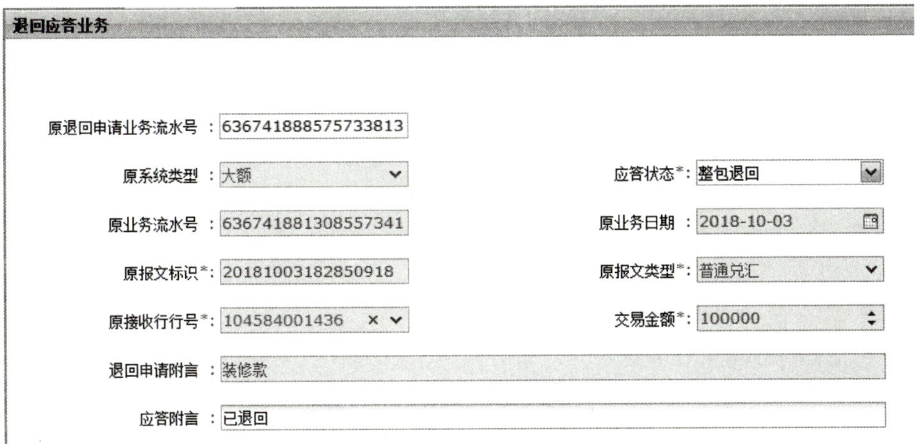

图6－71　退汇应答业务

风险点

汇兑业务风险控制

1. 签发汇兑凭证须记载所需事项，欠缺记载事项之一的，银行不予受理。

2. 汇款回单只能作为汇出银行受理汇款的依据，不能作为该笔汇款已转入收款人账户的证明。

3. 客户将收款人名称、账号错写或简写，致使汇入有效信息失真，客户资金不能确保安全准确、及时汇划到账，出现退汇业务。

4. 办理汇兑来账业务时，当收款人账号、账户不符时，须经人工认真判断后进行后续业务的处理，判断不准确容易发生错账或人为错入账。

5. 汇款人对汇出银行已汇出的款项可以申请退汇，但是汇出银行务必认真核实汇款的时间。

6. 必须及时处理查询查复业务，明确责任，加强监督，防范风险。

7. 部分操作人员未按照规定程序进行账务核对，不熟悉汇兑业务的查询查复规定。

8. 对汇入行未入账的汇款，汇出行受理客户撤销汇款申请时，应本着谨慎原则，要求客户遵循正常渠道办理，出具公函和提供原业务回单等有效证明。严禁接受电话或其他任何非正规渠道的申请。

9. 汇款超过两个月尚未解付的，在受理解付手续时要严格审查，经主管领导审批后，方可办理。

操作要点

1. 办理支付类业务发起、接收操作。
2. 办理查询查复、退汇业务操作。

知识要点

1. 汇兑的含义、特点、流程。
2. 办理汇兑业务的注意事项。

问题讨论

1. 汇兑业务涵盖公司业务吗？
2. 汇兑业务能跨银行吗？

推荐阅读

1. 查阅《中华人民共和国中国人民银行法》。
2. 查阅《中华人民共和国商业银行法》。
3. 查阅《中华人民共和国票据法》。
4. 查阅《关于加强银行结算工作的决定》。

思考与练习

1. 汇出行、汇入行对于支付类业务的处理。
2. 发起行、接收行对于查询查复业务的处理。

模块七
委托收款、托收承付业务

任务描述

委托收款是收款人委托银行向付款人收取款项的结算方式。托收承付是根据购销合同由收款人发货后委托银行向异地付款人收取款项，由付款人向银行承认付款的结算方式。通过对本模块的学习，达到了解委托收款、托收承付业务相关知识，熟知收款人开户行及付款人开户行受理委托收款、托收承付业务操作要点的目的。

相关知识

一、委托收款

1. 委托收款的含义。

委托收款是指收款人委托银行向付款人收取款项的结算方式。单位和个人凭商业汇票、债券、存单等付款人债务证明办理款项的结算，均可以使用委托收款结算方式，委托收款在同城、异地均可以使用，其结算款项的划回方式分为邮寄和电报两种，由收款人选用。委托收款流程见图6－72。

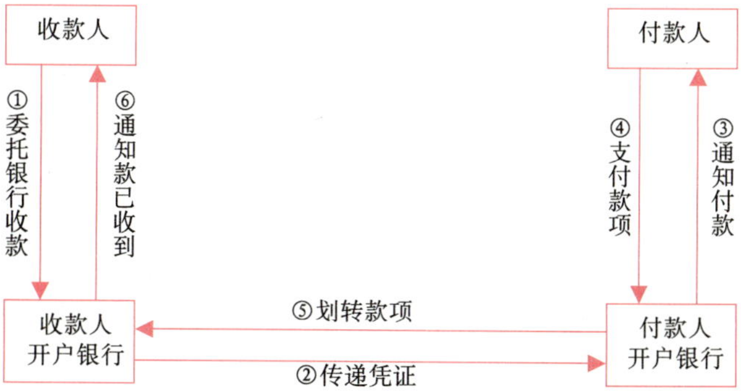

图6－72 委托收款流程图

2. 委托收款记载事项：表明“委托收款”的字样；确定的金额；付款人的名称；收款人的名称；委托收款凭证名称及附寄单证张数；委托日期；收款人签章。委托收款人以银行以外的单位为付款人的，委托收款凭证必须记载付款人银行名称。

3. 委托收款办理方法。

委托：收款人办理委托收款应向银行提交委托收款凭证和有关的债务证明。

付款：银行接到寄来的委托收款凭证及债务证明，审查无误办理付款。

（1）以银行为付款人的，银行应在当日将款项主动支付给收款人。

（2）以单位为付款人的，银行通知付款人后，付款人应于接到通知当日书面通知银行付款。

银行在办理划款时，付款人存款账户不足额支付的，应通知被委托银行向收款人发出未付款项通知书。按照有关办法规定，债务证明留存付款人开户银行的应将其债务证明连同未付款通知书邮寄被委托银行转交收款人。

4. 委托收款使用中的注意事项。

（1）付款人审查有关债务证明后，对收款人委托收取的款项有权提出拒绝付款。

（2）收款人收取公用事业费，必须具有收付双方事先签订的经济合同，由付款人向开户银行授权，并经开户银行同意，报经中国人民银行当地分支行批准，可以使用同城特约委托收款。

二、托收承付

1. 托收承付的含义。

托收承付结算又称“异地托收承付结算”，是指根据购销合同由收款人发货后委托银行向异地购货单位收取货款，购货单位根据合同核对单证或验货后，向银行承认付款的一种结算方式。托收承付结算款项的划分方法有邮寄和电报两种，由收款人选用。因此托收承付结算凭证也分为邮划托收承付结算凭证和电划托收承付结算凭证两种。托收承付结算流程见图6－73。

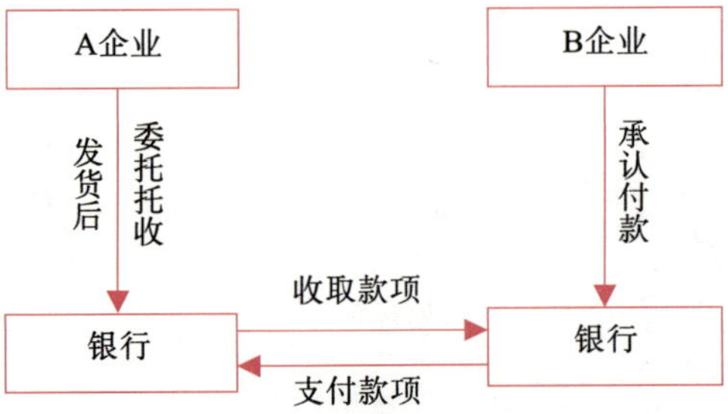

图6－73 托收承付结算流程图

2. 托收承付结算的适用范围及条件。

（1）使用该结算方式的收款单位和付款单位，必须是国有企业，供销合作社以及经营较好，并经开户银行审查同意的城乡集体所有制工业企业；托收承付结算每笔的金额起点为1万元。新华书店系统每笔的金额起点为1000元。

（2）办理结算的款项必须是商品交易以及因商品交易而产生的劳务供应款项。代销、寄销、赊销商品款项，不得办理托收承付结算。

《支付结算办法》规定，办理托收承付，除符合以上两个条件外，还必须具备以下三个前提条件：

（1）收付双方使用托收承付结算必须签有符合《中华人民共和国经济合同法》的购销合同，并在合同中注明使用异地托收承付结算方式。

（2）收款人办理托收，必须具有商品确已发运的证件（包括铁路、航运、公路等运输部门签发运单、运单副本和邮局包裹回执）。

（3）收付双方办理托收承付结算，必须重合同、守信誉。

根据《支付结算办法》规定，若收款人对同一付款人发货托收累计三次收不回货款的，收款人开户银行应暂停收款人向付款人办理托收；付款人累计三次提出无理拒付的，付款人开户银行应暂停其向外办理托收。

3. 签发托收承付凭证必须记载下列事项：表明“托收承付”的字样；确定的金额；付款人名称及账号；收款人名称及账号；付款人开户银行名称；收款人开户银行名称；托收附寄单证张数或册数；合同名称、号码；委托日期；收款人签章。托收承付凭证上欠缺记载上列事项之一的，银行不予受理。

业务一　委托收款

微课：委托收款业务

业务描述

晋州市创展科技有限公司作为收款人发出商业承兑汇票委托收款登记，票据号码为14000002，票据金额为200000元，转账收取手续费，附寄张数1张。

PPT：委托收款业务

操作步骤

一、收款人开户行受理委托收款

1. 收款人办理委托收款时，应填制一式五联委托收款凭证（如表6-16所示），在第二联委托收款凭证上加盖预留银行印鉴后，将有关委托收款凭证和债务文件提交开户行。

表 6－16　　委托收款凭证第一联

托收凭证（受理回单）

委托日期：2019 年 02 月 14 日　　　1

业务类型	委托收款（□邮划、☑电划）　托收承付（□邮划、□电划）														
付款人	全称	台山市易到科技有限公司		收款人	全称	晋州市创展科技有限公司									
	账号	7000000601600007217			账号	7000000593700007088									
	地址	开户行	模拟银行		地址	开户行	模拟银行								
金额	人民币贰拾万元整（大写）					万	千	百	十	万	千	百	十	元	角	分
								¥	2	0	0	0	0	0	0	0
款项内容	货款	托收凭证名称	商业承兑汇票	附寄单证张数	1										
商品发运情况	正常		合同名称编号	201808141005007											
备注：复核 李四　记账 张三	款项受托日期　年　月　日		收款人开户银行签章 2019 年 02 月 14 日												

此联作收款人开户银行给收款人的受理回单

操作动画：委托收款业务

2. 收款人开户行收到上述凭证后，应按照规定和填写凭证的要求认真审查。委托收款结算凭证一式五联：第一联邮划或电划委托收款凭证加盖“业务受理章”后退收款人；第二联委托收款凭证专夹保管作贷方凭证，并登记“发出托收承付（委托收款）登记簿”；第三联收款凭证作借方凭证，加盖“结算专用章”，第四、五联无须加盖章戳；将托收凭证第一联及业务收费凭证客户留底联交还给客户，第三、四、五联与汇票原件及证明文件一起邮寄到付款人开户行。

3. 经办柜员对客户在托收凭证第二联及票据背书人处加盖的预留印鉴进行验印。验印通过后，加盖“验印相符”章及验印人名章。业务主管审核无误后，经办柜员进行系统录入，系统中选择“委托收款登记”交易，向付款行发出委托收款，操作界面见图 6－74。交易成功后，打印业务收费凭证及内部凭证，复印票据原件正反面一份（含粘单）及其他证明文件一份。

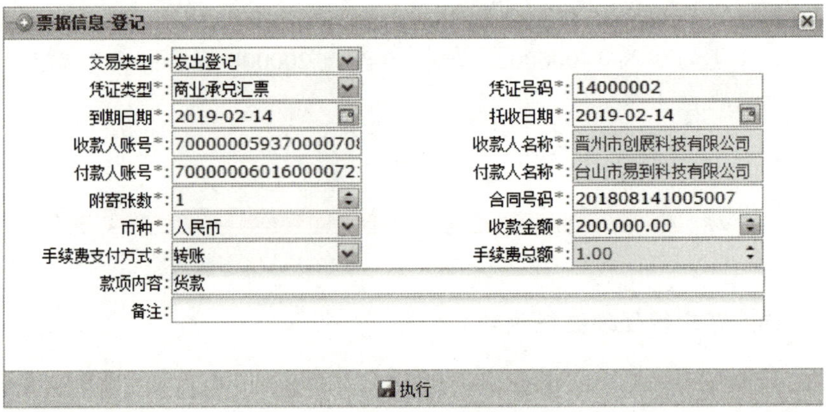

图 6－74　委托收款登记

二、付款人开户行付款

案例：票据托收逾期处理

付款人开户行收到第三、四、五联委托收款凭证及有关债务证明时，按有关规定审查无误后，在凭证上填明收到日期。根据委托收款凭证逐笔登记“收到托收承付（委托收款）登记簿”。将邮划或电划第三、四联委托收款凭证、商业汇票、按照有关办法规定需要留存付款人开户行的有关债务证明一并专夹保管，并分别以下不同情况处理：

1. 付款人为银行的处理。

银行收到委托收款凭证和有关债务证明，按规定付款时，第三联委托收款凭证作借方记账凭证，有关债务证明作借方记账凭证附件，并办理电子汇划，属跨系统付款的，应通过人民银行大小额系统办理汇划，并完成复核。

2. 付款人为单位的处理。

银行在收到委托收款凭证和有关债务证明时，按照有关规定需要将有关债务证明留存的，应将第五联委托收款凭证加盖“业务用公章”及时交给付款人，并由付款人签收，按以下两种手续处理：

（1）付款人账户有足够支付款项。付款人在接到银行通知日的次日起3日内未通知银行付款的，视同付款人同意付款，银行应于付款人接到通知日的次日起第4日上午开始营业时，将款项划给收款人。付款人提前收到由其付款的债务证明，应通知银行于债务到期日付款。付款人未于接到通知日的次日起3日内通知银行付款，且付款人接到通知日的次日起第4日债务证明未到期的，银行应于债务证明到期日将款项划给收款人。

付款时，以第三联委托收款凭证作借方记账凭证，如留存债务证明的，其债务证明和付款通知书作借方记账凭证附件，办理电子汇划，第四联委托收款凭证作贷方记账凭证附件。属于跨系统的委托收款，应通过人民银行大小额系统办理汇划，付款后应将第四联委托收款凭证填明支付日期并加盖“业务用公章”后提交转汇行。委托收款付款和复核的操作界面见图6－75、图6－76。

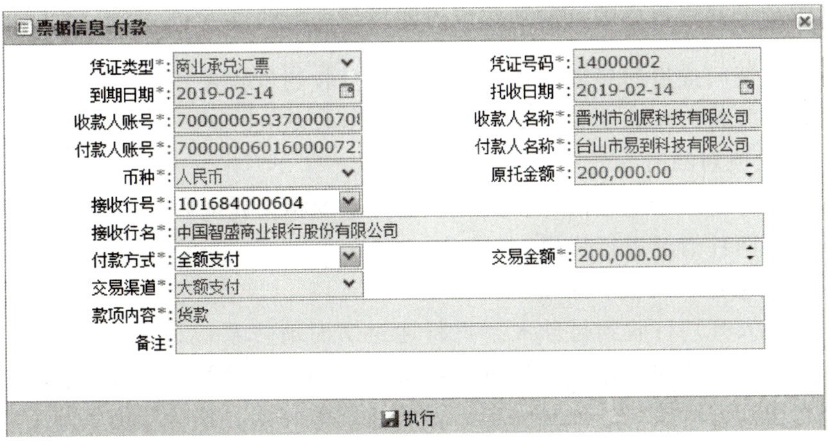

图6－75　委托收款付款

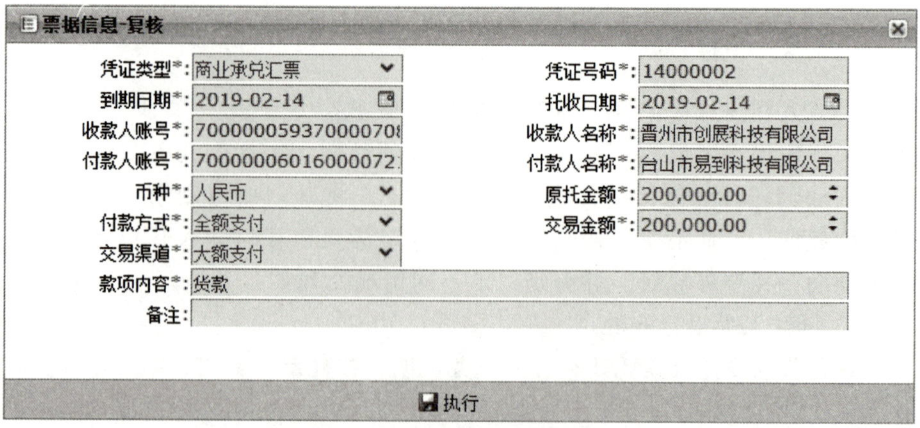
票据信息-复核

凭证类型*：商业承兑汇票　　凭证号码*：14000002
到期日期*：2019-02-14　　托收日期*：2019-02-14
收款人账号*：70000005937000070　　收款人名称*：晋州市创展科技有限公司
付款人账号*：70000006016000072　　付款人名称*：台山市易到科技有限公司
币种*：人民币　　原托金额*：200,000.00
付款方式*：全额支付　　交易金额*：200,000.00
交易渠道*：大额支付
款项内容*：货款
备注：
执行

图6－76　委托收款复核

（2）付款人账户余额不足支付款项。银行在划款日办理划款时，付款人账户余额不足支付全部款项的，在委托收款凭证和“收到托收承付（委托收款）登记簿”上注明退回日期和“无款支付”字样，并填制三联付款人“未付款项通知书”（以“支付结算通知查询查复书”代），在第一、二联未付款项通知书加盖“业务用公章”，交会计主管复审并在第一联未付款项通知书加盖个人名章后，将第一联通知书和第三联委托收款凭证留存备查，将第二、三联通知书连同第四联委托收款凭证邮寄收款人开户行。留存债务证明的，其债务证明一并邮寄收款人开户行。

2. 付款人拒绝付款的处理。

案例：委托收款拒付

银行在付款人接到通知日的次日起3日内，收到付款人填制的在第二联加盖预留银行印鉴的四联“拒绝付款理由书”以及付款人持有的债务证明和第五联委托收款凭证，经审核无误后，在委托收款凭证和“收到托收承付（委托收款）登记簿”备注栏注明“拒绝付款”字样。经会计主管复审并在第二联“拒绝付款理由书”签章后，将第一联“拒绝付款理由书”加盖“业务用公章”作回单退付款人。

三、收款人开户行办理款项划回或退回凭证

款项划回或退回凭证是指收款人开户行收到付款人开户行划来的款项，及时转入收款人账户或收到退回的凭证退给收款人。

1. 款项划回时的处理。

收款人开户行在收到付款人开户行寄来的相关凭证后，办理款项划回，应分以下两种情况进行处理。

（1）通过实时清算系统汇来款项。

收款人开户行收到付款人开户行通过实时清算系统汇来的款项后，打印贷方补充凭证和联行借方报单，将留存的第二联委托收款凭证抽出同汇划补充凭证进行核对，核对无误后，填注转账日期，作为贷方凭证，第四联委托收款凭证加盖业务清讫章作为收账通知交给收款人，并销记发出委

托收款凭证登记簿。操作界面见图 6－77。

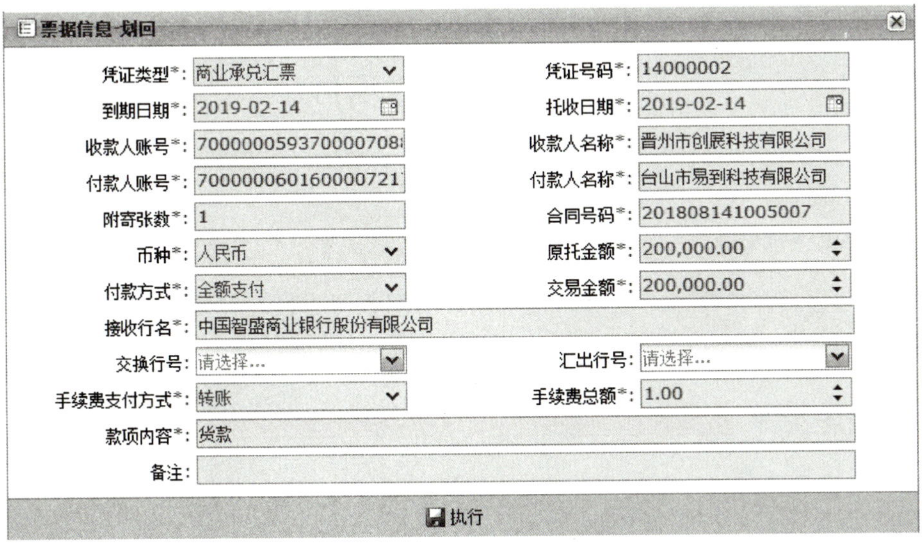

图 6－77　委托收款划回

案例：委托收款常见错误的处理方法

（2）收到本地跨系统转汇行交来的清单和凭证。

收款人开户行若收到转汇清单和划收凭证、第四联邮划委托收款凭证或电划贷方补充凭证，即打印同城票据清算报单，将留存的第二联委托收款凭证抽出同第四联邮划委托收款凭证或电划贷方补充凭证进行核对，无误后，第二联委托收款凭证或一联电划贷方补充报单作为贷方凭证，同城票据清算报单作为借方凭证。

第四联委托收款凭证或另一联电划贷方补充凭证的收账通知联加盖业务清讫章作为收账通知交给收款人。转账后，手工销记发出委托收款凭证登记簿和应收托收款项科目分户账。

2. 无款支付的处理。

收款人开户行收到第四联委托收款凭证和第二、三联付款人“未付款项通知书”以及有关债务证明，抽出第二联委托收款凭证，并在该联凭证“备注”栏注明“无款支付”字样，销记“发出托收承付（委托收款）登记簿”。然后将第四联委托收款凭证和第二联“未付款项通知书”以及收到的债务证明退给收款人。收款人在第三联“未付款项通知书”上签收后，收款人开户行将第三联“未付款项通知书”连同第二联委托收款凭证一并保管备查。

3. 拒绝付款的处理。

收款人开户行收到第四、五联委托收款凭证及有关债务证明和第三、四联“拒绝付款理由书”，经核对无误后，抽出第二联委托收款凭证，并在该联凭证备注栏注明“拒绝付款”字样。销记“发出托收承付（委托收款）登记簿”。然后将第四、五联委托收款凭证及有关债务证明和第四联拒付理由书一并退给收款人。收款人在第三联拒付理由书上签收后，收款人开户行将第三联拒付理由书连同第二联委托收款凭证一并保管备查。

微课：托收承付业务

PPT：托收承付业务

业务二　托收承付

业务描述

企业客户晋州市创展科技有限公司到银行办理托收承付业务。

操作步骤

一、收款人开户行受理托收

受理托收是指收款人发货后，填制托收承付结算凭证连同所付的发运证件或其他有关单据一并提交开户行委托办理托收，收款人开户行经审查凭证及有关单证无误后，受理并将回单联签章后退交收款人，同时将托收凭证及有关单证寄往付款人开户行。具体流程如下：

1. 客户填写托收承付结算凭证。

收款人办理托收时，填制一式五联托收承付结算凭证，并在第二联凭证上签章后将有关托收凭证和有关单证提交开户行，如表6－17所示。

表6－17　　异地托收承付结算凭证第二联

委托日期：2018年09月25日

付款单位	全　　称	台山市易到科技有限公司	托收单位	全　　称	晋州市创展科技有限公司
	账　　号	7000000601600007217		账　　号	7000000593700007088
	开户银行	模拟银行佛山分行		开户银行	模拟银行广州番禺支行

		千	百	十	万	千	百	十	元	角	分
托收金额	人民币：贰拾万元整（大写）		¥	2	0	0	0	0	0	0	0

附　　件		商品发运情况	合同名称号码及日期	合同规定	
				承付期	赔偿金
附寄单证张数或册数	1		运第00076号，2018.6.10		

备注：	上列款项已由付款单位开户行全额划回并收入你方账户内。 （收款单位盖章） 晋州市创展科技有限公司 财务专用章 高李印志	科目： 对方科目： 复核 李四　记账 张三

付款单位开户行收到日期：　　年　　月　　日

邮划托收承付结算凭证一式五联：第一联（回单）是收款单位开户银行给收款单位的回单；第二联（委托收款凭证）是收款单位委托开户银行办理托收款项后的收款凭证；第三联（支款凭证）是付款单位向开户银行支付货款的支款凭证；第四联（收账通知）是收款单位开户银行在款项收妥后给收款单位的收账通知；第五联（承付支款通知）是付款单位开户银行通知付款单位按期承付货款的承付（支款）通知。

电划托收承付结算凭证也是一式五联，第一、二、三、五联的作用与邮划托收承付结算凭证相同，第四联是付款单位开户银行拍发电报的依据。

2. 收款人开户行审核。

收款人开户行收到上述凭证后，应认真审核，审查的内容主要包括：

（1）托收款项是否符合支付结算办法规定的范围、条件、金额起点以及其他有关规定。

（2）有无商品确已发运的证件。如提供的证件需要取回的，收款人在托收凭证上注明“发运日期”和“发运号码”，对提供发运证件有困难的，要审查其是否符合托收承付结算方式规定的其他条件。

（3）托收凭证必须记载的各项内容是否齐全和符合填写凭证的要求。

（4）托收凭证与所附单证的张数是否相符。

（5）第二联托收凭证上是否有收款人签章，其签章是否符合规定。必要时，还应查验收付款人签订的购销合同。

3. 收款人开户行寄递凭证。

银行柜员在第三联凭证上加盖联行行号的结算专用章，将第三、四、五联托收凭证连同交易单证，一并寄交付款人开户行。

二、付款人开户行通知付款

付款人开户行收到收款人开户行寄出的托收凭证后，进行如下处理：

1. 审查。

付款人开户行接到收款人开户行寄来的第三、四、五联托收凭证及交易单证时，要认真审查付款人是否在本行开户、所附单证张数与凭证是否相符、第三联凭证上是否盖收款人开户行“结算专用章”。

2. 通知付款人。

付款人开户行审核无误后，在凭证上填注收到日期和承付期，及时通知付款人。验单付款的承付期为3天，从银行对付款人发出承付通知日的次日算起（遇节假日顺延），必须邮寄的，应加邮寄时间；验货付款的承付期为10天，从运输部门对付款人发出承付通知日的次日算起。

3. 付款人开户行会计处理

付款人开户行根据第三、四联托收凭证逐笔登记“定期代收结算凭证登记簿”。将第三、四联托收凭证专夹保管，将第五联托收凭证加盖业务公章，连同交易单证一并及时交给付款人。

三、付款人开户行办理划款

办理划款指承付期满时，付款人向其开户行承付，付款人开户行将货款从付款人账户划转收款人开户行。具体分为以下三种情况进行处理。

1. 全额付款的处理。

付款人在承付期内未提出异议，付款人开户行就视为同意付款。在承付期满的次日上午开始营业时办理全额付款转账。

以托收凭证第三联和联行贷方报单分别作为付款人开户行的借方凭证与贷方凭证。将第四联托收凭证填注支付日期后，随同联行报单寄收款人开户行。属于电报划款的，交来的转汇清单和贷方凭证，以及所附第四联托收凭证时，将留存的第二联凭证抽出，同第四联托收凭证进行核对。审核无误后，进行账务处理。

并以联行借方报单和托收承付第二联分别作为收款人开户行的借方凭证与贷方凭证，将第四联托收凭证加盖转讫章作为收账通知交给收款人，并销记发出托收承付结算凭证登记簿。

2. 部分划回的处理。

收款人开户行接到部分划回的联行邮划报单及两联特种转账贷方凭证，以付款人开户行加盖联行专用章的一联特种转账贷方凭证作贷方凭证。

转账后，将另一联特种转账贷方凭证加盖转讫章，作为收账通知交给收款人。在第二联托收凭证和登记簿上注明部分划回的金额。

3. 全部拒绝付款的处理。

收款人开户行收到第三、四联拒付理由书和四、五联托收凭证及单证，抽出第二联托收凭证，并注明“全部拒付”字样、日期，销记登记簿。然后将四、五联托收凭证及单证和第四联拒付理由书退给收款人。

操作要点

1. 办理委托收款的业务操作。
2. 办理托收承付的业务操作。

知识要点

1. 委托收款的含义、特点、使用注意事项。
2. 托收承付的含义、适用范围、基本业务流程。

问题讨论

1. 委托业务的适用范围。
2. 托收承付的使用范围。

推荐阅读

1. 查阅《中华人民共和国中国人民银行法》。
2. 查阅《中华人民共和国商业银行法》。
3. 查阅《中华人民共和国票据法》。
4. 查阅《关于加强银行结算工作的决定》。

思考与练习

1. 按照规定的程序办理委托收款业务。
2. 按照规定的程序办理托收承付业务。

7 项目七 柜面代理业务

学习目标

知识学习目标：

1. 了解柜面代理业务种类、特点。
2. 了解代收、代付业务流程。
3. 了解国债发行业务流程、兑付业务流程。
4. 了解证券投资基金开户、申购/认购、赎回流程。
5. 了解银证转账业务开通流程、银证转账划转流程。
6. 了解外汇买卖交易途径、规定。

技能训练目标：

1. 熟练办理代收水电费业务。
2. 熟练办理代发工资业务。
3. 熟练办理代理国债发行、兑付业务。
4. 熟练办理证券投资基金开户、认购/申购、赎回业务。
5. 熟练办理银证转账开通、银证转账资金划转业务。
6. 熟练办理人民币与外币兑换业务。

工作任务

应完成的工作任务：

1. 为客户代收水电费。
2. 为客户代发工资、养老金。

3. 为客户代理国债发行、兑付业务。

4. 为客户办理证券投资基金开户、认购/申购、赎回业务。

5. 为客户办理银证转账开通、银证转账资金划转业务。

6. 为客户办理人民币与外币兑换业务。

完成工作任务应提交的标志性成果：

为客户成功办理了代收业务、代付业务、代理证券业务、代理外汇买卖业务。标志性成果是处理完毕的存折（借记卡）、客户回单、原始单据。

业务场景

商业银行对外营业机构的综合柜台，主要参与者：企业客户、个人客户、柜员。

模块一
代收业务

任务描述

本模块要求学生熟悉代收业务处理方式、业务流程，熟练办理代收业务。

相关知识

一、代收业务的含义、种类、特点

1. 代收业务的含义。

银行代收业务是银行利用自身网点、人员、汇兑网络等优势，接受行政管理部门、社会团体、企事业单位和个人的委托，代为办理指定范围收款的服务性中间业务。

2. 代收业务的种类。

银行代收业务涉及的内容非常广泛，如代收通信类（电话费、传真费、电子银行服务费等）、物业管理类（水费、电费、燃气费、有线电视费、物业管理费等）、税费类（国税、地税、水利管理费、环保排污费等）、交通类（养路费、交通管理费、过桥费等）、社会保障类（医疗保险、失业保险、工伤保险、养老保险、生育保险等）、其他类（代收学费、

微课：代收业务

PPT：代收业务

货款等）。

3. 代收业务的特点。

银行代收业务能为客户提供省时、方便、快捷的服务；资金结算及时；方便收款单位统管资金。对于商业银行来说，虽然代收业务金额偏小，但其普及面广、资金成本低、是商业银行扩大市场、提高社会信用度的重要工具。

二、代收业务的处理方式

一般来说，代收业务的处理方式有两种，即实时代缴方式和主机批量扣划方式。

1. 实时代缴方式。

（1）收款单位和银行签订代收业务协议，并在银行开立账户。

（2）利用收费单位与银行之间的计算机专线联网，及时传送标准统一的收费数据和收费结果，为缴款人提供“即缴即通”的服务。

（3）付款单位或个人（客户）主动通过代理银行柜台、自助终端设备、网上银行等方式缴费。

2. 主机批量扣划方式。

（1）收款单位、付款单位或个人与银行签订代扣代缴业务协议。银行在代扣代缴业务系统中建立扣费对应关系。收款单位和付款单位或个人（客户）均在银行开立账户。

（2）收款单位按时将代收款数据传送至银行。银行核对代收款数据，正确无误后从付款单位或个人（客户）账户中直接扣划。

业务一　代收自来水费

业务描述

南方水厂深圳分公司财务人员来我行办理水费代收业务。

操作步骤

一、为代理单位录入合同信息

进入“代理业务—合同录入”界面，“代理类别”选择水费代收；执行后自动生成一个合同号（见图7－1、图7－2）。

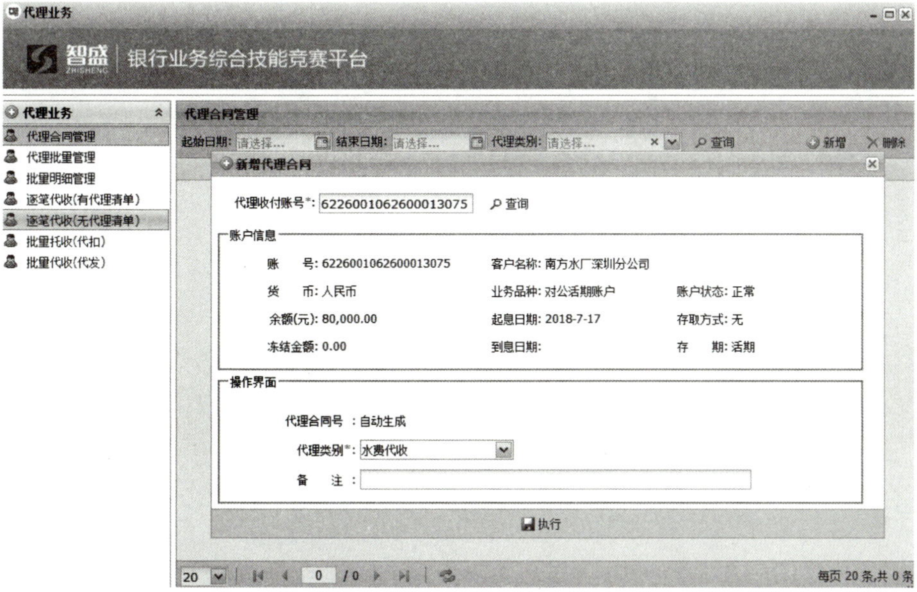

图 7－1　进入代理业务界面

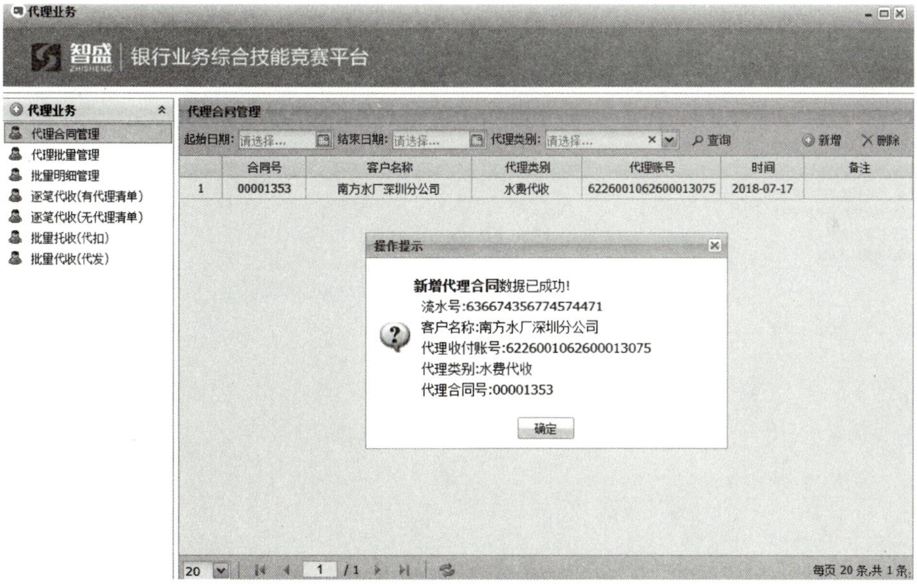

图 7－2　生成合同号

操作动画：代收自来水费

二、录入批量信息

进入“代理业务—代理批量管理”界面，输入各要素信息，执行后生成批量号（见图 7－3、图 7－4）。

案例：代收电费业务助推银行业务发展

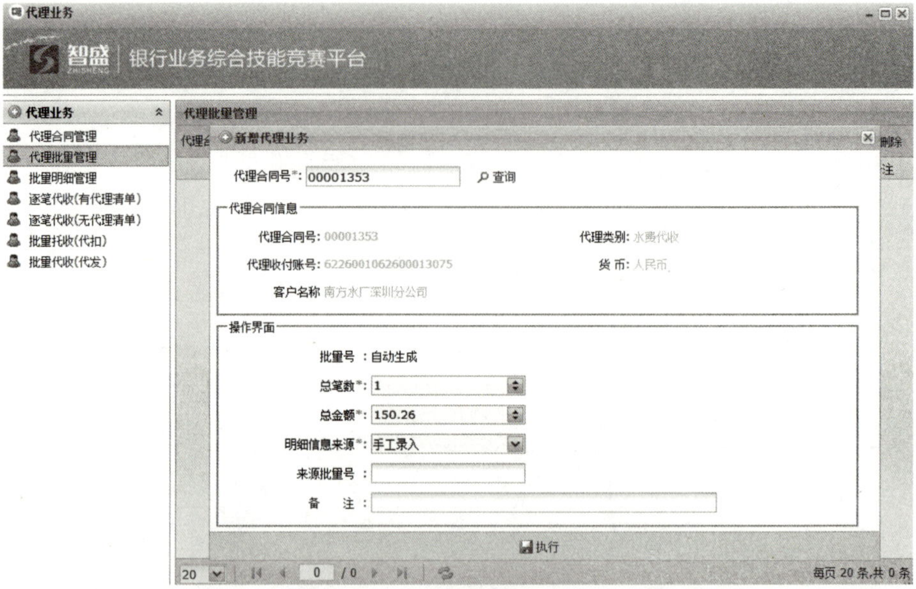

图 7－3　录入批量界面

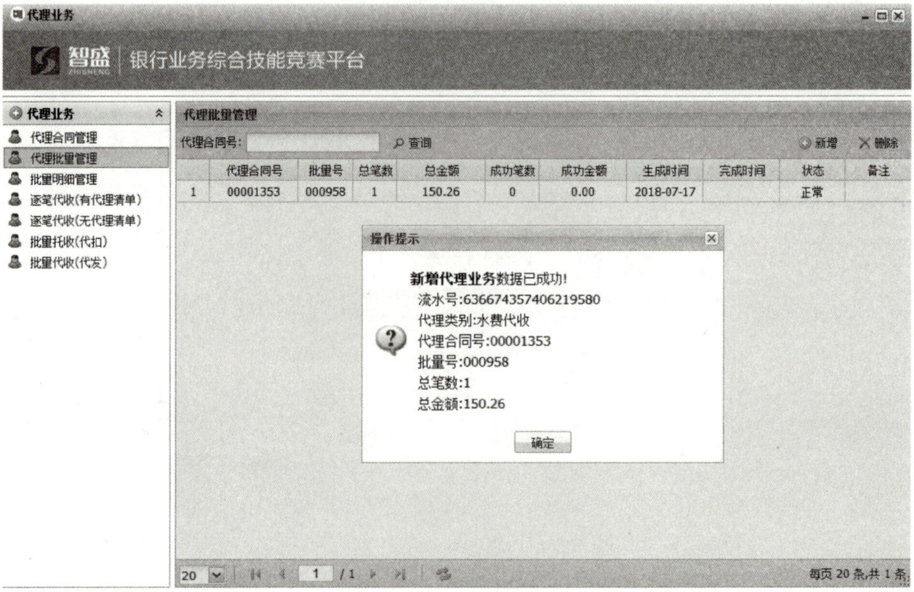

图 7－4　生成批量号

三、增加批量明细信息

注意在录入批量时，批量明细来源可以选择“无来源”“来源于软盘文件”“来源于硬盘文件”。

以手工输入批量明细信息为例，进入“代理业务—增加批量明细”界面，依次录入第一条、第二条、第 N 条批量明细信息。

四、进行代收处理

进入“代理业务—逐笔代收”界面，输入各要素，执行后将显示“执行成功，数据已进入主机”（见图 7－5、图 7－6）。

文本：商业银行中间业务暂行规定

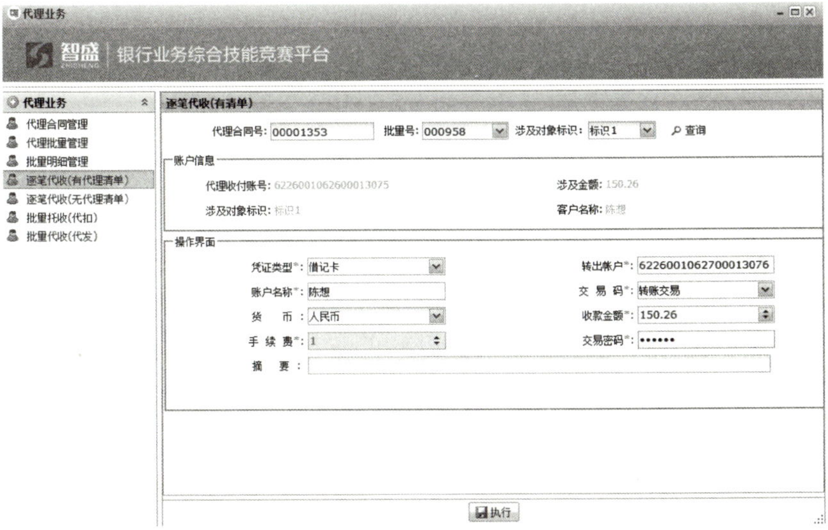

图 7－5　代收处理

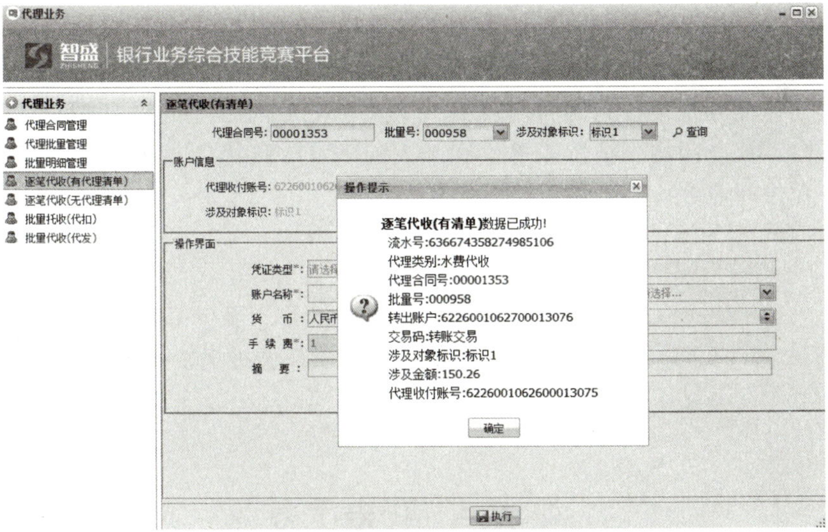

图 7－6　逐笔代收（有化理清单）

温馨提示

扣划不成功的原因有账号不符、储蓄卡账户余额不足、储蓄卡状态不正常（销户、冻结、挂失等）。扣划不成功时，需要将扣款不成功信息及时反馈给收费单位，便于收费单位修改和向客户催收。

操作要点

办理自来水费的代收。

知识要点

代收业务概念、种类、特点。

推荐阅读

1. 查阅《广东省电子交易条例》。
2. 查阅《商业银行中间业务暂行规定》。

思考与练习

办理代收自来水费、电费、话费等业务。

微课：代付业务

PPT：代付业务

模块二 代付业务

代付业务是银行利用自身网点、人员、汇兑网络等优势，接受行政管理部门、社会团体、企事业单位和个人的委托，代为办理指定范围付款的服务性中间业务。

任务描述

了解代付业务的含义及特点，掌握代付业务流程，熟练办理代发工资业务。

业务一　代发工资

业务描述

深圳蓝旗投资有限公司经办人员来我行办理代发工资业务，共 20 笔，总金额为 15 万元。

相关知识

代发工资是指银行受机关、企事业单位或其他经济组织的委托，通过转账方式，按约定的时间将员工的薪金收入划转到员工在银行开立的活期存款账户的一项中间业务。

代发工资业务相关规定：

1. 代理行应与发薪单位签订“委托银行代发工资协议书”。代理行按代发工资的实际金额向发薪单位收取一定的手续费。收费标准由双方商定并在协议中明确。

2. 如果用数据文件传输方式办理代发业务，则必须对发薪单位的数据文件格式加以规范化。

3. 代发工资实行“实名制”，个人有效身份证号码由发薪单位统一提供和确认。

4. 代理行营业网点不得为委托单位垫款。

操作动画：代发工资

业务流程

1. 委托单位与银行签订委托银行代发工资协议。协议内容包括双方的职责、操作程序、代理费用等。

2. 委托单位在银行开立基本存款账户，银行为委托单位员工开立活期账户。

3. 委托单位发送数据文件，银行及时代发工资。

案例：堵截虚假印鉴办理代发工资

风险点

代发工资业务风险控制要求

1. 因委托单位原因导致代理收付入账错误，应由委托单位出具账务调整证明，说明错误原因，调整账户证明需要加盖委托单位财务专用章（或公章）、经办人员名章，营业网点根据委托单位的调账证明，按有关规定审批后进行账务调整，调账证明作凭证附件装订保管。

2. 代付业务入账错误，进行调账前应取得账户所有人同意，并按有关规定进行审批，否则不能调账，代理单位应自行解决与其员工间就薪酬费用发生的任何纠纷。

操作步骤

一、为代理单位录入合同信息

对每个代理单位，前台必须先为其做合同录入。选择“代理业务—代理合同管理”，在“代理类别”选择“代发工资”，执行，生成合同号（见图 7 –7、图 7 –8）。

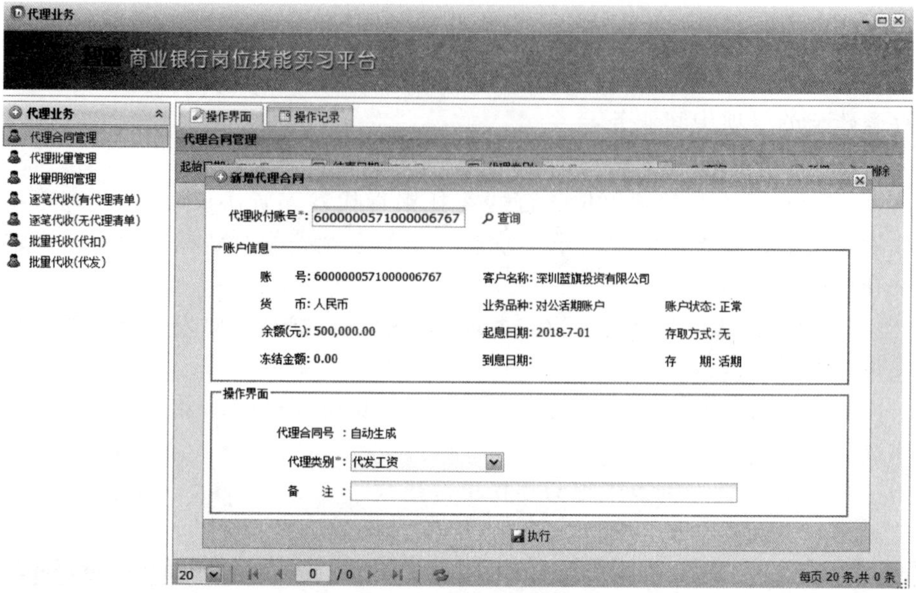

图 7 –7　代理合同管理内容

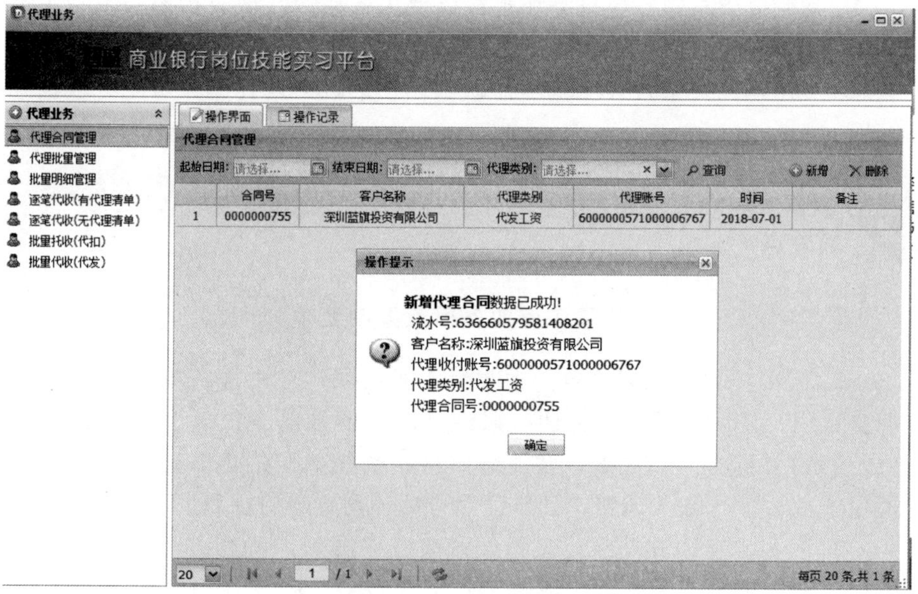

图 7 –8　生成合同号

二、接到付款单位的数据信息，录入批量

进入“代理业务—代理批量管理”界面，录入各要素，执行后生成批量号，见图 7 –9、图 7 –10。

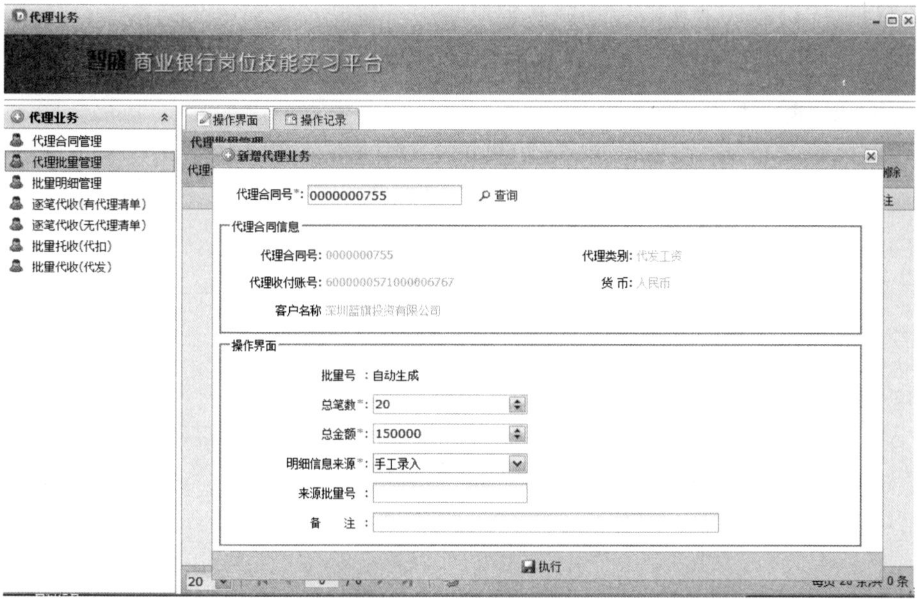

图 7－9　录入批量

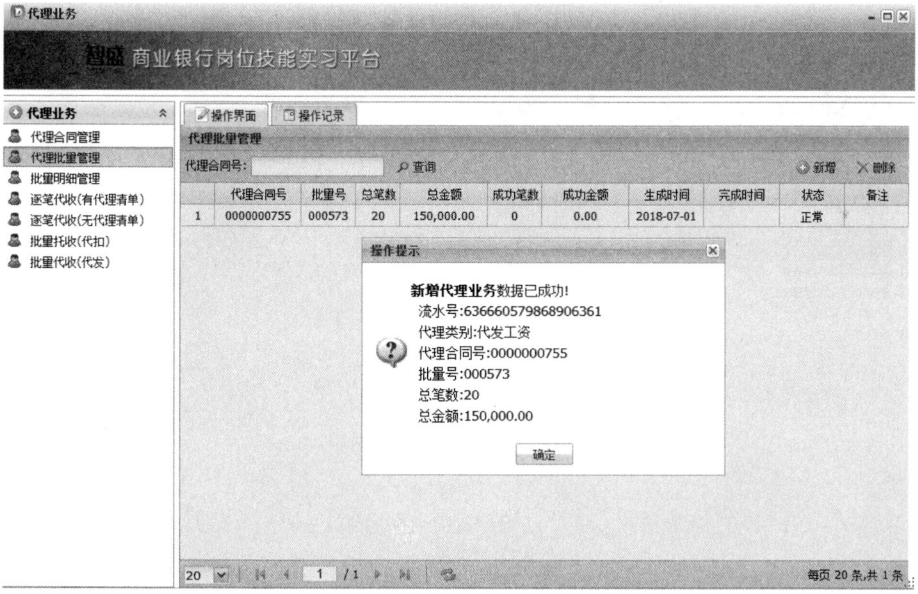

图 7－10　生成批量号

三、增加批量明细信息

以手工输入为例，进入“代理业务—批量明细管理”，输入第一条代付工资的明细信息。输入代理合同号、批量号、涉及的一个对象（员工）账号、账户名称、涉及对象标识是其身份证号码、涉及金额、备注等信息。按照相同的方法输入第二条、第三条……第 N 条其他员工的代付工资明细信息。

执行后显示“执行成功，数据已进入主机”（见图7－11、图7－12）。

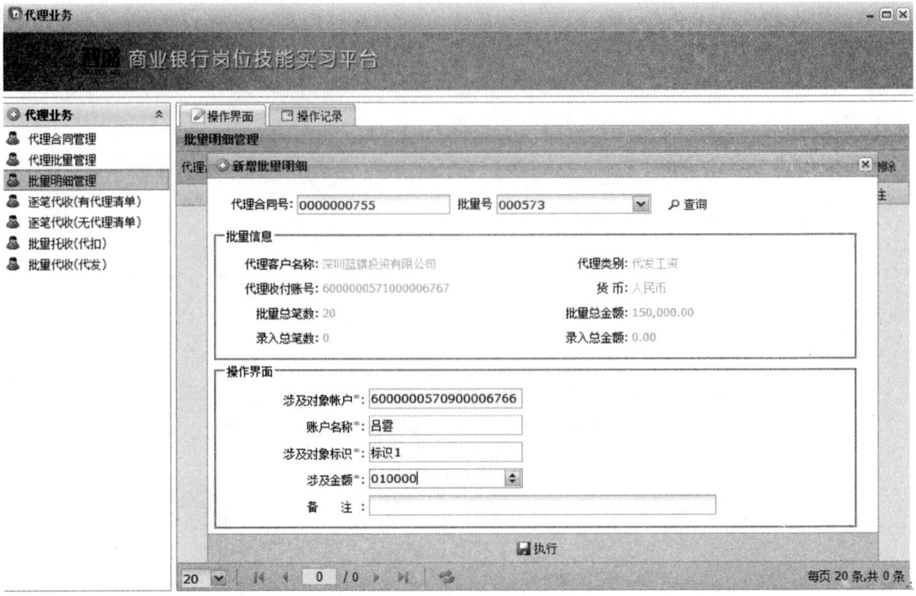

图7－11 增加批量明细

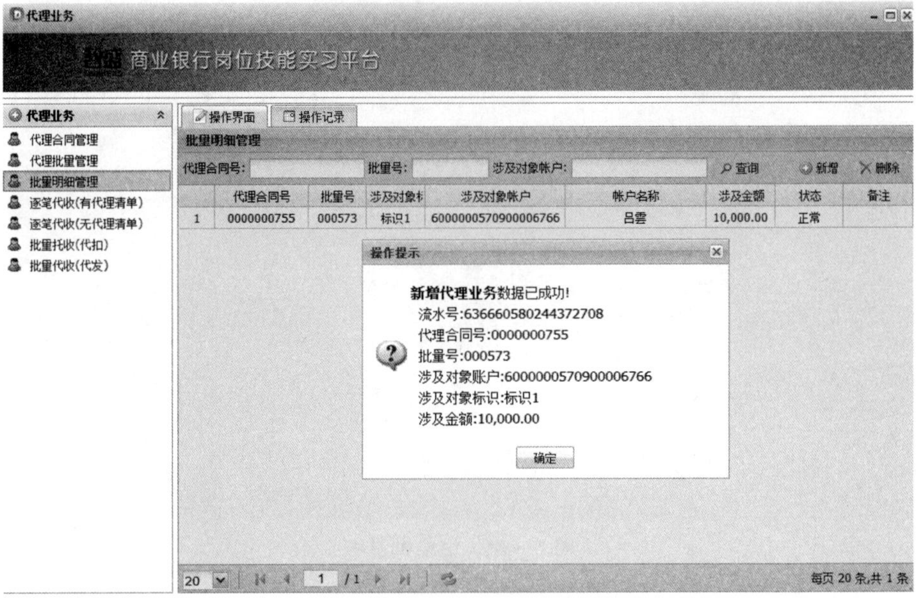

图7－12 执行成功

四、批量托付

完成批量明细信息的输入后，按照委托单位工资发放时间要求，进入“代理业务—批量代发”即可进行主机批量托付。

操作要点

办理代发工资业务合同录入、批量支付。

知识要点

1. 代付业务含义、特点。
2. 代发工资流程。

推荐阅读

1. 查阅《广东省电子交易条例》。
2. 查阅《商业银行中间业务暂行规定》。
3. 查阅《银行业监督管理法》。
4. 查阅《中国工商银行电子银行章程》。

思考与练习

1. 代发工资有哪些风险要求？
2. 应如何办理代发工资、代发养老金业务？

模块三
代理证券业务

任务描述

代理证券业务是指银行代理发行、兑付、买卖各类有价证券业务，接受委托代办债券还本付息、代发股票红利、代理证券资金清算等业务。通过学习了解代理证券业务相关知识，掌握代理证券业务流程，熟练办理代理国债业务、代理证券投资基金业务、办理银证转账开通及资金划转等业务。

文本：中国建设银行证券业务管理暂行办法

微课：代理证券业务

业务一　代理国债业务

一、代理国债发行

业务描述

客户张小春持20000元现金来我行购买3年期国债。

PPT：代理证券业务

相关知识

1. 国债的含义。

国债是中央政府为筹集财政资金而发行的一种政府债券，是中央政府向投资者出具的、承诺在一定时期支付利息和到期偿还本金的债权债务凭证。由于国债的发行主体是国家，所以它具有最高的信用度，被公认为是最安全的投资工具。

2. 国债的分类。

按发行的凭证为标准，可分为凭证式国债和记账式国债。凭证式国债是指国家用填制国库券收款凭证的方式发行的债券；记账式国债又称无纸化债券，是由财政部通过无纸化方式发行的、以电脑记账方式记录债权，并可以上市交易的债券。凭证式国债与记账式国债比较如表7－1所示。

表7－1　凭证式国债与记账式国债的比较

类型	凭证式国债	记账式国债
发行方式	纸质记账凭证	电脑记账，无纸化发行
发行额度	发行额度分配到各个机构网点	发行额度在全行范围内共享
流动性	只能提前兑取（一次性），不可流通转让	可自由买卖，流通性强
还本付息	需要客户到银行办理，过期无利息	当日通过电脑系统自动完成处理
买卖时间	在规定的发行期内买卖	随时买卖
保管方式	由投保人自行保管	记载在债券账户中
付息方式	到期按照票面利率还本付息	每年付息一次，实际收益利率比票面利率高
收益水平	按票面利率获得固定收益	长期持有则收益固定，若进行买卖则可随利率变动而变动，预期判断准确者可获得额外收益
风险水平	利率不变，市场利率变动会导致其相对收益下降	价格随市场变化而变化，收益率相应变化

业务流程

1. 认购人持现金、身份证及填好的现金存款凭条交柜员。
2. 柜员审核资料，点收现金。
3. 进入系统操作。
4. 打印国债凭证及收款凭证，签章后将相关凭证、身份证交给客户。

操作步骤

1. 提请客户填写存款凭条（见图 7－13）

储蓄存款凭条

科目：（贷）　　2018 年 04 月 24 日　　交易代码：

银行填写	
客户填写	储种：活期　活一本通整整　定一本通　零整　教育　定活　通知　存本　整零　国债√　其他 户名 张小春　账号＿＿＿　密码√　印鉴　通兑√　其他 存期 3 年　转存期＿＿　币种 人民币　钞√汇　假汇　金额 20000.00 新开户填写：地址 北京市顺义区爱国路 28 号　电话 35400390　备注＿＿ 存款人证件类型 军人身份证　代理人姓名＿＿ 发证机关＿＿　代理人证件类型＿＿　发证机关＿＿ 证件号码 3408211[illegible]11216[illegible]24　证件号码＿＿

存款人对上述银行记录确认无误后签名＿＿　事后监督　复核（授权）　柜员 李丽

图 7－13　储蓄存款凭条

2. 审核客户填写的存款凭条各要素是否正确、完整，是否预留印鉴或密码，证件号码是否正确，按照“三先三后”点收现金。

3. 系统操作，输入“国债买卖—现金开户”交易代码，进入交易界面（见图 7－14）。

发行年份：	2018　[选择]
期数：	01
购买人：	张小春
购买金额：	20000
购买日期：	2018-4-24
	[录入]

图 7－14　录入购买信息

4. 提交系统执行成功后，打印国债凭证及业务回单（见图 7－15），加盖存单折专用章、柜员名章后交客户。

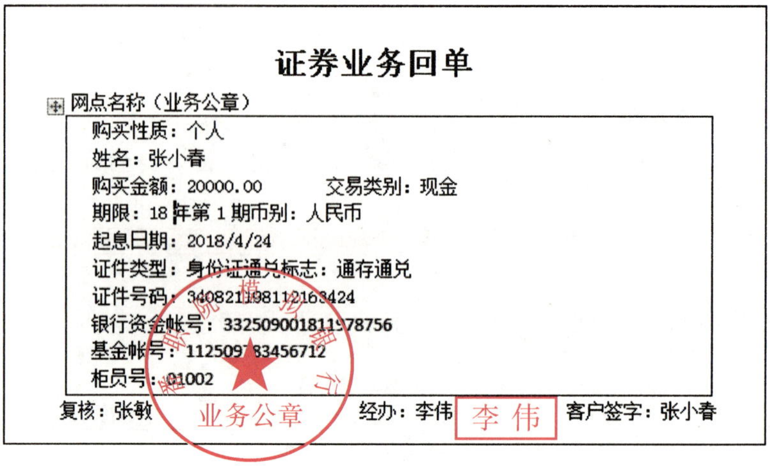
证券业务回单

网点名称（业务公章）

购买性质：个人

姓名：张小春

购买金额：20000.00　　交易类别：现金

期限：18 年第 1 期币别：人民币

起息日期：2018/4/24

证件类型：身份证通兑标志：通存通兑

证件号码：340821198112163424

银行资金帐号：332509001811978756

基金帐号：112509783456712

柜员号：01002

复核：张敏　　业务公章　　经办：李伟　李伟　　客户签字：张小春

图 7－15　证券业务回单

二、代理国债兑付

业务描述

客户张小春于国债到期日后携带身份证件、凭证式国债来我行办理兑付业务。

相关知识

凭证式国债到期日的确定，均按对年对月对日的方法，不计复利来确定到期日并支付利息，所得国债利息不用缴税。凭证式国债认购者可凭国债凭证和客户预留密码，在认购行任一网点办理通兑；若以证件、印鉴作为支控方式的，则只能到原认购行办理兑付。

操作步骤

1. 接到客户张小春提交的凭证式国债、身份证件。审核该国债是否到期。

2. 进入系统操作，凭证式国债兑付界面（见图 7－16），点击“操作”栏中的“兑付”。

已购买的凭证式国债								
年份	期数	期限（年）	购买日期	到期日期	年利率	购买金额	状态	操作
2018	1	3	2018-04-24	2021-04-24	4%	20,000.00	未兑付	兑付

图 7－16　凭证式国债兑付

3. 打印国债凭证（见图 7－17）、利息清单（见图 7－18）等相关凭证，将现金、身份证、凭证客户留存联交客户。

收款凭证：国债收款凭证
客户名称：张小春　　国债账号：
支取密码：　　交易类别：现金
证件类型：身份证　　取款金额：20000.00
证件号码：340821198112163424　　币种：人民币
应付利息：2400　　起息日期：2018/4/24
应收手续费：0.00　　总合计：22400
通兑手续费收取方式：0.00

图 7－17　国债收款凭证

××银行储蓄存款利息清单（代利息所得税完税证明）

交易码	户名	账号	本金	结付利息	应征税利息	代扣所得税	实付本息
	张小春		20000	2400	0.00	0.00	22400
合计							
转存		应收现金			实付金额		
日期	2021年4月24日		所号	套号	操作员		
监督			复核		经办	李丽	

图 7－18　利息清单

凭证式国债到期后，逾期兑付不加计利息，为避免在逾期时间的“利息流失”，持有人应及时办理兑付或转存手续。

温馨提示

微课：代理证券业务

业务二　代理证券投资基金业务

证券投资基金是指通过发售基金份额，将众多投资者的资金集中起来，形成独立财产，由基金托管人托管，基金管理人管理，以投资组合的方式进行证券投资，是一种利益共享、风险共担的集合投资方式。

银行代理证券投资基金业务是指银行接受基金管理人委托，从事代理

PPT：代理证券业务

销售证券投资基金及注册登记的业务。代理证券投资基金销售业务的方式有营业网点柜台、自助终端、电话银行、网上银行等。

一、基金交易账户的开立

☞ 业务描述

为客户张苹开立基金交易账户。

业务流程

1. 客户将“基金开/销户申请书”、身份证件原件及复印件、资金账户卡交柜员。
2. 柜员审核资料。
3. 系统操作，建立客户基金交易账户与基金资金账户唯一对应关系。
4. 打印、签章将相关凭证交客户。

操作步骤

1. 提请客户张苹填写“开放式基金账户类业务申请书”（见表7－2）。

个人投资者首次申请开立基金交易账户，需填写“开放式基金账户类业务申请书”（一式两联）。将本人有效身份证件原件及复印件、资金账户卡一并交银行柜员。

机构投资者首次申请开立基金交易账户，需填写“开放式基金账户类业务申请书”（一式两联），将组织机构代码证、企业法人营业执照（事业单位法人、社会团体或其他组织提供的民政部门或主管部门颁发的注册登记证书）正本或副本原件及加盖公章的复印件、法人代表授权委托书、经办人的有效身份证件原件及复印件、资金账户卡一并交银行柜员。

温馨提示

办理基金账户服务

“开放式基金账户类业务申请书”由客户在基金账户开户、销户、修改账户资料等情况时填写，基金买卖必须先开立基金账户，一般借记卡都可以开立。现在通过网上银行便可以操作，十分便利，一般推荐客户用网银操作，不需要填写凭证。

2. 柜员审核客户资料。核实“基金开/销户申请书”填写内容是否规范、完整，客户证件和资料是否齐全、有效。

3. 电脑系统操作，开立基金交易账户。

表 7－2　　**开放式基金账户类业务申请书**

特别提示：填写前请认真阅读表格背面的《××银行基金交易协议及风险提示》

银行打印	交易名称：　　交易网点：　　交易流水： 客户名称： 借记卡号/资金账号：　　基金交易流水： 基金交易账号：　　TA 账号：: 证件类型：　　证件号码： 沪市股东账号：　　深市股东账号： 银行签章： 经办：　　核准：　　交易日期： 本单仅代表××银行接受您的委托，但不确保交易成功，最终确认方为注册登记机构或基金管理公司。
客户填写	个人客户填写：☑开户　□账户资料修改　□登记基金账户　□取消登记基金账户　□销户
	客户姓名：张苹　　借记卡号：6913821900054358390 证件类型：居民身份证　　证件号码：445121197007311035 基金交易账号（开户免填）：　　TA 账号： 通讯地址：　□单位地址　☑家庭地址　　邮编：515000 联系电话（区号）：020－88888888　　传真/E－mail： 沪市股东账号：　　深市股东账号： 备注：　　联系手机：13801234567
	对公客户填写：□开户 □账户资料修改□登记基金账户□取消登记基金账户□资金账户维护□销户
	单位名称：　　资金账号： 证件类型：　　证件号码： 基金交易账号（开户免填）：　　TA 账号： 联系电话（区号/手机）： 法人姓名： 法人证件类型：　　法人证件编码： 经办人姓名： 经办人证件类型：　　经办人证件编码： 通讯地址：　　省　　市　　邮编： 新增资金账户：　　变更资金账户： 货币类型：
	本人/单位认真阅读了所附《××银行基金交易协议及风险提示》，充分知晓开放式基金的风险，自愿办理××银行代理的基金业务，自担投资风险。 以下内容单位客户补充填写：　　预留印鉴 单位名称：　　资金账号： 请认真核对以上内容后签字确认。　客户签字：张苹 * 请于 T＋2 日到网点打印交易确认单以确定交易是否成功。

第一联　银行留存

事后监督：　　核准：　　经办：

进入开立基金交易账户界面（见图 7－19），刷卡读入资金账户号，提请投资者输入密码，录入投资者的资料，建立资金账户与基金交易账户唯一对应关系。开户成功后便可获得基金交易账号。

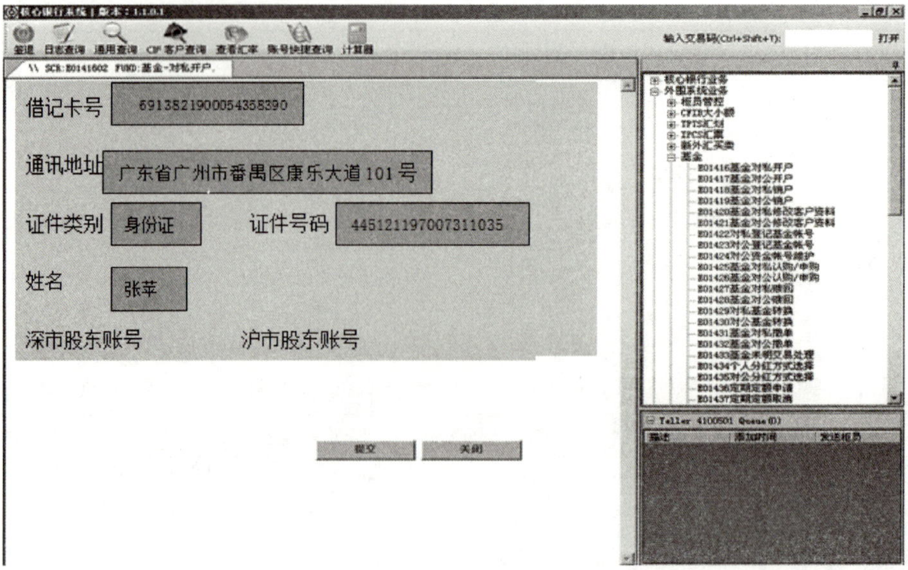

图7－19　开立基金交易账户界面

4. 打印、签章将相关凭证客户留存联、客户证件交客户。

二、代理证券投资基金认购或申购

新基金在发行期内买入称为认购，认购价为1元，但在发行期及封闭期内不能赎回。封闭期过后进入开放期，此时买入称为申购，此时申购价是按基金净值来计算。投资人申购基金的业务流程和认购基金基本相同。

☞ 业务描述

为客户张苹办理证券投资基金认购。

■ 操作步骤

1. 提请客户张苹填写“代理基金申/认购申请书”（见表7－3）。

2. 审核“代理基金申/认购申请书”填写内容是否规范、完整，机构投资者加盖的印章是否与银行预留印鉴一致，客户资金账户上是否有足够认购资金。

3. 电脑系统操作，开始认购交易。刷卡，提请投资者输入密码，录入基金代码、认购金额（份额）等信息并提交（见图7－20）。

表 7-3　　代理基金申/认购申请书

银行打印

交易名称：　交易网点：　交易流水：
客户名称：
借记卡号/资金账号：　基金交易流水：
基金交易账号：　TA 账号：
基金代码：　基金名称
交易金额（份额）：　定期定额交易日期：
分红方式：　（1-现金 2-再投资）收费方式：　（1-前端　2-后端）
赎回标志：　（0-不连续 1-连续）转出基金代码：
转出基金名称：　转入基金代码：
转入基金名称：　对方销售商代码：
对方交易网点：　对方交易流水：
银行签章：
核准：　经办：　交易日期：

客户填写

普通基金交易

☑认购　□申购　□赎回　□缴单　□定期定额开通 □定期定额取消
赎回方式：　□非连续赎回　□连续赎回
收费方式：☑前端收费　□后端收费　定期定额交易日期：
基金交易账号：4750410001234560　借记卡号/资金账号：6913821900054358390
基金代码/名称：519005
交易金额/份额（小写）单位：元/份 1000.00
原基金交易流水号（撤单时填写）：________原交易类型（撤单时填写）：________

特殊基金交易

分红方式变更：　□现金　□红利再投资
基金交易账号：　借记卡号/资金账号：
基金代码/名称：

□基金转账　□转托管转出　□转托管转入（仅限于 2 步转托管方式）
基金交易账号：　借记卡号/资金账号：
转托管/转换申请基金份额：
转出基金代码/名称：
转入基金代码/名称：
对方销售商代码：　对方交易网点：
对方交易流水：　对方交易账号：

本人/单位认真阅读了所附《基金投资风险提示》，充分知晓开放式基金的风险，自愿办理××银行代理的基金业务，自担投资风险。
以下内容单位客户补充填写：
单位名称：　预留印鉴
资金账号：
请认真核对以上内容后签字确认。客户签字：张苹　日期：2017.8.31
*请于 T+2 日到网点打印交易确认单以确定交易是否成功。

事后监督：　核准：　经办：

第一联　银行留存

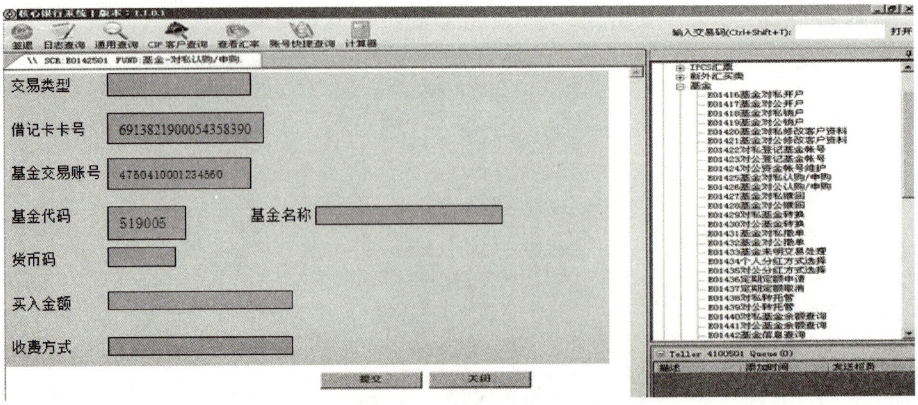

图7-20　对私认购/申购界面

4. 收到受理成功信息后，打印基金申/认购单。经客户确认无误后签字。加盖银行业务章和柜员名章，银行留存一联，另一联连同资金账户卡、基金交易卡、“基金申/认购单”等交客户。

温馨提示

办理基金买卖业务

“开放式基金交易类业务凭条”是由客户办理基金买卖业务时填写，包括基金认购、申购、赎回、定投等，基金买卖要弄清基金公司、基金名称和代码。现在通过网上银行便可以操作外，十分便利，一般推荐客户用网银操作，不需要填写凭证。

三、代理证券投资基金赎回

封闭式基金的资本额是确定的，不允许投资者随时赎回其投资，投资者只能在流通市场转让其所持有的基金单位而兑现。而开放式基金投资人可以随时要求基金管理人赎回其基金单位，申购或赎回基金单位的价格按基金的净资产值计算。

操作步骤

1. 提请客户填写“代理基金赎回申请表”。

2. 审核“代理基金赎回申请表”填写内容是否规范、完整，机构投资者加盖的印章是否与银行预留印鉴一致。

3. 电脑系统操作，进行赎回交易，刷卡读入借记卡号，提请投资者输入密码，录入基金代码、赎回份额等信息。审核无误后提交。

4. 收到受理成功信息后，打印并审核代理基金赎回凭证，交客户签字确认，加盖银行业务公章和操作人员名章，银行留存一联，另一联连同基金卡一并交还客户。

图 7－21　对私基金赎回界面

风险点

赎回基金注意事项

1. 只有客户的基金交易账户中有已经确认的基金份额后，才能申请办理赎回业务。申请赎回的份额，不得超过账户中的有效份额。

2. 基金交易账户为正常的情况下才能够做基金的赎回，基金的赎回是以份额来计算。

3. 赎回交易超过 5 万份需主管授权，柜员将提示客户待 T＋2 日后凭原交易回执和有效证件到银行打印确认书。客户资金在赎回交易确认后 7 个工作日内入账。

4. 本交易允许做撤单交易，必须在当日规定的营业时间内办理。客户需凭当日原交易委托回执办理撤单，提请客户注意保存交易回执，撤单应打印原交易凭条的正面。

5. 巨额赎回是指开放式基金单个开放日，基金净赎回申请超过基金总份额的 10% 时的情形。根据《开发式基金管理暂行办法》超过 10% 以上的赎回可延迟办理；10% 限额内的赎回申请，应当按各户占申请总额的比例分配给申请人。如果基金赎回发生了巨额赎回，须选择是否顺延赎回，如选择顺延赎回的，当日赎回不能全额成交部分，延迟至下一交易日执行；如选择非顺延赎回，则当日赎回不能全额成交部分，在下一交易日不再继续赎回。

6. 遵循“全额申购，份额赎回”原则。

微课：代理证券业务

业务三　代理银证转账业务

PPT：代理证券业务

一、银证转账开通

业务描述

为客户张利明办理银证转账开通业务。

相关知识

1. 银证转账的含义及业务规定。

银证转账是指将投资者在银行开立的结算存款账户（或借记卡）与证券公司的资金账户建立对应关系，实现资金在银行和证券公司之间的划转。

银证转账业务规定：①银证转账受理时间以证券公司对外营业时间为准，过时不予受理；②银证转账每日转入资金账户的金额不得超过银行的规定限额，每日转出资金账户的金额不得超过证券公司的规定限额。

2. 银证转账的服务内容。

境内个人和机构投资者开通银证转账进行证券投资时，需要将本人资金在银行结算账户和证券资金账户之间转账，“第三方存管”是专用于办理人民币证券交易资金转账的服务和唯一途径。

银证转账：为客户提供本人借记卡/单位银行结算账户与证券资金账户之间资金的实时划转，客户可通过网上银行、手机银行、电话银行、自助终端以及证券公司的交易渠道轻松办理转账。

台账查询：为客户建立与证券资金账户对应的管理账户，使客户能自主监督证券资金账户，提升资金安全。

余额查询：客户可以在银行的各类渠道上查询证券资金账户的“可取”余额。

业务流程

第一步：携带本人有效身份证件/机构客户携带法人营业执照以及法人组织机构代码证原件及复印件等相关证明文件，到证券公司开立股东账户和证券资金账户，之后指定××银行为存管银行（“预指定”）。

第二步：携带本人有效身份证件、已签署的第三方存管服务协议书到××银行柜台办理确认手续。如果已有银行借记卡，请同时携带借记卡。

没有借记卡的新客户可以现场办理开卡。

机构客户携带法人营业执照正本或副本原件及复印件（加盖单位公章）以及法人组织机构代码证原件及复印件（加盖单位公章），法人或法人授权单位负责人身份证明、授权委托书、身份证原件及复印件，法人或法人授权单位负责人签章并加盖单位公章的银证转账（第三方存管）服务申请书，已签署的第三方存管服务协议书至银行结算账户的开户网点办理相关手续。

操作步骤

1. 审核客户提交的身份证、银行卡、证券资金账户卡、填好的“银证资金转账业务协议书”等相关资料。

2. 审核无误后进行系统操作。为客户建立银行账户和证券资金账户的对应关系，开通银证转账业务（见图 7－22）。打印相关凭证，签章后交客户。

银行账号：123000000000043
姓名：张利明
账户密码：9998
证件类型:身份证
证件号码：440821198512163424
证券资金账号：156000000000276
证券资金账号密码：1110
执行（√）否认（　）退出（　）

图 7－22　银证转账开通

温馨提示

客户签约的银行账户与证券资金账号必须是一对一的对应关系，如需建立新的对应关系，必须先解除原银证转账对应关系。当开通银证转账时，银行账号登记的身份证号码必须与证券资金账号登记的身份证号码一致。

二、代理银证转账资金划转

银证转账开通之后，可以通过银行柜台、电话委托、网上银行、电话银行、驻留委托、自助委托等多种方式办理资金划转业务。

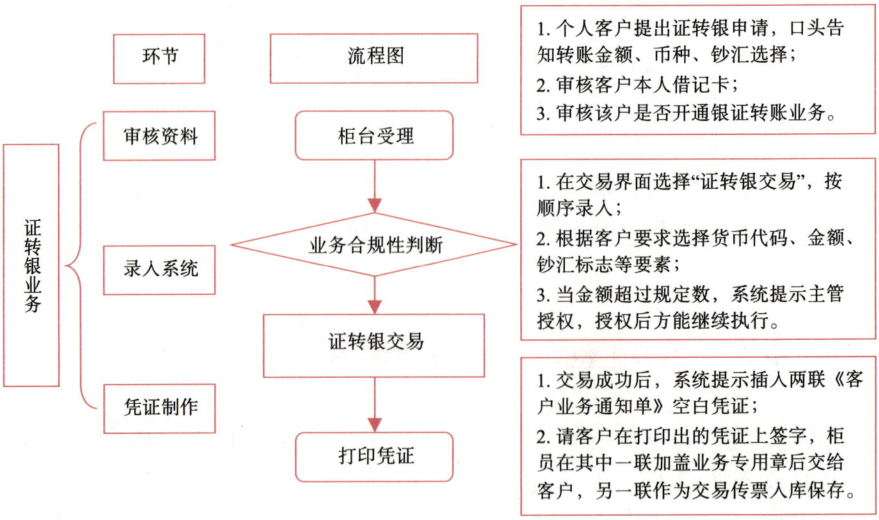

图 7－23　证转银业务流程

拓展阅读

B股银证转账柜面操作注意事项

1. 按规定对个人客户提交的身份证件进行审核，对于境内个人，应通过中国人民银行的联网核查公民身份信息系统进行核查。

2. 客户应持本人的有效身份证件和外汇储蓄账户（包括借记卡、活期一本通账户）提出转账申请，不得委托他人代办。

3. “结算业务申请书”上的申请人名称应与个人客户外汇储蓄账户的户名一致。

4. 个人客户外汇储蓄账户与证券公司B股保证金专户之间的资金划转只允许在同城、同行进行，不允许异地和跨行划转。

5. 对于绝大多数客户，建议客户使用电话银行、网上银行等自助式的服务渠道，本交易仅在客户有特殊要求（例如，不熟悉电话银行的使用等原因）的情况下使用。

6. 如当地分行对客户B股银证转账业务收费，经办柜员口头提示客户本项业务将按服务价格标准收费。

7. 账户转出起点金额为最低20万元人民币以上（含20万元）或等值外币，最高不超过100万元人民币（含100万元）或等值外币（各行可执行在此范围内自行设定需要进行核查的大额交易起点标准）。

8. 客户亲自输入密码。

9. 系统会自动按照维护的服务价格标准向客户收取B股银证转账手续费，并打印到“客户业务通知单”上。

10. 客户亲自在凭证上签字，柜员收妥相关凭证。

操作要点

1. 办理国债发行、兑付业务。
2. 办理证券投资基金开户、认购/申购、赎回业务。
3. 办理银证转账开通、银证转账资金划转业务。

知识要点

1. 记账式国债、凭证式国债。
2. 证券投资基金含义、分类。
3. 银证转账。

推荐阅读

1. 查阅《商业银行中间业务暂行规定》。
2. 查阅《证券投资基金管理暂行办法》。
3. 查阅《中国工商银行电子银行章程》。
4. 查阅《中国农业银行银证通业务管理暂行办法》。
5. 查阅《中国农业银行银证通业务会计核算暂行办法》。

文本：中国建设银行证券业务管理暂行办法

思考与练习

1. 思考代理国债业务、代理证券投资基金业务、代理银证转账业务处理流程。

2. 办理国债、证券投资基金、银证转账相关业务。

模块四 代理外汇买卖业务

任务描述

本模块主要学习代理外汇买卖业务规定，熟练为客户办理人民币与外币兑换业务。

微课：代理外汇业务

PPT：代理外汇业务

业务一 办理人民币与外币兑换业务

☞ **业务描述**

为客户张小春办理人民币与外币兑换业务。

相关知识

一、代理外汇买卖业务概述

代理外汇买卖业务是指银行利用其交易系统（包括柜台、自助终端、电话银行及网上银行），为客户提供调换外汇币别和期限，帮助客户管理外汇资产、优化外汇资产币别结构，达到防范汇率风险谋取较大收益的代理业务。

二、银行外汇买卖业务的交易途径

1. 柜台交易。

在银行工作日，客户凭存折、存单、现钞或储蓄卡，在开办个人外汇买卖业务的银行储蓄网点，填写“个人外汇买卖申请书”，进行实时交易或委托交易。

2. 自助终端交易。

在银行工作日，客户在设有自助终端的银行储蓄网点，按照自助终端界面的提示完成外汇买卖交易、查询和交易证实书的打印。

3. 电话交易。

实现24小时交易，客户使用音频电话，按照电话提示进行实时交易或委托交易。

4. 网上交易。

实现24小时交易，客户通过互联网登录银行网站，按照提示进行外汇买卖交易、行情查询。

三、银行外汇买卖交易方式

银行外汇买卖交易方式分为实时交易和委托交易两种。实时交易指银行根据当前的外汇买卖报价即时成交；委托交易指客户将交易指令留给银行，委托银行在银行报价到达客户希望成交的汇价水平时，银行电脑系统根据委托指令成交。

四、外币兑换的有关规定

1. 根据我国外汇管理的有关规定，国内居民如果拥有外币现钞或外币存款，可以在银行的外汇窗口按照人民银行规定的买卖汇率兑换成其他外汇或人民币。

2. 在我国，外汇牌价采取以人民币直接标价方法，即以一定数量的外币折合多少人民币挂牌公布。每一种外币都公布 4 种牌价，即现汇买入价、现汇卖出价、现钞买入价、现钞卖出价。卖出价是银行将外币卖给客户的牌价，也就是客户到银行购汇时的牌价；而买入价则是银行向客户买入外汇或外币时的牌价，它分为现钞买入价和现汇买入价两种。现汇买入价是银行买入现汇时的牌价，而现钞买入价则是银行买入外币现钞时的牌价。

案例：银行外汇业务违规案例分析

3. 目前中国银行可兑换的外币币种有美元、港币、日元、英镑、瑞士法郎、加拿大元、澳大利亚元、丹麦克朗、新加坡元、欧元等 30 多种外币。

表 7－4　　中国银行外汇牌价

货币名称	现汇买入价	现钞买入价	现汇卖出价	现钞卖出价	中行折算价	发布日期	发布时间
阿联酋迪拉姆		181.57		194.75	188.85	2018－11－02	13:04:41
澳大利亚元	499.31	483.79	502.98	504.08	499.83	2018－11－02	13:04:41
巴西里亚尔		179.48		196.31	187.28	2018－11－02	13:04:41
加拿大元	526.91	510.27	530.79	531.95	530.09	2018－11－02	13:04:41
瑞士法郎	687.57	666.35	692.39	694.12	692.13	2018－11－02	13:04:41
丹麦克朗	105.33	102.08	106.17	106.38	106.02	2018－11－02	13:04:41
欧元	786.22	761.79	792.02	793.6	791.2	2018－11－02	13:04:41
……	……	……	……	……	……	……	……

操作步骤

视频：中国工商银行外汇业务

1. 审核客户提交的有效身份证件、活期存折及填妥的“个人外汇实盘买卖凭条”，如表 7－5 所示。

2. 柜员审核客户提交的“个人外汇买卖申请书”中各要素填写是否完整、准确。申请人姓名、身份证号与提供的有效证件是否一致。

3. 完成电脑系统操作（见图 7－24）。

对私结售汇	
买卖种类：售汇	反向冲销：否
交易类别：转账	质押钞汇强制平仓：
支取卡折标志：	钞汇鉴别：
存入卡折标志：	外币账号：
支取币别：人民币	人民币账号：0010020000000010
支取金额：3462.60元	存入币别：美元
汇率确定方式：牌价	存入金额：
成交汇率：692.52%	浮动幅度：
统计代号：	
人民币核销号码：	外币核销号码：
支取密码：656565	交易业务编码
摘要代码：0341 售汇	存折册号：
备注：售汇	是否个人购回：是
凭证种类：兑换水单	
水单编号：000001101	购汇编号：
笔号：	存单存折印刷号：

图7－24 对私结售汇界面

4. 打印外汇买卖证实书（一式两联）（见图7－25），交易完成后，将有效身份证件、存折及一联外汇买卖证实书交客户。

外汇买卖证实书
售出金额：500 美元
汇率：692.52%
结算日期：2018 年 11 月 2 日
客户签字：张小春

图7－25 外汇买卖证实书

个人实盘外汇买卖凭条（如表7－5所示）：个人客户进行外汇买卖实时交易时填写的凭证。要注意钞和汇的选择，银行操作后，会在凭条上打印买卖内容和结果，现在通过网上银行便可以操作外汇买卖，十分方便，一般推荐客户用网银操作，不需要填写凭证。

外汇兑换水单（如表7－6所示）：客户办理结售汇业务时填写，银行员工根据客户填写内容，核验外币，系统操作后，会在水单上打印结售汇信息和牌价，客户核对签名后，提交结售汇结果。要注意，客户签名后才提交，因为结售汇业务不能冲正，外汇牌价变化非常快，办理完成后打印外汇兑换水单。以往兑换水单是作为重要空白凭证管理的，但现在变成普通凭证了。客户可凭这水单兑回外汇，目前银行结售汇业务也可通过电子银行渠道办理。

表 7－5

个人外汇实盘买卖凭条

广东省分行 个人实盘外汇买卖凭条

SLIP FOR FOREIGN EXCHANGE TRANSACTION

2018 年 11 月 02 日

客户填写 FOR CUSTOMER USE ONLY	姓名 NAME	张小春	活期一本通或定期账号/卡号 A/C NO./CARD NO.	0010020000000010		
	请选择 SELECT	使用账户中的 ☑现钞/☐现汇进行买卖 EXCHANGE BY CASH/FOREX	交易成功后 ☑存款/☐提取现钞 DEPOSIT/DRAW CASH	持借记卡买卖时，对应账号序号为（ ）		
	卖出货币与金额 SELLING CUR&AMOUNT	大写 IN WORDS	人民币叁仟肆佰陆拾贰元陆角整	小写 IN FIGURES	RMB3462.60	
	买入货币与金额 BUYING CUR&AMOUNT		美元			
	持钞买卖时填写 EXCHANGE BY CASH	证件号 ID NO.		地址 ADDRESS		电话 TEL.
	本人同意以银行正式打印的外汇买卖牌价成交，并确认签字：张小春 HEREBY I AGREE TO CONCLUDE THE TRANSACTION IN ACCORDANCE WITH THE OFFICIAL QUOTATION OF FOREX TRANSACTIONS PUBLISHED BY BOC, AND SIGN UP FOR CONFIRMATION.					
银行打印 FOR BANK USE ONLY	银行买入金额和货币：BANK BUYING CURRENCY&AMOUNT		银行卖出货币与金额：BANK SELLING CURRENCY&AMOUNT			
	成交价：EXCHANGE RATE AT SETTLEMENT		牌价时间：EXCHANGE RATE AT TIME			
	账号：A/C NO.					
	交易序号：		记录序号：	其他：		

事后监督： 核准： 经办：

个人实盘外汇买卖凭条

SLIP FOR FOREIGN EXCHANGE TRANSACTION

年 月 日

客户姓名：
NAME

银行卖出货币与金额：
BANK SELLING CURRENCY & AMOUNT

成交价：
EXCHANGES RATE

牌价时间：
EXCHANGE RATE AT TIME

银行买入货币与金额：
BANK BUYING CURRENCY & AMOUNT

经办：

表7-6

外汇兑换水单

EXCHANGE MEMO

<table>
<tr><td>银行打印</td><td colspan="5"></td></tr>
<tr><td colspan="6">以下项目由客户填写
FOR CUSTOMER USE ONLY</td></tr>
<tr><td>国籍
NATIONALITY</td><td>英国</td><td colspan="2">证件类型（号码）
ID TYPE&ID NO</td><td colspan="2">护照 E123456</td></tr>
<tr><td>姓名
NAME</td><td colspan="2">Cally</td><td colspan="2">地址及饭店
ADDRESS/HOTEL</td><td>中国大酒店</td></tr>
<tr><td>请选择
PLEASE SELECT</td><td colspan="3">兑换 ☑ EXCHANGE　　赎回 □ RECONVERT</td><td colspan="2">取现（CASH）☑
转入账号 CREDIT A/C</td></tr>
<tr><td>货币与金额
CURRENCY&AMOUNT</td><td colspan="5">USD1000. OO</td></tr>
<tr><td>摘要
REMARKS</td><td colspan="5"></td></tr>
<tr><td colspan="6">请妥善保存，在二十四个月内可凭本人护照和此水单兑回外汇。
PLEASE KEEP THE MEMO CAREFULLY. PART OF UNUSED ￥YUAN CAN BE RECONVERTED INTO FOREIGN CURRENCY WITHIN TWENTY MONTHS WITH YOUR PASSPORT AND THE MEMO PRESENTED.</td></tr>
<tr><td colspan="4">本人同意上述货币与金额的兑换交易，以银行正式打印如上的外汇兑换牌价成交，承诺兑换交易完成后不予撤销。
I HEREBY AGREE THE ABOVE FOREIGN EXCHANGE TRANSACTION AGAINST THE OFFICIAL QUOTATION RATE PRINTED BY BANK OF CHINA，AND ACCEPT THAT THE TRANSACTION IS IRREVCOCABLE.</td><td colspan="2">客户签证：Cally
SIGNATURE/SEAL</td></tr>
</table>

操作要点

办理人民币与外币兑换业务。

知识要点

1. 外汇买卖交易途径。
2. 外汇兑换有关规定。

推荐阅读

1. 查阅《个人外汇管理办法实施细则》。
2. 查阅《中华人民共和国外资银行管理条例》。
3. 查阅《商业银行中间业务暂行规定》。

思考与练习

1. 为客户办理人民币兑换外币业务。
2. 为客户办理外币兑换人民币业务。

8 项目八 日终处理

学习目标

知识学习目标：

1. 熟悉柜员日终平账、签退流程。
2. 了解网点日终平账、签退流程。

技能训练目标：

1. 柜员日终结平现金、核对重要空白平账。
2. 柜员办理日终平账、日终签退。
3. 网点主管办理网点日终平账、日终签退。

工作任务

应完成的工作任务：

1. 临柜柜员完成日终平账和签退。
2. 网点主管完成网点日终平账和签退。

完成工作任务应提交的标志性成果：

1. 柜员平账并成功签退。
2. 网点平账并顺利签退、关闭网点。

业务场景

商业银行营业机构的综合柜台，主要参与者：柜员、网点库管人员、网点主管。

模块一
柜员日终轧账签退

柜面日终操作处理是在一天营业结束后，柜员轧账、账实核对、上缴钱箱、签退，机构轧账、凭证整理、库箱送库、签退、关机等工作，以确保当天业务处理的正确性，保证资金安全，为第二天的营业作铺垫。

银行的计算机综合业务系统包含日终平账系统，一般分为四个层次：交易级平账、柜员级平账、网点级平账、全中心平账。交易级平账由系统自动完成，本项目内容主要介绍柜员级平账和网点级平账。

视频：柜员轧账签退、网点日终业务

PPT：柜员轧账签退、网点日终业务

任务描述

了解日终结平现金、核对重要空白凭证、结平账务业务流程及操作要点。会进行日终扎账签退。营业结束签退流程，见图8－1。

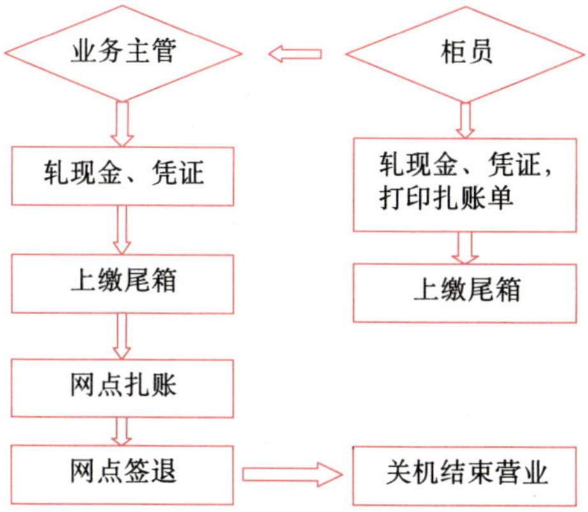

图8－1　营业结束签退流程图

业务一　结平现金

☞ 业务描述

核对现金账实和现金发生额，上缴现金及钱箱。

业务流程

柜员日终清点现金实物，与电子钱箱中的现金余额进行核对。

1. 核对现金账实。

2. 上缴实物钱箱。上缴钱箱时，库管员会同柜员在监控下清点款项，如果发现差错首先应该如数退还给柜员重新清点款项。

操作动画：现金入库

操作步骤

一、核对现金账实和发生额

1. 进入“钱箱管理—钱箱轧账”操作界面。点击“轧账”，系统自动计算“现金”出库金额、入库金额、贷方发生额、借方发生额额、余额等信息（见图8－2）。柜员需打印此页面。

钱箱轧账

轧账

	凭证类型	出库金额	入库金额	贷方发生额	借方发生额	余额(元)
1	普通存折	10.00	0.00	0.00	1.00	9.00
2	现金	10,000.00	0.00	140,067.50	250,000.00	119,932.50
3	借记卡	10.00	0.00	0.00	1.00	9.00
4	整存整取存单	10.00	0.00	0.00	2.00	8.00
5	定活两便存单	10.00	0.00	0.00	1.00	9.00

图8－2　钱箱轧账

温馨提示

手工核对公式

今日余额＝(出库金额－入库金额)＋(贷方发生额－借方发生额)

其中，出库金额为网点库管人员下发给柜员的钱箱数；入库金额为柜员上缴给网点库管人员的现金数；贷方发生额为柜员从客户处收到的现金数；借方发生额为柜员付给客户的现金数。

2. 柜员清点结存的实物现金，以核对实物现金和电子钱箱里的余额数是否相符。

案例：违规处理现金长款

二、上缴钱箱

每日营业终了，柜员需将自己尾箱的现金上缴给网点库管人员，需进入“钱箱管理—现金入库”，输入需上缴的现金数（见图8－3）。点击“执行”后，打印上缴现金凭条。同时，在柜台摄像头下，网点库管人员和柜员双人清点所上缴的现金，清点无误后，双人封签并完成交接。

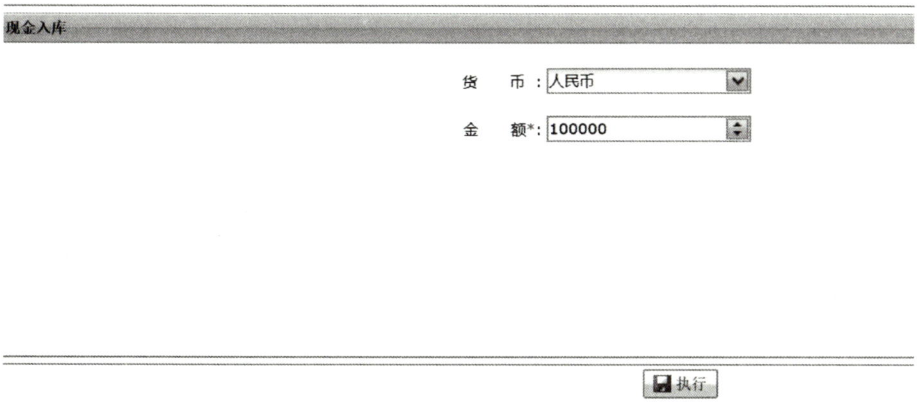

图 8－3　钱箱管理—钱箱轧账

业务二　核对重要空白凭证

业务描述

柜员日终查询重要空白凭证，清点并核对重要空白凭证、存折与存单账实。

业务流程

1. 查询重要空白凭证。

操作步骤与核对现金的步骤相同。

2. 清点并核对重要空白凭证。

柜员清点当日结存的重要空白凭证，换人复点后，将其与重要空白凭证核对凭条核对，确保账实相符。

3. 核对存折、存单账实。

柜员输入交易码，进入“核对存折、存单账实”操作界面，系统自动反馈当日存折、存单使用情况，确认后打印出存折存单报告表，并与实际发生情况核对，确保账实相符。

4. 打印“柜员重要空白凭证轧账单”。

打印“柜员重要空白凭证轧账单”，核对柜员保管的各种重要空白凭证的数量和起始号码，并与“柜员重要空白凭证轧账单”上的凭证数量、号码进行核对。

操作动画：凭证入库

5. 上缴凭证。

操作步骤与现金入库的步骤相同。

业务三　柜员轧账

业务流程

1. 检查柜员平账器。

柜员日终结束业务操作前，必须检查自己负责的平账器是否结平为零。

输入流水平账的交易代码，系统自动进行平账。如果借贷方金额相等，说明当天的账务平衡，根据系统提示可打印流水账和轧账单；如果借贷方金额不等，说明有错账存在，查找到错账后，经主管审批、授权作相应交易；对当日不能核销的账项应该登记运营主管工作日志后挂账。次日查清原因后再进行相应处理。

2. 打印柜员平账报告表、重要空白凭证核对表。

检查柜员平账器，轧平当天账务后，打印平账报告表和柜员重要空白凭证核对表。

3. 整理核对交易清单。

整理核对交易清单时要注意：

(1) 交易清单的数量与“柜员平账报告表”上交易清单数是否相符，交易清单上的序号（传票号）是否保持连续；

(2) 按传票号从小到大的顺序整理、排列交易清单，原始凭证应作为交易清单的附件；

(3) 由系统直接打印出来的业务凭证需重点核对该笔业务的真实性；

(4) 由客户（或柜员）手工填写的原始业务凭证需重点核对发生额、账号等要素是否一致。

4. 检查账实是否相符，见业务一。

5. 重要空白凭证的核对与上缴。每日营业终了，柜员应将重要空白凭证与相关登记簿进行账实核对，确保账实、账账核对相符，见业务二。

业务四　柜员日终签退

柜员签退分为正式签退和临时签退。柜员因故暂离岗位必须退出操作系统，即临时签退。此时印章、重要空白凭证和现金都必须入保险箱加锁保管。已办理签退手续的柜员，若需要继续办理业务，必须重新签到。

业务描述

柜员完成日终平账，移交平账报告表及交易清单，柜员签退，空要器具、印章、现金、重要空白凭证、有价单证入库保管。

操作步骤

1. 完成日终平账，移交平账报告表及交易清单。

营业终了，柜员须认真进行原始凭证、现金实物与柜员现金箱、重要空白凭证实物与柜员凭证箱的核对，保持凭证顺序号连续并与平账报告一致。核对无误后，柜员按平账报告表、凭证及附件的顺序整理，将平账报告表及交易清单一并交坐班主任、主管或复核员审核。

2. 办理柜员签退。

坐班主任、主管或复核员复核各柜员提交的平账报告表及交易清单无误后，临柜柜员办理签退手续。

临柜柜员签退时，输入签退的交易代码，根据系统提示选择相应的签退方式即可。

拓展阅读

交接班的处理

一、基本规定

1. 网点柜员班间交接事项必须登记，款项及总行定义重要单证的交接以计算机打印的“现金调拨单”及“重要单证调拨单”代替登记簿记录，其他重要物品（如锁匙、印章、省分行定义重要单证）的交接必须用会计人员工作交接登记簿登记。

2. 交接时，由交班柜员执行“柜员结账”，打印柜员账务交易流水清单、柜员科目日结清单、尾箱库存现金登记簿、重要单证登记簿，核对账款、账据是否相符。核对相符后，由接收人根据调拨单核对现金、重要单证等无误，调拨双方在调拨单上签章。

3. 调拨时调出方和调入方必须在监控下当面调拨交接。

4. 移交人原则上应将未完事项处理完毕，并由复核员核对账务完毕后方可移交。

若确实不能处理完毕的，交班时，移交人应将未完事项或某些特殊事项向接收人逐一列明，由接收人负责继续进行处理。

5. 柜员办理移交，需由会计主管指定专人负责接管，双方当面办理交接手续，并由会计主管监交。

案例：日终轧账后挪用保证金账户资金

风险点

交接班的风险点

1. 交班前交班人不对当班账务核对，不清点现金、重要单证。

2. 交班人交班时不及时签退，未收好个人印章、工作卡等重要物品。

3. 交接时不是在监控下双人当面进行，而是一人交、接班，一人离开。

4. 接班人对重要单证不逐项逐份清点。

5. 重要物品漏移交。

二、业务流程

1. 交班前准备轧平账务—打印柜员尾箱库存现金登记簿—按交易流水号顺序排列当天交易凭证—整理钱箱—柜员结账。

2. 现金交接

交班柜员清点现金与尾箱库存现金登记簿余额核对—现金柜员清点现金，启动“柜员间现金调拨”录入—交班柜员启动“柜员间现金调拨”，打印“现金调拨单”，由调拨双方柜员在调拨单上签章—接收柜员签到后，向现金柜员领取现金—现金柜员启动“柜员间现金调拨”发起调拨，打印“现金调拨单”—调拨双方在调拨单上签章。

3. 重要单证交接

移交人清点实际库存与本日余额核对相符，由现金柜员启动“柜员间重要单证调拨”—接收柜员清点—打印“重要单证出入库单”，系统自动登记“重要单证登记簿”—调拨双方在重要单证出入库单上签章。

4. 印章交接

移交人登记业务用章—接收人清点印章数量，核对印章印模。在会计人员工作交接登记簿上签章。

5. 其他重要物品的交接

移交人登记保险柜锁匙及其他重要物品—接收人逐件清点—在会计人员工作交接登记簿上签章。

6. 交班柜员打印尾箱库存现金登记簿和重要单证登记簿留存，完毕后签退；复核员按柜员顺序整理、清点柜员凭证张数，各柜员最后一张凭证的流水号与“柜员账务性流水清单”的最后流水号一致，在流水清单右上角注明“已核”并加盖个人名章后交下一班复核员。

7. 交接完毕，接收柜员对外营业。

操作要点

1. 结平现金。
2. 核对空要空白凭证。
3. 办理日终平账。
4. 进行日终签退。

问题讨论

1. 柜员日终扎账发现账、实不符，应如何处理？
2. 柜员交接班时应注意哪些事项？

推荐阅读

查阅《人民币银行结算账户管理办法》。

思考与练习

按照规定的程序进行日终平账、日终签退业务的操作。

模块二 营业网点日终业务

任务描述

临柜柜员平账和签退后，整个营业网点还要进行日终业务处理，也包括平账和签退。本模块的学习任务是了解营业网点日终平账业务流程和操作要点。

业务流程

每日下午5点之后，银行陆续停止对外营业，开始日终处理。

1. 银行柜员清点现金，进入系统完成核对现金账实，核对现金发生额、上缴现金和上缴钱箱操作，同时将实物现金上缴给库管员。

2. 银行柜员进入系统查询并打印空白重要凭证记录，清点空白重要凭证并与记录核对，核对存折账实情况。

3. 银行柜员轧打凭证后，进入系统进行轧账操作，打印柜员轧账表和现金交接登记簿。

4. 柜员完成系统签退，并整理好柜台物品，将印章、空白重要凭证以及各类重要物品入库上锁保管。

5. 库管员填写或打印网点款箱、封包上送清点，待库车到达后，会同营业经理将库箱交给押运员，并办理好交接手续。

6. 银行柜员与营业经理双人复打当日传票。

7. 各柜员完成当日工作后，营业经理进行安全检查，开启报警器，最后关闭网点。

业务一　营业网点日终平账

业务描述

网点主管或业务主办负责办理网点平账。

操作步骤

1. 汇总轧差。

各柜员轧账平衡后，由营业网点主管对本网点当日处理的业务进行汇总轧差，确保网点借贷方发生额与各柜员轧账发生额汇总数一致。

2. 打印清单。

网点轧差平衡后，打印网点平账报告表、会计平账移交单、现金收付汇总表、现金借贷汇总表等各种清单。

3. 账务核对。

营业网点平账报告表的现金余额 = 现金余额结计表的现金余额
= 各柜员实际现金余额 + 库存现金余额

报告表上的凭证余额 = 各柜员实际凭证余额 + 库房存放凭证余额

4. 凭证整理移交。

营业网点主管将柜员移交凭证整理后交事后监督。

业务二　营业网点日终签退

☞ 业务描述

由网点主管完成日终平账后，进行网点日终签退，关闭网点。

操作步骤

1. 完成网点日终平账。

营业网点主管或主办认真审核各临柜柜员提交的柜员平账报告表及交易清单，使用各种“查询”交易进行账账、账实核对，无误后打印网点平账报告表，完成网点日终平账。

2. 营业网点日终签退。

网点业务主管或主办完成网点日终平账后，办理日终签退。

营业网点签退时，只需营业网点主管输入签退的交易代码，根据系统提示选择相应的签退方式即可。

3. 关闭网点。

营业经理待网点所有工作处理完成后，检查银行各项安全措施是否到位，开启报警系统，关闭网点。

操作要点

1. 网点日终平账。
2. 网点日终签退。

知识要点

1. 网点日终平账流程。
2. 网点日终签退流程。

推荐阅读

查阅《人民币银行结算账户管理办法》。

思考与练习

按照规定程序进行网点日终平账、日终签退。

参考文献

1. 布莱特·金．银行3.0：移动互联时代的银行转型之道（2018版）．北京：联合出版有限公司，2018.

2. 梁洪军，张志瑜．中小银行智能金融服务．北京：中国财政经济出版社，2018.

3. 董瑞丽．商业银行综合业务技能．北京：中国金融出版社，2016.

4. 劳动和社会保障部教材办公室．银行柜员实训．北京：中国劳动社会保障出版社，2005.

5. 上海浦东发展银行广州分行会计部．广州分行综合业务系统操作规程．内部资料．

6. 中国建设银行．柜面业务应知应会手册．内部资料．

7. 王汝梅．银行柜员业务知识．北京：电子工业出版社，2007.

8. 郭留红．银行营业网点标准化管理手册．北京：中国言实出版社，2005.

9. 何冯虚．银行客户服务技巧运用．北京：高等教育出版社，2007.

10. 王家申．银行柜员岗位知识与技能．北京：机械工业出版社，2007.